# Haciendo las cosas preciosas simples

## Volumen 10

## Guía de Estudio del Nuevo Testamento, Parte 1

(1.ª edición)

## La Vida y Ministerio de Cristo

Randal S. Chase

Traducción española de
Susana Passeron

Guía de Estudio del Nuevo Testamento, Parte 1.
Haciendo Simples las Cosas Preciosas, Vol. 10:
La Vida y Ministerio de Cristo
(1.ª edición)



Envie sus preguntas a:
Plain and Precious Publishing
3378 E. Sweetwater Springs Drive
Washington, UT 84780

Envíe su correo electrónico a: info@makingpreciousthingsplain.com

Para obtener más copias visite: www.makingpreciousthingsplain.com

Para ver una lista de todos los productos de *Plain and Precious Publishing*
visite: www.makingpreciousthingsplain.com
o llame al número: 435–251–8520.

Impreso en Los Estados Unidos de América

ISBN: 978-1-937901-80-6

Portada: "El Sermón de la Montaña", de Carl Heinrich Bloch, 1890

# Haciendo las cosas preciosas simples

## Volumen 10

### Guía de Estudio del Nuevo Testamento, Parte 1 (1.ª edición)

## La Vida y Ministerio de Cristo

# Índice

# Reconocimiento

Este libro está dedicado a los miembros de la Iglesia de todo el mundo que tienen hambre y sed de la comprensión de las Escrituras. He tenido el privilegio, a lo largo de los años, de enseñar a miles de estas almas en las clases del Evangelio, así como en el Instituto CES y en las clases de Educación para Adultos. Todos ellos me han inspirado con su dedicación a la lectura, la reflexión, y la fiesta de la palabra de Dios. A lo largo del proceso he aprendido mucho de ellos.

Vaya mi agradecimiento a mi dulce esposa Deborah, que me ha alentado en todos mis esfuerzos para enseñar y escribir sobre el evangelio de Jesucristo. Reconozco el estímulo de muchos amigos y estudiantes para escribir estas guías de estudio, la ayuda de mis editores, James y Janet Chase, que han colaborado en este trabajo, y otros estudiosos de la Iglesia que me han asesorado sólidamente acerca de su forma y sustancia, y que me han ofrecido una muy valiosa visión sobre muchos temas.

Estoy muy agradecido otros expertos estudiosos del Evangelio y profesores que en el pasado han escrito guías de estudio similares, las cuales he citado una y otra vez en este volumen:

*La Vida y Enseñanzas de Cristo y sus Apóstoles*, que es el Manual del Instituto para el alumno del Nuevo Testamento (Manuales del Sistema Educativo de la Iglesia, 1979) es una herramienta de valor incalculable para todos los estudiantes del Nuevo Testamento, y muchas de las ideas culturales, lingüísticas y otras presentadas en este documento se obtuvieron en primer lugar de este manual.

*Jesús el Cristo* de James E. Talmage, 3.ª editado por (1916) ha sido desde hace años un estándar para la comprensión de la vida de Cristo y de los cuatro Evangelios. El *Comentario Doctrinal del Nuevo Testamento* de Bruce R. McConkie, 3 volúmenes (1966-1973); *Doctrina Mormona*, 2.ª editado por (1966); *El Mesías Prometido: La Primera Venida de Cristo* (1978); *El Mesías Mortal: De Belén al Calvario,* 4 volúmenes, 1979-1981]; y *El Mesías Milenario: La segunda Venida del Hijo del Hombre* (1982) también son cruciales para la comprensión de la vida de Cristo y los Evangelios. La serie *Estudios de la Escritura*, Volúmenes 5–6 (1986-1988), editado por Kent P. Jackson y Robert L. Millet, ofrece un excelente y erudito comentario del Nuevo Testamento de una variedad de investigadores y autores de la Iglesia de los Santos de los Últimos Días.

Daniel H. Ludlow escribió *Un Compañero para su Estudio del Nuevo Testamento* (1986), como parte de una serie de estos compañeros de estudio de las Escrituras. Estos tal vez están más cerca del espíritu de este libro—haciendo claras la historia y revelaciones para aquellos que sólo necesitan un poco de ayuda con sus estudios del Evangelio. He tenido a algunos miembros de la familia del hermano Ludlow en mis clases, y valoro su estímulo personal así como una copia firmada personalmente de sus *Escritos Selectos* que él me proporcionó hace unos años.

Muchos de los volúmenes antes mencionados están ahora fuera de impresión. Tengo la esperanza de que las porciones de los que he citado en este volumen sigan difundiendo sus ideas en los próximos años.

# Prefacio

El Nuevo Testamento es uno de los más queridos de todos nuestros libros de Escrituras. Las historias de Jesús, en particular, son el fundamento de la fe cristiana, que nos llevan desde la dulce historia del niño Jesús, a través de los acontecimientos más emocionantes de su ministerio, con la finalidad última de su misión terrenal: la expiación y la resurrección. En el camino, nos sentimos inspirados por el ejemplo de Jesús, sobrecogidos por sus numerosos milagros, e instruidos por sus sermones y parábolas. Escuchamos el testimonio de los muchos discípulos y testigos que caminaron con Jesús durante su ministerio terrenal. Estamos consternados ante la insolencia y la oposición de los fariseos, los saduceos y escribas sedientos de sangre. Nos entristecemos con Él sobre lo que podría haber sido si Jerusalén hubiera dado la bienvenida a su Mesías. Hemos leído con reverencia sus oraciones, de pie en agradecido silencio mientras padece en Getsemaní, nos entristece verle clavado en una cruz, y nos regocijamos ante la noticia de su resurrección. Estas son las historias de Jesús que todos aprendimos cuando niños y que aún hoy nos inspiran.

El élder Bruce R. McConkie dijo acerca del Señor Jesucristo, "No hay preguntas tienen un mayor impacto—no solo para los judíos y para el resto de nosotros que somos de Israel (y cuyo Libertador es Él), sino para toda la humanidad—salvo los que dicen: ¿Quién es el Mesías? ¿Quién es el Ungido, que viene a salvar a su pueblo de sus pecados? ¿Quién es el Cristo prometido? . . .Y de esto no hay duda: El Señor Jesús engendrado por el Dios Supremo, concebido por María, que nació en Belén, crucificado en el Calvario—el Señor Jesús, llamado el Cristo, el Mesías. Él es el Redentor y Libertador, el Rey de Israel, el Hijo de Dios, el Salvador del mundo."[1]

Los actos y las epístolas de los apóstoles y otros discípulos no son menos importantes. Observamos a estos hombres y mujeres de fe, después de la resurrección de Cristo, dando testimonio ferviente de que habían visto y tocado el Maestro resucitado. Leemos las cartas de Pablo, Pedro, Juan, y otros, en su lucha por defenderse de las fuerzas de la apostasía. Y vemos sus dones proféticos manifestarse en las muchas visiones y profecías que grabaron con respecto a nuestros propios últimos días y la restauración del evangelio en la dispensación final del tiempo.

El presidente Harold B. Lee dijo: "Al examinar de nuevo la devoción incomparable y desinteresada de estos primeros profetas y mártires hacia el evangelio de Cristo, podemos inclinarnos en reverencia y repetir con una mayor apreciación y comprensión como la multitud en Jerusalén con motivo de la entrada triunfal las palabras: "bienaventurado aquel [los apóstoles del pasado y del presente] que viene en el nombre del Señor."[2]

El presidente Brigham Young dijo: "El Antiguo y el Nuevo Testamento, el Libro de Mormón y el Libro de Doctrina y Convenios,. . . son como un faro en el océano, o un poste indicador que señala el camino que debemos recorrer. ¿Hacia dónde apuntan? Hacia la fuente de luz. . . Eso es para lo cual están estos libros. Ellos son de Dios; son valiosos y necesarios: por ellos podemos establecer la doctrina de Cristo."[3]

El sincero deseo del autor es hacer simple el Nuevo Testamento como un poderoso testimonio del mesianismo de Jesús Cristo.

## Como usar este Libro

Para facilitar el aprendizaje, los estudiantes y los profesores pueden utilizar esta guía de estudio de variadas maneras. Abajo he sugerido dos, sin ningún orden de preferencia en particular,. Elija el método que funciona mejor para usted, pero sea cual sea el método que elija, complete la lectura de las Escrituras asignadas para la lección de cada semana *antes* de ir a clase.

Opción 1: leer con espíritu de oración, las Escrituras relacionadas con la lección correspondiente, y luego leer el capítulo de este libro que corresponde a esas escrituras.

Opción 2: Con cuidado y con espíritu de oración leer las Escrituras relacionadas con la lección correspondiente, usando esta guía de estudio como una referencia para ayudarle a entender el contexto y las consecuencias de las Escrituras *mientras usted las está leyendo*. Para ello, deberá mantener este libro abierto y utilizarlo como una guía y comentario junto a sus escrituras.

En esta guía se comentan muchas, pero no todas, de las Escrituras del Nuevo Testamento. En lugar de un análisis versículo por versículo, he proporcionado un resumen reafirmando los acontecimientos, divididos en bloques de Escrituras con explicaciones y citas adjuntas. Un ejemplo de cómo se organizan estos bloques de Escrituras y los comentarios se muestra a continuación:

- **Lucas 4:28–32 Ellos se llenaron de ira y trataron de tomarlo y matarlo.** No sólo tenía que decía ser el Mesías, pero Él estaba insultando su misma condición de "justos" como pueblo elegido de Dios, y "Al oír estas cosas, se llenaron de ira" (v. 28). Ellos "levantándose, le echaron fuera de la ciudad, y le llevaron hasta la cumbre del monte sobre el cual estaba edificada la ciudad de ellos, para despeñarle" (v. 29). Pero su misión aún no se había cumplido y ellos no tendrían éxito. En cambio, "él pasó por en medio de ellos y fue por su camino" (v. 30).

  Tristemente, Jesús "no hizo muchos milagros allí [en Nazaret] a causa de la incredulidad de ellos" (Mateo. 13:58). Él pasó a la cercana ciudad de Capernaum, y les enseñó sus días sábado (de reposo) (v 31). Y la gente de allí "se admiraban de su doctrina, porque su palabra era con autoridad" (v 32).

  El élder Bruce R. McConkie dijo:

  > A continuación, a modo de colofón, después de haber enseñado la doctrina con palabras llenas de gracia que no podían ser refutadas, Jesús atestigua: "Hoy se ha cumplido esta Escritura delante de vosotros." Es decir: "He leído de Isaías; He establecido el significado de sus palabras; He enseñado la doctrina. Ahora yo doy testimonio de que estas palabras, y por lo tanto todas las profecías mesiánicas, se cumplan en mí; se aplican a mí; Yo soy aquel de quien hablaron los profetas; Yo soy Él; Yo soy el Mesías".
  >
  > Cuando se confirma tal testigo, sólo hay dos posibles respuestas. Una de ellas es la aceptación completa, la otra el rechazo total. Nadie puede discutir con un testigo; no es una cuestión discutible. Está ahí para ser aceptado o ser rechazado. Jesús enseñó y testificó, y como todo el significado de sus palabras llenas de gracia se hundió en sus corazones, sus amigos nazarenos hicieron su elección. Este Jesús que conocían y había conocido desde su infancia y juventud. ¿Cómo puede ser el Hijo de Dios? ¿Cómo puede ser el Mesías? Su voz, su eterna tristeza, fue una de rechazo, que se resumen en estas palabras: "¿No es éste el hijo de José? ¿Entonces, cómo puede ser el Mesías? Nosotros lo conocemos; Él es uno de nosotros "..

La palabra cayó en terreno pedregoso y no encontró suelo en el que crecer, y las semillas murieron sin brotar. Fue un día oscuro, triste para Nazaret.[4]

## Algunos Capítulos Son Temáticos, En Lugar De Ser Cronológicos

Aunque el orden de presentación de estos capítulos en el Nuevo Testamento es más o menos cronológico, no es estrictamente así. Hay una serie de capítulos temáticos que proporcionan una comprensión más general del contexto en el que ocurrieron los acontecimientos, como los capítulos sobre los milagros y las parábolas de Jesús.

En cada capítulo, he proporcionado un marco histórico de las Escrituras discutidas. También he incluido libremente otras referencias bíblicas que aportan más luz sobre el tema. Después de todo, la comprensión de la doctrina es más importante que la historia, aunque creo que es posible entender ambas, y es mejor si lo hacemos.

## Nota para los Maestros

Para comodidad de los lectores, los capítulos de esta guía de estudio están organizados en torno a los temas de las lecciones para las clases de la Doctrina del Evangelio de la Iglesia. Sin embargo, los profesores deben recordar que esta guía de estudio no pretende ser un sustituto de los manuales oficiales de lecciones de la Iglesia. Sus lecciones deben seguir con precisión la organización que se encuentra en su manual de lecciones, y deben estar centrados en las escrituras asignadas para cada lección. Los profesores deben leer sus manuales de lecciones primero y tomar nota de los principales puntos doctrinales que aparecen allí. Después de haber realizado esto, los maestros pueden utilizar este libro como una forma de mejorar su propia comprensión personal de los acontecimientos y escrituras cubiertos en una lección en particular, al igual que lo podría hacer cualquier otro estudioso del evangelio. Pero nunca debe utilizar este libro como una guía para la enseñanza de sus lecciones.

**Notas:** (Todas las referencias son de las versiones en idioma inglés de los textos que se citan.)

1. *El Mesías Prometido: La Primera Venida de Cristo* (1978), págs. 22–23.
2. En Reporte de La Conferencia, abril de 1955, pág. 19.
3. En *Diarios de Discursos, 8:129.*
4. *El Mesías Mortal: De Belén al Calvario*, 4 volúmenes, (1979–1981), 2:23–24.

Capítulo Introductorio

# Un Nuevo Testamento de Cristo

---

## INTRODUCCIÓN

### Un Prefacio Histórico al Nuevo Testamento

REMBRANDT, c1655

*Alejandro magno*

Transcurrieron aproximadamente 400 años entre la época de Malaquías y el ministerio terrenal del Salvador. En esos años intermedios, la tierra de Palestina, ya bajo el imperio de los persas, fue conquistada por Alejandro Magno y cayó en manos de los griegos. Algunos judíos—principalmente la clase dominante, que se convirtió en los saduceos—adoptaron la completamente la cultura de los griegos, que habían llegado a ser muy populares a través de esas tierras que conquistó Alejandro. Otros en Palestina resintieron los griegos y buscaron celosamente mantener su propia cultura hebrea y las prácticas religiosas de Israel. Estos fueron los antepasados de los fariseos.

Cuando Alejandro murió sin un heredero, sus generales lucharon por la estratégicamente importante tierra de Israel. Palestina finalmente cayó bajo el control de los gobernantes de Siria, los seléucidas, que despreciaban las costumbres y creencias judías. Bajo su gobierno, el judaísmo fue completamente prohibido, y la lectura de la Torá se hizo punible con la muerte. También se les prohibió la observancia del sábado y la circuncisión. Los muros de Jerusalén fueron destruidos, miles de sus habitantes fueron asesinados y otros esclavizados. El templo fue saqueado y convertido en un santuario olímpico. Una imagen de Zeus se colocó sobre el altar y se sacrificó un cerdo en honor del falso dios.

GUSTAVE DORÉ, 1896

*El triunfo de los macabeos*

Estas circunstancias abominables fueron en gran parte responsables del ascenso de los Macabeos. Esta familia judía les proporcionó al pueblo el liderazgo para expulsar exitosamente a los sirios. Entones os judíos disfrutaron de una aparente independencia durante unos 100 años (166–63 AC).

Cuando los Macabeos degeneraron en la corrupción, Palestina cayó bajo el control de los romanos, que designaron hombres ambiciosos y despiadados para gobernar sobre ellos. Herodes el Grande, hijo de Antípatro, era un idumeo de linaje gentil. Él mantuvo su poder mediante la ejecución de muchos de los que podrían llegar a ser una amenaza, incluyendo una de sus esposas y algunos de sus hijos. También fue el que ordenó la matanza de niños judíos en Belén después del nacimiento de Jesús. A excepción de los herodianos, que buscaban privilegios mediante el apoyo a Herodes, los judíos despreciaban a Herodes, pero los romanos respetaban su capacidad de mantener bajo control las fuerzas a veces radicales del judaísmo.

*Herodes el Grande*

Tras la muerte del primer Herodes (Herodes el Grande), su reino palestino se dividió en tres partes, que, en el momento del ministerio de Jesús, estaban gobernados por los siguientes hombres:

— Herodes Filipo (Iturea y áreas al noreste de Galilea). Él era uno los hijos de Herodes el Grande y fue un gobernante más bien tolerante.

— Poncio Pilato, el procurador romano (Judea, Samaria e Idumea). Leemos de él en relación con el juicio de Jesús.

— Herodes Antipas (Galilea y Perea). Él también era hijo de Herodes el Grande, y se menciona en el Nuevo Testamento en relación con el juicio de Jesús. Antes de esto, había sido el responsable de la detención y la ejecución de Juan el Bautista.

Estas circunstancias explican el anhelo de los judíos por la aparición del Mesías predicho. No veían ninguna esperanza para restaurar la dignidad y la soberanía más que a través de el salvador nacional conquistador que los profetas habían predicho desde hace miles de años. Jesús se acercó y les ofreció algo mucho más glorioso, la oportunidad de la salvación. Sin darse cuenta del valor de ello, rechazaron y crucificaron a su Salvador.

## LOS CUATRO EVANGELIOS

### Contenidos del Nuevo Testamento

El Nuevo Testamento está dividido en cuatro secciones principales:

| | | |
|---|---|---|
| — Los Evangelios | [4 primeros libros] | Cuentos de la vida de Cristo. |
| — Los Hechos | [el libro quinto] | Acontecimientos de la Iglesia primitiva cuando estuvo dirigida por los Apóstoles. |
| — Las Epístolas | [hasta Apocalipsis] | Cartas escritas por Pablo y otros que contienen instrucciones y exhortaciones a los primeros santos. |
| — Apocalipsis | [el último libro] | Profecías de los acontecimientos futuros por Juan en la Isla de Patmos. |

Este libro se refiere exclusivamente a los cuatro evangelios. Como así también la mayor parte del segundo libro de esta serie sobre Nuevo Testamento—los volúmenes 10–12 de *Haciendo Simples las Cosas preciosas.*

Hay 89 capítulos en los cuatro evangelios:

— Mateo 28 capítulos
— Marcos 16 capítulos
— Lucas 24 capítulos
— Juan 21 capítulos

## El Propósito de los "Evangelios"

La palabra evangelio en inglés ("gospel") deriva de las antiguas palabras inglesas *god* [good, glad, bueno, agradable] y spel [news, tidings, o story: noticia, nuevas, o una historia]. Significa, por tanto, "una buena noticia" o"buenas nuevas.": Los evangelios están escritos con tres propósitos básicos

1. **Ellos dan testimonio de Jesucristo.** José Smith enfatizó esto en la TJS llamándolos "testimonios" en lugar de "evangelios".

   — **Lucas 1:1–4** Lucas declaró que el propósito de escribir su testimonio "evangelio" era "poner en orden la historia de las cosas que entre nosotros han sido ciertísimas" (v 1.). Dijo que estos principios del Evangelio fueron "entregados. . . a nosotros [por aquellos] que desde el principio lo vieron con sus ojos, y fueron ministros de la palabra" (v. 2). Esto significa de los Apóstoles, a los cuales pertenece Lucas. Él también tenía razones personales: "Me ha parecido también a mí, después de haber investigado con diligencia todas las cosas desde su origen, para escribirlas a ti. . . para que supieses la verdad de las cosas "(vv. 3–4). Sus escritos fueron dirigidos inicialmente al "excelentísimo Teófilo," una persona que había recibido previamente la instrucción del Evangelio.

   — **Juan 20:30–31** Juan declaró que el propósito de escribir su testimonio "evangelio" era "para que creáis que Jesús es el Cristo, el Hijo de Dios; y para que creyendo, tengáis vida en su nombre" (v. 31). Con ese fin, él comparte los muchos "signos [que] Jesús [hizo] en presencia de sus discípulos," incluyendo a muchos ", que no están escritos en este libro" (v. 30).

2. **Ellos enseñan las verdades del plan de salvación.** Los autores de los evangelios son testigos de la divinidad de nuestro Señor y Salvador, Jesucristo. En sus escritos, ellos dan testimonio de que Cristo nació y que Él vivió, ministró, enseñó, expió los pecados del hombre sobre la condición del arrepentimiento, murió y resucitó. Ellos también dan testimonio de que los hombres pueden ser salvados mediante la fe en Jesucristo. Los Evangelios son las buenas nuevas que Jesucristo predicó, y contienen el testimonio personal de cada autor.

   El élder Bruce R. McConkie dijo:

   > Es cierto que los cuatro evangelios Nuevos Testamento presentan aspectos diferentes de la personalidad y las enseñanzas de nuestro Señor. Parece que Mateo estaba dirigiendo su

Evangelio a los judíos. Él presenta a Cristo como el Mesías prometido y el cristianismo como el cumplimiento del judaísmo. Marcos escribió aparentemente con el objetivo de apelar a la mente romana o de los gentiles. El evangelio de Lucas presenta el Maestro a los griegos, a los de la cultura y refinamiento. Y el evangelio de Juan es el relato para los Santos; que es, por excelencia, el evangelio de la Iglesia, para los que entienden las Escrituras y sus simbolismos y que tienen que ver con las cosas espirituales y eternas.

Obviamente estos enfoques diferentes tienen la gran ventaja de presentar las verdades de la salvación a los pueblos de diferentes culturas, orígenes y experiencias. Pero el simple hecho es que todos los autores del evangelio escribieron por inspiración, y todos tenían los mismos fines: 1. para testificar de la filiación divina de nuestro Señor; y 2. Enseñar las verdades del plan de salvación.[1]

3. **Ellos contienen las palabras habladas del Salvador**. Estudiándolos nosotros "escuchamos su voz" y llegamos a reconocerlo. Oímos la misma voz en la Doctrina y Convenios—la inconfundible voz del Señor Jesucristo:

> 34 Estas palabras no son de hombres, ni de hombre, sino mías; por tanto, testificaréis que son de mí y no de hombre;
> 35 Porque es mi voz la que os las declara; porque le son dadas por mi Espíritu, y por mi poder las podéis leer los unos a los otros; y si no fuera por mi poder que no podríais tenerlas;
> 36 Por lo cual, vosotros podéis testificar que habéis oído mi voz y que conocéis mis palabras.
>
> — *D. y C. 18:34–36*

## La Comparación de los Evangelios

Cuando diferentes personas cuentan sobre el mismo hecho, sus informes siempre serán diferentes, tanto en el enfoque como en los detalles. Si bien todos ellos cuentan la misma historia, los cuatro evangelios difieren también en sus perspectivas, propósitos y audiencias. Esto proporciona no sólo la fuerza de varios testigos de la divinidad del Salvador, sino que también ofrece algunos desafíos cuando parecen estar en desacuerdo en cuanto a la sincronización de determinados sucesos.

— **Evangelios Sinópticos**: Los tres primeros Evangelios—Mateo, Marcos y Lucas—se llaman sinópticos porque son relatos similares del ministerio del Señor, principalmente en Galilea.

— **El Evangelio de Juan**: tiene un énfasis diferente, y hace hincapié en el ministerio de Cristo en Judea.

Este libro tratará de armonizar las historias, reunir los hechos más destacados de cada evento y la enseñanza. En general, los siguientes resúmenes hablan de la naturaleza de cada evangelio y cada escritor del evangelio, haciendo notar las circunstancias particulares de cada uno.

## El Evangelio de Mateo

RUBENS, 1613

| Autor | Caracteristica | Naturaleza General de su Evangelio |
|---|---|---|
| **Mateo** (Levi) | Apostol publicano | Hace hincapié en Cristo como el Mesías Prometido.<br>Escrito para los Judíos.<br>Presenta a Jesús como Rey y Juez de Israel<br>Cotizaciones muchas profecías acerca de él.<br>Proporciona la mayor parte de los sermones de Cristo (5-7, 13, 23). |

Mateo también era conocido como Leví, hijo de Alfeo. El nombre de Mateo significa "regalo de Dios". Era un publicano (o recaudador de impuestos) en Capernaum, una profesión muy—odiada por los judíos. En el momento de ser llamado a convertirse en uno de los discípulos del Señor, él respondió inmediatamente con una gran fe. Más tarde, Mateo fue llamado a ser uno de los Doce. Después de la ascensión del Salvador, Mateo se mantuvo muy activo en la prédica del evangelio. Según una antigua tradición, predicó en Palestina durante 15 años y luego llevó el evangelio a lugares tan lejanos como Etiopía, Macedonia, Siria y Persia. Fue martirizado con un hacha de combate alrededor del año 60 aC.[2]

Aunque Mateo no se identifica específicamente a sí mismo como el autor del evangelio que lleva su nombre, sin embargo, los primeros escritores cristianos lo atribuyeron a él.[3] En esos días, no se consideraba apropiado que un autor se nombrara a sí mismo en sus escritos.

## El Evangelio de Marcos

F. HALS, 1625-30

| Autor | Caracteristica | Naturaleza General de su Evangelio |
|---|---|---|
| **Marcos** | Asociado de Pedro | Hace hincapié en los milagros y obras de Cristo. |
| | Viajó con Pablo | Escrito a los romanos y otros gentiles. El más corto de los cuatro evangelios. |

El autor del segundo Evangelio tenía un nombre dado judío, Juan, y un apellido latino, Marcus o Marcos. Era el hijo de una mujer llamada María en cuya casa en Jerusalén se reunieron los primeros discípulos (Hechos 12:12). Es posible que él fueera convertido por Pedro, que más tarde se refirió a él como "mi hijo" (1 Pedro 5:13). No sabemos cuan bien Marcos pudo haber conocido a Jesús durante su mortalidad, pero Marcos puede haber sido el "hombre joven" que huyó en el momento de la crucifixión (Marcos 14:51–52). Luego se desempeñó como intérprete de Pedro. También acompañó a su primo (o tío) Bernabé y al apóstol Pablo en algunos de sus viajes misioneros (Hechos 12:25).

Papias, el escritor cristiano temprano, explicó que aquellos que oyeron predicar a Pedro estaban extremadamente ansiosos de tener un registro escrito de sus enseñanzas, por lo que "con todo tipo de súplicas rogaron a Marcos, discípulo de Pedro,. . . que les dejara un monumento escrito de la doctrina que les había sido trasmitida por vía oral."[4]

El Evangelio de Lucas

GUERCINO, 1652-53—

| Autor | Caracteristica | Naturaleza General de su Evangelio |
|---|---|---|
| **Lucas** | Médico | Hace hincapié en el amor y la compasión de Cristo. |
| | Probablemente un discípulos de Emaus | Escrito para los griegos y otros de cultura y el refinamiento. |
| | Escribió Hechos | Hace hincapié en el perdón y el amor. |
| | Viajó con Pablo | Hace hincapié en el papel de las mujeres en su ministerio. |
| | En prisión con Pablo | Narra la visita del ángel a Zacarías/Elizabeth |
| | | Narra el viaje a Belén y el nacimiento real de Jesús. |

Lucas, un médico (Colosenses 4:14), parece haber sido muy sensible a los sentimientos y emociones humanas. Sus escritos hacen hincapié en la compasión de Cristo y muestran un profundo conocimiento del griego. Él escribió el libro de los Hechos, así como su Evangelio. Por lo tanto, los pasajes en Hechos escritos en la primera persona del plural sugieren que Lucas acompañó a Pablo en algunos de sus viajes misioneros. Él también estuvo con Pablo durante su encarcelamiento en Roma (2 Timoteo 4:11).[5]

**El Evangelio de Juan**

G. RENI 1575-1642—

| Autor | Caracteristica | Naturaleza General de su Evangelio |
|---|---|---|
| Juan | Apóstol Bienamado | Pone de relieve la filiación divina de Cristo |
| | en la Primera | Escrito a los Santos–miembros de la Iglesia. |
| | Presidencia | Para aquellos que entienden el simbolismo |
| | Fue traducido | Utiliza títulos altamente simbólicos para Cristo. |
| | Ayudó a restaurar | Discute papel premortal de Cristo. |
| | el sacerdocio (1829) | Muestra la relación de Cristo con el Padre. |
| | | Muestra la relación de Cristo con los 12 |

Con su hermano Santiago, Juan era un pescador en el mar de Galilea y había sido discípulo de Juan el Bautista. Estos dos hermanos se encontraban entre los primeros discípulos de Jesús y más tarde fueron llamados como apóstoles. Sus celosas personalidades les ganaron el apodo de "hijos del trueno" (Marcos 3:17, Marcos 9:38, 10:35–41). Juan tuvo una estrecha relación personal con el Maestro (por ejemplo, Juan 13:23). Fue uno de los tres apóstoles que estuvieron con el Salvador cuando resucitó a la hija de Jairo (Marcos 5, 35–43), que estuvo en el Monte de la Transfiguración, cuando se otorgaron las llaves de autoridad (Mateo 17:1–8), y quien acompañó al Señor más allá en el Huerto de Getsemaní cuando hizo el resto (Mateo 26:36–37). Desde la cruz el Señor encargó a Juan que cuidara de Su madre (Juan 19:25–27).

Juan escribió el evangelio que lleva su nombre, tres letras, y el libro de Apocalipsis. El espíritu con el que escribió se refleja en 1 Juan 1:1–4. A Nefi, que vivió 600 años antes, se le dijo específicamente de la importancia de los escritos de Juan (1 Nefi 14:18–27). La Escritura de los Últimos días confirma que se le concedió el deseo de Juan permanecer y servir en la tierra hasta la Segunda Venida del Señor y se convirtió en un "ser traducido" (compare Juan 21:20–23 con D y C 7 y 3 Nefi 28). En 1831, el profeta José Smith enseñó que entonces Juan estaba trabajando entre las diez tribus perdidas.[6]

En compañía de Pedro y Santiago, Juan participó en la restauración del sacerdocio de Melquisedec en esta dispensación (D. y C. 27:12–13).[7]

## CLAVES PARA ENTENDER EL NUEVO TESTAMENTO

- **Santiago 1:5 Debemos orar para comprender lo que leemos**. Santiago aconsejó: "Si alguno de vosotros le falta de sabiduría, pedidla a Dios, el cual da a todos abundantemente y sin reproche; y le será dada. "En obediencia a esta invitación, el joven j profeta José Smith abrió la puerta a la última dispensación.

  El presidente Ezra Taft Benson dijo: "Para aprender de Cristo, se necesita del estudio de las Escrituras y de los testimonios de quienes le conocen. Venimos a conocerle a través de la oración la inspiración y la revelación que Dios ha prometido a los que guardan sus mandamientos."[8]

- **Juan 7:16–17 Debemos vivir los principios que leemos**. Jesús dejó en claro que la doctrina que él enseñó "no es mía, sino de aquel que me envió" (v. 16). La manera de saber esto para nosotros es vivir los principios que Él enseñó, porque "El que quiera hacer la voluntad de Dios, conocerá si la doctrina es de Dios, o si yo hablo de mí mismo" (v 17).

  El presidente Joseph Fielding Smith dijo: "[Este pasaje] es una llave que abre la puerta al conocimiento. . . Si los hombres seguieran esa instrucción, ellos sabrían la verdad, y se darían cuenta que Jesucristo es verdaderamente el Hijo de Dios y el Redentor del mundo."[9]

- **1 Juan 2:3–5 Debemos guardar los mandamientos.** Afirmar que conocemos a Cristo rompiendo deliberadamente sus mandamientos es el colmo de la hipocresía. Sólo podemos "saber que Le conocemos" cuando "guardamos sus mandamientos" (v. 3). Cualquiera que afirme lo contrario, dijo Juan, "es un mentiroso, y la verdad no está en él" (v. 4). Pero dentro de los que "guardan su palabra. . . está el amor de Dios perfeccionado" (v. 5).

  El presidente Joseph Fielding Smith dijo: "Estos pasajes de las Escrituras. . . forman una clave por la que los misterios de la vida eterna se desbloqueen. . . . Todos podemos conocer la verdad; no estamos desamparados. El Señor ha hecho posible que cada hombre conozca la verdad por la observancia de las leyes, y por medio de la dirección [del] Espíritu Santo."[10]

**Notas** (Todas las referencias son de las versiones en idioma inglés de los textos que se citan.)

1. *Comentario Doctrinal del Nuevo Testamento*, 3 volúmenes (1965–1973), 1:65.
2. *Jesús el Cristo, Clásicos revisados en la Edición de la Literatura Mormona* (1983), págs. 181–183, 208; también en *Diccionario Bíblico de los LDS*, s.v. "Mateo," pág. 729.
3. Eusebio, *La Historia Eclesiástica y los Mártires de Palestina*, libro 3, capítulo 39.
4. *La Historia Eclesiástica y los Mártires de Palestina*, libro 2, capítulo 15.
5. *Diccionario Bíblico de los LDS*, s.v. "Lucas," pág. 726.
6. *Historia de la Iglesia*, 1:176, nota.
7. *Jesús el Cristo*, pág. 715.
8. En Reporte de Conferencias, octubre 1972, pág. 53; o revista *Liahona*, enero de 1973, pág. 57.
9. *Doctrina de Salvación*, 3 volúmenes, compilado por Bruce R. McConkie (1954–56), pág. 1:295.
10. *Doctrina de Salvación*, 1:295.

Capítulo 1

# Jesucristo es el Camino

## CRISTO ES EL HIJO DE DIOS PRIMOGENITO EN EL ESPÍRITU

La Primera Presidencia dijo en un comunicado emitido en 1909:

HEINRICH HOFFMANN, 1889

> El Padre de Jesús [en el espíritu] es también nuestro Padre. Jesús mismo enseñó esta verdad, cuando instruyó a sus discípulos a orar: "Padre nuestro que estás en los cielos", etc. Sin embargo, Jesús es el primogénito entre todos los hijos de Dios—el primogénito en el espíritu, y el único engendrado en la carne. Él es nuestro hermano mayor, y nosotros, como Él, somos a la imagen de Dios. Todos los hombres y las mujeres son a semejanza del Padre y la Madre universal, y son literalmente los hijos e hijas de la Deidad.[1]

La Primera Presidencia y Los Doce, dijeron en un comunicado emitido en 1916:

> Entre los hijos espirituales de Elohim el primogénito fue y es Jehová o Jesucristo a quien todos los demás son jóvenes. . . (Colosenses 1:15–19). De esta escritura [Colosenses 1:15] aprendemos que Jesucristo fue "el primogénito de toda creación" y es evidente que la antigüedad aquí expresada debe ser con respecto a la existencia ante—mortal, porque Cristo no fue el mayor de todos los mortales en la carne. . . .
>
> Por lo tanto, no hay ninguna incorrección al hablar de Jesucristo como el Hermano Mayor del resto de la humanidad. Que Él es el hermano por nacimiento espiritual para el resto de nosotros está indicado en Hebreos [2:17]. Que no se olvide, sin embargo, que Él es esencialmente mayor que cualquiera y todos los demás, en razón (1) de su antigüedad como el más antiguo o primogénito; (2) de su estatus único en la carne como el descendiente de una madre mortal y de un Padre; inmortal o resucitado y glorificado, (3) de su selección y la pre—ordenación como el único Redentor y Salvador de la raza; y (4) de su impecabilidad trascendente.[2]

Nuestro Señor Jehová fue el hijo primogénito por derecho de nacimiento de nuestro Padre Celestial, y Él conservó esa primogenitura por su estricta obediencia. A través de todos los eones de la vida pre—terrenal, Él avanzó y Se perfeccionó hasta que, como Abrahán describe, se puso de pie como uno "semejante a Dios" (Abr. 3:24). Él fue más inteligente que cualquier otro espíritu hijo de Dios y estuvo absolutamente comprometido a hacer la voluntad del Padre en todas las cosas. Por lo tanto, el Padre le confió con la creación de todas las cosas en todo el universo y con la asignación absolutamente crucial de ser el que redimiera a todos los otros hijos a través de un sacrificio infinito.

El presidente Joseph Fielding Smith dijo: "Nuestro Salvador fue un Dios antes de nacer a este mundo, y trajo con él ese mismo estado cuando vino aquí. Él fue un Dios cuando Él nació en el mundo como lo fue antes."[3]

## CRISTO FUE ELEGIDO PARA SER NUESTRO REDENTOR

- **Abrahán 3:24–26 El plan de salvación fue presentado en el ayuntamiento en el Cielo.** "Entre ellos estaba uno que era semejante a Dios" (v. 24). Este era Jehová, el hijo primogénito de Dios. En cumplimiento con el plan del Padre, "dijo a los que estaban con él: Descenderemos, pues hay espacio allá, y tomaremos de estos materiales y haremos una tierra sobre la cual éstos puedan morar" (v. 24). Por lo tanto, Él fue el creador de esta tierra, asistidos por "los que estaban con él."

  El propósito de esta tierra sería "probarlos, para ver si quieren hacer todas las cosas que el Señor su Dios les mandare" (v. 25). Fue fácil elegir hacer el bien mientras vivimos en presencia de nuestro Padre y Madre perfectos. Pero necesitábamos una oportunidad para elegir cuando las circunstancias no fueran tan obviamente ideales.

  Los que habían sido más obedientes y progresado más –los que habían [mantenido] su primer estado "en el cielo,—sobre ellos les serían "añadido" por su experiencia en la Tierra (v. 26). Quienes no habían sido tan valientes, no gozarían de las mismas oportunidades. Pero entonces todo progreso futuro para todos ellos estaría determinado por la forma en que mantuviesen el "segundo estado" sobre esta tierra. Algunos podrían progresar mucho, superando su desventaja anterior. Algunos podrían caer de su elevada posición cuando no pudieran mantener su progreso cuando vinieran a este mundo. Pero al final, "quienes hubieren guardado su segundo estado, les será agregada gloria sobre su cabeza por siempre jamás" (v. 26).

- **Abrahán 3:27–28 Jehová aceptó ser nuestro Redentor.** Para progresar, todos necesitamos una oportunidad para aprender por nosotros mismos cómo distinguir entre el bien y el mal. De otro modo no podría haber crecimiento. El problema fue, en el proceso de aprendizaje acerca de las consecuencias del mal, nos convertiríamos en indignos de volver a vivir con Dios. Por lo tanto, sería necesario un "Reparador" que pudiera pagar el precio del pecado y satisfacer las exigencias de la justicia eterna.

  "Y el Señor dijo: ¿A quién enviaré? Y respondió uno semejante al Hijo del Hombre: Heme aquí, envíame a mí. Y otro contestó, y dijo: Heme aquí, envíame a mí. Y el Señor dijo: Enviaré al primero. Y el segundo se enojó, y no guardó su primer estado; y, en ese día, muchos lo siguieron".

El presidente Brigham Young dijo: "Creemos que Jesucristo es nuestro hermano mayor, que Él es realmente el Hijo de nuestro Padre y que Él es el Salvador del mundo, y fue designado a este antes que se hubiese establecido la fundación de esta tierra."[4]

El profeta José Smith dijo: "En la primera organización en el cielo todos estuvimos presentes, y vimos al Salvador elegido y nombrado y hecho el plan de salvación, y nosotros lo sancionamos."[5]

- **Moisés 4:1–4 El plan de Lucifer nos habría negado nuestro libre albedrío, y fue rechazado.** El Señor le dijo a Moisés que Lucifer "llegó a mí, diciendo: He aquí, aquí estoy, envíame a mí, voy a ser tu hijo y redimiré a todo el género humano, que no se perderá ni una sola alma, y de seguro lo haré; por lo cual dame tu gloria" (v. 1).

  Lucifer era ambicioso, deseando convertirse en el Dios de todos nosotros, en lugar del Padre, sin ningún esfuerzo o prueba de que él fuera digno de tal condición. Él quería un atajo a la exaltación que no implicara ningún requisito para el ejercicio justo del libre albedrío, ya fuera para él o para nosotros. Se nos negaría la posibilidad de elección, y seríamos dependientes de él para cada decisión y beneficio. Sería un estado de bienestar espiritual eterno.

  "Pero, he aquí, mi Hijo Amado, que fuiste mi Amado y mi Escogido desde el principio, me dijo: —Padre, hágase tu voluntad, y sea tuya la gloria para siempre" (v. 2). El Padre obviamente eligió quedarse con su propio plan y designar a Jehová como nuestro Redentor.

  "Pues, por ello Satanás se rebeló contra mí, y pretendió destruir el albedrío del hombre que yo, Dios el Señor, le había dado, y también, para que yo le diera mi propio poder; por el poder de mi Unigénito, hice que fuese echado abajo; Y llegó a ser Satanás, sí, el diablo, el padre de todas las mentiras, para engañar y cegar a los hombres y llevarlos cautivos según su voluntad, sí, a cuantos no quieran escuchar mi voz" (vv. 3–4).

  Algunos erróneamente dicen que tanto el Salvador como Lucifer presentaron un plan en el concilio pre—terrenal, y que el Padre eligió el plan del Salvador. Eso no es cierto. El plan era el Padre de desde el principio. Jehová se ofreció a desempeñar el papel de Redentor dentro del plan del Padre. Lucifer trató de poner por delante su propio plan en lugar de el del Padre.

  El élder Bruce R. McConkie dijo:

  > El plan de salvación es el Evangelio del Padre. El plan de salvación se originó con el Padre; Él es el autor y consumador de la fe, en el sentido final; Él ordenó a las leyes de la obediencia por las cuales tanto nosotros como Cristo podemos ser como Él.
  >
  > El Padre no pidió voluntarios para proponer un plan por el cual el hombre pudiese ser salvado. Lo que Él hizo fue preguntar a quién debía enviar para ser el Redentor en el plan que Él ideó. Cristo y Lucifer, ambos se ofrecieron como voluntarios, y el Señor eligió a su Unigénito y rechazó la oferta modificatoria del hijo de la mañana.

Así, Pablo habló de "el evangelio de Dios. . . acerca de su Hijo, nuestro Señor Jesucristo, que era del linaje de David según la carne" (Romanos 1:1–3). Es el evangelio del Padre, que se convirtió en el evangelio del Hijo por adopción, y lo llamamos después el nombre de Cristo, porque su sacrificio expiatorio puso en funcionamiento todos sus términos y condiciones.[6]

- **Isaías 14:12–21 Una descripción gráfica de la ambición y el orgullo tonto de Lucifer.** Isaías compara a Nabucodonosor de Babilonia a Lucifer que había caído del cielo. Al hacerlo así, ofrece algunos detalles esclarecedores de las motivaciones, acciones y consecuencias de Lucifer.

— **vv. 12–21** (2 Nefi 24:12–21) **Isaías describe la caída de Lucifer**. Primero notamos que él lo llama "Lucero, hijo de la mañana" (v. 12), quien cayó del cielo Lucifer, cuyo nombre significa "portador de luz", es Satanás (D. y C. 76:25–28). Se convirtió en la perdición (que significa "pérdida y destrucción total "), pero el título "hijo de la mañana", sugiere que una vez fue uno de los más grandes hijos de Dios. Como una forma de hablar, "hijo de la mañana" significa que él también era uno de los hijos más antiguos de Dios. Y como sabemos, "cayó del cielo" en la existencia premortal.

*Un "hijo de la mañana" cayó del cielo*

La palabra *congregación* (v. 13) debe ser traducida "asamblea de los dioses." Lucifer quería ser exaltado por encima de Dios el Padre, pero en lugar de eso va a heredar el infierno (vv. 13–15). Él es un mentiroso y buscaba el poder personal a expensas de nuestra albedrío (Moisés 4:1–4). Hubo una guerra en el cielo, y Miguel (Adán) prevaleció sobre él (Apocalipsis 12:7–9).

Cristo dijo Satanás cayó "como un rayo" del cielo (Lucas 10:18). Se le permitió venir a la tierra con sus ángeles a tentarnos para que podamos tener el libre albedrío (D y C 29:36–39). Él todavía quiere gobernar sobre nosotros, pero gracias a la expiación de Cristo, "nada tiene" al final (Juan 14:30). A diferencia de sus planes arrogantes para ganarse el respeto de todos los hijos de Dios por la fuerza, la gente a él estrechamente, una figura retórica que significa que le van a faltar el respeto a pesar del gran mal que causará (vv. 16–17). Es interesante notar que la gente se sorprenderá de lo común que se ve (sin gloria, sin características comandantes, sin cuernos ni cola o el pie hendido). Ellos dirán: "¿Es éste aquel varón que hacía temblar la tierra, que trastornaba los reinos? Y puso al mundo como un desierto, que asoló sus ciudades, y no abrió la casa de sus prisioneros?" (vv. 16–17). El castigo de Lucifer es que nunca tendrá un cuerpo. De ello se deduce que nunca tendrá una tumba, como todos los reyes honrados de la tierra (vv. 18–20). Para él, no hay resurrección, ni tierra para heredar, y ningún hijo (v. 21).

- **Apocalipsis 12:7–9 El resultado de este desacuerdo fue una "guerra en el cielo", que perdió Lucifer**. Juan dice rotundamente, "hubo una gran batalla en el cielo: Miguel y sus ángeles luchaban contra el dragón; y luchaban el dragón y sus ángeles "(v. 7). El "dragón" en este caso representa a Lucifer, que "no prevalecieron, Tampoco había lugar fue más hallado en el cielo "para él (v. 8). Él fue "lanzado fuera, la serpiente antigua, que se llama Diablo y Satanás, el cual engaña al mundo entero; fue arrojado a la tierra, y sus ángeles fueron arrojados con él" (v 9.). A pesar de que ya no estaban autorizados a vivir con nuestro Padre en Su cielo, se les permitió continuar con sus esfuerzos para persuadir a otros a volverse contra el plan de nuestro Padre. Pensar por un tiempo que aún podrían prevalecer, han afligido y atormentado hombre. Pero sus esfuerzos sólo sirvieron para cumplir con la obra del Padre al ofrecer las mismas opciones que tendrían buena gana nos negó.

- **Apocalipsis 12:10–11 La guerra fue ganada por la sangre del Cordero y nuestro testimonio de Él.** "El acusador de nuestros hermanos" es Lucifer, quien trató de acusar a Dios de injusticia al obligarnos a elegir por nosotros mismos o no seremos obedientes. Pero Juan oyó " una gran voz en el cielo, que decía: Ahora ha venido la salvación, el poder, y el reino de nuestro Dios, y la autoridad de su Cristo; porque ha sido lanzado fuera el acusador de nuestros hermanos, el que los acusaba delante de nuestro Dios día y noche. (v. 10). Satanás fue vencido "por la sangre del Cordero" (la Expiación), y por "la palabra del testimonio de ellos" (v. 11). En otras palabras, nuestros propios testimonios fueron n un arma de poder.

CRISTO ES EL CREADOR Y FUENTE DE VIDA

- Mosíah 7:27–28 Cristo es el Creador de todas las cosas. El profeta Abinadí pagó con su vida (v. 28) por testificar que "Cristo era el Dios, el Padre de todas las cosas" quién "tomaría sobre sí la imagen de hombre. . . la imagen de acuerdo a la cual fue creado el hombre en el principio,", y que "bajaría entre los hijos de los hombres, y tomaría sobre sí carne y sangre, e iría sobre la faz de la tierra" (v. 27).

- **Moisés 1:27–33 Cristo es el Creador del universo visible y todos los mundos dentro de él.** Moisés vio la tierra entera y todos los habitantes de la misma (vv. 27–28). Él también vio otras tierras que fueron creadas por Jehová (Cristo) y se preguntó en voz alta, "¿Por qué estas cosas son así, y por qué medio las hiciste?" (v. 30). Como él vio estas cosas, Moisés fue glorificado (traducido) para que pudiera estar en presencia de Dios y hablar con Él "cara a cara" (v. 31). El Señor se negó a explicar a Moisés todos Sus propósitos, diciendo: "Para mi propio fin he hecho estas cosas. Aquí está la sabiduría y quedan en mí" (v. 31). Pero sí dijo que fueron creadas "por la palabra de mi poder. . . que es mi Hijo Unigénito, que está lleno de gracia y de verdad" (v. 32). De hecho, "incontables mundos he creado; y yo los he creado para mi propio fin; y por el Hijo, los he creado, que es mi Unigénito" (v. 33).

PHOTO COURTESY OF NASA

*Miles de millones de galaxias con miles de millones de estrellas*

- Juan 11:25 Cristo es la fuente de la vida y de la resurrección. Cristo declaró ser "la resurrección y la vida" de todos los hombres. Por lo tanto, como la fuente de toda vida mortal, y el poder por el cual los muertos resucitan de nuevo a la vida, Él prometió que "el que cree en mí, aunque esté muerto, vivirá."

  El presidente Joseph Fielding Smith dijo: "Bajo la dirección de Su Padre, Jesucristo creó la tierra. No hay duda que otros le ayudaron, pero fue Jesucristo, nuestro Redentor, el cual, bajo la dirección de Su Padre, bajó y organizó la materia e hizo este planeta, por lo que podría ser habitado por los hijos de Dios."[7]

- **D. y C. 88:6–13 Cristo es la fuente de toda luz, tanto física como espiritual**. Cristo ha "ascendido a lo alto," habiendo ya "descendido debajo de todo" para que pudiera "comprender. . . todas las cosas "implícitas en la experiencia humana (v. 6). También está "en todas, y por todas las cosas, la luz de la verdad," una luz espiritual que brilla en todo el universo, lo que llamamos "la luz de Cristo" (vv. 6–7).

  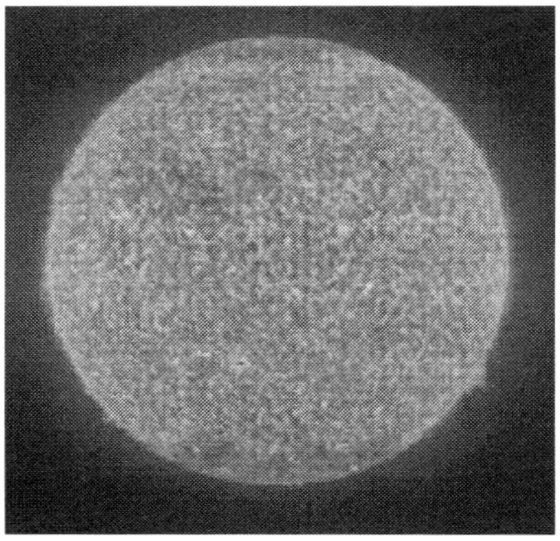
  

  Pero Él también es la fuente de la luz física, "la luz del sol, y el mismo poder por el cual fue hecha; . . . la luz de la luna, y el mismo poder por el cual se hizo "y" la luz de las estrellas, y el poder por el cual fueron hechas" (vv. 7–9). Estas luces, que brillan sobre la tierra, lo hacen "a través de aquel que ilumina vuestros ojos, que es la misma luz que vivifica vuestro entendimiento" (v. 11). De este modo, la luz de Cristo, que "sale de la presencia de Dios para llenar la inmensidad del espacio" (v. 12) es también "la luz que existe en todas las cosas, que da vida a todas las cosas", y es "la ley por la cual se rigen todas las cosas, incluso el poder de Dios, que está sentado en su trono, que está en el seno de la eternidad" (v. 13). Nosotros no comprendemos plenamente la forma en que la luz de Cristo se encuentra conectada a la luz del sol, pero existe claramente una conexión, y ambas tienen a Cristo como su fuente de poder.

- **Juan 1:1–4 Él es la fuente de toda luz y vida para toda la humanidad**. El apóstol Juan comienza su registro con un testimonio de la grandeza de la misión de Jehová, tanto en el mundo premortal como en su vida mortal. "En el principio fue la Palabra", escribió, usando el sustantivo simbólico y en mayúsculas "Palabra" para Jesucristo (v. 1).

  El élder James E. Talmage dijo: "El Padre trabajó en la obra de la creación a través del Hijo, que se convirtió así en el ejecutivo a través de quién se llevó a efecto la voluntad, mandamiento o palabra del Padre. Por lo tanto, es con idoneidad incisiva, que el Hijo, Jesucristo, es designado por el apóstol Juan como la Palabra; o según lo declarado por el Padre 'la palabra de mi poder "(Juan 1:1; Moisés 1:32)."[8]

Juan luego enumera las características de este premortal Dios que vino a la tierra:

— La Palabra estaba con Dios (v. 1).
— El Verbo era [un] Dios (v. 1).
— Él estaba en el principio con Dios (v. 2).
— Todas las cosas fueron hechas por Él (v. 3).
— Él es la fuente de toda la vida (v. 4).
— Él es la fuente de toda luz para los hombres (4).

- **Juan 1:5–9 Su luz se muestra en la oscuridad cuando vino a la tierra**. Cuando Jehová vino a la tierra como el Jesús mortal, Su "luz brilla en las tinieblas; y las tinieblas no la comprendieron " (v. 5). El Señor envió al profeta Juan el Bautista "para dar testimonio de la luz, para que todos los hombres creyesen por él" (v. 7). Juan el Bautista "no era la luz, sino que vino para dar testimonio de la luz" (v. 8). Jesús era "la Luz verdadera, que alumbra a todo hombre, venía a este mundo" (v. 9).

- **Juan 1:10–11 Porque ellos no lo reconocieron como su Mesías Prometido**, los judíos lo rechazaron. Su Mesías había llegado. "Él estaba en el mundo, y el mundo fue hecho por él, y el mundo no le conoció" (v. 10). "Él vino a los suyos, y los suyos no le recibieron" (v. 11).

  El élder Howard W. Hunter dijo: "¿Por qué fue en ese momento o por qué ahora es que algunos no lo van a recibir? No hay duda que esperaban algo totalmente diferente. Estaban buscando a un líder en la reforma política y social y tenían poco interés en las cosas espirituales. 'El mundo fue hecho por él, y el mundo no le conoció. "Hoy, hay personas que pasan sin reconocerlo."[9]

## CRISTO FUE UN DIOS ANTES DE NACER

- **Isaías 7:14–16 Uno de sus nombres era Emmanuel, que significa "Dios con nosotros."** Isaías invitó al rey Acaz de Judá a pedir una señal, alguna señal que él deseara, que demostraría que Isaías estaba hablando del Dios vivo. Pero el rey en su arrogancia se negó a hacerlo. "Por tanto, el Señor mismo os dará señal", dijo Isaías: "He aquí que la virgen concebirá, y dará a luz un hijo, y llamará su nombre Emanuel." Este nombre, que significa "Dios con nosotros" es extremadamente importante. Significa que Cristo era un Dios, incluso antes de venir aquí para recibir su cuerpo. Viviría como todos los mortales, comería "mantequilla y miel" y aprendería a "desechar lo malo y escoger lo bueno" (v. 15). Pero esta señal no se cumpliría de inmediato en los días de Isaías y de Acaz. Antes, que venga este niño, "la tierra que tú aborreces [el reino del norte de Israel] será abandonada por sus dos reyes"

PROVIDENCE LITHOGRAPHIC CO., 1903, #36

*Cristo era un Dios en la vida preterrenal*

(v. 16). En otras palabras, Israel como nación dejaría de ser, y este fue el caso cuando fue llevada cautiva a Asiria y se terminó su linaje real.

En el Nuevo Testamento, Mateo testificó que el nacimiento del niño Jesús se hizo "para que se cumpliese lo que fue dicho por el Señor por medio del profeta, diciendo: He aquí que la virgen concebirá, y dará a luz un hijo, y llamarás su nombre Emanuel, que traducido es: Dios con nosotros " (Mateo 1:22–23).

- **Juan 1:12–14 Él fue "hecho carne" y "habitó entre nosotros" con el fin de salvarnos y exaltarnos.** Aquellos que creen en Él y le aceptan como su Salvador reciben "potestad de ser hechos hijos de Dios" (v. 12). Todos nosotros fuimos originalmente los hijos espirituales del Padre, "nacidos, no de sangre, ni de voluntad de carne, ni de voluntad de varón, sino de Dios" (v. 13).

  "El Verbo se hizo carne, y habitó entre nosotros" cuando Jesús vino a la tierra. Y Juan dio testimonio de que "vimos su gloria, gloria como del unigénito del Padre, lleno de gracia y de verdad" (v. 14).

- **Juan 1:15 Juan el Bautista testimonió a acerca de Cristo.** El apóstol Juan, originalmente un discípulo de Juan el Bautista, cita a ese profeta al atestiguar acerca de Jesús: "Este es aquel de quien yo dije: El que viene después de mí, es antes de mí: . Porque fue primero que yo."

PROVIDENCE LITHOGRAPHIC CO., 1904, #37

*Juan envió a sus discípulos a Cristo*

  El élder Bruce R. McConkie dijo:

> Desde la revelación de los últimos días nos enteramos que el material en la parte delantera del evangelio de Juan (el apóstol, Revelador, y Discípulo Amado) fue originalmente escrito por Juan el Bautista. Por revelación el Señor restauró a José Smith parte de lo que Juan el Bautista había escrito y prometió revelar el balance cuando los hombres se volvieran lo suficientemente fieles como para justificar su recepción (D. y C. 93:6–18). . . .
>
> Sin embargo, incluso sin la revelación, debería ser evidente que Juan el Bautista tuvo algo que ver con el registro de sucesos en la parte delantera del evangelio de Juan, porque algunos de los hechos son sus conversaciones con los judíos y un registro de lo que vio cuando nuestro Señor fue bautizado, todas situaciones que habría sido desconocidas por Juan el Apóstol, cuyo ministerio se inició un poco más tarde que la del Bautista. Hay pocas dudas de que el Discípulo Amado tenía ante él el relato del Bautista cuando escribió su evangelio. Este último Juan ya sea que copiara o parafraseara lo que el profeta anterior del mismo nombre había escrito. [O, posiblemente,] el Señor reveló al autor del evangelio las palabras que habían sido registradas antes por el mensajero que preparó el camino antes que él.[10]

- **Juan 1:16–17 A través de Cristo podemos obtener "la plenitud del Padre."** "Porque de su plenitud," el apóstol Juan agrega, "tomamos todos, y gracia sobre gracia" (v 16).

Mientras que la "ley fue dada por medio de Moisés," no fue suficiente para salvarnos: "la gracia y la verdad vinieron por medio de Jesucristo" (v 17).

El élder Bruce R. McConkie dijo:

> Obtener la plenitud del Padre significa alcanzar la exaltación y la divinidad. Esta plenitud consiste en (1) todo el poder, tanto en el cielo como en la tierra, y (2) el aumento eterno o "una continuación de las simientes por siempre jamás" (D. y C. 132: . 19–24; Doctrina Mormona, 2da editado por, 1966, pág. 300). Como es el caso con todos los hombres, nuestro Señor obró su propia salvación y exaltación. Después de haber sido hecho carne, Él continuó en obediencia a toda la ley, hasta que habiendo superado todas las cosas, se levantó en el triunfo de una gloriosa resurrección para recibir, heredar y poseer todas las cosas, es decir, a la "plenitud de la gloria del Padre". Después de haber puesto como ejemplo él mismo, nuestro Señor ahora proclama: " Si guardáis mis mandamientos, recibiréis su plenitud y seréis glorificados en mí como yo en el Padre "(D. y C. 93:20).[11]

- **Juan 1:18 Cristo dio testimonio y habló de la voluntad del Padre.** El Padre mismo no vino a la tierra para salvar a sus hijos, "el unigénito Hijo, que está en el seno del Padre" fue el enviado para declarar la palabra de Dios (v. 18). Por otra parte, el Padre ha dado testimonio del Hijo. La TJS de Juan 1:19 dice: "Y nadie ha visto a Dios en ningún momento, excepto él que ha dado testimonio del Hijo; porque salvo a través de él ningún hombre puede ser salvado".

El élder Bruce R. McConkie dijo: "Como se encuentra actualmente en la versión del Rey Santiago de este pasaje es uno de los ejemplos clásicos de la mala traducción de las Escrituras. Todo el cuerpo de la verdad revelada da testimonio de que la Deidad ha sido vista por el hombre. Lo que Juan enseñó en realidad fue que el Padre nunca se le había aparecido a ningún hombre, excepto con el propósito de introducir y dar testimonio del Hijo. La aparición conjunta del Padre y del Hijo a José Smith muestra el patrón que se ha seguido siempre "(H JS— 1:14–20).[12]

Las Escrituras dejan en claro la identidad de Jesucristo:

Cristo es "Dios mismo" quien vino a morar con nosotros (Mosíah 15:1).
Cristo es Jehová—el mismo Dios que habló a Abrahán, Isaac, Jacob, y Moisés (1 Nefi 19:7–10).
Cristo es el que le dio la ley de Moisés a los hijos de Israel (3 Nefi 15:5–6).
Él era—y es—el Dios de toda la tierra (3 Nefi 11:13–14).

El élder Bruce R. McConkie dijo:

> No hay preguntas que tengan mayor impacto no solo para los judíos y para el resto de nosotros que somos de Israel (y cuyo Libertador es Él), sino para toda la humanidad—que éstas: ¿Quién es el Mesías? ¿Quién es el Ungido, que viene a salvar a su pueblo de sus pecados? ¿Quién es el Cristo prometido? . . .
>
> Para los judíos espiritualmente ignorantes de su época, el Mesías fue considerado como un Libertador temporal, que los liberaría del yugo de la esclavitud romana y restauraría nuevamente la gloria del trono de David. Pero para aquellos que habían llegado o que

llegarían a un verdadero conocimiento de las declaraciones proféticas acerca de Su venida y misión, Él era el que iba a rescatar a la humanidad de la muerte temporal y espiritual traída sobre ellos por la caída de Adán; Él era Aquel de quién viene la salvación.

Y de esto no hay duda: El Señor Jesús engendrado por el Dios Supremo, concebido por María, que nació en Belén, crucificado en el Calvario—el Señor Jesús, llamado el Cristo, el Mesías. Él es el Redentor y Libertador, el Rey de Israel, el Hijo de Dios, el Salvador del mundo.[13]

## CRISTO ES LA FUENTE DE LA SALVACIÓN

- **"Jesús" (Josué) fue el nombre dado a nuestro Salvador** en obediencia a las instrucciones del ángel Gabriel cuando se le apareció a José (Mateo 1:21). Se les dio estas instrucciones incluso antes que Jesús fuera concebido en el vientre de María (Lucas 2:21). El nombre Jesús viene de la versión griega de las Escrituras. Su equivalente hebreo era Yehoshua o Josué, o como se dice en Inglés, Joshua. En su forma original, el nombre significa "Ayuda de Jehová," "Salvador: Libertador," o "Jehová es Salvación".

*Jesús era Jehová y el Mesías*

- **"Cristo" es un título—el equivalente griego del título hebreo "Mesías" o "Ungido."** Dijo El élder Santiago E. Talmage, "Cristo es un título sagrado, y no un nombre ordinario . . o común; es de origen griego, y su significado es idéntico a su equivalente hebreo Mesías, que significa el Ungido. Otros títulos, cada uno con un significado definido, como Emmanuel, Salvador, Redentor, Hijo Unigénito, Señor, Hijo de Dios, Hijo del Hombre, y muchos más, son dados por las Escrituras; el hecho de vital . importancia para nosotros es que estos varios títulos son reveladores del origen divino de nuestro Señor y Divinidad. Como se ve, los nombres o títulos esenciales de Jesús el Cristo se dieron a conocer antes de su nacimiento, y se dieron a conocer a los profetas que le precedieron en el estado mortal."[14]

- **"Jehová" significa "El Auto—Existente" o "El Eterno."** Está escrito en nuestro Antiguo Testamento como "SEÑOR" en mayúsculas. Según la antigua costumbre judía, el nombre "Jehová" o "Yo Soy" (El Auto—Existente) no era para ser dicho por temor a incurrir en la ira divina.

  El élder James E. Talmage dijo: "Jesús, una vez atacado con preguntas y críticas de algunos judíos que consideraban su linaje de Abraham como una garantía de preferencia divina, se cumplieron con sus palabras abusivas con la declaración: " De cierto, de cierto os digo, antes que Abrahán Fuese, yo soy "el verdadero significado de este dicho se expresaría más claramente puntuando la oración y señalando lo siguiente: " de cierto, de cierto os digo: antes que Abraham, fuera Soy Yo;. que significa lo mismo que si hubiera dicho—Antes que Abraham, fui yo, Jehová. Los capciosos judíos estuvieron tan ofendidos al oír que él usara un nombre que, por una interpretación errónea de una escritura anterior, sostuvieron que no debía ser pronunciado bajo pena de muerte, que inmediatamente tomaron piedras con la intención de matarlo."[15]

El élder Bruce R. McConkie dijo: "Cualquiera sea lo que el mundo pueda imaginar, lo que sea que. . . la cristiandad pueda tratar de exponer en relación con Jehová, cualquiera sea la sabiduría que se pueda suponer de los hombres, , hecho inalterable, simple es que el Señor Jehová fue Salvador el prometido, el Redentor Libertador, y el Mesías, y que Él es el Cristo."[16]

- **D. y C. 110:1–4 Nombres—títulos adicionales que usó Cristo para describirse a Sí mismo** en el Templo de Kirtland. Se puso de pie "en el barandal del púlpito, delante de nosotros; y debajo de sus pies había un pavimento de oro puro del color del ámbar. Sus ojos eran como llama de fuego; el cabello de su cabeza era blanco como la nieve pura; su semblante brillaba más que el resplandor del sol; y su voz era como el sonido del murmullo de muchas aguas" (vv. 2–3). Entonces Él (Jehová) se presentó a sí mismo como "el primero y el último," "el que vive", "el que fue inmolado," y "vuestro abogado ante el Padre" (v. 4).

- **Mosíah 3:17 No hay otra persona o medio por el cual podemos ser salvos.** El hombre podría imaginar todo tipo de ceremonias y falsos dioses por los que podría obtener la salvación eterna y la felicidad. Pero se decretó en el concilio de los cielos "que no se dará otro nombre, ni otra senda ni medio por el cual la salvación llegue a los hijos de los hombres" salvo "por el nombre de Cristo, el Señor Omnipotente."

- **Juan 14:6 Cristo es "el camino, la verdad y la vida" y "nadie viene al Padre, sino por [Él]."** Decir que Él es "el camino" significa que Él ofrece el camino por el cual nos puede regresar a nuestro Padre Celestial. Decir que Él es "la verdad" significa que toda la verdad emana de Él; no existe de forma independiente y aparte de ese Ser que lo creó. Decir que Él es "la vida" significa que Él es la fuente de vida para todos los seres vivos en este planeta, incluyendo nuestros propios cuerpos mortales. También significa que Él es la fuente de vida eterna para nuestros espíritus.

  El presidente David O. McKay dijo:

  > "¿Cómo podemos saber el camino", preguntó Tomás, mientras se sentaba con sus compañeros Apóstoles y su Señor en la mesa después de la cena en la memorable noche de la traición; Y la respuesta divina de Cristo fue: "Yo soy el camino, la verdad y la vida" (Juan 14:5–6). Y así ¡Él es! Él es la fuente de nuestro consuelo, la inspiración de nuestra vida, el autor de nuestra salvación. Si queremos conocer nuestra relación con Dios, vamos a Jesús Cristo. Si queremos conocer la verdad de la inmortalidad del alma, la tenemos ejemplificada en la resurrección del Salvador.
  >
  > Si deseamos conocer la vida ideal para dirigir entre nuestros semejantes, podemos encontrar un ejemplo perfecto en la vida de Jesús. Pese a todos nuestros nobles deseos, nuestras elevadas aspiraciones, nuestros ideales en cualquier fase de la vida, podemos mirar

> a Cristo y encontrar la perfección. Por lo tanto, en la búsqueda de un estándar para la hombría moral, sólo tenemos que ir al hombre de Nazaret y en El encontrar encarnadas todas las virtudes que van a hacer al hombre perfecto.[17]

## TESTIGOS DE LA DIVINIDAD DE CRISTO

### Todas las Cosas Tipifican a Cristo

El famoso himno "Cuán grande es Él" (Himnos, N º. 87) reflexiona sobre cómo la mera visión del trueno arrollador, el fluir de los arroyos, y el canto de los pájaros nos recuerdan el poder de nuestro Señor y también su bondad. Él quiso que fuera así. De hecho, todo en este planeta fue hecho para dar testimonio de Él (Moisés 6:63). Por ejemplo, si tenemos los ojos espirituales para ver, se nos recuerda por las estaciones del año del plan de salvación que comienza con el nacimiento (primavera), se mueve a través de las estaciones de la vida hasta la muerte (verano, otoño, invierno), y luego vuelve a su vida de nuevo en una resurrección gloriosa en la primavera. Se nos recuerda de la Roca de nuestra salvación, cuando contemplamos los poderosos bloques de granito de las que se forman nuestras montañas. Se nos recuerda del Buen Pastor cuando vemos los corderos recién nacidos tan dependientes de sus madres y sus pastores para su seguridad y sustento.

El élder Bruce R. McConkie dijo:

> Todo lo que se ha dado en el evangelio y todo lo que ha sido de alguna manera relacionado con el ha sido diseñado con el propósito expreso de dar testimonio de Cristo y certificar de su divina misión. . . .
>
> De hecho, como dice Jacob: "Todas las cosas que han sido dadas por Dios desde el principio del mundo, para el hombre, son el símbolo de él" (2 Nefi 11:4).
>
> Cada profeta que ha habido en el mundo ha dado testimonio de que Él es el Hijo de Dios, porque en su misma naturaleza es que está la principal vocación de profeta. El testimonio de Jesús es sinónimo del espíritu de profecía.[18]

### Los Profetas del Antiguo Testamento Testificaron sobre Cristo

Abinadí dijo que todos los profetas desde el principio del mundo han profetizado de Cristo (Mosíah 13:33–35). Una cuidadosa lectura del Antiguo Testamento da cuenta que esto es cierto (ver cuadro en la página siguiente). Cristo citó a Moisés y todos los profetas lo concerniente a Si mismo (Lucas 24:27–32). Los discípulos sabían que todos los profetas habían testificado de Él (Juan 1:43–45). Y la mujer en el pozo sabía que las Escrituras testificaron de Él (Juan 4:25–26). Su misión no era ningún secreto y había sido la pieza central de todo el culto adecuado desde que el mundo comenzó—con sacrificios, bautismos y las

*La misión de Cristo fue predicha*

ordenanzas del templo todo apuntando claramente a Su vida y misión para la salvación de toda la humanidad.

Prácticamente todos los detalles de la vida del Salvador fue pronosticados por los profetas del Antiguo Testamento:

| Antiguo Testamento Profecía: | | Cumplimiento en el Nuevo Testamento |
|---|---|---|
| Miqueas 5:2 | Nació en Belén de Judea | Mateo 2:1–6 |
| Isaías 9:6 | Nació un hijo varón | Lucas 2:7 |
| Isaías 7:14 | Hijo de una madre virgen | Lucas 1:34; Mateo 1:25 |
| Desconocido | Vendrá de Nazaret | Mateo 3:1–3 |
| Salmo 72:10 | Un objeto de gran adoración | Mateo 2:1–11 |
| Isaías 40:3 | Precedido por un precursor | Mateo 3:1–3 |
| Malaquías 3:1 | Precedido por un precursor | Lucas 1:17 |
| Isaías 9:1–2 | Su Ministerio comenzará en Galilea | Mateo. 4:12,16–23 |
| Salmo 78:2 | Enseñará en parábolas | Mateo 13:34–35 |
| Isaías 35:5–6 | Hará milagros | Mateo. 11:4–5 |
| Zacarías. 9:9 | Entra en Jerusalén en triunfo sobre un asno | Mateo. 21:1–11 |
| Salmo 69:8 | Su mensaje será rechazado | Juan 1:11 |
| Isaías 53:7 | Permanecerá en silencio ante sus acusadores | Marcos 15:3 |
| Isaías 53:5–6 | Tomará sobre sí todos nuestros pecados | Juan 1:29 |
| Salmo 41:9; 55:12–14 | Será traicionado por un amigo cercano | Juan 13:18, 21 |
| Zacarías 11:12 | Lo venderán por treinta monedas de plata | Mateo. 26:15 |
| Zac. 13:7 | Será abandonado por sus compañeros | Mateo. 26:31–56 |
| Miqueas 5:1 | Será herido en la mejilla | Mateo. 27:30 |
| Isaías 50:6 | Lo escupirán | Mateo. 27:30 |
| Salmo 22:7–8 | Se burlarán | Mateo. 27:31, 39–44 |
| Isaías 50:6 | Será azotado | Mateo. 26:67; 27:26, 30 |
| Salmo 22:16; Zac.12:10 | Las manos y los pies serán perforados | Juan 19:33–37 |
| Isaías 53:12 | Será numerado con transgresores | Mateo. 27:38 |
| Salmo 22:15 | Estará sediento y dolorido | Juan 19:28 |
| Salmo 69:21 | Se le dará a beber vinagre | Mateo. 27:34 |
| Isaías 53:9 | Cuando muera, será enterrado con los ricos | Mateo. 27:57–60 |
| Salmos 16:10 | Su cuerpo no verá la corrupción | Hechos 02:31 |
| Salmo 2:7; 16:10 | Se levantará entre los muertos | Hechos 13:33 |
| Isaías 26:19 Daniel 12:2 | Hará que sea posible que todos se levanten | Mateo. 27:52–53; Job 19:25–27 |
| Salmo 34:20 | No se romperá ni un hueso de su cuerpo | Juan 19:33–36 |

## Los profetas del Libro de Mormón Testificaron de Cristo

Nefi profetizó de Su nacimiento, la misión y muerte (1 Nefi 11:31–34; 19, 7–10). El rey Benjamín profetizó de Su milagros, su muerte y resurrección (Mosíah 3:5–10). Alma profetizó de Su expiación, misericordia y resurrección (Alma 7:9–12). Y todos los demás profetas del Libro de Mormón dieron testimonio de la realidad del Salvador y la centralidad de nuestras vidas. Nefi declaró que las palabras que había escrito eran "las palabras de Cristo", un hecho que, según dijo, condena a todos los burladores cuando estén delante del Salvador en el último día (2 Nefi 33:11). Y Moroni cierra el registro con un poderoso testimonio de la verdad de su testimonio y el testimonio de todos los demás profetas del Libro de Mormón acerca del Señor Jesucristo (Moroni 10:3–4). Éstas son sólo algunas de las profecías concernientes a Cristo en el libro:

GUSTAVE DORÉ, 1896

Jesús sanó a una multitud de enfermos

— **1 Nefi 11:13–18** Nacerá de una virgen.

— **1 Nefi 11:27–28** Será bautizado por un profeta que preparó el camino delante de él.
Ministrará a las personas en el poder y gran gloria.
Será rechazado y echado de entre ellos.

— **1 Nefi 11:31–34** Sanará a los enfermos y débiles, y expulsará a los demonios.
Será tomado por los mundanos y será por ellos será juzgado.
Será crucificado y muerto por los pecados del mundo.

— **1 Nefi 19:19**
**Jacob 4:3–4** Será tratado como cosa de ningún valor, rechazado por su pueblo, azotado, sobre él escupirán, y será crucificado.

— **Mosíah 3:5–10** Él habitará en un cuerpo mortal.
Sanará a los enfermos y resucitar a los muertos.
Expulsará a los demonios.
Sufrirá tentaciones.
Sufrirá dolor en el cuerpo, hambre, sed y fatiga.
Sufrirá más que el hombre puede sufrir salvo la muerte.
La sangre procederá de cada poro, tan grande será su angustia.
Será llamado Jesús y Su madre será llamada María.
Él es el Hijo de Dios y el Creador de todas las cosas.
Ellos lo llamarán un hombre poseído y lo azotarán y crucificarán.
Al tercer día se levantará de entre los muertos.
Juzgará a todo el mundo con justo juicio.

— **Alma 7:9–12** El Hijo de Dios vendrá y morará sobre la tierra.
Nacerá de una virgen llamada María en Jerusalén.
Él será concebido por el poder del Espíritu Santo.
Él sufrirá dolores, aflicciones y tentaciones de todas clases.
Él tomará nuestros dolores y enfermedades sobre sí mismo.
También se llevará a nuestras debilidades, para que Él nos puede entender perfectamente.
Sufrirá la muerte y luego desatar las ligaduras de la muerte.

## Los Discípulos del Nuevo Testamento Dieron Testimonio de Cristo

Los apóstoles del Nuevos Testamento dieron un poderoso testimonio similar de la identidad y la misión del Señor resucitado:

| | | | |
|---|---|---|---|
| — | Mateo | Cristo es el hijo de David y de Abraham. | Mateo 1:1 |
| — | Marcos | Cristo es el Hijo de Dios. | Marcos 1:1 |
| — | Gabriel | Cristo es el Hijo del Altísimo. | Lucas 1:31–32 |
| — | Juan | Cristo es el unigénito Hijo de Dios. | Juan 3:16–17 |
| — | Lucas | Cristo es un ser resucitado. | Hechos 1:1–3 |
| — | Pablo | Cristo es el Hijo de Dios resucitado. | Romanos 1:1–4 |
| — | Santiago | Cristo es el Señor de la gloria. | Santiago 2:1 |
| — | Pedro | Cristo es el Hijo de Dios resucitado. | 1 Pedro 1:1–5 |
| — | Judas | Cristo es el Dios omnisciente y nuestro Salvador. | Judas 1:24–25 |

## NOSOTROS TAMBIÉN PODEMOS CONOCER A CRISTO

### Cómo Obtener un Testimonio de Cristo

El apóstol Juan sugirió dos elementos que son necesarios para la recepción de un testimonio personal de Jesucristo, y la Doctrina y Convenios, añade un tercero:

— En primer lugar, debemos **conocer** a Él y a nuestro Padre Celestial (Juan 17:3).
— Entonces tenemos que **entender** lo que Él nos enseñó (1 Juan 5:20).
— Entonces tenemos que **vivir** los principios que Él enseñó (D. y C. 132:24–25).

### Qué Significa "Conocer" a Cristo

¿Qué quiso decir Juan por "conocer" a Cristo? Podemos entender esto mejor observando la palabra raíz de la cual se tradujo "conocemos" en la Biblia del Rey Santiago. La palabra "conocimiento" es la traducción de la palabra griega *epignoseos* en vez de *gnosis*. Gnosis denota saber acerca de algo. Epignoseos es el conocimiento basado en la experiencia o la estrecha asociación con algo.

- **Mateo 7:21–23 "Nunca me conocisteis."** El Señor dijo, "No todo el que me dice: Señor, Señor, entrará en el reino de los cielos, sino el que hace la voluntad de mi Padre que está en los cielos." (v. 21). No es suficiente profesar nuestro amor por Cristo o nuestra fe en él. Esto es el equivalente a decir: "Señor, Señor" en adorable adoración. El Salvador mismo predijo que no habría muchos en "aquel día" (el día del juicio) que le preguntarían: "Señor, Señor, ¿no profetizamos en tu nombre y en tu nombre echamos fuera demonios? y en tu nombre hicimos muchos milagros?" (v. 22). Pero ellos se encontrarán en desgracia con Aquel a quien profesaban creer pero que rechazaron cuando Sus siervos dieron testimonio de sus obras de los últimos días.

  La versión del Rey Santiago tradujo el siguiente versículo como "Y entonces yo les declararé: Nunca os conocí: apartaos de mí, hacedores de maldad" (v 23). Esto es incorrecto. La Traducción de José Smith cambia "Nunca os conocí" por "¿Nunca me conocisteis." Habiendo adoraron "porque no saben que" una misteriosa fuerza que es imposible de conocer—ellos encontrarán que la salvación no viene de tal dios sin rostro ni pasión. El Dios real, el Dios verdadero, el Dios vivo no tendrá espacio en sus credos apegados a la tradición.

## La importancia de Conocer a Cristo

- **Lo que pensamos de Cristo va a determinar quién y que somos:**

El presidente David O. McKay dijo:

> "Pero permítanme explicarlo de nuevo, el más alto de todos los ideales son las enseñanzas y sobre todo la vida de Jesús de Nazaret, y que el hombre es más verdaderamente grande cuanto más sea como Cristo.
>
> "Lo que sinceramente piensen en vuestro corazón de Cristo va a determinar lo que son, en gran medida determinará cuáles serán vuestros actos. Ninguna persona puede estudiar esta personalidad divina, puede aceptar sus enseñanzas sin llegar a ser consciente de una influencia elevadora y refinada dentro de sí mismo."[19]

El élder Thomas S. Monson enseñó: "No tenemos que visitar Tierra Santa para sentirlo cerca de nosotros. No tenemos que caminar por las orillas de Galilea o entre las colinas de Judea para caminar donde Jesús caminó. En un sentido muy real, todos pueden caminar por donde caminó Jesús cuando, con sus palabras en nuestros labios, su espíritu en nuestros corazones, y sus enseñanzas en nuestra vida, pasamos por esta vida."[20]

**Notas** (Todas las referencias son de las versiones en idioma inglés de los textos que se citan.)


1. Joseph F. Smith, John R. Winder, y Anthon H. Lund, "*El Origen del Hombre*", en *Mensajes de la Primera Presidencia de La Iglesia de Jesucristo de los Santos de los Últimos Días*, compilado por James R. Clark, 6 volúmenes (1965–75), 4:203.

2. "El Padre y el Hijo: Una exposición doctrinal de la Primera Presidencia y de los Doce", en James E. Talmage, *Artículos de Fe*, 12.ª edición (1924), págs. 471–472.

3. *Doctrinas de Salvación*, 3 volúmenes, compilado por Bruce R. McConkie (1954–56), 1:32.

4. *En Diarios de Discursos*, 13:235–236.

5. *Enseñanzas del Profeta José Smith*, escogidas y arregladas por Joseph Fielding Smith (1976), pág. 181.

6. "Nuestra relación con el Señor," BYU Exposición Devocional, 2 de marzo de 1982.

7. *Doctrinas de Salvación*, 1:74.

8. *Jesús el Cristo, Clásicos Revisados en la Edición de la Literatura Mormona* (1983), pág. 31.

9. En Reporte de La Conferencia, octubre de 1968, págs. 141.

10. *Comentario Doctrinal del Nuevo Testamento*, 3 volúmenes (1965–73), 1:70–71.

11. *Comentario Doctrinal del Nuevo Testamento*, 1:76.

12. *Comentario Doctrinal del Nuevo Testamento*, 1:77.

13. *El Mesías Prometido: La Primera Venida de Cristo* (1978), págs. 22–23.

14. *Jesús, el Cristo*, págs. 33–34.

15. *Jesús, el Cristo*, pág. 35.

16. *El Mesías Prometido: La Primera Venida de Cristo*, págs. 164–165.

17. En Reporte de La Conferencia, abril de 1968, págs. 6–7.

18. En Reporte de La Conferencia, octubre de 1948, pág. 24.

19. En Reporte de La Conferencia, abril de 1951, pág. 93.

20. En Reporte de La Conferencia, abril de 1974, pág. 70; o revista *Liahona*, mayo de 1974, pág. 48.

SECCIÓN PRIMERA

# Acontecimientos que Precedieron al Ministerio de Jesús

(1 AC — 30 DC)

---

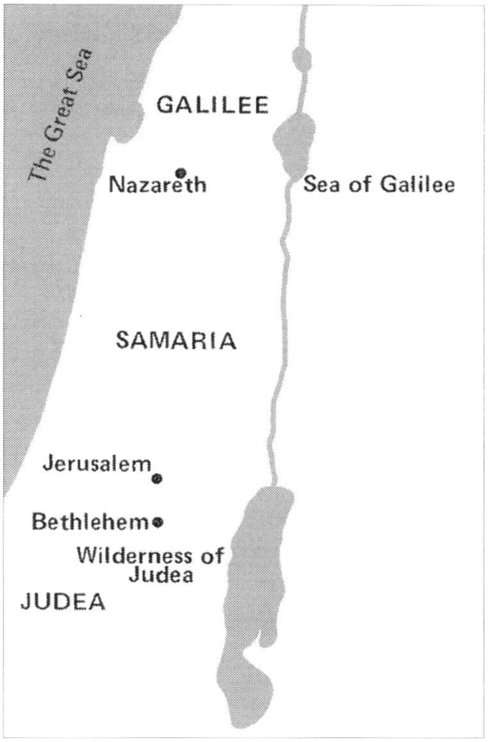


Los hechos descritos en esta sección incluyen muchos pasos preparatorios importantes previos al ministerio de nuestro Señor Jesucristo. Los capítulos asociados de este libro, que corresponden a las clases de *Doctrina del Evangelio*, son:

2. Juan el Bautista, María, José y las Anunciaciones
3. El nacimiento y la infancia de Jesucristo

Estos incluyen la anunciación de Gabriel a Zacarías del inminente nacimiento de un hijo de él y su esposa Isabel en su vejez. Su nombre iba ser Juan, y sería el profeta anunciado por Isaías que clamaría por el arrepentimiento en el desierto para preparar el camino para la venida del Mesías.

También incluyen la anunciación de Gabriel a María de su papel especial al convertirse en la madre del Hijo de Dios; su visita a su prima Isabel (mientras ellas llevaran niños especiales en su vientre); y la anunciación de Gabriel a José de lo que en ese momento le estaba pasando a María y cuál sería su papel en criar a Jesús desde niño hasta que se hiciera hombre, incluyendo la protección de su vida y la preparación para Su ministerio terrenal.

La siguiente es una lista cronológica de los acontecimientos que tuvieron lugar durante este período y las escrituras de los cuatro Evangelios que cuentan la historia.

| **LAS ANUNCIACIONES** | **Mateo** | **Marcos** | **Lucas** | **Juan** |
|---|---|---|---|---|
| Jerusalén, Judea | | | | |
| Revelación a Zacarías sobre al nacimiento de Juan.. | | | 1:5–25 | |
| Nazaret, Galilea | | | | |
| Anunciación de Gabriel a María en lo que respecta a Jesús | | | 1:26–38 | |
| El país montañoso de Judea | | | | |
| María Visita a Isabel | | | 1:39–56 | |
| Ha Nacido Juan el Bautista | | | 1:57–80 | |

| | | | | |
|---|---|---|---|---|
| Nazaret, Galilea | | | | |
| Anunciación de Gabriel a José Respecto a Jesús | 1:18–25 | | | |

| **NACIMIENTO Y JUVENTUD DEL MESIAS** | **Mateo** | **Marcos** | **Lucas** | **Juan** |
|---|---|---|---|---|
| Belén, Judea (Durante la Pascua / 6 de abril) | | | | |
| La Natividad de Jesús | | | 2:1–20 | |
| Las genealogías de Jesús | 1:1–17 | | 3:23–38 | |
| Jerusalén, Judea | | | | |
| Jesús es Bendecido y Circuncidado | | | 2:21–38 | |
| Belén, Judea | | | | |
| Visita de Reyes Magos Huida a Egipto | 2:1–18 | | | |
| Regreso de Egipto a Nazaret | 2:19–23 | | 2:39–40 | |
| Jerusalén., Judea (Durante la Pascua) | | | | |
| El Joven Jesús en el Templo | | | 2:41–50 | |
| Nazaret, Galilea | | | | |
| Adolescencia y Madurez del Salvador | | | 2:51–52 | |

Capítulo 2

# Juan el Bautista, María, José y las Anunciaciones

(1 Nefi 11; Lucas 1, Mateo 1)

---

## INTRODUCCIÓN

### La Condescendencia de Dios

- **1 Nefi 11:14–18, 20–21 Nefi se entera que el nacimiento del Salvador es una demostración de la "condescen—dencia" de Dios.** Nefi había preguntado que representaba el árbol de la vida, y en respuesta, "un ángel descendió y se puso delante de mí; y él me dijo: ¿Nefi, que es lo que observas"? (v. 14). Él veía una visión de la Virgen María. Él respondió: Una virgen, más hermosa y pura que toda otra virgen" (v. 15). Y el ángel le preguntó: "¿Comprendes la condescendencia de Dios?" (v. 16).

*María sosteniendo al Niño Jesús*

La pregunta del ángel es una buena pregunta: ¿Entendemos la "condescendencia" del nacimiento de Cristo? Condescender significa descender uno mismo al nivel de la otra persona. El Dios Jehová fue condescendiente consigo mismo cuando se convirtió en un mortal, para salvarnos. Nefi necesitaba entender esto a fin de comprender el nacimiento de Cristo.

Nefi dijo al ángel: "Yo sé que él [Dios] ama a sus hijos; sin embargo, no sé el significado de todas las cosas" (v. 17). Y el ángel continuó su explicación diciendo: "la virgen que tú ves es la madre del Hijo de Dios, en su forma carnal" (v 18). "Y miré, y vi de nuevo a la virgen llevando a un niño en sus brazos. Y el ángel me dijo: ¡He aquí el Cordero de Dios, sí, el Hijo del Padre Eterno!"(vv. 20–21).

El árbol de la vida representa entonces lo que Nefi estaba viendo: el advenimiento mortal del Hijo de Dios. Este acto supremo de amor de su parte hace que sea posible nuestra salvación y exaltación. Por lo tanto, el árbol representa el amor de Dios—Su voluntad de condescender desde su trono en las alturas con el fin de salvarnos. El más grande de todos los hijos de Dios—Su Hijo mayor—el Creador de todas las cosas en todo el universo—nació en un sucio—establo envuelto en trapos—prácticamente desapercibido por el mundo que vino a salvar.

## EL ROL DE JUAN EL BAUTISTA

### Es Anunciado el Nacimiento de Juan el Bautista

- **Lucas 1:5-17 Gabriel anuncia el nacimiento de Juan el Bautista a Zacarías su padre.** En los días de Herodes, rey de Judea, los sacerdotes del templo se turnaban para oficiar en "cursos". Zacarías fue uno de esos sacerdotes. En el momento de esta visita estaba oficiando su curso (Abia) (v. 5). y era el deber de Zacarías mantener el altar de incienso en el Lugar Santo del Templo (vv. 8-9). Su esposa, Elisabet, también era descendiente de Aarón, y ambos eran justos, "y andaban irreprensibles en todos los mandamientos y ordenanzas del Señor" (v. 6). Zacarías y Elisabet no tenían hijos y "abos ambos eran ya de edad avanzada" (v. 7), habiendo buscado al Señor en la oración durante muchos años para pudieran ser bendecidos con posteridad.

J.S.V. CAROLSFELD, 1852-1860

*Gabriel se le apareció a Zacarías*

  En este día en particular, "toda la multitud del pueblo estaba orando" fuera del templo en el momento en que Zacarías entró para quemar el incienso (v. 10). Una vez allí, un ángel del Señor se le apareció a Zacarías, "de pie a la derecha del altar del incienso" (v. 11). Aprendemos unos versículos más adelante que este ángel era Gabriel (v. 19), que, como sabemos por revelación moderna, es Noé.[1] Zacarías estaba sorprendido por esta aparición, " y el temor se apoderó de él" (v. 12). "Pero el ángel le dijo: Zacarías, no temas; porque tu oración ha sido oída, y tu mujer Elisabet te dará a luz un hijo, y llamarás su nombre Juan. Y tendrás gozo y alegría; y muchos se regocijarán de su nacimiento "(vv. 13-14).

  Este era suficiente motivo para alegrarse, pero había más. El ángel dijo: "porque será grande delante de Dios. No beberá vino ni sidra [lo que significa que sería un Nazareo]; y será lleno del Espíritu Santo, aun desde el vientre de su madre" (v. 15). Él sería un profeta cuya misión haría que muchos de los hijos de Israel se convirtieran al Señor Dios" (v. 16). Él poseería "el espíritu y poder de Elías, para hacer volver los corazones de los padres hacia los hijos, y los rebeldes a la prudencia de los justos; De este modo preparará un pueblo bien dispuesto para el Señor"(v. 17). Por lo tanto, él sería el Elías prometido que prepararía el camino para la venida del Señor a la tierra (Isaías 40:3).

- **Lucas 1:18-25 Zacarías se quedó mudo. Zacarías no podía creerlo.** "En qué conoceré esto?", Preguntó, "porque yo soy viejo, y mi mujer es de edad avanzada" (v. 18). Esta manifestación de duda era ciertamente comprensible para los estándares terrestres, pero él estaba hablando con un ángel enviado de la presencia de Dios (v. 19). Por lo tanto, la señal que se le concedió también fue un castigo. "He aquí, ahora quedarás mudo y no podrás hablar, hasta el día en que esto se haga, por cuanto no creíste mis palabras, las cuales se cumplirán a su tiempo" (v. 20). Y entonces la visión desapareció.

Mientras tanto, fuera del templo, la gente se preguntaba por qué le tomaba tanto tiempo para llevar a cabo la simple tarea de reponer el incienso del altar (v. 21). Y cuando por fin salió, "no podía hablar; y entendieron que había visto visión en el templo" (v 22). Él les hablaba por señas, y permaneció mudo. Esta enfermedad continuó por el resto de los días de su asignación en el templo, e incluso después, cuando regresó a su casa (v. 23).

*Zacarías sale del templo*

- **Lucas 1:24–25 Elizabet concibe un hijo.** Muy pronto después de esto, "Elisabet concibió, y se recluyó por cinco meses" (v. 24). Ella se alegró de este gran milagro, diciendo: " Así ha hecho conmigo el Señor en los días en que se dignó quitar mi afrenta entre los hombres" (v. 25).

- **Lucas 1:26–27 La anunciación de Gabriel a María.** Lucas se desprende de su relato del nacimiento de Juan el Bautista para decirnos que "en el sexto mes [del embarazo de Elizabet] el ángel Gabriel fue enviado por Dios a una ciudad de Galilea, llamada Nazaret, a una virgen desposada con un varón cuyo nombre era José, de la casa de David; y el nombre de la virgen era María" (vv. 26–27). Así es como sabemos que Juan el Bautista era seis meses mayor que el Salvador.

## EL ROL DE JOSÉ

### María y José se Casaron

José y María todavía no estaban casados, pero se prometieron el uno al otro en los términos más estrictos. Durante los esponsales, María era considerada prácticamente la esposa de José. Una mujer y su marido desposado estaban estrictamente separados y nunca se les permitía comunicarse directamente, por lo que cualquier tipo de contacto directo con José habría sido inadecuado. Durante el período de esponsales, la novia elegida vivía con su familia, sus amigos y todas las comunicaciones con su prometido se realizaban a través de un amigo. Por supuesto, cualquier contacto con otro hombre también habría sido inapropiado, y cualquier tipo de infidelidad durante los esponsales se castigaba con la muerte. Fue durante el tiempo de sus esponsales que José supo del embarazo de María.

## José Era "un Hombre Justo"

- **Mateo 1:18 La impactante noticia llega a José.** "El nacimiento de Jesucristo fue así: Estando María, su madre, desposada con José, antes que se juntasen, halló que había concebido por el Espíritu Santo."

*Al principio José no entendió*

Sólo podemos imaginar la agonía y el tormento de la incertidumbre y la duda que debe haber llenado el alma de José. Sabía con certeza que él no era el padre. No podía hablar con María directamente para conocer su versión de la historia. Él no había recibido ninguna visión celestial para decirle lo contrario, por lo que tenía que suponer que María le había sido infiel. Podría haber reaccionado de manera egoísta y con amargura, y si lo hubiera hecho, ¿quién podría culparlo? Todas sus esperanzas y planes parecían desvanecerse.

Cuando José se enteró de la maternidad de María, tenía dos alternativas bajo la ley:

— Requerir que María se sometiese a un juicio público y al veredicto, lo que resultaba en su muerte; o
— En privado romper el contrato de esponsales ante testigos.

- **Mateo 1:19 El amor y la misericordia de José por María.** "Y José su marido, como era justo, y no quería infamarla, quiso dejarla secretamente" A pesar de su agonía, José eligió la más misericordiosa de las dos alternativas, lo cual revela mucho acerca de su carácter . El élder James E. Talmage dijo: "José era un hombre justo, un observador estricto de la ley, sin embargo, no era un duro extremista; además él amaba a María y la salvaría de toda humillación innecesaria, cualquiera fuese su propio dolor y sufrimiento. Por la seguridad de María sentía temor ante la idea de publicidad; y, por tanto, estaba decidido a anular los esponsales con tanta privacidad como lo permitiera la ley."[2]

- **Mateo 1:20–21 El ángel Gabriel se le aparece a José para explicar las cosas.** "Mientras él [José] pensaba en esto, he aquí, el ángel del Señor se le apareció en sueños, diciendo: José, hijo de David, no temas recibir a María tu mujer, porque lo que está concebido en ella es del Espíritu Santo. Y dará a luz un hijo, y llamarás su nombre JESÚS, porque él salvará a su pueblo de sus pecados "(vv. 20–21).

Observe que fue <u>después</u> de su prueba de fe que el ángel vino a explicarlo todo. La misericordia de José por María se mostró sin entender completamente lo que le estaba sucediendo. Pero después que él hizo su elección misericordiosa, el ángel vino y le explicó todo.

- **Mateo 1:24–25 José obedece inmediatamente.** "Y despertando José del sueño, hizo como el ángel del Señor le había mandado, y recibió a su mujer " (v. 24). La consumación de su matrimonio tendría que esperar. José sabía " que “no la conocería” hasta que diera a luz a su hijo Jesús (v. 25). Pero él se convirtió en su esposo y protector de inmediato.

*José se Casó y Protegió a María*

### La Importancia del Rol de José

Aunque a veces José es la "persona olvidada" en la Natividad de Jesús, él fue, sin duda, una parte esencial del nacimiento y crianza de Jesús. Su amor a María es evidente en su misericordia al enterarse de su embarazo, y en su cuidado amoroso a partir de entonces, mientras buscaba en vano encontrar a su poco de consuelo cuando para cuando llegara el día del nacimiento del bebé.

Como hombre, él con valentía proporcionó el sustento y protegió la vida del Salvador, llevándole consigo a Egipto durante un tiempo para evitar las maquinaciones asesinas de Herodes. Fue el guardián terrenal de Cristo, tratándolo como a su propio hijo en todos los aspectos, enseñándole a partir de las Escrituras, y enseñándole el oficio de carpintero para sostenerlo en su temprana madurez. Así, José fue el modelo de conducta para Cristo en los asuntos temporales y espirituales.

José también fue el padre de un ulterior Apóstol, Santiago, el hermano del Señor, que escribió el libro de Santiago en nuestra Biblia. Y fue el padre de Judas—no un apóstol, sino un líder inspirado y escritor que escribió el libro de Judas en nuestra Biblia. Todos estos importantes hijos fueron criados y entrenados por José, el carpintero.

La leyenda sugiere que José no sobrevivió a la época del ministerio de Jesús. No escuchamos de él en las Escrituras después del período de la juventud del Salvador. Puede que haya sido mayor que María. Pero claramente se amaban y ahora son compañeros eternos.

José sigue siendo, para mí y para otros, un héroe, un hombre que no reaccionó con ira machista o abuso, más bien dulcemente perdonó a María cuando se enteró de su difícil situación. Su fe, su lealtad, su disposición a desempeñar el papel de padre terrenal del Hijo de Dios, todos ello da testimonio que fue un hombre elegido en el plan de Dios para el nacimiento y la infancia de su Hijo.

*José, María y el Niño Jesús*

## La Genealogía de José

- **Mateo 1, 1–17; Lucas 3:23–28 Jesús descendía de reyes.** Hay dos genealogías en los Evangelios. El relato de Mateo enumera los sucesores legales para el trono de David. Esta no fue una estricta genealogía de padre a hijo porque el heredero sobreviviente mayor en cualquier punto a lo largo de la línea puede haber sido un nieto, bisnieto, sobrino u otro pariente del rey anterior.

  Sin embargo, el registro de Lucas es un listado de padre a hijo de los reyes, que con el tiempo termina con Jesús a través de María. Por supuesto, Jesús no era el hijo literal de José, pero la genealogía José es esencialmente la misma que la de María porque eran primos. Así, Jesús heredó de su madre, María, la sangre de David, y por su "padre" José la línea real oficial. De cualquier manera, Jesús tenía derecho al trono de David.

  El élder dijo James E. Talmage, "si Judá hubiera sido una nación libre e independiente, gobernada por su legítimo soberano, José el carpintero habría sido su rey coronado; y su sucesor legítimo al trono habría sido Jesús el Nazareno, el Rey de los judíos."[3]

## EL ROL DE MARÍA

### Una Hija Especial de Dios

El rol de María fue verdaderamente profético. Isaías habló de ella 700 años antes (Isaías 7:14). Nefi la llamó "una virgen, más hermosa y pura que toda otra virgen" (1 Nefi 11:15). El rey Benjamín sabía que la madre de Dios se llamaría María (Mosíah 3:8), y Alma la llamó "un vaso precioso y escogido" (Alma 7:10).

RUBENS, 1628

*María: Una hija elegida de Dios*

El élder Bruce R. McConkie dijo: "¿Podemos hablar bien de aquella a quien el Señor ha bendecido más que a todas las mujeres? Hay sólo un solo Cristo, y sólo hay una María. . . No podemos dejar de pensar que el Padre escogería al más grande espíritu femenino para ser la madre de su Hijo. . . ."[4]

El élder McConkie también dijo: "Como el Padre eligió al más noble y justo de todos Sus hijos espirituales a entrar en la mortalidad como Su Unigénito en la carne, por lo que podemos confiadamente concluir que Él seleccionó a la más digna y espiritualmente talentosa de todas sus hijas espirituales para ser la madre mortal de su Eterno Hijo."[5]

## María se Entera de su Sagrada Misión

- **Lucas 1:26–30 Anunciación de Gabriel a María.** Fue durante "el sexto mes [del embarazo de Elizabeth que] el ángel Gabriel fue enviado por Dios a una ciudad de Galilea, llamada Nazaret, a una virgen desposada con un varón que se llamaba José, de la casa de David; y el nombre de la virgen era María "(vv. 26–27). Así es como sabemos que Juan el Bautista era de seis meses mayor que el Salvador.

  El profeta José Smith nos dice que Gabriel es Noé.[6] Este antiguo profeta—el padre de todos nosotros— ya había anunciado el nacimiento de Juan el Bautista a Zacarías su padre. Ahora, se le apareció a la joven virgen María, diciendo: "¡Salve, tú la muy favorecida, el Señor es contigo: endita tú entre las todas mujeres" (v 28). Este fue un saludo extraño, y la joven estaba algo preocupada por su alabanza (v. 29). Gabriel se dio cuenta y le aseguró: "No temas, María: porque has hallado gracia delante de Dios" (v. 30).

*Anunciación de Gabriel a María*

- **Lucas 1:31–35 María se entera que ella será la madre del Hijo de Dios.** Gabriel le dijo que "tú concebirás en tu vientre, y darás a luz un hijo, y llamarás su nombre Jesús" (v. 31). "Este será grande, y será llamado Hijo del Altísimo" (v. 32). Esto fue una noticia muy sorprendente a una joven virgen que aún no se había casado, sólo desposado. "¿Cómo será esto," preguntó, "pues no conozco [nunca había tenido relaciones con] un hombre?" (v.. 34). "Y respondiendo el ángel le dijo: El Espíritu Santo vendrá sobre ti, y el poder del Altísimo te cubrirá con su sombra; por lo cual también lo Santo que nacerá de ti será llamado Hijo de Dios" (v. 35). Así, el padre del bebé sería Dios el Mismísimo Padre y María sería su madre terrenal. Por otra parte, "el Señor Dios le dará el trono de David su padre: Y reinará sobre la casa de Jacob por los siglos; y su reino no tendrá fin" (vv. 32–33). Ella sería la madre del Rey de Reyes.

  Ante esta noticia, María sin duda debe haberse sentido abrumada. Según la leyenda, sólo tenía alrededor de 16 años, nunca había estado casada y nunca había tenido un hijo. Su concepción sería milagrosa y única. Dios el Padre Eterno sería el padre de su hijo. Sin embargo, incluso después de la concepción, ella permanecería virgen. Nunca había ocurrido antes, y que nunca volvería a suceder, mundos sin fin.

- **¿Quién creería su explicación?** Ella debe haber tenido muchas preocupaciones, mientras trataba de absorber este mensaje celestial.

  — ¿Le creería José? No podía explicarle las cosas cara a cara.

  — ¿Podría creerle su familia? ¿O simplemente la echarían?

— ¿Le creería a alguien más? Algunos no lo hicieron. Dijeron que Cristo fue "nacido de la fornicación" (Juan 8:41).

— Incluso hoy en día, muchos cristianos, incluyendo pastores, no creen en el nacimiento virginal. Nos queda preguntarnos: "¿De quién creían que era hijo Jesús? ¿Un hijo de la fornicación? "

- **Lucas 1:38 María aceptó humildemente su tarea con fe.** A pesar de estas preocupaciones, María dijo simplemente al ángel: "Entonces María dijo: He aquí la sierva del Señor; hágase conmigo conforme a tu palabra. Y el ángel se fue de su presencia."

## Abundan las Falsas Doctrinas Acerca de María

Herejía N° 1: Una herejía persistente, sobre todo en la Iglesia, es que Dios el Padre debe haber tenido relaciones sexuales con María. No hay nada en absoluto en las Escrituras que apoyen dicha afirmación. Se nos dice que ella fue "eclipsada" por el Espíritu Santo y que a través de aquella instrumentalidad del Espíritu tuvo lugar la concepción (Alma 7:10). Y se nos dice específicamente por medio de Isaías que una virgen concebiría (Isaías 7:14). Ella era virgen antes de la concepción y permanecería virgen después. Y creo que, a veces, que aquellos que insisten en lo contrario podrían estar haciendo eso con el fin de sorprender y arrebatar las escrituras para sus propias ideas provocadoras.

Soy perfectamente consciente de la declaración dEl élder Bruce R. McConkie sobre este tema que dice que Jesús fue concebido de la misma manera que son concebidos todos los bebés. Pero consideremos cuidadosamente lo que realmente dijo:

Bruce R. McConkie dijo:

> [Gabriel] le dijo con sencillas palabras el estado y la misión y el poder de Aquel que habría de ser su Hijo: "Este será grande y será llamado Hijo del Altísimo: y el Señor Dios le dará el trono de David su padre: Y reinará sobre la casa de Jacob por siempre; y su reino no tendrá fin".
>
> "¡El Hijo del Altísimo", el Dios Supremo será su Padre! "¡El trono de David su padre", el símbolo de la esperanza judía y el triunfo, la gloria y la libertad y la liberación! ¡Un reino—el eterno reino de nuestro Dios y de su Cristo, y reinará por los siglos de los siglos!
>
> María preguntó, "¿Cómo será esto, pues no conozco a hombre?" Obviamente ella podría, a su debido tiempo, conocer a José, y él podría ser el padre de todos sus hijos, y no sólo los que vendrían después del Primogénito. Ella lo sabía. Pero ya el concepto se enmarcó en su mente que el Hijo prometido no se iba a originar de ningún poder sobre la tierra.
>
> Esta descendencia iba a ser el mismo todopoderoso, omnipotente Hijo de Dios. ¿Cómo y por qué medios ya través de cuya instrumentalidad llega tal concepción?
>
> Gabriel explica: "El Espíritu Santo vendrá sobre ti, y el poder del Altísimo te cubrirá con su sombra., Por tanto, también lo Santo [mejor ese santo niño] que nacerá de ti será llamado Hijo de Dios."

> Una vez más la respuesta es perfecta. Hay un poder más allá del hombre. Cuando Dios está involucrado, él utiliza su ministro, el Espíritu Santo, para eclipsar a la futura madre y para llevársela en el Espíritu. Ella concebirá por el poder del Espíritu Santo, y Dios mismo será el padre. Es de su Hijo de quién está hablando Gabriel. Un hijo es engendrado por un padre: ya sea en la tierra o en el cielo es el mismo.[7]

Pero no estamos justificados en saltar de esa declaración,—que Dios el Padre fue el padre cuya semilla mezclada con la de María engendra al santo niño,—a un alegato que la relación entre Dios el Padre y de María era necesaria. Pregunte a cualquier pareja sin hijos en el mundo y ellos le dirán que no hay necesariamente una conexión entre la cópula y la concepción, una puede ocurrir sin la otra. La concepción se produce cuando la semilla de un hombre y la simiente de una mujer se unen para formar una nueva vida. No tratemos de llevar a Dios "a nuestro nivel", insistiendo en que no se podía haber producido la concepción sin coito. Ni la ciencia ni el sentido común apoyan tal afirmación.

La concepción del hijo de María fue milagrosa y única. Nunca se le había ocurrido antes, y nunca volverá a suceder. Fue un acontecimiento de la época, una vez—en—el—universo:

| | |
|---|---|
| — Dios el Padre era el padre. | (Lucas 1:32 dice que Él era el "Hijo del Altísimo".) |
| — Ella permaneció virgen. | (Isaías 7:14 dice "una virgen concebirá.") |
| — Nunca antes y nunca más. | (D. y C. 76:23 dice que él es "el Unigénito del Padre.") |

<u>Herejía N ° 2</u>: Una segunda herejía, encontrada tanto en la Iglesia como entre algunos cristianos en general, es que el Espíritu Santo fue el padre de Jesús.

El élder Bruce R. McConkie dijo:

> Religiosos apóstatas—que no pueden distinguir entre el Padre, el Hijo y el Espíritu Santo —falsamente suponen que el Espíritu Santo fue el Padre de nuestro Señor. La declaración de Mateo, "se halló que había concebido del Espíritu Santo", debidamente traducida debería decir, "ella se encontró encinta por obra del Espíritu Santo." (Mateo 1:18). El relato de Lucas (Lucas 1:35) registra con precisión lo que ocurrió. Alma describe perfectamente la concepción y el nacimiento de nuestro Señor profetizando: Cristo "nacerá de María,. . . y siendo ella virgen, un vaso precioso y escogido, a quien se hará sombra y concebirá por el poder del Espíritu Santo, y dará luz un hijo, sí, el Hijo de Dios "(Alma 7:10). Nefi habló de manera similar cuando dijo que en el momento de su concepción, María "fue llevada en el Espíritu", con el resultado que el niño nacido de ella era "el Cordero de Dios, sí, el Hijo del Padre Eterno" (1 Nefi 11:19–21.). Como Gabriel [dijo], Él era el "Hijo del Altísimo" (Lucas 1:32), y "el más alto" es el primer miembro de la divinidad, no el tercero.[8]

<u>Herejía N ° 3</u>: Una tercera herejía es la presentada por los primeros y no inspirados consejos y sectarios cristianos. Dicen que María era de hecho una virgen después que concibió y que permaneció virgen para siempre a partir de entonces. Daniel H. Ludlow, dijo, "La promesa de que la madre de Jesús sería 'virgen' en el momento del nacimiento de Jesús no debe interpretarse en el sentido de que iba a permanecer virgen toda su vida. La falsa doctrina de la virginidad perpetua "`de María no está fundamentada en las Escrituras.

De hecho, se mencionan específicamente "hermanos y hermanas" de Jesús más adelante en el registro. (Mateo 12:46–50, Marcos 3:31–35; Lucas 8:19–21)."[9]

### Jesús fue a la vez Mortal e Inmortal

Para cumplir su misión, Jesús tuvo que tener dos padres, uno mortal y uno inmortal.

El élder Bruce R. McConkie dijo:

> Dios era su propio Padre, del personaje inmortal... Él heredó el poder de la inmortalidad, que es el poder de vivir para siempre; o, después de haber elegido a morir, es el poder de elevarse de nuevo a la inmortalidad, a partir de entonces vivir para siempre, sin volver a ver la corrupción....
>
> María fue su madre, de la mujer mortal... El heredó el poder de la mortalidad, que es el poder de morir....
>
> Fue a causa de esta... mezcla de lo divino y lo mortal en una sola persona, que nuestro Señor fue capaz de llevar a cabo la expiación infinita y eterna. Debido a que Dios fue su Padre y María su madre, es que tenía poder para vivir o para morir, como él escogió, y, habiendo dado su vida, Él tenía poder para volverla a tomar, y luego, de una manera incomprensible para nosotros, transmitir los efectos la resurrección a todos los hombres, para que todos se levantarán de la tumba.[10]

El élder James E. Talmage dijo: "Ese niño por nacer de María fue engendrado por Elohim, el Eterno Padre, no en violación de la ley natural, sino de acuerdo con una mayor manifestación de la misma; y, la descendencia de esa asociación de santidad suprema, señorío celestial y puro, aunque de maternidad mortal, tenía el derecho a ser llamado el "Hijo del Altísimo". En Su naturaleza se combinarían los poderes de la divinidad con la capacidad y las posibilidades de la mortalidad; y ésta a través de la operación ordinaria de la ley fundamental de la herencia, declarada de Dios, demostrada por la ciencia, y admitida por la filosofía, que los seres vivos se propagan—según su género. El Niño Jesús iba a heredar los rasgos físicos, mentales y espirituales, tendencias y poderes que caracterizaban a Sus padres—uno inmortal y glorificado,—Dios, la otra humana—la mujer."[11]

### MARÍA ES PROTEGIDA POR ELIZABET

Felizmente, nos enteramos de que la familia de María le creyó y la poyó. José se casó con ella inmediatamente, según las instrucciones del ángel Gabriel. Y su prima Elisabet la cobijó.

- **Lucas 1:39–40 María visita a su prima Elisabet.** Después de escuchar su asignación celestial de concebir al niño Jesús," María se levantó... fue de prisa a la montaña, a una ciudad de Judá;; Y entró en casa de Zacarías y saludó a Elisabet"(vv. 39–40). Este fue un arreglo ideal. Elisabet le podría proporcionar apoyo familiar a María en un lugar donde su embarazo no plantearía preguntas continuas de aquello que la rodeaban. Al mismo tiempo, María, que estaba a principios de su embarazo, podría proporcionarle ayuda a

Elisabet, que se encontraba en las últimas etapas de su propio embarazo. Podrían ayudarse mutuamente.

C. H. BLOCH, 1860s

- **Lucas 1:39–45 Elisabet y su bebé por nacer reconocen a la madre de nuestro Señor.** Tan pronto como María saludó a Elisabeth "la criatura saltó en su vientre; y Elisabet fue llena del Espíritu Santo" (v. 41). Elisabet proclamó a gran voz su gran admiración por María y su hijo no nacido. "Bendita tú entre las mujeres, y bendito el fruto de tu vientre", dijo (v. 42). Como podía ser, se preguntó, que "¿la madre de mi Señor venga a mí?" (v. 43). "Porque he aquí, como llegó la voz de tu salutación a mis oídos, la criatura saltó en mi vientre de alegría" (v. 44). Ella aseguró a María que, a causa de su fe, "no habrá una actuación de esas cosas que le fueron dichas de parte del Señor" (v. 45).

- **Lucas 1:41, 44 ¿En qué momento entra el espíritu en el cuerpo de un niño no nacido?** El élder Bruce R. McConkie dijo: "En este evento milagroso el patrón que se ve es que el espíritu sigue a su primer estado pre—existente a la mortalidad. El espíritu entra en el cuerpo en el momento de vivificación, meses antes del nacimiento real normal. El valor y el y consuelo de acceder al conocimiento de esta verdad eterna se ve en relación con los niños nacidos muertos. Dado que el espíritu entró en el cuerpo antes del nacimiento, los niños nacidos muertos serán resucitados y los padres justos gozarán de su asociación en gloria inmortal."[12]

- **Lucas 1:46–55 respuesta profética de María.** La respuesta de María al saludo de Isabel fue a la vez humilde y profética. "Engrandece mi alma al Señor," dijo ella, "y mi espíritu se regocija en Dios mi Salvador. Porque ha mirado la bajeza de su sierva"(vv. 46–48). Esa fue la parte humilde, y revela que ella no se creía más justa o merecedora que otras mujeres en virtud de esta esta misión.

  No obstante, reconoció la grandeza de su llamado. "Desde ahora me dirán bienaventurada todas las generaciones", dijo, "porque el Poderoso me ha hecho grandes cosas; Santo es su nombre" (vv. 48–49). Ella sabía que Dios el Padre le había engendrado a su hijo y fue una bendición eternamente única el haber sido Su socia en la provisión de un tabernáculo terrenal para Salvador del mundo.

  Hablando de nuestro Padre en el Cielo, ella dijo: "Su misericordia es de generación en generación a los que le temen. Hizo proezas con su brazo; esparció a los soberbios en el pensamiento de sus corazones. Quitó de los tronos a los poderosos, y exaltó a los humildes. A los hambrientos colmó de bienes, y a los ricos envió vacíos. Socorrió a Israel su siervo, acordándose de la misericordia, de la cual habló a nuestros padres, para con Abrahán y su descendencia para siempre" (vv. 50–55).

- **Lucas 1:56 María se queda hasta que nace Juan.** La Escritura registra que "se quedó María con ella como tres meses y regresó a su casa." Eso habría sido los últimos tres meses del embarazo de Elisabet desde que llegó cuando Elisabet estaba en su sexto mes. Y ya que este era el tercer mes del embarazo de María, se deduce que Juan el Bautista nació seis meses antes que Jesús.

## EL NACIMIENTO DE JUAN EL BAUTISTA

- **Lucas 1:57–58 Nace Juan el Bautista.** "Cuando a Elisabet se le cumplió el tiempo de su alumbramiento, dio a luz un hijo" como el ángel le había prometido que haría (v. 57). Su familia y amigos se regocijaron frente este milagroso nacimiento (v. 58), que nunca se habrían imaginado posible en una mujer de la edad de Elisabet. El hijo de Elizabeth era Juan el Bautista—primo segundo de Jesús, ya que María y Elisabeth eran primas hermanas.

J.S.V. CAROLSFELD, 1852-1860

*Zacharias obedientemente nombres del niño John*

- **Lucas 1:59–64 Obediente a Gabriel, Zacarías llama a su hijo Juan.** Obediente a la ley, "en el octavo día vinieron para circuncidar al niño; y le llamaban con el nombre de su padre, Zacarías"(v. 59).

  Pero Elisabeth los corrigió. "No es así; pues él se llamará Juan" (v. 60). Esto era inusual, porque no había nadie entre su inmediata parentela que tuviera este nombre (v. 61). Apelaron a Zacarías en relación con el asunto y le preguntaron qué nombre le daría al niño (v. 62). Siendo incapaz de hablar, "pidió una tablilla, escribió, diciendo: Juan es su nombre" (v. 63). Y de inmediato" fue abierta su boca y suelta su lengua, y y habló bendiciendo a Dios " (v. 64).

**Notas** (Todas las referencias son de las versiones en idioma inglés de los textos que se citan.)


1. *Enseñanzas del profeta José Smith*, escogidas y arregladas por Joseph Fielding Smith (1976), pág. 157.
2. *Jesús el Cristo, Clásicos revisados en la Edición de la Literatura Mormona* (1983), págs. 79–80.
3. *Jesús el Cristo*, pág. 82.
4. *El Mesías Mortal: De Belén al Calvario*, 4 volúmenes, (1979; 1981), 1:326–327, notas al pie.
5. *Comentario Doctrinal del Nuevo Testamento*, 3 volúmenes (1965–1973), 1:85.
6. *Enseñanzas del profeta José Smith*, pág. 157.
7. *El Mesías Mortal: De Belén al Calvario*, 1:318–319.

8. *Comentario Doctrinal del Nuevo Testamento*, 1:82–83.

9. *Un Compañero para Su Estudio del Nuevo Testamento*: *Los Cuatro Evangelios* (1982), pág. 27.

10. *El Mesías Prometido: La Primera Venida de Cristo* (1978), págs. 470–471.

11. *Jesús, el Cristo*, pág. 77.

12. *Comentario Doctrinal del Nuevo Testamento*, 1:84–85.

Capítulo 3

# El Nacimiento y la Infancia de Jesucristo

(Lucas 1–2, Mateo 2)

---

## INTRODUCCIÓN

La historia del nacimiento de Jesús es una historia de familia: La historia de un padre, una madre, y el nacimiento de su primer hijo. La ternura de esta historia todavía toca y nos inspira después de muchos siglos. En este capítulo vamos a contar la historia una vez más, pero esta vez mediante el examen de los individuos dentro de ella—José, María y el niño Jesús—como la gente extraordinaria que eran y los papeles que desempeñaron en el nacimiento de nuestro Señor Jesucristo.

J. AUBERT, THE BIBLE AND ITS STORY, 1908,

*José, María y el niño Jesús.*

Recogemos la mayor parte de lo que sabemos acerca de esta historia a partir de dos fuentes: Lucas 2 nos cuenta la tierna historia de las mujeres, de primos, de los bebés, de los ángeles y de los pastores. Mateo nos cuenta la historia de José y su genealogía. Nos inspiraremos en ambos relatos en nuestro intento de comprender la totalidad de la historia en su contexto.

### El Decreto de César Agosto deo

- **Lucas 2:1–3 César Agosto deo ordenó un gravamen general (censo) del Imperio Romano en el año 1 AC.** Podemos definir la fecha en virtud del hecho de que comenzó cuando " Cirenio era gobernador de Siria" (v. 2). Y en la tierra de Israel, la gente viajó a su ciudad de origen para hacer este censo (v. 3).

  El élder James E. Talmage dijo: "El gravamen al cual se refiere el presente documento puede ser entendido manera adecuadamente como una inscripción, o un registro, con lo cual se garantizaría un censo de ciudadanos romanos, en los que como base se determinará la tributación de los diferentes pueblos. . . . Si se hubiera hecho el censo por el método romano de costumbre, cada persona hubiera estado inscrita en la localidad de su residencia; pero la costumbre judía, para los que la ley romana tenía sentido, hizo necesaria la inscripción en las ciudades o pueblos reclamados por las respectivas familias como sus hogares ancestrales."[1]

## La Fecha de Nacimiento de Cristo

El élder Bruce R. McConkie dijo: "Desde la primera frase de la revelación dada a José Smith el día que se organizó la Iglesia en esta dispensación (D. y C. 20:1), parece que el reino de los últimos días llegó formalmente a la existencia en el mil ochocientos treinta aniversario del nacimiento de nuestro Señor. En otras palabras, Cristo nació el 6 de abril de del año 1 AC."[2]

El siguiente gráfico ayuda a visualizar la fecha del nacimiento de nuestro Salvador:

## Las Dificultades en Belén

- **Lucas 2:4–5 José lleva a su esposa embarazada, María a Belén.** En ese momento, ellos residían en Nazaret, ciudad de Galilea, pero "por ser él de la casa y familia de David" estaban obligados a viajar "a Judea, a la ciudad de David, que se llama Belén" con el fin de ser "gravados" [contados en el censo] (vv. 4–5). María fue "encinta" (v. 5); en su noveno mes de embarazo cuando salieron de su casa en Nazaret y viajaron (probablemente montados en burros) una distancia de 129 a 160kilómetros a Belén.

- **Lucas 2:6 Cuando llegan a Belén María ya está en el trabajo de parto**, por lo que José buscó fervientemente un ambiente cómodo para el nacimiento de su bebé. Tenía la esperanza de encontrar habitación en uno de las posadas que rodean la Plaza de Belén.

- **Lucas 2:7 Nadie dio cabida a María en las posadas.** Debido a la condición de María probablemente requiriera una marzo dea lenta, cuando llegaron todos los hostales ya estaban llenos. Y debido a las condiciones de hacinamiento y la falta de sensibilidad que a menudo existe en masas atestadas de gente, "no hubo nadie que les diera lugar en las posadas" (JST Lucas 2, 7). Tenga en cuenta que no había posadero. Esta es una noción pintoresca que surge de la traducción al inglés de una "posada" como una especie de hotel, con camas.

J. AUBERT, THE BIBLE AND ITS STORY, 1908.

*José buscó en vano refugio para su esposa embarazada*

Las posadas eran edificios cuadrados, abiertos por un lado, que daban a la plaza de la ciudad, y en las cuales los viajeros solían pasar la noche. Estos kanes o *caravanaserías*, no eran mucho más que techos crudamente construidos sobre corredores públicos abiertos. Frederic Farrar dijo: [Eran] "perfectamente pública; todo lo que sucedía en ellos era visible a toda persona en el khan [y] totalmente carente de incluso los muebles más comunes."[3]

El élder Bruce R. McConkie dijo: "Aunque su estado era evidente, los otros viajeros—faltos de cortesía, compasión, y refinamiento—sería no le darían paso para que pudiera ser atendida. . . . eran los viajeros oriundos de Judá. . . , No sólo un posadero o unas pocas personas, quienes le negaron refugio a José y María. . . . Este grosero rechazo, no fue sino el preludio del día que vendría cuando estas mismas personas y sus hijos después de ellos rechazarían para su tristeza eterna al Señor que comenzó esa noche la mortalidad en las circunstancias más humildes."[4]

### El Humilde Nacimiento del Salvador

- **Lucas 2:7 El Cristo niño nace en un sucio establo.** José y María tuvieron que ubicarse en cualquier refugio que pudieran encontrar en los establos. Puestos de Ganado yacían en la parte exterior o detrás de las posadas, y la parte interior de la mayoría de estos puestos (o cuevas cercanas) se utilizaba como caballerizas. Era el único lugar que ofrecía un techo y privacidad razonable para el inminente nacimiento de su bebé. Nos imaginamos esas circunstancias, podemos oler los olores y escuchar las moscas que atraen los puestos ganaderos. Podemos imaginar a José juntando heno y extendiéndolo sobre el suelo sucio para que María estuviera más más cómoda y el nacimiento fuera más higiénico.

  Y luego, a solas y sin experiencia, exhausto, dolorido por el trabajo, dolido por el rechazo de los demás, y probablemente asustado, María se echó en el establo de ganado sucio y, con la ayuda de José, alumbró su precioso pequeño bebé. ¿Apreciamos plenamente "la condescendencia de Dios" en rebajarse a Sí mismo a un nacimiento tan humilde? Los puestos de ganado son lugares atestados, sucios, malolientes, llenos de insectos. Sin embargo, en un puesto tan sucio, nació el Salvador de la humanidad y Creador del universo visible.

*Jesús envuelto en "pañales"*

- **Lucas 2:7 Envuelto en pañales.** Los pañales consistían en "una tela unida por tiras similares a las vendas. Después del nacimiento de un bebé, se cortaba y ataba el cordón umbilical, y entonces el bebé se lavaba, se frotaba con sal y aceite, y se envolvía con tiras de tela. Estas tiras mantenían al niño recién nacido caliente y también se aseguraba de que los miembros del niño crecieran derechos."[5] Antiguamente, se creía que envolver los bebés completamente en tiras o mantas, de manera que el movimiento de las extremidades esté muy restringido, era esencial para ayudar a los niños a desarrollar una postura correcta. Incluso hoy en día, los estudios médicos dicen que ayuda a los bebés a dormir y permanecer dormidos y disminuye el riesgo de síndrome de muerte súbita del lactante (SMSL).

CHRISTIANSUNITE.COM

*María lo acostó en un pesebre*

- **Lucas 2:7 Le acostó en un pesebre**. No había cama o cuna en la que a él pudiera acostarle. El piso sería demasiado frío y duro. Así que María escogió un pesebre lleno de paja, utilizada por lo general para alimentar el ganado, como el lugar de descanso de su bebé recién nacido. No tenemos idea de cuánto tiempo la familia se quedó en el pesebre, pero fue probablemente hasta que el censo hubo terminado y la multitud se dispersó. Fue allí en el establo que los pastores le adorarorn. Así el pesebre, fue su cama por más de una noche y, posiblemente, por un buen rato.

### "Esta noche eres mío"

Podemos imaginar el miedo de estos nuevos padres—y también su alegría. Estamos conmovidos por la historia de un niño recién nacido que viene al mundo. Reflexionamos sobre nuestras propias primeras experiencias con nuestros propios hijos, la celebración de besarles con sentimientos de pura alegría. Esa fue también la situación de José y María, y la belleza de la historia nunca se desvanece, no importa cuántas veces se la cuente.

RAPIAEL, 1509-10

*María, José, y su nuevo bebé*

Cuando me imagino esta tierna escena familiar, me acuerdo de un hermoso villancico llamado "Canción de cuna de María (Esta noche eres mío)" escrito por Wanda West Palmer,[6] que se refiere lo que pudieron haber sido los sentimientos de María en esa ocasión. Ella sabía que este niño vino a este mundo para salvarlo. Todo tipo de pruebas y abusos yacían por delante, culminando en el sufrimiento brutal y sangriento y la muerte de su hijo. Pero en esa noche —esa sagrada, santa noche—Él era su pequeño bebé indefenso.

Imaginemos esos primeros momentos de tranquilidad. María y José deben haber acariciado sus pequeñas manos y pies. ¿Sabían lo que los soldados eventualmente harían a esas manos y pies? Deben de haber besado sus pequeñas mejillas—las mismas mejillas que los sacerdotes groseramente bofetearían, y de las arrancarían el pelo de la barba a puñados. Deben de haber lavado suavemente su pequeña espalda, costados y vientre—una espalda que un día se rompería por azotes viciosos, un vientre que exhalaría con dolor en la cruz, y un costado que sería traspasado por una profunda, aguda espada.

¿Conocían todas estas cosas en esa noche? Tal vez si y tal vez no. Pero en ese momento él era simplemente su pequeño niño milagroso, y sin duda ellos deben haberse alegrado de su nacimiento.

## TESTIGOS DE LA DIVINIDAD DEL CRISTO NIÑO

### El Ejército Celestial de los Ángeles

- **Lucas 2:8–14 "A vosotros os ha nacido hoy. . . un Salvador, que es Cristo el Señor**. "En la noche del nacimiento del Salvador, había pastores en los campos cercanos de Belén (v. 8). De repente, un "ángel del Señor" se les apareció, haciendo que su luz resplandeciera glorificada a su alrededor (v. 9). Es comprensible que, " tuvieran gran temor," pero el ángel trató de calmar sus temores: "No temas, porque he aquí, os traigo buenas nuevas de gran gozo, que será para todo el pueblo. Que os ha nacido hoy, en la ciudad de David, un Salvador, que es Cristo el Señor "(vv. .10–11).

  De repente, apareció con el ángel ", una multitud de las huestes celestiales, que alababan a Dios" cantando "¡Gloria a Dios en las alturas, y en la tierra paz, buena voluntad para con los hombres! " Podemos imaginar que cada hijo de Dios todavía en el cielo habría deseado poder cantar en esta ocasión. Después de todo, ahora se hacía posible la salvación de toda la humanidad. Este precioso bebé nació para salvarnos a todos. Como el Cordero de Dios, Él se sacrificó por nuestros pecados. Había nacido para morir para que todos nosotros pudiéramos tener la redención y la resurrección. Esta fue una gran noticia, por cierto una alegre noticia. ¡La Esperanza de Israel había llegado!

### Los Pastores

C. H. BLOCH, 1600s
*La adoración de los pastores*

- **Lucas 2:12,15–17 Los pastores "dado a conocer en el extranjero. . . . acerca del niño** "El ángel les había dado una señal: " Hallaréis al niño envuelto en pañales, acostado en un pesebre "(v 12).. Por lo tanto, tan pronto como los ángeles los dejaron ", los pastores se dijeron unos a otros: Pasemos, pues, hasta Belén, y veamos esto que ha sucedido, que el Señor ha dado a conocer a nosotros. Y vinieron apriesa, y hallaron a María ya José, y al niño acostado en el pesebre" (vv.. 15–16). Y después de haber visto por sí mismos ", dieron a conocer lo que se les había dicho acerca del niño" (. V 17).

  El élder Bruce R. McConkie dijo: "Estos no eran pastores comunes ni los animales ordinarios. Las ovejas allí . . . cuidadas con amor y devoción, estaban destinadas al gran sacrificio en la casa del Señor, a semejanza del sacrificio eterno de aquel que yacía aquella noche maravillosa en un establo. . . Y los pastores, para los que el velo fue roto entonces. . . eran [de] estatura espiritual. . . . Había muchos pastores en Palestina, pero sólo los que cuidaban de los rebaños del templo vieron llegar al ángel anunciador; sólo ellos oyeron el coro celestial."[7]

## Simeón en el Templo

F. W. W. TOPHAM, 1889

- **Lucas 2:22–24 Jesús es dedicado al servicio del Señor a los 40 días de nacido.** Así como Zacarías y Elisabeth lo habían hecho a Juan el Bautista (Lucas 1:59), María y José, sin duda, habían circuncidado a Jesús cuando tuvo 8 días. Pero esta ceremonia adicional de dedicación, aproximadamente un mes más tarde, se requiere para todos los primogénitos varones, que eran considerados "santos al Señor" (v. 23). Estaba acompañada de un sacrificio de dos tórtolas o dos pichones (v. 24).

  El élder James E. Talmage dijo: "Parte de la ley fue dada a través de Moisés a los israelitas en el desierto y continuó en vigor a lo largo de los siglos, en relación con el procedimiento prescrito para las mujeres después del parto (Lev. 12). En cumplimiento de la misma, María permaneció en retiro cuarenta días después del nacimiento de su Hijo; entonces ella y su marido trajeron al Niño para su presentación ante el Señor como está prescrito para el primogénito varón de cada familia. Es manifiestamente imposible que todas esas presentaciones puedan haber tenido lugar en el templo, porque muchos judíos vivían a grandes distancias de Jerusalén; sin embargo, era la regla, que los padres debían presentar a sus hijos en el templo cuando fuera posible. Jesús nació dentro de ocho o nueve kilómetros de Jerusalén; En consecuencia, fue llevado al templo para la ceremonia de la redención de la obligación de aplicarla a los primogénitos de todos los hijos de Israel, excepto los levitas."[8]

THEBIBLEREVIVAL.COM, #26

- **Lucas 2:25–33 Simeón da testimonio de que éste es el Cristo.** Había en Jerusalén un hombre llamado Simeón, que la Biblia describe como " hombre, justo y piadoso, esperaba la consolación de Israel; y el Espíritu Santo estaba sobre él." (v 25). Se había prometido " que no vería la muerte antes que viese al Ungido del Señor" (v. 26), y en este día en particular "movido por el Espíritu, vino al templo " (v. 27).

Él discernió por el Espíritu quien era el niño, y "lo tomó... en sus brazos, y bendijo a Dios, diciendo: Ahora, Señor, despides a tu siervo en paz, conforme a tu palabra; porque han visto mis ojos tu salvación, la que has preparado ante la faz de todos los pueblos" (vv. 28–31). Luego pasó a declarar que el niño sería "una luz para... los gentiles, y gloria de tu pueblo Israel" (v. 32).

- **Lucas 2:34–35 profecía de Simeón sobre la muerte del Salvador y el dolor de María.** Él le dijo a María: " He aquí, éste está puesto para caída y para levantamiento de muchos en Israel, y para señal que será contradicha... para que sean revelados los pensamientos de muchos corazones". Y como parte de ese proceso, dijo a María," una espada traspasará tu misma alma" (v. 35). El élder James E. Talmage dijo que esta profecía era de "la angustia que la madre sería llamada a soportar por causa de Él, que sería incluso semejante a la de una espada atravesando el alma."[9]

## Ana en el Templo

- **Lucas 2:36–38, 41 Anna también da testimonio.** Esta mujer, después de 7 años de matrimonio, había soportado la viudez hasta la edad de 84 años Ella también apareció en ese instante y "dio gracias igualmente al Señor, y hablaba del niño a todos los que esperaban la redención de Jerusalén" (v. 38). El élder James E. Talmage la llamó "una mujer piadosa de gran edad,... quien se dedica exclusivamente al servicio del templo; y ella, estando inspirada por Dios, reconoció a su Redentor, y dio testimonio de Él a todos a su alrededor. Ambos. José y María se maravillaron de las cosas que se decían del Niño; aparentemente todavía no eran capaces de comprender la grandeza de Aquel que había llegado a ellos a través de una concepción tan milagrosa y tan maravilloso nacimiento."[10]

## Los Hombres Sabios de Oriente

- **Mateo 2:1–2 "Hemos visto su estrella en el Oriente y hemos venido a adorarlo"** Algún tiempo después, que habían "visto su estrella en el oriente" unos magos vinieron del oriente a Jerusalén," y venimos a adorarle. "no sabemos de dónde vienen, pero es posible que procedieran de Persia, donde una gran colonia de judíos había permanecido desde el cautiverio.

*Los Reyes magos vinieron del oriente*

Daniel H. Ludlow, dijo, "La declaración de los hombres sabios "hemos visto su estrella en el oriente es muy interesante por cuanto a la estrella como una señal del nacimiento de Jesús no se menciona en el actual Antiguo Testamento. Sin embargo, la referencia a la señal de una estrella fue mencionada por Samuel el Lamanita en el Libro de Mormón unos cinco años antes del nacimiento de Jesús. (Hel. 14:1–5; 3 Ne.1: 21). El

. . . lenguaje utilizado por los hombres sabios indicaría que otros grupos además de los leítas eran conscientes de que una nueva estrella daría testimonio del nacimiento del Hijo de Dios, pero 'se han hecho intentos para identificar a la estrella cuya aparición en su cielo oriental habría asegurado a los magos que nació el Rey; pero la astronomía no proporciona ninguna confirmación satisfactoria[11]."[12]

El élder Bruce R. McConkie dijo: "En cuanto a la estrella, no hay nada misterioso en ello. Los Reyes Magos. . . No leían presagios en el cielo ni adivinaban los destinos de los hombres por el movimiento de los cuerpos celestes en los cielos siderales. La nueva estrella era simplemente una nueva estrella de la clase que estamos familiarizados. No hay duda de que exhibió una brillantez inusual, con el fin de atraer una atención especial y con el fin de orientar a aquellos que caminaban en su luz, pero fue, sin embargo, una estrella."[13]

El profeta José Smith dijo (hablando de la Segunda Venida de Cristo), "Habrá guerras y rumores de guerras, señales en los cielos y abajo en la tierra, el sol se convertirá en tinieblas y la luna en sangre, terremotos en diversos lugares, mares aderramándose más allá de sus límites; a continuación, aparecerá una gran señal del Hijo del Hombre en el cielo. Pero, ¿qué va a hacer el mundo? Ellos dirán que es un planeta, un cometa, etc., pero el Hijo del Hombre será como la luz de la mañana que nace en el este."[14]

- **Mateo 2:3–10 "¿Dónde está el nacido rey de los judíos?"** Cuando los sabios orientales llegaron a la ciudad preguntaron dónde había nacido el nuevo rey. Cuando Herodes oyó que el niño era descripto como el "rey de los judíos", "se turbó, y toda Jerusalén con él." (v. 3). Convocó a todos los sumos sacerdotes judíos y los escribas y " les preguntó dónde había de nacer el Cristo" (v. 4). Ellos respondieron "en Belén de Judea, porque así está escrito por el profeta: " citando a Miqueas 5: 2.

  "Entonces Herodes, llamando en secreto a los magos, indagó de ellos diligentemente el tiempo de la aparición de la estrella" (v. 7). Luego los envió a Belén y les solicitó que" cuando le halléis, hacédmelo saber, para que yo también vaya y le adore" (v. 8). "Ellos fueron; y he aquí la estrella que habían visto en el oriente, iba delante de ellos, hasta que llegando, se detuvo sobre donde estaba el niño "y" cuando vieron la estrella, se regocijaron con muy grande gozo" (vv. 9 10).

- **Mateo 2:11 Los hombres sabios visitan a Jesús en una casa, no un establo.** Al momento en que los hombres sabios habían llegado, José, María y el bebé ya no estaban en el establo. Las escrituras dicen específicamente que "llegaron a la casa" (. v. 11). Además, el niño ya no era un recién nacido, pero se lo describe como un "niño pequeño" (v. 11).

*Hombres sabios visitan al niño Jesús*

El élder Bruce R. McConkie dijo: "Los hombres sabios encontraron a Jesús en una casa, no un establo, ni en un mesón, o morada temporal; que Él es llamado un 'niño pequeño', no un bebé, un total de 7 veces en el curso de 14 versículos consecutivos [y] que Mateo hace dos agudas referencias sobre la naturaleza de la investigación diligente de Herodes en cuanto al tiempo real del nacimiento. . . Suponiendo que Herodes ordenaría la matanza de todos los niños pequeños en el grupo de edad en general. . . surge la presunción de que una serie de meses o incluso uno o dos años pueden haber transcurrido antes de la llegada de los visitantes del este."[15]

- **Mateo 2:11 Los hombres sabios se presentar con regalos para niño**. Ellos "se postraron en tierra, y le adoraron: y cuando abrieron sus cofres y presentaron regalos; oro, incienso y mirra."

RUBENS, 1626–1629

El élder James E. Talmage dijo: "La tendencia a atribuir significado oculto a los detalles, incluso triviales mencionados en las Escrituras. . . ha dado lugar a muchas sugerencias extravagantes concerniente al oro, incienso y mirra especificados en el incidente. Algunos han supuesto un simbolismo medio oculto en el mismo—el oro un homenaje a su estado real, el incienso la ofrenda en reconocimiento de su sacerdocio, y la mirra para su sepultura. El registro sagrado no ofrece ninguna base para tal conjetura. . . . Presumiblemente estaban entre las producciones naturales de las tierras de donde procedían los magos, aunque probablemente aún no eran costosos y altamente estimados. Tales. . . eran los más apropiados como regalos para un rey. Cualquier significado místico o que uno pueda adjudicar a los presentes debe ser recordado como su propia suposición o fantasía, y no como basado en un mandamiento de las Escrituras."[16]

## JESÚS Y JUAN BAUTISTA SON PROTEGIDOS

El rey Herodes no tenía intención de permitir que sobreviviera un rey rival. Él había determinado cuidadosamente donde nacería el niño y cuando aparecería la estrella anunciando su nacimiento (Mateo 2: 4–7). Él estaba conspirando para asesinar al niño Jesús.

- **Mateo 2:12 A los hombres sabios se les advierte evitar a Herodes.** Esta advertencia, dada en un sueño, dijo "que no volviesen a Herodes." Si lo hubieran hecho así, habría exigido saber dónde podría encontrarse el niño. En cambio, "se volvieron a su tierra por otro camino."

## José Lleva a Jesús a Egipto

- **Mateo 2:13–15 José y María huyen a Egipto con el bebé.** Un ángel del Señor "se pareció a José en sueños, diciendo: Levántate, y toma al niño ya su madre, y huye a Egipto, y permanece allá hasta que yo te lo diga, porque Herodes va a buscar al joven niño para matarlo" (v. 13). Y "cuando él se levantó, tomó al niño y a su madre de noche, y se fue a Egipto" (v. 14), donde la joven familia se mantuvo "hasta la muerte de Herodes" (v. 15).

- **Mateo 2:15 "De Egipto llamé a mi hijo**." Hubo muchas profecías acerca del lugar desde el que vendría el Mesías. Una predijo sus alrededores Nazaret (Isaías 9:1) y otra la ciudad de Belén (Miqueas 5: 2). Una tercera dijo que iba a salir de Egipto (Oseas 11:1). Al final, las tres resultaron ser correctas, y esta estancia en Egipto, proveyó las circunstancias bajo las cuales se cumplió la profecía de Oseas.

| | | |
|---|---|---|
| **Mateo 2:1** | Nació en Belén | Cumplimiento de Miqueas 5: 2 |
| **Mateo 2: 23** | Se crió en Nazaret | Cumplimiento de Isaías 9:1 |
| **Mateo 2:15** | Salió de Egipto | Cumplimiento de Oseas 11:1 |

J. S. V. CAROLSFELD, 1852–1860

- **Mateo 2:16–18 Herodes masacra a todos los niños de Belén menores de 2 años.** Cuando los hombres sabios no regresaron, Herodes "se enojó mucho, y envió a matar a todos los niños que había en Belén y y en todos sus alrededores, a partir de dos años para abajo" (v. 16). Esto se basó en la información que le habían dado los magos relativa a en que momento aparecería la estrella por primera vez en el cielo. Podemos deducir, entonces, que Jesús tenía alrededor de 2 años lo visitaron los sabios.

  Esta sangrienta masacre de niños inocentes también cumplió la profecía. Que Jeremías había predicho una gran voz de "lamentación. . . en Ramá. . . lloro y gemido grande, Raquel que llora por sus hijos, y no quiso ser consolada, porque perecieron" (vs. 17–18;. Jeremías 31:15).

  El élder James E. Talmage dijo: "Herodes era declaradamente un adherente de la religión de Judá, aunque por nacimiento de origen idumeo, por descendencia un edomita o uno de los descendientes de Esaú, a todos los cuales odiaban los judíos; y de todos los edomitas no fue ninguno más amargamente detestado que el rey Herodes. Era tiránico y despiadado, no se salvaba ni enemigo ni amigo que estuviera bajo sospecha de ser un posible obstáculo para sus ambiciosos proyectos. Había asesinado cruelmente a su esposa y a varios de sus hijos, así como otros de su parentela; y dio muerte a casi todo el gran consejo nacional, el Sanedrín. Su reinado fue de una crueldad repugnante y de una desenfrenada opresión. Sólo cuando estuvo en peligro de incitar a una revuelta nacional o con temor de incurrir en el desagrado de su amo imperial, el emperador romano, se abstuvo de participar en cualquier empresa."[17]

- **Mateo 2:19–23 José, María y el niño regresan a Nazaret.** Cuando murió Herodes (estimado en un plazo de 2 años más), " un ángel del Señor apareció en sueños a José en Egipto, diciendo: Levántate, toma al niño y a su madre, y vete a tierra de Israel, porque han muerto los que procuraban la muerte del niño "(vv. 19–20). Obediente, "él se levantó, tomó al niño y a su madre, y vino a tierra de Israel" (v. 21). Se le advirtió en un sueño que no era seguro regresar a Judea, donde el hijo de Herodes Arquelao reinaba ahora, por lo que "se fue a la región de Galilea" y "vino y habitó en la ciudad que se llama Nazaret: para que se cumpliese que fue dicho por los profetas, que había de ser llamado Nazareno "(vv .22–23).

Juan el Bautista es Protegido por su Padre

- **Lucas 1:67–79 Zacarías profetizó del Salvador y de su propio papel en "preparar el camino del Señor."** Estando lleno del Espíritu Santo, profetizó lo concerniente al Salvador:

  68 Bendito sea el Señor, Dios de Israel; Que ha visitado y redimido a su pueblo,
  69 Y nos levantó un poderoso Salvador En la casa de David, su siervo;
  70 Como habló por boca de sus santos profetas que fueron desde el principio;
  71 Que debemos ser salvos de nuestros enemigos, y de mano de todos los que nos odian;
  72 Para hacer misericordia con nuestros padres, y recordar su santo pacto;
  73 El juramento que juró a nuestro padre Abrahán,
  74 Para que os lo dé a nosotros, que somos librados de la mano de nuestros enemigos, le sirvamos sin temor,
  75 En santidad y en justicia delante de él todos los días de nuestra vida.

  Profetizó también con respecto a su propio hijo Juan:

  76 Y tú, niño, serás llamado profeta del Altísimo, porque irás delante de la presencia del Señor para preparar sus caminos;
  77 Para dar conocimiento de salvación a su pueblo, para perdón de sus pecados,
  78 Por la entrañable misericordia de nuestro Dios; por lo que la aurora de lo alto nos visitará,
  79 Para dar luz a los que habitan en tinieblas y en sombra de muerte, para guiar nuestros pasos por el camino de la paz.

- **Lucas 1:80 Jesús y Juan el Bautista eran de edad similar.** Las escrituras dicen de Juan, "el niño crecía, y se fortalecía en espíritu." Cuando era niño, él ciertamente debe haber visitado y conocido a Jesús, siendo sólo 6 meses mayor que él. Sus padres Zacarías y Elisabet también vivían cerca de Jerusalén.

RUBENS, 1616

*Juan y Jesús jugando juntos*

- **Mateo 23:34–36 Jesús alude al asesinato de Zacarías.** Como el Señor Jehová, Él había enviado profetas a Judá (incluido él mismo) sólo para ser muertos y crucificado," azotados en vuestras sinagogas, y perseguidos. . . de ciudad en ciudad" (v. 34). Estos actos asesinos traerían sobre ellos "toda la sangre justa que se ha derramado sobre la tierra, desde la sangre del justo Abel hasta la sangre de Zacarías. . . a quien matasteis entre el templo y el altar" (v. 35).

  El profeta José Smith dijo: "Cuando apareció el edicto de Herodes para destruir a los niños pequeños, Juan era unos seis meses mayor que Jesús, y fue objeto de este edicto infernal, y Zacarías causó que la madre [de Juan] lo llevara a las montañas, donde lo crió con langostas y miel silvestre. Cuando su padre se negó a revelar su escondite, y siendo el sumo sacerdote que oficiaba en el Templo ese año, fue asesinado por orden de Herodes, entre el pórtico y el altar, como dijo Jesús."[18]

JAMES J. TISSOT, 1904

*Herodes mató a Zacarías cerca del altar*

- **Lucas 1:80 Juan el Bautista creció de forma segura hasta la adultez**. Habiendo sido protegido en su desierto escondite, Juan el Bautista "creció y se fortaleció en espíritu, y estuvo en lugares desiertos hasta el día de su manifestación a Israel."

  El élder Bruce R. McConkie dijo:

> Al igual que su pariente Jesús, las escrituras están prácticamente silenciosas sobre la vida y obras de Juan antes de su ministerio formal, que comenzó, según la ley levítica, cuando tenía treinta años (Núm. 4:3, 47). Sabemos que "fue bautizado mientras todavía estaba en su infancia" (D. & C. 84: 28), es decir, cuando tenía ocho años; que sus padres fueron fieles y justos; que él "fue un sacerdote después de su padre, y tenía las llaves del Sacerdocio Aarónico, y fue llamado por Dios para predicar el evangelio del reino de Dios"[19]; que "se fortaleció en espíritu", es decir, se convirtió en una torre de fortaleza espiritual; y que él se guió durante toda su vida por el Espíritu Santo. Sigue naturalmente que fue entrenado en la obediencia a la ley de Moisés, oficiada en las ordenanzas levíticas y actuaciones, se casó (un requisito social, casi obligatorio entre los judíos), y probablemente tuvo niños.[20]

## INFANCIA Y JUVENTUD DE JESÚS

### Creció como los Demás Niños

Las escrituras acerca de la infancia de Jesús son pocas y distantes entre sí. Pero a partir de las que existen, surge la imagen de un extraordinario muchacho criado en un hogar judío típico.

A. BIDA, 1874

— **Isaías 53:2** Se crió "como una planta tierna" y se veía como los demás niños.

— **D. & C. 93:12–14** No tuvo una plenitud de la divinidad o el conocimiento en un primer momento, pero continuó de "gracia en gracia" hasta que recibió la plenitud.

— **Lucas 2:51–52** Vivía con sus padres en Nazaret y vivía sujeto a ellos.

— **Marcos 6:3** Fue llamado carpintero, mostrando que Él aprendió un oficio, probablemente bajo la dirección de José.

— **Lucas 2:40, 52** Creció en todos estos aspectos.

| | |
|---|---|
| ■ Espíritu | Espiritualmente. |
| ■ Sabiduría | Intelectualmente. |
| ■ Gracia | Ayuda Divina. |
| ■ Estatura | Crecimiento físico. |
| ■ El favor de Dios | Agradar a Dios. |
| ■ Favor con el hombre | Crecimiento social. |

### Tuvo que Aprender "Línea por Línea" tal como lo Hacemos Nosotros

- **Jesús tenía un velo de olvido respecto a la vida premortal**—como todos nosotros.

El élder James E. Talmage dijo, [Cuando nació Jesús,] "el velo del olvido común a todos los que nacemos a la tierra, por el cual el recuerdo de la existencia primitiva se cierra" fue arrojado sobre Él.[21]

El profeta José Smith dijo: "Cuando todavía un niño Tenía toda la inteligencia necesaria para que pudiera dirigir y gobernar el reino de los judíos."[22] Él venció el velo y entró en comunicación con su Padre Celestial.

El presidente Joseph F. Smith dijo: En un primer momento, "Incluso el propio Cristo no era perfecto [en el conocimiento o entendimiento]; Al principio, Él no recibió la plenitud, sino que recibió gracia sobre gracia, y continuó recibiendo más y más hasta que recibió la plenitud. . . . Jesús, el Hijo de Dios, y el Padre de los cielos y la tierra en la que vivimos, no recibió una plenitud al principio, pero aumentó en fe, conocimiento, comprensión y gracia hasta que recibió la plenitud."[23]

El presidente Joseph Fielding Smith dijo:

> Nuestro Salvador era un Dios antes de nacer a este mundo, y trajo con él ese mismo estado cuando vino aquí. Él era un Dios cuando nació en el mundo como lo fue antes. Pero en lo que se refiere a esta vida parece que Él tuvo que empezar igual que todos los demás niños y ganar conocimiento línea sobre línea. . . .
>
> Sin duda, Jesús vino al mundo sujeto a las mismas condiciones que se requerían de cada uno de nosotros, se olvidó de todo, y tuvo que crecer de gracia en gracia. Su olvido, o habiendo sele quitado Su antiguo conocimiento, sería necesario tal como lo es en el caso de cada uno de nosotros, para completar la actual existencia temporal.[24]

## Él fue Enseñado por su Padre en el Cielo

- **Lucas 2:41–47 A los 12 años, Jesús conversa con sabios doctores en el Templo.** Sus padres viajaban a Jerusalén todos los años a la fiesta de la Pascua (v. 41). El duodécimo cumpleaños de Jesús, estaban allí, como siempre, volviendo a casa después de la final de los días necesarios de celebración y adoración (v. 42).

*María encuentra a Jesús en el templo con los doctores*

Viajaron un día de camino a lo largo de la carretera y no se dieron cuenta que Jesús no estaba con ellos hasta que se disponían a instalarse para la noche; Él no se pudo encontrado en ningún lugar entre sus amigos y familiares (vv. 42–44). Alarmados, se apresuraron a regresar a Jerusalén y le buscaron durante tres días. Entonces, finalmente, "lo encontraron en el templo, sentado en medio de los doctores" (v. 46). Después de haber sido enseñado por su Padre en el Cielo, su formación e inteligencia se mostraron cuando habló con estos hombres cultos en el templo "oyéndoles y preguntándoles" (v. 46). "Y todos los que le oían estaban asombrados de su inteligencia y de sus respuestas" (v. 47).

El élder Bruce R. McConkie dijo:

> Según la ley judía, Jesús, ahora de doce años, se convirtió en "un hijo de la ley"—aquel sujeto a sus obligaciones. Ahora calificaba para una posición en la congregación y se presentó como miembro reconocido de su comunidad de origen. Sus estudios religiosos y seculares entraron en una etapa avanzada; se intensificaron Sus preparativos profesionales, y ya no podía ser vendido por sus padres como un siervo.
>
> Que ahora Él pudiera ser llevado a la celebración anual de la Pascua era una cosa natural y esperada; y que Él debiera entrar en los atrios del templo, unirse a los grupos de discusión, escuchar los planteamientos de los rabinos, y preguntar y responder preguntas Él mismo, estaba en perfecta consonancia con las costumbres de la época. El significado de su

apariencia juvenil en el templo se encuentra, no en el hecho de que se produzcan, sino en la sabiduría divina manifestada por él en su conversación y en el testimonio que luego dio a luz de su propia divinidad.[25]

- **Lucas 2:48–50 Jesús quiere estar haciendo "el negocio de su padre."** María reprendió suavemente a Jesús diciendo: "Hijo, ¿por qué has hecho así con nosotros? he aquí, tu padre y yo te hemos buscado con angustia" (v. 48). Plenamente consciente de su vocación y de su relación con el Padre en el Cielo, Jesús preguntó: "¿Cómo es que me buscabais? ¿No sabíais que yo debo ocuparme de los asuntos de mi Padre?" (. v 49). Con la presión del momento, "ellos no entendieron las palabras que les habló" (v. 50), pero desde nuestro punto de vista más tarde podemos ver que Él le estaba recordando quién era su Padre y por qué le había enviado a la tierra.

- **Juan 8:28 Él fue instruido directamente por nuestro Padre en el Cielo**, y tuvo la guía de Dios continuamente. A los judíos Él dijo: "Yo no hago nada por mí mismo; sino como mi Padre me enseñó, esto hablo."

  El presidente Joseph Fielding Smith dijo: "[En ese momento] Tenía 12 años de edad. . . Él asombró a los doctores y sabios en el templo—que había aprendido mucho acerca de los negocios de Su Padre. Este conocimiento pudo venir a Él por revelación, por la visita de los ángeles, o de alguna otra manera. Pero su conocimiento, en lo que se refiere a esta vida, tuvo que venir línea sobre línea y precepto por precepto. Sin lugar a dudas él estaba en comunicación, de vez en cuando, con su Padre Celestial."[26]

HEINRICH HOFMANN, 1882

- **Juan 12:49 Él habló sólo aquellas cosas que el Padre le dijo que hablar**a. "No he hablado de mí mismo", declaró, "sino que el Padre que me envió, él me dio mandamiento de lo que he de decir, y de lo que he de hablar." Sin duda, Él también asistió a las escuelas de la sinagoga judía y fue enseñado en el aprendizaje de los judíos por los rabinos.

- **TJS Mateo 3:24–25 Sirvió bajo José, pero "él no necesitó que ningún hombre tuviera que enseñarle"** (compare con Mateo 2:23). "Jesús creció con sus hermanos, y se fortaleció, y esperó en el Señor el tiempo de la llegada de su ministerio " (v. 24). Él obedientemente "sirvió bajo su padre [José]" pero "hablaba como los otros hombres, tampoco podía ser enseñado; porque él no necesitaba que nadie le enseñase" (v. 25).

  El profeta José Smith dijo: "Cuando todavía un niño Tenía toda la inteligencia necesaria para que pudiera dirigir y gobernar el reino de los judíos, y podría razonar con los doctores más sabios y más profundos de la ley y de la divinidad, y hacer que sus teorías y prácticas aparecieran como una locura en comparación con la sabiduría que poseía; Pero él era un niño, y carecía de la fuerza física, incluso para defender su propia persona; y estaba sujeto al frío, al hambre ya la muerte."[27]

- **TJS Mateo 3:26 Jesús crece a la edad adulta.** La edad normal en la que un joven rabino podría comenzar Su misión era a los 30. Jesús esperó hasta esa edad para comenzar su ministerio. Hasta ese momento, pasó sus días en Nazaret, aprendiendo el comercio de José como carpintero y en todo lo demás preparándose para lo que vendría. Y luego, "después de muchos años, la hora de su ministerio estuvo cerca."

  Podemos imagen Él cerrando su tienda por última vez, dejando a un lado las herramientas, y diciendo gracias y adiós a José y a su madre María. Ahora se establecía para comenzar la misión para la que había sido enviado a la tierra—enseñar, sanar, bendecir, y resucitar a los muertos, seguido de Su expiación infinita, muerte, resurrección y ascensión. Todo esto se llevaría a cabo en el corto espacio de tres años.

THEBIBLEREVIVAL.COM, #28

*Jesús invita a su madre María a despedirlo*

**Notas** (Todas las referencias son de las versiones en idioma inglés de los textos que se citan.)


1. *Jesús el Cristo, Clásicos Revisadas en la Edición de Literatura Mormona* (1983), pág. 86.
2. *Comentario Doctrinal del Nuevo Testamento*, 3 volúmenes (1965–1973), 1: 91.
3. *La Vida de Cristo*, 2 volúmenes (1874), 1: 4.
4. *Comentario Doctrinal del Nuevo Testamento*, 1: 92.
5. Geoffrey W. Bromiley, s.v. "Envolver," *La Enciclopedia de la Biblia Estándar Internacional*, 4 volúmenes (1988), 4:670.
6. Palmer Publishing, una división de Jackman Music Corporation (2007), pág. 479.
7. *El Mesías Mortal: De Belén al Calvario*, 4 volúmenes (1979–1981), 1:347.
8. *Jesús el Cristo*, pág. 90.
9. *Jesús el Cristo*, pág. 91.
10. *Jesús el Cristo*, pág.92.
11. *Jesús el Cristo*, pág. 94.

12. *Un Compañero para Su Estudio del Nuevo Testamento: Los Cuatro Evangelios* (1982), pág. 29.

13. *El Mesías Mortal: De Belén al Calvario*, 1:359.

14. Enseñanzas del profeta José Smith, escogidas y arregladas por Joseph Fielding Smith (1976), págs. 286–287.

15. *Comentario Doctrinal del Nuevo Testamento*, 1:107.

16. *Jesús el Cristo*, pág. 102.

17. *Jesús, el Cristo*, pág. 92.

18. *Enseñanzas del Profeta José Smith*, pág. 261.

19. *Enseñanzas del Profeta José Smith*, págs. 272–73.

20. *Comentario Doctrinal del Nuevo Testamento*, 1:89–90.

21. Jesús, el Cristo, pág. 105.

22. *Enseñanzas del Profeta José Smith*, pág. 392.

23. *Doctrina del Evangelio*, 5.º edición (1939), pág. 68.

24. *Doctrina de Salvación*, 3 volúmenes, compilado por Bruce R. McConkie (1954; 1956), 1:32–33.

25. *Comentario Doctrinal del Nuevo Testamento*, 1:109–110.

26. *Doctrina de Salvación*, 1:32.

27. *Enseñanzas del Profeta José Smith*, pág. 392.

SEGUNDA SECCIÓN

# Primer Año del Ministerio de Jesús

(30 DC — 31 DC)

---

Los hechos descritos en esta sección incluyen los ocurridos durante el primer año del ministerio de Jesús. Esta incluye los siguientes ministerios:

ACONTECIMIENTOS INNAGURALES EN MINISTERIO DE JESÚS
EL MINISTERIO TEMPRANO EN JUDEA
EL PRIMER MINISTERIO GALILEO

Los capítulos asociados a este libro, que corresponden a las clases de Doctrina del Evangelio, son:

4. Bautismo de Jesús, Tentaciones, y Ministerio Temprano
5. Nicodemo y Nacer De Nuevo; La Mujer en el Pozo
6. Rechazo en Nazaret; en Capernaum y Jerusalén

Estos incluyen Jesús al momento de ser bautizado por Juan el Bautista; Sus 40 días en el desierto de Judea; Su tentación por Satanás; La limpieza del Templo, y otras actividades tempranas cuando comenzó su ministerio en Judea. También incluyen su viaje al norte, hacia Nazaret, deteniéndose en el camino para enseñar a la mujer samaritana en el pozo y sus familiares y amigos que lo aceptaron como el Mesías.

Concluyen con los primeros eventos del primer ministerio de Jesús en Galilea: su rechazo por parte de la gente de su ciudad natal de Nazaret cuando declaró su carácter de Mesías en la sinagoga; el milagro de cambiar el agua en vino en Caná; y sus primeras actividades en Capernaum, incluyendo el llamado a sus primeros discípulos en el Mar de Galilea.

La siguiente es una lista cronológica de los acontecimientos que tuvieron lugar durante este período y las escrituras de los cuatro Evangelios que cuentan las historias.

| **ACONTECIMIENTOS QUE INICIAN EL MINISTERIO DE JESÚS** | **Mateo** | **Marcos** | **Lucas** | **Juan** |
|---|---|---|---|---|
| Desierto de Judea | | | | |
| Juan el Precursor | 3:1–12 | 1:1–8 | 3:1–18 | |
| Cerca de Betabara, Judea | | | | |
| El bautismo de Jesús | 3:13–17 | 1:9–11 | 3:21–23 | |

| | | | | |
|---|---|---|---|---|
| Desierto de Judea | | | | |
| Jesús Comulga con Dios; Después es Tentado | 4 :1–11 | 1:12–13 | 4:1–13 | |
| Betabara, Judea | | | | |
| Juan Testifica que Jesús es el Cristo | | | | 1:14–34 |
| Betabara, Perea y Betsaida, tetrarquía de Felipe | | | | |
| Llamando a Andrés, Simón, Felipe y Nataniel | | | | 1:35–51 |
| Jesús va a Cafarnaúm | | | | 2:12 |
| Jerusalén, Judea (Nisán) | | | | |
| La Primera Pascua del Ministerio de Jesús | | | | 2:13–25 |
| Nicodemo Visita a Jesús | | | | 3:1–21 |

| **MINISTERIO TEMPRANO JUDÁICO** | **Mateo** | **Marcos** | **Lucas** | **Juan** |
|---|---|---|---|---|
| Desierto de Judea | | | | |
| Jesús va al Desierto de Judea | | | | 3:22 |
| Enón, Samaria | | | | |
| Juan Enseña a Creer en el Hijo | | | | 3:23–36 |
| Maqueronte, Perea | | | | |
| Juan es Encarcelado | 14:3–5 | 6:17–20 | 3:19–20 | |
| Jesús deja Judea va a Galilea | 4:12 | 1:14 | 4:14 | 4:1–3 |
| Mujer en el Pozo en Samaria | | | | 4:4–42 |
| Jesús va a Galilea | | | | 4:43–44 |

| **PRIMERO MINISTERIO GALILEO** | **Mateo** | **Marcos** | **Lucas** | **Juan** |
|---|---|---|---|---|
| Nazaret, Galilea | | | | |
| La Propia Comunidad de Jesús lo Rechaza | 4:13 | | 4:16–31 | |
| Cafarnaúm, Galilea | | | | |
| Predicando en la Sinagoga | 4:13–16 | | 4:31–32 | |
| Caná, Galilea | | | | |
| Milagro del Vino en la Fiesta de Bodas | | | | 2:1–11 |
| Jesús Predica el Arrepentimiento | 4:17 | 1:14–15 | 4:14–15 | 4:45 |
| Mar de Galilea, cerca de Cafarnaúm | | | | |
| Llamado de Pedro, Andrés, Santiago y Juan | 4:18–22 | 1:16–20 | 5:1–11 | |
| Cafarnaúm, Galilea | | | | |
| Sanación de la Suegra de Pedro | 8:14–17 | 1:21–34 | 4:31–41 | |
| Predicando en Galilea | 4:23–25 | 1:35–39 | 4:42–44 | |
| Leproso Sanado | 8:1–4 | 1:40–45 | 5:12–16 | |
| Hombre. Paralítico Sanado | 9:2–8 | 2:1–12 | 5:17–26 | |
| Fiesta de Mateo | 9:9–13 | 2:13–17 | 5:27–32 | |
| Discurso sobre el Ayuno | 9:14–17 | 2:18–22 | 5:33–39 | |

Capítulo 4

# El Bautismo de Jesús, las Tentaciones, y el Ministerio Temprano

(Mateo 3-4 Lucas 3; Juan 1)

---

## MINISTERIO DEL JUAN EL BAUTISTA

Preparando el Camino para el Señor

- **Lucas 3:3–4 Juan el Bautista comienza la misión**. En el momento apropiado, Juan el Bautista apareció en el país que rodea el río Jordán "predicando el bautismo del arrepentimiento para perdón de pecados" (v. 3). Su misión había comenzado, en cumplimiento de la profecía de Isaías acerca de "la voz de uno que clama en el desierto: Preparad el camino del Señor, allanad sus senderos" (v. 4).

NICHOLAS POUSSIN, 1635

*Juan el Bautista bautiza cerca del río Jordán*

  También cumplió la profecía de su padre Zacarías: "Y tú, niño, serás llamado profeta del Altísimo, porque irás delante de la presencia del Señor para preparar sus caminos; Para dar conocimiento de salvación a su pueblo, para perdón de sus pecados "(Lucas1, 76–77). La suya, iba a ser una misión mostrando "la entrañable misericordia de nuestro Dios," enviado desde "la aurora de lo alto. . . para dar luz a los que habitan en tinieblas y en sombra de muerte, para guiar nuestros pasos por el camino de la paz" (Lucas 1:78–79).

- **Mateo 3:1–3 "Arrepentíos: Porque el reino de los cielos se ha acercado**" El mensaje de Juan era simple y concreto (v 2.). De esta manera, podrían prepararse para recibir al Mesías, cuyo ministerio terrenal estaba a punto de comenzar.

- **Mateo 3: 5–6 Juan comenzó su ministerio público predicando en el desierto** y luego en Jerusalén y "toda la provincia de alrededor del Jordán", donde la gente de "Jerusalén, y toda Judea, y toda la tierra de alrededor" salieron a oírle y a ser bautizados, "confesando sus pecados" (v. 6). Él fue el primer profeta de Dios que se levantó en Israel desde los días de Malaquías, 400 años antes.

- **Lucas 3:10–14 Juan enseña los principios básicos del Evangelio**. Sintiendo la necesidad de arrepentirse, "la gente le preguntaba, diciendo: ¿Qué haremos entonces?" (v. 10). Y su respuesta fue vivir los principios básicos del Evangelio. "El que tiene dos túnicas, dé dé al que no tiene; y el que tiene qué comer, haga lo mismo" (v. 11). A los publicanos (recaudadores de impuestos), dijo, " No exijáis más de lo que os está ordenado" (v. 13). Y a los soldados, dijo, "No hagáis extorsión a nadie, ni calumniéis; y contentaos con vuestro salario" (v. 14). Este fue el mensaje que traería la venida del Salvador. Si querían estar preparados para Su venida necesitaban:

  Arrepentirse.
  Prepararse la venida del Señor, porque el reino de los cielos se ha acercado.
  Darse cuenta de que el mal será destruido.
  Hacer el bien el uno al otro.
  Vestir y alimentar a los necesitados.
  Tratarse mutuamente benevolente y equitativamente.
  Ser honesto en todas sus relaciones.

- **Mateo 3:7 Los fariseos y los saduceos no eligieron ser bautizados.** Salieron a escucharlo y presenciaron su bautismo a la gente, pero no sentían necesidad de arrepentirse o bien recibir esta ordenanza salvadora. Incluso los publicanos (odiados recaudadores de impuestos) se arrepintieron y recibieron el bautismo, "Mas los fariseos y los intérpretes de la ley desecharon los designios de Dios respecto de sí mismos, no siendo bautizados por Juan." (Lucas 7:29–30).

- **Lucas 3:7–9 Juan condena la hipocresía de l aautosatisfacción.** Los llamó una "generación de víboras" que se negaban a "huir de la ira venidera" (v. 7). Él los desafió a "Haced, pues, frutos dignos de arrepentimiento, y no comencéis a decir dentro de vosotros mismos: Tenemos a Abraham por padre; porque os digo que Dios puede levantar hijos a Abraham aun de estas piedras" (v. 8). Les advirtió que "el hacha está puesta a la raíz de los árboles", y "por tanto, todo árbol que no da buen fruto se corta y se echa en el fuego" (v. 9).

*Juan condenó a los fariseos hipócritas*

El élder James E. Talmage dijo: "El judaísmo sostenía que la posteridad de Abraham tenía un lugar asegurado en el reino del Mesías esperado, y que ningún prosélito de los gentiles podría alcanzar el rango y distinción del cual los" niños "estaban seguros. Afirmación contundente de Juan que Dios podía levantar, a partir de las piedras en la orilla del río, los niños a Abraham, significaba aquellos que se enteraron de que incluso el más bajo de la familia humana puede ser preferido antes que ellos mismos si no se arrepentían y reformaban."[1]

## Juan el Bautista da Testimonio de Jesús

- **Lucas 3:15–16 La gente piensa que Juan podría ser el Cristo.** "La gente estaba a la expectativa" de la venida del Mesías ", preguntándose todos en sus corazones si acaso Juan sería el Cristo, o no" (v. 15). Esto él corrigió diciéndoles que él era sólo el precursor de Cristo, que sería más grande que él. "Yo a la verdad os bautizo en agua; pero viene uno más poderoso que yo, de quien no soy digno de desatar la correa de su calzado; él os bautizará en Espíritu Santo y fuego" (v 16).

- **Juan 1:19–25 Respuestas de Juan a sus preguntas.** Los "judíos" [los líderes judíos] enviaron sacerdotes y levitas de Jerusalén a preguntarle: "¿Quién eres tú?" (v. 19).

— Pregunta N° 1 "¿Eres tú el Cristo?"

vv. 19–20 Respuesta: "No lo soy."

— Pregunta N° 2 "¿Eres tú Elías?" (Significado Elijah).

v. 21 Respuesta: "No lo soy."

JST v. 21 presenta otra interpretación que no suponga que "Elías" significa " Elijah ", sino que significa que el Elías que había de venir a preparar el camino para el Cristo: "Y confesó, y no negó que él era Elias; pero confesé, diciendo: Yo no soy el Cristo".

— Pregunta N° 3 "¿Eres tú el profeta?" (Significado del Mesías ben José)

v. 21 Respuesta: "No."

JST v. 22 deja en claro que estaban haciendo referencia al gran profeta de la restauración que vendría por el linaje de José: "Y él dijo: Yo no soy el que Elías que habrá de restaurar todas las cosas."

Richard N. Skousen dijo:

> Una de las tradiciones más antiguas y respetadas entre los eruditos judíos es una profecía que un "Mesías ben José" se levantaría en los últimos días con el propósito específico de preparar el camino para la venida de su gran Mesías, el Mesías ben David. Esta asombrosa profecía judía se discute en el Talmud, el Midrash y el Targum. Esta profecía dice que este "José" de los últimos días iba a morir la muerte de un mártir en el desempeño de su misión sagrada.[2]
>
> Los estudiosos judíos también dijeron que este José sería un descendiente del José original de que fue vendido a Egipto, y que vendría a través de la línea de Efraín. Los judíos también creían que este José aparecería en el momento en que Elías volviera a cumplir la promesa de volver el corazón de los hijos hacia los padres.[3]

El pueblo samaritano tenía una profecía similar de un descendiente de José. Lo llamaban "trullo", que significa "el restaurador", "el que vuelve" o "el que hace volver." Dijeron que iba a llamar a la gente del mundo al arrepentimiento y traer mejores días para Israel. Este José de los últimos días también "restauraría en todas partes la verdadera ley a su antigua validez y convertiría todos los pueblos, especialmente los judíos, a la la religión samaritana [efraimita][4]."[5]

— Pregunta N° 4 "¿Quién eres tú?"

vv. 22–24 Respuesta: "Yo soy la voz del que clama en el desierto: Enderezad el camino del Señor."

— Pregunta N° 5 "¿Por qué pues bautizas?"

vv. 25–28 Respuesta: "Hay entre vosotros Uno. . . que viene después de mí, el que es antes de mí, del cual yo no soy digno de desatar la correa del calzado".

El élder James E. Talmage explicó la correa del calzado: "Para aflojar la correa del calzado o la correa de la sandalia, o para llevar a los zapatos de otro, 'era un oficio de baja categoría desomstrando gran inferioridad por parte de la persona que lo realiza.[6] Un pasaje en el Talmud[7] requiere un discípulo para para hacer por su maestro todo lo que un siervo puede ser obligado a hacer, excepto aflojar la correa de su calzado. . . . La humildad del Bautista. . . es impresionante."[8]

- **Juan 1:29–36 "He ahí el Cordero de Dios."** El día después de explicar a los Judios que él no era el Cristo, Juan vio a Jesús que se acercaba el fin de buscar el bautismo. De inmediato se dio testimonio del Salvador al declarar: "He aquí el Cordero de Dios, que quita el pecado del mundo" (v. 29), y luego explicó que éste era el hombre de quien había dicho: "Después de mí viene un hombre que es antes de mí: porque era primero que yo" (v 30).

*Juan dio testimonio de que Jesús es el Cordero de Dios*

La primera pregunta que podríamos hacernos es lo que Juan quiso decir cuando dijo "porque era primero que yo." Esta fue una referencia al hecho de que el Hijo primogénito de Dios en el espíritu es más antiguo que todos nosotros; Él era el primogénito. También refleja su estatura espiritual, colocándolo a Él más alto que cualquier otro profeta de Dios, y más alto que los ángeles. Él era, verdaderamente el Mesías.

La segunda pregunta que podríamos hacernos es: "¿Cómo sabía Juan que su primo Jesús era el Mesías?" Él explicó que todo lo que sabía inicialmente era que el Mesías se "manifestaría a Israel", y que su misión era "venir bautizando con agua" en preparación para ese evento (v. 31). Juan explicó que "el que me envió a bautizar con agua [sin duda, un mensajero celestial], el mismo me dijo: Sobre quien vieres descender el Espíritu y que permanece sobre él, ése es el que bautiza con el Espíritu Santo"(v. 33).

Por lo tanto, Juan buscó esta señal como la verificación de que sería el Mesías. Y él dio testimonio a las personas que "He visto al Espíritu que descendía del cielo como paloma, y permaneció sobre él [Jesús]" (v. 32). "Yo vi, y dado testimonio de que éste es el Hijo de Dios" (v. 34). De nuevo el día siguiente, y a que dos de sus discípulos que estaban junto a él, Juan "miró a Jesús que andaba por allí, [y] dijo: He aquí el Cordero de Dios!" (vv. 35–36).

- **Juan 1:15–17 Juan el Amado escuchó el testimonio del Bautista.** El apóstol Juan el Amado fue uno de los discípulos de Juan el Bautista, tal vez uno de los dos que estaban junto a él cuando dio su conmovedor testimonio del Cristo. Hablando del testimonio del Bautista, Juan el Amado, dijo, "Juan dio testimonio de él, y clamó diciendo: Este es de quien yo decía: El que viene después de mí, es antes de mí; porque era primero que yo" (v. 15). Y desde ese momento, por supuesto, "de su plenitud tomamos todos [los apóstoles], y gracia sobre gracia" (v. 16). Juan el Amado se había convertido el mismo en un testigo de primera mano. Y si bien "la ley fue dada por medio de Moisés," se enteró de que "la gracia y la verdad vinieron por medio de Jesucristo" (v. 17).

- **Juan 1:18 "Nadie ha visto jamás a Dios."** Esta declaración, dada en el contexto de los versículos anteriores, pretende dar a entender que parte del rol de Jesús fue dar testimonio de nuestro Padre en el Cielo. "Nadie ha visto jamás a Dios", en cambio, la Biblia registra; "el unigénito Hijo, que está en el seno del Padre, él le ha dado a conocer."

  Los sectarios cristianos modernos han utilizado esta cita para afirmar que, porque Dios es "un espíritu" nadie puede decir que le ha visto en su vida él. Todo lo que necesitan hacer para apoyar esta afirmación es borrar decenas de testigos de los profetas que se remontan a Abrahán y Noé que habían hablado con Dios "cara a cara".

  Tenemos una aclaración de esta declaración del propio Juan, que dice en Juan 6:46, "No es que alguien haya visto al Padre, *sino aquel que vino de Dios, éste ha visto al Padre*" (énfasis añadido). Y la Traducción de José Smith dice: "Y ningún hombre ha visto a Dios en ningún momento, excepto él que ha dado testimonio del Hijo; porque salvo a través de él ningún hombre puede ser salvado" (JST Juan 1:19).

## JESÚS ES BAUTIZADO

### Jesús se Acerca a Juan para ser Bautizado

- **Mateo 3:13–15 Jesús se acerca a Juan para ser bautizado.** La razón por la que Jesús apareció en el río Jordán en ocasión en que Juan el Bautista dio testimonio de Él, era "para ser bautizado por él" (v. 13). Los fariseos y los saduceos habían rechazado el bautismo de Juan, pensando a sí mismos por encima de esas cosas. Pero el Salvador del mundo vino a buscar esta ordenanza de un siervo ordenado y autorizado de Dios.

*Jesús se acercó y Juan para ser bautizado*

- **Lucas 3:23 En Su bautismo, Jesús tenía unos treinta años.** Lucas nos dice este hecho importante casi de pasada. Pero es una importante información porque establece el tiempo que Jesús había esperado para comenzar su ministerio. El élder James E. Talmage dijo: "La crítica y la objeción. . . podrían haber resultado "si hubiera comenzado su misión antes de los treinta."[9]

- **Mateo 3:14–15 Juan cuestiona la necesidad de Jesús de ser bautizado.** Juan en un primer momento "se le oponía, diciendo: Yo necesito ser bautizado por ti, ¿y tú vienes a mí?" (v. 14). Y Jesús no niega que Él tuviera necesidad de ser limpiado del pecado. Pero a fin de establecer la necesidad absoluta de esta ordenanza, se sometió a la misma. "Dejad ahora," dijo, " porque así conviene que cumplamos toda justicia" (v. 15). ¡Escuchadlo, todos vosotros los sectarios no—bautizados que creéis que el bautismo es innecesario! Al igual que vuestros predecesores fariseos, os mantenéis a vosotros mismos por encima de él. Pero Jesús no hizo tal cosa. Él fue bautizado. La Biblia, que tan orgullosamente proclama ser tu guía, hace que la necesidad de esta ordenanza sea clara como el cristal.

- **2 Nefi 31:4–11 Nefi explica por qué el Salvador fue bautizado.** El profeta Nefi en el continente americano vio estos acontecimientos en visión, mucho antes de que ocurrieran. Y discutía acerca de estos eventos, "Y ahora, si el Cordero de Dios, que es santo, tiene necesidad de ser bautizado por agua para cumplir con toda justicia, ¡entonces, ¡cuánto más necesidad tenemos, siendo pecadores, de ser bautizados, sí, en el agua! "(v. 5).

  ¿De qué manera el bautismo de Jesús "cumplió con toda justicia?" Nefi explicó, "¿No sabéis que él era santo? Mas no obstante que era santo, él muestra a los hijos de los hombres que, según la carne, él se humilla ante el Padre, y testifica al Padre que le sería obediente a él al observar sus mandamientos" (v. 7). El Padre le había mandado que todos los que quisieran ser salvos debían someterse a esta ordenanza, y Jesús no se consideraba una excepción.

Nefi explicó este evento "muestra a los hijos de los hombres la angostura de la senda, y la estrechez de la puerta por la cual ellos deben entrar, habiéndoles él puesto el ejemplo por delante" (v. 9). Jesús nos ordenó que lo siguiéramos, y Nefi preguntó, "¿Para qué, mis amados hermanos, seguiremos a Jesús salvo que estemos dispuestos a guardar los mandamientos del Padre?" (v. 10). La respuesta es no; no podemos.

### El Padre Habla y el Espíritu Santo Desciende

- **Mateo 3:16 El Salvador es bautizado por inmersión.** Hablando de Su bautismo, la Biblia registra que "Jesús, cuando fue bautizado, emergió del agua" (énfasis agregado). Esto se refiere a Su modo de bautismo, no es que él simplemente salió del agua después que Juan. Esparciera o rociara agua sobre Él. La palabra en sí bautismo proviene "de una palabra griega que significa sumergir o sumergirse."[10]

*Jesús fue bautizado por Juan*

Todo el asunto sobre rociar o derramar es una consecuencia de los consejos sectarios que buscaban una manera de (1) hacer que la ordenanza más conveniente y menos onerosa para los filósofos griegos a quienes buscaban complacer, y (2) para que fuera menos peligroso para la los bebés que ahora estaban insistiendo que necesitaban el bautismo.

Así, ellos "cambiaron la ordenanza", como Isaías profetizó que lo harían (Isaías 24: 5).

Los artistas medievales que trataron de capturar este momento sagrado, y al mismo tiempo complacer a sus sacerdotes, por lo general han representado Juan vertiendo agua sobre la cabeza de Jesús (ver imagen de arriba). He escogido esta porque, al menos, muestra a Jesús siendo empapado.

- **Juan 3:23 los bautismos ocurren donde hay "mucha agua."** Juan el Amado explica que Juan el Bautista "estaba bautizando en Enón, junto a Salim, porque allí había muchas aguas." El agua era abundante y lo suficientemente profunda para sumergir a la gente.

- **Romanos 6:3–6 Pablo explica el simbolismo de la inmersión bautismal.** Explicó que cada uno de aquellos que fueron bautizados "hemos sido bautizados en su muerte" (v. 3). Con esto quería decir que "somos *sepultados* juntamente con él para muerte por el bautismo" (v. 4, énfasis añadido). Luego, cuando nos elevamos fuera del agua, simboliza que "Cristo resucitó de los muertos por la gloria del Padre" (v. 4). Estamos "plantados. . . a semejanza de su muerte "y nos levantarán" a semejanza de su resurrección" (v 5). El simbolismo es claro para todos los que no tienen la intención de arrebatar las Escrituras para sus propios farisaicos sectarios fines.

- **3 Nefi 11:23–26 Jesús explica el modo de bautismo.** Para los nefitas, cuando Él se les apareció después de su resurrección, el Salvador dijo: " En este sabio los bautizaréis: He aquí, habéis de ir y estar en el agua, y en mi nombre los bautizaréis, habéis de ir hacia abajo y de pie en el agua, y en mi nombre los bautizaréis. Y ahora he aquí, éstas son las palabras que habéis de decir, llamándolos por nombre, diciendo: Tengo autoridad que me da de Jesucristo, yo te bautizo en el nombre del Padre, y del Hijo, y del Espíritu Santo. Amén. Y entonces vosotros les sumergiréis en el agua, y saldréis del agua "(vv. 23–26).

- **Mateo 3:16–17 El Padre da testimonio de su Hijo y desciende el Espíritu Santo.** Tomamos nota de que "Jesús, después que fue bautizado, subió luego del agua" (v. 16). Esto significa que él no estaba de pie a la orilla con agua sobre su cabeza o rociada sobre él. Él estaba en el agua y que había sido (como significa la misma palabra bautizado) sumergido. Y cuando salió fuera del agua, "los cielos le fueron abiertos, y vio al Espíritu de Dios que descendía como paloma, y venía sobre él" (v. 16). Esta era la señal que se le dijo a Juan el Bautista a la cual debía estar atento como confirmación que Jesús era el Mesías. Y entonces "una voz [vino] del cielo, que decía: Este es mi Hijo amado, en quien tengo complacencia" (v. 17), que, por su contenido, nos dice que era la voz de Dios Padre. Por lo tanto, en este caso experimentamos tres seres distintos y separados: el Padre Celestial, Jesucristo, y el Espíritu Santo.

  El profeta José Smith dijo: "[Juan] condujo al Hijo de Dios a las aguas del bautismo, y tuvo el privilegio de contemplar el Espíritu Santo descender en forma de paloma, o más bien en señal de la paloma, en el testimonio de que la administración. . . La señal de la paloma fue instituida antes de la creación del mundo, un testigo para el Espíritu Santo, y el diablo no puede entrar en la señal de una paloma. El Espíritu Santo es un personaje, y está en la forma de un personaje. No se limita a la forma de la paloma, sino en señal de la paloma. El Espíritu Santo no puede ser transformado en una paloma; pera la señal de una paloma se le dio a Juan para significar la verdad de la escritura, dado que la paloma es un emblema o símbolo de la verdad y la inocencia."[11]

  El élder Bruce R. McConkie dijo: "Los cuatro autores del evangelio registran que el Espíritu descendió 'como paloma'; Lucas añade que también se produjo en 'forma corporal'; y el Libro de Mormón dice que vino 'en la forma de una paloma' (1 Ne 11:27; 2 Nefi 31: 8). . . . Así pues, parece que Juan fue testigo de la señal de la paloma, que vio al Espíritu Santo descender en la 'forma corporal "del personaje que es, y que el descenso fue 'como una paloma.'"[12]

## Juan da Testimonio de Jesucristo

- **Juan 1:32–34 Después de bautizar a Jesús, Juan recibió un testimonio especial del Salvador, que fue registrado por el apóstol Juan en su Evangelio.** "Y Juan [el Bautista] dio testimonio, diciendo: Vi al Espíritu que descendía del cielo como paloma, y permaneció sobre él" (v. 32). Esto era importante, porque Juan había recibido instrucciones de Dios sobre el asunto: "El que me envió a bautizar con agua, aquél me dijo: Sobre quien vieres descender el Espíritu y que permanece sobre él, ése es el que bautiza con el Espíritu Santo. Y miré, y dado testimonio de que éste es el Hijo de Dios" (vv. 33–34).

  — **D. y C. 93:15–18 testimonio de Juan el Bautista ha sido revelado más plenamente en la esta dispensación.** "Y yo, Juan, doy testimonio, y he aquí, los cielos se abrieron y el Espíritu Santo descendió sobre él en forma de paloma, y se asentó sobre él, y vino una voz del cielo que decía: Este es mi amado Hijo. Y yo, Juan, testifico que recibió la plenitud de la gloria del Padre; Y recibió todo poder, tanto en el cielo como en la tierra, y la gloria del Padre estaba con él, porque él habitaba en él. Y acontecerá que si sois fieles, recibiréis la plenitud del testimonio de Juan.

## EL DESIERTO Y LA TENTACIÓN DE JESÚS

### Jesús fue al Desierto para Estar con Dios

- **Mateo 4:1 Jesús no fue al desierto "para ser tentado."** La traducción de José Smith (TJS Mateo 4:1–2.) nos dice que Él fue al desierto para ayunar y orar y para "estar con Dios."

  El élder Bruce R. McConkie dijo: "Jesús no fue al desierto, para ser tentado por el diablo; los hombres justos no buscan la tentación. Se fue "para estar con Dios. 'Probablemente Fue visitado por el Padre; sin lugar a dudas Recibió manifestaciones espirituales trascendentes. Las tentaciones se produjeron después que Él "había comulgado con Dios, ''después de cuarenta días." Lo mismo ocurrió en el caso de Moisés. Él se comunicaba con Dios, vio las visiones de la eternidad, y luego fue abandonado a sí mismo, para ser tentado por el diablo. Después de resistir la tentación volvió a comunicarse con la Deidad, ganando aún más luz y revelación."[13]

PROVIDENCE LITHOGRAPHIC CO., 1905, #38

  El élder McConkie también dijo: "Cuando el hombre está en comunión con su Hacedor, que no está sujeto a la tentación; cuando los ángeles están ministrando a él y él está bajo el encanto de su influencia angelical, que no está sujeto a la tentación; cuando el Espíritu Santo descansa sobre él y las visiones de la eternidad están abiertas a su juicio, no está sujeto a la tentación. Durante cuarenta días, Jesús meditó sobre las cosas del Espíritu, derramó su alma sobre Su Padre en oración, buscó diligentemente recibir revelaciones y visiones, fue ministrado por ángeles, y fue envuelto en las visiones de la eternidad—en todo ese tiempo no estuvo sujeto a la tentación. También podemos suponer que durante este periodo estuvo 'con Dios' en el sentido literal de la palabra, y que el Padre le visitó."[14]

Cuando Jesús regresó del desierto después de 40 días de soledad, Satanás comenzó a tentarlo. La naturaleza de esas tentaciones nos dice mucho acerca de Jesús y de nosotros mismos.

## La Naturaleza de las Tentaciones de Satanás

N° 1 **Mateo 4:3–4**

| Tipo Tentación | Raíz del Problema | Respuesta de Jesús |
|---|---|---|
| Cambia las piedras en pan | apetitos físicos | equilibrar las necesidades físicas/espirituales |

Jesús había estado ayunando durante 40 días y sin duda estaba muy hambriento. Esta era una tentación para que él satisficiera sus apetitos corporales por medio de un poder sobrenatural. Mientras que la comida era necesaria y ciertamente Él usó su poder para alimentar a otros, esto habría sido un pecado, no menos importante, ya que se habría hecho a sugerencia de Satanás.

N° 2 **Mateo 4:5–7**

| Tipo Tentación | Raíz del Problema | Respuesta de Jesús |
|---|---|---|
| Postrarse | Orgullo/aclamación | No tientes (pruebes) a Dios |

La Traducción de José Smith (TJS Mateo 4:5–7.) Nos dice que el diablo no transportó a Jesús hasta el pináculo del templo. Lo transportó el Espíritu. La "cumbre" era una elevada plataforma de los oradores en la esquina sudeste del Monte del Templo, con vistas al atrio del templo desde la que podían dirigirse una gran multitud

C. H. BLOCH

Jesús respondió a cada una de las tentaciones de Satanás citando las escrituras. Satanás también cita las Escrituras, en este caso con el fin de sonar razonable. La tentación era tomar un camino corto y fácil de reconocer por el Mesías para dar "una señal del cielo." Esta vez, en lugar de tentar al Salvador para utilizar Su poder, Satanás tentó a Cristo para obligar a Dios a usar su poder en nombre de Cristo. El Señor continuó, a lo largo de su ministerio, rechazando el uso de los milagros para hacer discípulos de aquellos que no creían.

N° 3 **Mateo 4:3, 6**

| Tipo Tentación | Raíz del Problema | Respuesta de Jesús |
|---|---|---|
| Los reinos del mundo | Poder y riqueza | servir a Dios, no a lujurias mundanas |

La Traducción de José Smith (TJS Mateo 4:8–10.) Dice que fue el Espíritu que lo llevó al monte, no Satanás. La oferta de Satanás de todos los reinos del mundo era falsa; él no era dueño de estos reinos. Y esta no fue la última vez que la tentación de asumir el poder terrenal vendría a Cristo. Posteriormente, las personas tratarían de "tomar por la fuerza para hacerle rey," pero él se negó (Juan 6:15).

### Similitudes con Nuestras Propias Tentaciones

- **Mateo 4:3, 6 Satanás dos veces en duda que Jesús era el Hijo de Dios.** En las dos primeras tentaciones, Satanás comenzó con "Si eres Hijo de Dios. . . "(vv. 3, 6). Satanás también trata de hacernos dudar de que somos hijos de Dios, porque sabe que, mientras sabemos que nuestra herencia real no nos someteremos a él. Este fue el conocimiento que ayudó a Moisés a rechazar a Satanás (Moisés 1:12–22).

- Romanos 7:21 Somos tentados continuamente. El Apóstol Pablo dijo de sí mismo: "Cuando yo hago el bien, el mal está presente conmigo." Esto es similar a lo que dijo Nefi acerca del pecado:

  > ¡Miserable hombre de mí! Sí, mi corazón está afligido a causa de mi carne; mi alma se amarga a causa de mis iniquidades. Me veo circundado por las tentaciones y pecados que tan fácilmente me asedian. Y cuando deseo regocijarme, mi corazón gime a causa de mis pecados (2 Nefi 4:17–19).

- **Hebreos 4:14–15 Jesús enfrentó a tentaciones similares a las que nos enfrentamos.** A pesar de que reconoce a Cristo como nuestro "gran sumo sacerdote que traspasó los cielos" (v. 14), Pablo también señaló "Porque no tenemos un sumo sacerdote que no pueda compadecerse de nuestras debilidades, sino uno que fue tentado en todo según nuestra semejanza, pero sin pecado" (v. 15).

  El presidente David O. McKay dijo:

  > Casi toda tentación que viene a usted como a mí viene en una de estas formas. Clasifíquelas, y encontrará que menos de una de tres, de casi todas las tentaciones que nos dejan "manchados", por poco que sea, viene a nosotros como: (1) una tentación de apetito; (2) una cediendo al orgullo y la moda y la vanidad de aquellos alejados de las cosas de Dios; o (3) una gratificante de la pasión, o el deseo de las riquezas del mundo, o de poder entre los hombres. . .
  >
  > ¿En qué circunstancias vienen las tentaciones? . . . Ellas vienen a nosotros en nuestras reuniones sociales, vienen a nosotros en nuestras bodas, vienen a nosotros en nuestra política, ellas vienen a nosotros en nuestras relaciones comerciales, en la granja, en el establecimiento mercantil, en nuestras relaciones en todos los asuntos de la vida, nos encontramos con que estas influencias insidiosas nos acechan, y es cuando se manifiestan en la conciencia de cada individuo que debe ejercerse la defensa de la verdad. Nunca puede llegar una oportunidad más grande de defender esta Iglesia.[15]

El presidente Spencer W. Kimball dijo: "La importancia de no aceptar la tentación ni en el mínimo grado está subrayada en el ejemplo del Salvador. . . . Él positivamente y rápidamente cerró la discusión, y ordenó: "Vete, Satanás, que probablemente significa,

," ¡Fuera de mi vista—sal de mi presencia—no voy a escucharte—no quiero tener nada que ver contigo. 'Luego, leemos, "entonces el diablo le dejó.'"[16]

El élder Howard W. Hunter dijo: "La pregunta para nosotros ahora es—¿vamos a tener éxito? ¿Vamos a resistir? ¿Vamos a llevar la corona del vencedor? Satanás puede haber perdido a Jesús, pero él no cree que nos haya perdido. Él continúa tentándonos, burlándose, y abogando por nuestra lealtad. Debemos tener la fuerza para esta batalla por el hecho que Cristo salió victorioso no como Dios, sino como un hombre."[17]

— Hebreos 5:8–9 Jesús aprendió la obediencia por las cosas que padeció (v 8.). Y nosotros también. "Y habiendo sido perfeccionado, vino para ser el autor de la eterna salvación para todos los que le obedecen" (v. 9).

— **Hebreos 2:18 Jesús entiende nuestras tentaciones.** "Pues en cuanto él mismo padeció siendo tentado, tiene el poder para socorrer a los que son tentados."

El profeta José Smith dijo a los Doce: "Ustedes tendrán todo tipo de pruebas a través de las cuales tendrá que pasar. Y son así de necesarias para que usted para que pueda ser juzgado [incluso] como. . . Abrahán y otros hombres de Dios. . . Dios sentirá sobre ustedes, y él se encargará de. . . y arrebatar las fibras de vuestro corazón mismo, y si no podéis soportarlo no seréis apto para una herencia en el reino celestial de Dios."[18]

El presidente Harold B. Lee dijo: "Ahora quiero dar testimonio de que cada uno de nosotros hemos tenido ese tipo de pruebas. Algunos de nosotros hemos sido juzgados y hemos sido probados hasta cuerdas que las mismas cuerdas de nuestros corazones parecían romperse. He oído hablar de personas que mueren con un corazón roto y pensé que era sólo una especie de expresión poética, pero me enteré de que podía ser una experiencia muy real. Me acerqué a esa cosa. . . No tengan miedo de las pruebas y tribulaciones de la vida. A veces, cuando usted atraviesa las pruebas más severas, estará más cerca de Dios de lo que usted cree. . . ."[19]

## LOS DISCÍPULOS DE JUAN COMIENZARON A SEGUIR A CRISTO

- **Juan 1:35–39 Juan el Bautista anima a sus propios discípulos a seguir al Salvador.** El día después de bautizar a Jesús, "estaba Juan, y dos de sus discípulos; Y mirando a Jesús que andaba por allí, dijo: ¡He aquí el Cordero de Dios! Y los dos discípulos le oyeron hablar, y siguieron a Jesús. Y volviéndose Jesús, y viendo que le seguían, y les dijo: ¿Qué buscáis? Ellos le dijeron: Rabí (es una forma de decir que se interpreta Maestro), ¿dónde moras? Entonces Él les dijo, venid y veditado por Fueron, y vieron donde moraba, y se quedaron con él aquel día: porque era como la décima hora."

- **Juan 3:25–36 Juan da poderoso testimonio a sus discípulos de que Jesús es el Cristo.** Algunos de los discípulos de Juan el Bautista comenzaron a preocuparse cuando vieron a Jesús bautizando (vv. 25–26). Juan les recordó que él les había dicho que "yo no soy el Cristo, sino que fui enviado delante de él" (v. 28). Él se comparó a sí mismo con el " el amigo del esposo, que está a su lado y le oye, se goza grandemente de la voz del esposo; así pues, este mi gozo está cumplido" (v. 29). "Es necesario que él crezca, pero que yo mengüe" (v. 30). Ahora la misión de Juan se acercaba a su fin, porque " El que de arriba viene, es sobre todos" (v. 31) Señaló que cuando Jesús da testimonio de su misión, "nadie recibe su testimonio" (v. 32). Pero aquellos que han recibido su testimonio saben "que Dios es veraz" (v. 33). Dijo que "el Padre ama al Hijo y ha puesto todas las cosas en su mano. El que cree en el Hijo tiene vida eterna: pero el que rehúsa creer en el Hijo no verá la vida, sino que la ira de Dios está sobre él" (vv. 35–36).

E. V. GEPHARDT

- **Mateo 14:3–5 Juan el Bautista es encarcelado.** La relación de Herodes con su mujer era adúltera e incestuosa. Herodías era no sólo su cuñada a quien había robado a su hermano Felipe, sino que era también su sobrina, la hija de otro hermano, Arquelao. Esta relación, tanto adúltera como incestuosa, fue denunciada por Juan (v. 4), al igual que los otros males que Herodes había hecho. Debido a esta crítica, "Herodes había prendido a Juan, y le había encadenado y metido en la cárcel a causa de Herodías" (v. 3). Pero él no puso a Juan a la muerte por temor a "la multitud, porque le tenían por profeta" (véase Lucas 3, 19–20) (v. 5.).

- **JST Mateo 4:11 Jesús envió ángeles para ministrar a Juan en la cárcel.** La Traducción de José Smith nos dice que cuando "Jesús sabía que Juan estaba preso. . . él envió ángeles, y he aquí, vinieron y le servían. "

***Notas*** *(Todas las referencias son de las versiones en idioma inglés de los textos que se citan.)*

1. *Jesús el Cristo, Clásicos revisados en la Edición de la Literatura Mormona* (1983), págs. 115–116.
2. Joseph Klausner, *La Idea Mesiánica en Israel* (1955), pág. 496.
3. *La Idea Mesiánica en Israel*, pág. 498; *Malaquías* 4:5–6.
4. *La Idea Mesiánica en Israel*, pág. 484.
5. *Hermano José: Vidente de una Nueva Dispensación*, volumen 1 (2004), págs. 15–16.

6. *Diccionario Smith la Biblia.*

7. xxii *Tracto Kiddushin*: xxii:2.

8. *Jesús el Cristo*, págs. 128–129.

9. *Jesús el Cristo*, pág. 156.

10. *Escrituras de los SUD*, s.v. "Bautismo," pág. 618.

11. *Enseñanzas del Profeta José Smith*, escogidas y arregladas por Joseph Fielding Smith (1976), págs. 275–276.

12. *Comentario Doctrinal del Nuevo Testamento*, 3 volúmenes (1965–1973), 1:123–124.

13. *Comentario Doctrinal del Nuevo Testamento*, 1:128; véase también Mosíah 3:7.

14. *El Mesías Mortal: De Belén al Calvario*, 4 volúmenes (1979–1981), 1:410.

15. "Justicia Individual—La Fuerza de la Iglesia," revista *Instructor*, septiembre de 1962, págs. 289–290.

16. *El Milagro del Perdón* (1969), pág. 216.

17. En Reporte de La Conferencia, octubre de 1976, pág. 22; o revista *Liahona*, enero de 1976, págs. 18–19.

18. Citado por John Taylor en la *Diarios de Discursos, 24:197.*

19. En Reporte de La Conferencia, Munich Alemania Conferencia de Área, agosto de 1973, pág. 114.

Capítulo 5

# Nicodemo y Nacer de Nuevo; La Mujer en el Pozo

(Juan 3–4)

---

## EL SALVADOR Y NICODEMO

### Nacer de Nuevo

PROVIDENCE LITHOGRAPHIC CO., 1904, #40

- **Juan 3:1–2 Nicodemo era un líder de la comunidad judía (v 1.).** Él era un fariseo y miembro del Sanedrín—el órgano de gobierno de 70 "ancianos" que proporcionaron a los judíos de la época de Jesús gobernabilidad religiosa y cierto de gobierno civil. Él aparece tres veces en los Evangelios.

  — Cuando visitó a Jesús en la noche para hacerle preguntas (Juan 3:1–21).

  — Cuando se declaró la ley referente a la detención de Jesús y luego lo defendió cuando los gobernantes trataron de arrestarlo (Juan 7:45–53).

  — Cuando, después de la crucifixión de Cristo, él asistió a José de Arimatea a preparar el cuerpo de Jesús para su entierro (Juan 19:38–42).

  Nicodemo sabía que Jesús era "un maestro venido de Dios" debido a los milagros que realizó (v. 2). Sin embargo, como muchos de su clase dominante, no se atrevió a ser visto por otros como un seguidor de este controvertido Nazareno. Así, llegó en la oscuridad de la noche.

- **Juan 3:3–4 que el que no naciere de nuevo, no puede ver el reino de Dios.** Nicodemo había venido a aprender de Jesús, pero no había sido obediente al llamado de Juan el Bautista para ser bautizado. Entonces Jesús le dijo a Nicodemo cómo podría obtener la membresía en el reino de Dios. "De cierto, de cierto te digo, que el que no naciere de nuevo, no puede ver el reino de Dios" (v. 3).

  — "De cierto, de cierto te digo: " es una forma de hablar de esa época que significa lo mismo que cuando hoy le decimos a alguien, "Yo testifico a usted que. . . . "

Nicodemo protestó: "¿Cómo puede nacer un hombre [de nuevo] cuando ya es viejo? ¿Puede acaso entrar por segunda vez en el vientre de su madre, y nacer [de nuevo]?"(v. 4). Como hombre culto y religioso, Nicodemo debió haber entendido lo que Jesús quiso decir con "nacer de nuevo." O bien fingió no entender o no estaba tan versado en las Escrituras como él pretendía. Era una metáfora para el arrepentimiento y el bautismo.

PROVIDENCE LITHOGRAPHIC CO., 1902, #41

El élder Harold B. Lee dijo: "El bautismo por inmersión simboliza la muerte y el entierro del hombre del pecado y la salida a luz fuera del agua la resurrección a una nueva vida espiritual. Después del bautismo, se imponen las manos sobre la cabeza del creyente bautizado, y él tiene la bendición de recibir el Espíritu Santo. Por lo tanto el bautizado recibe la promesa o el regalo del Espíritu Santo o el privilegio de ser traído de vuelta a la presencia de uno de la Trinidad, por la obediencia a quién y por su fidelidad tan bendecida recibe la guía y dirección del Espíritu Santo en sus paseos y conversaciones diarias, como cuando Adán caminó y habló en el Jardín del Edén con Dios, su Padre Celestial. Para recibir este tipo de orientación y tal dirección del Espíritu Santo es necesario nacer de nuevo espiritualmente."[1]

El élder dijo Bruce R. McConkie, "[nacer de nuevo] no sucede en un instante. . . [Este] es un proceso."[2] Dijo también en otra ocasión," Los que van a través de la forma del bautismo en agua y por el Espíritu, en las manos de los administradores judiciales, convirtiéndose así en miembros de la Iglesia, por tal supuesto tienen el poder dado de nacer de nuevo en el pleno sentido que se requiere para la salvación. Los miembros de la Iglesia no han nacido de nuevo por el mero hecho del bautismo solamente; más bien, después del bautismo deben vivir como para experimentar un "gran cambio" en sus corazones."[3]

Más adelante, El élder McConkie resume estos dos nacimientos como sigue:

> El primer nacimiento tiene lugar cuando los espíritus pasan de su pre—existente primer estado en la mortalidad; el segundo nacimiento o nacimiento en el reino de los cielos 'tiene lugar cuando los hombres mortales nacen de nuevo y cobran vida a las cosas que son del Espíritu y de la justicia. Los elementos del agua, la sangre y el Espíritu están presentes en ambos nacimientos (Moisés 6:59–60). [Este] nacimiento comienza cuando los hombres son bautizados en agua por un administrador legal; se completa cuando en realidad reciben la compañía del Espíritu Santo, convirtiéndose en nuevas criaturas por el poder limpiador de ese miembro de la Trinidad.
>
> El mero cumplimiento de la formalidad de la ordenanza del bautismo no significa que una persona ha nacido de nuevo. Nadie puede nacer de nuevo sin el bautismo, pero la inmersión en el agua y la imposición de manos para conferir el Espíritu Santo no garantizan en sí mismo que una persona ha nacido, o va a nacer de nuevo. El nuevo nacimiento tiene lugar

sólo para aquellos que realmente disfrutan del regalo o compañía del Espíritu Santo, sólo para aquellos que están totalmente convertidos, que se han entregado sin reservas al Señor.[4]

- **Juan 3:5–8 que el que no naciere del agua y del Espíritu, no puede entrar en el reino de Dios.** Jesús explicó pacientemente su significado, al testificar más: " De cierto, de cierto te digo, que el que no naciere de agua y del Espíritu, no puede entrar en el reino de Dios." (v. 5, énfasis añadido). Él no tenía la intención de Nicodemo de tomar sus palabras literalmente. "Lo que es nacido de la carne, carne es; y lo que es nacido del Espíritu, espíritu es" (v. 6). Estaba hablando de renacimiento *espiritual,* no del parto natural. Así como podemos sentir el viento que sopla, pero no lo vemos, también podemos sentir del Espíritu sin verle físicamente (v. 8). Pero, no obstante, es muy real y potente.

  El profeta José Smith dijo: "Una cosa es ver el reino de Dios, y otra cosa es entrar en él. Debemos tener un cambio de corazón para ver el reino de Dios, y suscribirnos a los artículos de adopción para entrar en él."[5]

  El Profeta también dijo: "Hay una diferencia entre el Espíritu Santo y el don del Espíritu Santo. Cornelio recibió el Espíritu Santo antes de bautizarse, fue el poder convincente de Dios el que le dio la verdad del Evangelio, pero él no podía recibir el don del Espíritu Santo sino hasta después de que él fuera bautizado. De no haber tomado esta señal u ordenanza, el Espíritu Santo que lo convenció de la verdad de Dios, lo habría dejado."[6]

  El presidente Joseph Fielding Smith dijo: "El Señor nos revelará la verdad de una vez; entones, cuando se haya dado este testimonio, la persona debe aceptar la verdad y recibir el evangelio por el bautismo y la imposición de manos por el don del Espíritu Santo.... El Espíritu del Señor no discute con los hombres ni mora en ellos a menos que rindan obediencia a los mandamientos del Señor."[7]

  El profeta José Smith dijo: "Creemos que el Espíritu Santo es impartido por la imposición de mano de las autoridades, y que el don de las lenguas, y también el don de profecía, son dones del espíritu, y se obtienen a través de ese medio; pero de ahí a decir que los hombres siempre profetizaron y hablaron en lenguas cuando tuvieron la imposición de manos, sería afirmar que lo que es cierto, en contra de la práctica de los apóstoles, y en desacuerdo con las Sagradas Escrituras.... Con frecuencia no hay manifestación alguna de que es visible a la multitud circundante."[8]

- **Juan 3:9–12 Nicodemo sigue fingiendo que no entiende lo que Jesús le estaba pidiendo, ser bautizado.** "¿Cómo pueden ser estas cosas?", preguntó (v. 9). En otras palabras, "¿Cómo puede un hombre convertirse en" nuevo "por el bautismo y la recepción del Espíritu del Espíritu Santo?" Jesús le reprendió, "¿Eres tú maestro de Israel, y no sabes estas cosas?" (v. 10). Jesús y sus discípulos estaban hablando con bastante claridad. Declaró a Nicodemo que Él estaba hablando de cosas que "sí sabemos" y "hemos visto;" el problema es que "vosotros [Nicodemo] no recibís nuestro testimonio" (v. 11. Y si no quieres recibir las enseñanzas y las ordenanzas terrenales tales como el bautismo, "¿cómo creeréis si os dijere las celestiales?" (v. 12).

- **Juan 3:13 El "Hijo del hombre" vino a salvar a toda la humanidad.** Jesús declaró a Nicodemo que Él había venido al mundo como el Salvador de toda la humanidad, "y ningún hombre [subirá] al cielo, [sino por Él] que descendió del cielo, el Hijo del hombre que está en el cielo" (v. 13).

  — "Hijo del Hombre" es un título que pone en claro la verdadera identidad de Jesús. El nombre del Padre es "Ahman", que significa "Hombre de Santidad.", Por lo tanto a su Hijo unigénito se refiere como "el Hijo del Hombre de Santidad", o en forma abreviada, "Hijo del Hombre."

- **Juan 3:14–17 "De tal manera amó Dios al mundo, que ha dado a su Hijo unigénito."** Así como los hijos de Israel se habían salvado de una muerte segura por mordeduras de serpientes dirigiendo la mirada a la serpiente de bronce que Moisés levantó en un estandarte, "así es necesario que el Hijo del hombre sea levantado [crucificado] "para que toda la humanidad pueda salvarse. Y "todo aquel que en él cree no se pierda, mas tenga vida eterna" (v. 15).

C. H. BLOCH

  Enviar a su Hijo para rescatarnos es una señal segura de su amor por todos nosotros (v. 16). "Porque no envió Dios a su Hijo al mundo para condenar al mundo, sino para que el mundo sea salvo por él" (v. 17). Dios está decidido a salvar a todos sus hijos, y no sólo algunos de ellos. Como un Padre perfecto, Él sabe cómo hacer esto, y requiere el sufrimiento y la muerte de un Salvador para permitimos que nos arrepintamos y finalmente prepararnos para volver a él. Y los que creen y acuden a él "no son condenados" por sus faltas (v. 18).

- **Juan 3:18–21 nos condenamos cuando Lo rechazamos.** Los que rechazan el Salvador "ya han sido condenados, porque no han creído en el nombre del unigénito Hijo de Dios" (v. 18). ¿Por qué? Debido a que su "luz vino al mundo, y los hombres amaron más las tinieblas que la luz, porque sus obras eran malas" (v. 19). Los que aman la verdad "vienen a la luz" y sus "obras [son] manifiestas que son [de] Dios" (v. 21). Pero aquellos que "hacen lo malo, aborrecen la luz y no viene a la luz, para que [sus] obras no sean reprendidas" (v. 20).

  Nicodemo vino en oscuridad para preguntar sobre la luz que Jesús le ofreció. Tal vez él amaba demasiado las cosas y la alabanza del mundo para aceptar la luz. Pero nos sentimos alentados por su ejemplo después de defender a Jesús ante el Sanedrín y ayudando a cuidar con ternura su cuerpo después de su muerte en la cruz. Me gusta pensar que, al final, él se arrepintió y siguió al Maestro. Pero las Escrituras no dicen nada acerca de esto.

## JESÚS Y SUS DISCÍPULOS A BAUTIZAN A CONVERSOS EN JUDEA

- **Juan 3:22; 4:1–2 Dejando Jerusalén, Jesús y sus discípulos viajaron brevemente por Judea "y bautizaban."** Entonces noticias de Sus actividades llegaron a los fariseos, con la afirmación de que "Jesús hacía y bautizaba más discípulos que Juan" (v 1.). El relato de la Biblia se apresura a añadir que "Jesús mismo no bautizaba, sino sus discípulos" (V. 2). Sin embargo, la traducción de José Smith aclara esto diciendo que el Señor "no bautizaba tantos como sus discípulos" (TJS Juan 4:1–3).

  El élder Bruce R. McConkie dijo: "Contrariamente a las falsas enseñanzas y tradiciones de sectarismo, Jesús realizó personalmente bautismos en agua por lo que en todo, él fue el gran Ejemplo. Sin lugar a dudas Él también realizó todas las demás ordenanzas esenciales para la salvación y exaltación."[9]

## EL MAESTRO EN SAMARIA

### Animosidad Hacia los Samaritanos

- **Juan 4:3–4 Jesús deja Judea y viaja a través de Samaria camino a Galilea** (v 3.). Para llegar allí, tuvo que viajar a través de Samaria (v. 4). Esta no era la ruta que más seguían los judíos al viajar de ida y vuelta entre estas provincias. La vía preferida de Galilea era el valle del Jordán, porque al hacerlo (1) podrían evitarse a los samaritanos, (2) y era una ruta más fácil.

  La animosidad hacia los samaritanos por parte de los judíos venía de larga data. Se remonta a la época en que Asiria llevó a la nación de Israel en cautiverio y dejó que algunos de sus propios ciudadanos de Samaria se casaran con aquellos israelitas que quedaban. Esto hizo que los samaritanos fueran de raza "mestiza", a quienes los judíos se negaron a reconocer aun siendo descendientes de Israel. Más tarde, cuando los griegos gobernaron la Tierra Santa, la "griegos [vieron] las tradiciones, las costumbres y la religión de los judíos como primitiva, arcaica y bárbara; que [se decidieron] 'iluminarlos'. "Los samaritanos adoptaron rápidamente las costumbres griegas. Esto hizo que los judíos los despreciaran aún más que antes. Y "por el tiempo de Cristo, la amargura [era tan grande] que algunos judíos darían. . . largo rodeo [s] en torno a Samaria al viajar de Galilea a Judea en lugar de [viajar a través de Samaria]."[10]

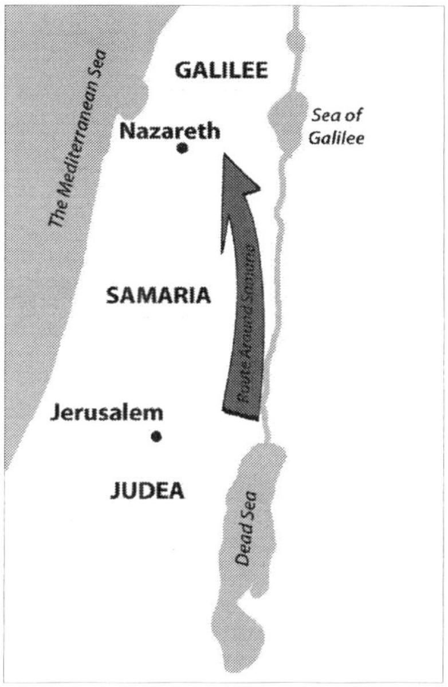

El élder James E. Talmage dijo: "La ruta directa de Judea a Galilea pasaba por Samaria; pero muchos judíos, en particular los galileos, optaron por seguir una indirecta aunque ya manera en lugar de atravesar el país de un pueblo tan despreciado por ellos como eran los samaritanos. El rencor entre judíos y samaritanos había estado creciendo durante siglos, y en el tiempo del ministerio terrenal de nuestro Señor se había convertido en odio más intenso. . . . Para los judíos ortodoxos de [aquel] el tiempo, un samaritano era más sucio que un gentil de cualquier otra nacionalidad."[11]

El Salvador viajó deliberadamente por Samaria en camino a Galilea porque Él tenía algo importante que decir acerca de la justicia.

### La Mujer en el Pozo

- **Juan 4:5–7 Jesús llega al pozo de Sicar.** Esta ciudad de Samaria estaba entre dos montañas, muy cerca de la "heredad que Jacob dio a su hijo José." (v. 5) y "el pozo de Jacob estaba allí" (v. 6). Por lo tanto, sus manantiales de agua tenían un gran significado religioso para los samaritanos.

- **Juan 4:6–7 Jesús se encuentra con una mujer samaritana en el pozo.** Había sido un largo viaje, y Jesús estaba "cansado del camino," por lo que Él "se sentó junto al pozo: y era como la hora sexta" (v. 6.). En ese mismo momento, llegó al pozo una mujer de Samaria "a sacar agua" y "Jesús le dijo: Dame de beber" (v. 7).

- **Juan 4:9 La mujer se sorprende por el deseo de Jesús de hablar con ella.** "¿Cómo es que tú, siendo judío, me pides a mí de beber, que soy mujer samaritana? porque los judíos no se tratan con los samaritanos " (v. 9). De hecho, se podría argumentar que, a los ojos de los judíos, esta persona delante de Él era la más baja en la cadena social, ya que (1) era una samaritana, (2) era una mujer, y (3) sabría más tarde que ella era una mujer adúltera. Sin embargo, esta es una de las primeras personas a las que él revelóó que era el Mesías.

C. H. BLOCH

- **Juan 4:10 Jesús le ofrece su "agua viva."** Jesús responde que si ella tenía el Espíritu Santo ("el don de Dios") para discernir "quién es el que te dice: Dame de beber; tú le pedirías a él, y él te daría agua viva" (v. 10). Este "agua viva" sería las palabras de vida eterna.

  El élder Bruce R. McConkie dijo: "Su invitación solemne: " Si alguno tiene sed, venga a mí y beba, 'fue un alegato claro y abierto de mesianismo. En que Él se identificó como el mismo Jehová que había prometido dar de beber al sediento por un derramamiento del Espíritu."[12]

- **Juan 4:11-15 Jesús enseña que Su agua viva conducirá a la vida eterna.** Aún sin entender, la mujer dijo, "Señor, no tienes con qué sacarla, y el pozo es hondo: ¿de dónde, pues, tienes el agua viva?" (v. 11). Este era el pozo de Jacob, su amado patriarca cuyos hijos se habían beneficiado de sus aguas durante miles de años. Ella le preguntó a Jesús con incredulidad, "¿Acaso eres tú mayor que nuestro padre Jacob, que nos dio el pozo, del cual bebieron él, sus hijos y sus ganados?" (v. 12). Jesús le aseguró que el agua del pozo de Jacob proporcionaría sólo un alivio temporal y "cualquiera que bebiere de esta agua, volverá a tener sed" (v. 13). Por el contrario, "el que bebiere del agua que yo le daré, no tendrá sed jamás; pero el agua que yo le daré será en él una fuente de agua que salte para vida eterna " (v. 14). Impresionada, dijo, " Señor, dame esa agua, para que no tenga yo sed, ni venga aquí a sacarla" (v. 15).

- **Juan 4:16-19 La mujer finalmente discierne que Él es "un profeta" Jesús la invitó."** Ve, llama a tu marido, y ven acá", y ella respondió: "No tengo marido" (v. 16-17). . Esto era cierto, dijo Jesús, "porque has tenido cinco maridos; y el que ahora tienes no es tu marido" (v. 18). Sorprendida por la exactitud de su declaración, dijo, "Señor, me parece que tú eres profeta" (v. 19).

- **Juan 4:20-23 ¿Por qué este profeta judío entra en Samaria?** Los Samaritanos antiguamente había construido su propio templo para el culto "en este monte", mientras que los judíos creían "que en Jerusalén es el lugar donde se debe adorar" (v. 20). Así que ¿por qué estaba aquí? "Jesús le dijo: Mujer, créeme, que la hora viene cuando ni en este monte, ni en Jerusalén adoraréis al Padre" (v. 21). Los samaritanos estaban tan alejados de las enseñanzas del templo que ellos "no saben lo" adoraron. Por lo menos los judíos estaban adorando a Jehová. Pero ninguna nación estaba adorando "en espíritu y en verdad" y "también el Padre tales adoradores busca que le adoren." (vv. 22-23).

- **Juan 4:24 Dios es espíritu.** La Biblia cita a Jesús diciendo en este momento, "Dios es Espíritu; y los que le adoran deben adorarle en espíritu y en verdad" (v 24). Muchos son los que en el mundo cristiano han citado este versículo para justificar su creencia de que Dios no es un Ser tangible, físico, sino que es un espíritu. La Traducción de José Smith corregir esta errónea traducción sectaria. Jesús había estado hablando de los que estaban buscando encontrar a Dios. Luego dijo: "Porque a aquellos Dios ha prometió su Espíritu. Y los que lo adoran, deben adorarlo en espíritu y en verdad" (Juan 4:26) TJS.

- **Juan 4:25-26 "Yo. . . . soy Él "La mujer samaritana sabía de las profecías de la venida del Mesías**, y dijo: " Yo sé que el Mesías ha de venir, el cual se dice el Cristo: cuando él viniere nos declarará todas las cosas" (v 25).. Esta era su creencia y fe en la venida de su Señor. La respuesta de Jesús fue simple y directa, pero emocionante: "Yo, que hablo contigo soy él" (v 26). Él declaró ser el Mesías, aquí al comienzo mismo de su ministerio. Esto pone en evidencia la mentira de los filósofos modernos que afirman que Jesús fue simplemente un maestro inspirado y un líder. Él fue mucho más que eso. Él sabía quién era, y él no dudó en declararlo. Él era, y es el Cristo.

- **Juan 4:28–30 La mujer samaritana cuenta a otros acerca de su experiencia.** Ella dejó rápidamente su cántaro y se apresuró a regresar a la ciudad (v. 28). "Venid, ved a un hombre que me ha dicho todo cuanto he hecho", dijo, y "¿no es éste el Cristo?" (v.. 29). Aquellos que escucharon su historia, "salieron de la ciudad, y vinieron a él" (v. 30).

- **Juan 4:31–38 Jesús habla acerca de la obra misionera.** A la espera que volvieran la mujer y sus compañeros, los discípulos que acompañaban a Jesús sugirieron que consiguieran algo de comer (v. 31). Él se negó, diciendo "Mi comida es que haga la voluntad del que me envió, y que acabe su obra" (v. 34). Señaló que a los campos de trigo todavía le faltaban otros cuatro meses antes que la cosecha estuviera lista; pero en su campo de trabajo los campos estaban "ya blancos para la siega" (. v 35). Los que trabajaban en esta cosecha de almas recibirían los "salarios" consistentes en "la vida eterna", tanto para sus conversos como para ellos mismos (v. 36). Y, sin embargo, la cosecha no era realmente su propia causa " Uno es el que siembra, y otro es el que siega" (v. 37). Tendrían una cosecha "sobre la cual vosotros no trabajasteis" recibiendo los beneficios de trabajos ajenos delante de ellos (v. 38).

- **Juan 4:40–42 Jesús logra muchos conversos entre los samaritanos.** Como resultado del desconocimiento de Cristo por la animosidad hacia los samaritanos, Él fue capaz de llevar agua viva para muchos de ellos. Después de escuchar el testimonio de la mujer ", muchos de los samaritanos de aquella ciudad creyeron en él" (v. 39) y "le rogaron que se quedase con ellos" (v. 40). Allí permaneció durante dos días más, durante los cuales "muchos más creyeron por la palabra de él" (vv. 40–41). Su testimonio era firme y seguro: "Ahora creemos. . . porque nosotros mismos hemos oído, y sabemos que verdaderamente éste es el Cristo, el Salvador del mundo "(v. 42).

**Notas** (Todas las referencias son de las versiones en idioma inglés de los textos que se citan.)

1. En Reporte de La Conferencias, octubre de 1947, pág. 64.
2. "Jesucristo, Vedlo Crucificado", en *Discursos Devocional del Año (1976)*, pág. 399.
3. *Comentario Doctrinal del Nuevo Testamento*, 3 volúmenes (1965–1973), 1:142.
4. *Doctrina Mormona*, 2.ª edición (1966), pág. 101.
5. *Enseñanzas del Profeta José Smith*. escogidas y arregladas por Joseph Fielding Smith (1976), pág. 328.
6. *Enseñanzas del Profeta José Smith*, pág. 199.
7. *Respuestas a Preguntas sobre el Evangelio*, 5 volúmenes, compilado por Joseph Fielding Smith Jr., (1957–1966), 3:29.
8. *Tiempos y Estaciones*, 3:823–824, 15 de junio (1842).
9. *Comentario Doctrinal del Nuevo Testamento*, 1:148.

10. "Entre los Testamentos," Enrichment K, *Manual del Estudiante del Antiguo Testamento* (2003), pág. 360.

11. *Jesús el Cristo*, Clásicos Revisadas en la Edición de la Literatura Mormona (1983), pág. 161.

12. *Comentario Doctrinal del Nuevo Testamento*, 1:445–446.

Capítulo 6a

# Rechazo en Nazaret; en Capernaum y Jerusalén

(Lucas 4, Mateo 9, 11, 13, Marcos 3)

---

## JESÚS ES RECHAZADO EN NAZARET

Después de su éxito en Samaria, Jesús se trasladó a su ciudad natal de Nazaret. Fue allí donde Él pretende hacer su primer anuncio público de su ministerio a los judíos. Seguramente, podríamos suponer que Su familia y amigos serían los primeros en alegrarse por su héroe local. Pero Jesús sabía algo más. Había venido a darles su oportunidad, pero no habría alegría por su mensaje. Sólo había shock, incriminación, y la determinación de matarlo por declarar que Él era el Cristo.

PROVIDENCE LITHOGRAPHIC CO., 1899, #42

- **Lucas 4:14–16 La fama de Jesús se había extendido, y fue invitado a enseñar en las sinagogas de Galilea**", y era glorificado por todos" (vs. 14–15). Por lo tanto, cuando regresó a su casa de su infancia de Nazaret", según su costumbre, entró en la sinagoga el día de sábado, y se levantó para leer" (v. 16).

- **Lucas 4:17–21 Jesús declara que la profecía mesiánica de Isaías se cumplirá en Él en ese día.** Le dieron los escritos de Isaías (Isaías) y Él les descubrió la escritura que se encuentra en Isaías 61:1–3.

> "El Espíritu del Señor está sobre mí. Por cuanto me ha ungido para dar buenas nuevas a los pobres; Me ha enviado a sanar a los quebrantados de corazón, a pregonar libertad a los cautivos, y vista a los ciegos; a poner en libertad a los oprimidos; A predicar el año agradable del Señor."

Esto, como sabían todos en la sinagoga, era una profecía acerca de la venida y la misión del Mesías.

— "Ungido" viene de la palabra hebrea Mashach, que significa "Mesías: o" Ungido".
— El equivalente griego es Christos, de donde deriva el nombre "Cristo".

Siguiendo la costumbre de la jornada, Jesús "enrolló el libro, y. . . se lo dio al ministro, y se sentó. Y los ojos de todos los que estaban en la sinagoga estaban fijos en él" (v. 20).

En ese momento, se esperaba que Él que comentara sobre la Escritura que acababa de leer, explicando su significado. Esto hizo con estas palabras emocionantes:

— "Hoy se ha cumplido esta Escritura delante de vosotros" (v. 21).

- **Lucas 4:22–27 La gente era incrédula, diciendo: "¿No es éste el hijo de José?"** Él era un hombre de la localidad. Ellos lo conocían desde que era un niño. Sabían Su padre y su madre. ¿Cómo podía ser el Mesías? Ellos simplemente no lo creyeron (v. 22).

  Jesús ya sabía de antes de su incredulidad Incluso volvió a la ciudad. Como cada generación mala y adúltera,, ahora le pedían un señal. "Vosotros seguramente me dirán este refrán: Médico, cúrate a ti mismo; de tantas cosas que hemos oído que se han hecho en Capernaum, haz también aquí en tu tierra" (v. 23).. No aceptaban su testimonio porque "Ningún profeta es aceptado en su propio país" (v. 24).

  Jesús les recordó que en los días de Elijah (Elías), durante una hambruna 3 años, y medio había muchas viudas en Israel. Pero la viuda más fiel y creyente vivía en "Sarepta, ciudad de Sidón," y fue sobre ella que se realizaron los milagros a causa de su fe (vv.. 25–26). Además, en el tiempo de Elisha (Eliseo) había muchos leprosos en Israel, pero fue Naamán el sirio quien había sido sanado, (v. 27).

- **Lucas 4:28–32 Ellos se llenaron de ira y trató de tomarlo y matarlo.** No sólo tenía que decía ser el Mesías, sino que Él estaba insultando a sus propios "justos" de pie como pueblo escogido de Dios, y "cuando oyeron estas cosas, se llenaron de ira" (v. 28). Ellos "se levantaron, y le echaron fuera de la ciudad, y le llevaron hasta la cumbre del monte sobre el cual estaba edificada su ciudad, para que pudieran despeñarle" (v. 29). Pero su misión aún no se había cumplido y no tendría éxito. En cambio, "Él pasó por en medio de ellos, y se fue" (v. 30).

C. FARRAR, 1894

  Lamentablemente, Jesús "hizo muchos milagros allí [en Nazaret] a causa de la incredulidad de ellos" (Mateo. 13:58). Él pasó a la cercana ciudad de Capernaum, y les enseñó en sus días sábados (de reposo) (v. 31). Y la gente de allí "se admiraban de su doctrina, porque su palabra era con autoridad" (v. 32).

  El élder Bruce R. McConkie dijo:

  > Entonces, a modo de colofón, después de haber enseñado la doctrina con palabras llenas de gracia que no podían ser refutadas, Jesús atestigua: "Hoy se ha cumplido esta Escritura delante de vosotros." Es decir: "He leído de Isaías; He establecido el significado de sus palabras; He enseñado la doctrina. Ahora

Doy testimonio que—esas palabras, y por lo tanto todas las profecías mesiánicas— se cumplen en mí; se aplican a mí; Yo soy aquel de quien hablaron los profetas; Yo soy Él; Yo soy el Mesías."

Cuando se confirma tal testimonio, sólo hay dos posibles respuestas. Una de ellas es la aceptación completa, la otra el rechazo total. Nadie puede discutir con un testimonio; no es una cuestión discutible. Está ahí para ser aceptado o ser rechazado. Jesús enseñó y testificó, y como todo el significado de sus palabras llenas de gracia se hundió en sus corazones, sus amigos nazarenos hicieron su elección. Este Jesús que conocían y habían conocido desde su infancia y juventud. ¿Cómo puede ser el Hijo de Dios? ¿Cómo puede ser el Mesías? Sus voces, para su eterna tristeza—fueron una voz de rechazo, que se resumen en estas palabras: "¿No es éste el hijo de José? ¿Cómo entonces puede ser el Mesías? Nosotros lo sabemos; Él es uno de nosotros".

La palabra cayó en terreno pedregoso y no encontró suelo en el que crecer, y las semillas murieron sin brotar. Fue un día oscuro y triste para Nazareth.[1]

- **Mateo 13:54–56 Son nombrados los hermanos de Jesús.** Mateo registra que el pueblo de Nazaret preguntó: "¿De dónde tiene éste esta sabiduría y estos milagros? ¿No es éste el hijo del carpintero? No se llama su madre María? y sus hermanos, Jacobo, José, Simón y Judas? Y sus hermanas, ¿no están todas entre nosotros? ¿De dónde, pues, tiene éste todas estas cosas? "Afirmar que María no tuvo otros hijos es una tontería totalmente sectaria. Esta escritura nos dice lo contrario. Y el hermano llamado Jacobo se convirtió en un apóstol y escribió el libro de Santiago.

**EN CAPERNAUM**

GUSTAVE DORÉ, 1896

- **Marcos 3, 7–8 En ese momento, grandes multitudes ya estaban siguiendo a Jesús.** Jesús "se retiró con sus discípulos al mar", donde una "gran multitud" le habían seguido desde Galilea, Judea, Jerusalén, Idumea, además de los pueblos "de más allá del Jordán" y desde el área alrededor de "Tiro y Sidón." Esta multitud vino a causa de que habían oído hablar de los "grandes cosas que hacía."

- **Mateo 9, 36–38 Jesús observó la multitud dispersa y desmayada, "Como ovejas que no tienen pastor"** Después de enseñar el Evangelio en las sinagogas de los pueblos de Caná, Jesús sintió compasión por estas muchas personas perdidas, y comentó a sus discípulos que se necesitaba más ayuda en la cosecha de almas. "La mies es mucha," dijo, "pero los trabajadores son pocos" (v. 37). "Rogad, pues, al Señor de la mies, que envíe obreros a su mies" (v. 38).

## Juan Envía Más Discípulos a Jesús

- **Mateo 11:1–6** (Lucas 7:18–23) **Juan envió a Jesús dos de sus discípulos para preguntarle si él era el Mesías prometido.** Esto no se debía a que Juan no supiera quién era Jesús; él ya había testificado a sus discípulos que Jesús era el Cordero de Dios (Juan 1:29, 36). Él envió a estos dos discípulos para que los persuadiera a abandonarlo y seguir a Cristo. En ese momento Juan el Bautista estaba en la cárcel (v. 2). Les dijo a sus discípulos que preguntaran a Jesús: "¿Eres tú aquel que había de venir, o debemos esperar a otro?" (v. 3). Esto, hicieron, y Jesús entonces les dijo que "id y haced saber a Juan las cosas que oís y veis: los ciegos ven, los cojos andan, los leprosos quedan limpios, los sordos oyen, los muertos son resucitados, y a los pobres les es anunciado el evangelio" (vv. 4–5). Asimismo, añadió "Bienaventurado es el que no halle tropiezo en mí" (v. 6).

  El élder Bruce R. McConkie dijo: "Juan sabía quién era Jesús; Bautista no vacilaba como una caña en el viento. Mientras estaba en la cárcel de Herodes, ángeles enviados por Jesús habían ministrado consuelo y seguridad a Juan (TJS Mat. 4:11), e inmediatamente después que los discípulos de Juan lo dejaron para volver a informar al Bautista, el Señor habló con elocuencia de la integridad y la estabilidad de aquel que le había bautizado. Este acto de enviar a sus discípulos a Jesús fue en verdad un gran testimonio final por parte de Juan que Jesús era el Cordero de Dios, porque el Bautista sabía que sus discípulos, al ver al Maestro personalmente y escuchar Sus enseñanzas, no podían dejar de seguir a la luz más grande."[2]

## Jesús Llama a Juan "Más que un Profeta"

- **Mateo. 11:7–11, 13–15 Jesús comenta la grandeza de Juan el Bautista.** Jesús le preguntó a la multitud qué salió al desierto para escuchar predicar a Juan (v. 7). ¿Y qué esperaban que fuera él "¿Un hombre cubierto de vestiduras delicadas? he aquí, los que llevan vestiduras delicadas, en las casas de los reyes están" (v. 8). No, ellos habían salido a escuchar la voz de uno que reconocían era un profeta—la primera en aparecer en Israel desde los días de Malaquías.

  Jesús testificó que Juan era "más que un profeta" (v. 9). Él era el mensajero enviado antes de la venida del Salvador para preparar el camino para Él (v. 10). Esa asignación solo habla de su grandeza. Y "De cierto os digo que [recuerde, esta es una manera de decir: " Yo testifico "], entre los que nacen de mujer no se ha levantado otro mayor que Juan el Bautista" (v. 11). ¿Por qué? Porque todos los profetas y la ley profetizaron de Cristo antes de que Juan (v. 13). Pero sólo este profeta, Juan, fue seleccionado para ser el "Elías que había de venir" (v. 14). (Véase también Lucas 7:24–35, Marcos 9:11–13; Juan 5:35).

El profeta José Smith dijo:

> ¿Cómo es que Juan era considerado uno de los más grandes profetas? Sus milagros no podrían haber constituido su grandeza.
>
> Primero. Se le confió la divina misión de preparar el camino delante del rostro del Señor. . . .
>
> En segundo lugar. Se le confió la importante misión, y se requería de sus manos bautizar al Hijo del Hombre. . . .
>
> En tercer lugar. En ese momento, Juan, era el único administrador legal de los asuntos del reino que entonces había en la tierra, y el cuidado de las llaves del poder. Los judíos tenían que obedecer sus instrucciones o ser condenados, por su propia ley. . . . El hijo de Zacarías, le arrebató las llaves, el reino, el poder, la gloria de los judíos por la santa unción y el decreto del cielo, y estas tres razones lo constituyen en el profeta más grande nacido de una mujer.[3]

- **Mateo 11:11** (Lucas 7:28) **¿De quién dijo Jesús que era "pequeño en el reino de Dios?"** Él hacía referencia al hecho de que Él no había sido generalmente reconocido como un profeta, por lo que Él, a los ojos del pueblo, era menos que Juan. Sin embargo, "el que es [considerado] pequeño en el reino de los cielos [Cristo] es mayor que él [Juan el Bautista]" (v. 11). El profeta José Smith dijo: "Jesús era considerado como teniendo la menor demanda en el reino de Dios, y [aparentemente] tuvo menos derecho a su credulidad como un profeta; como si Él dijera: 'El que es considerado el más pequeño entre vosotros, es más grande que Juan—cómo yo mismo lo soy."[4]

  Además, la venida de Juan el Bautista traía una violencia precipitada. Su propio padre había sido asesinado en el templo. Juan ahora estaba encarcelado. Y Jesús, finalmente, sería arrestado y crucificado. Por lo tanto, Jesús dijo correctamente aquí que "desde los días de Juan el Bautista hasta ahora, el reino de los cielos sufre violencia, y los violentos lo arrebatan" (v. 12).

## Las Bodas de Cana

- Juan 2:1–4 Jesús asiste a las bodas de Cana—aparentemente dentro del hogar—de su madre después de llegar allí después de enseñar a la mujer samaritana en el pozo. Algunos creen que pudo haber sido la propia boda de Jesús, pero no hay evidencia en las Escrituras para apoyar esto. Sabemos que Jesús y sus discípulos fueron invitados a la boda (v. 2). Luego, al tercer día de la boda, al parecer se quedaron sin vino (v. 3).

  La Biblia dice que Jesús dijo a María: "Mujer, ¿qué tengo yo que ver contigo? mi hora aún no llegado", como si estuviera regañando a su madre por esperar un milagro antes que hubiera comenzado Su ministerio. Pero esto es incorrecto.

  — nota 4a Jesús diligentemente respondió a la petición de su madre en busca de ayuda, diciendo: "¿Qué quieres que yo haga por ti?"

— TJS Juan 2:4 "Jesús le dijo: Mujer, ¿qué quieres que yo haga por ti? que voy a hacer; pues mi hora aún no ha llegado."

C. H. BLOCH

- **Juan 2:5–11 Convirtiendo el agua en vino.** María le dijo a sus siervos: "Haced todo lo que os dijere hacer" (v. 5). Jesús entonces les dijo que tomaran las seis tinajas de piedra, cada una capaz de almacenar 2.3 "firkins" y llenarlas con agua (vv. 6–7). Un "firkin" son unos 34 litros. Así, cada una de las seis tinajas contenía alrededor de 65 a 120 litros de agua, y por lo tanto Jesús creó entre 380 y 540 litros de vino. De esto podemos deducir que la celebración de la boda fue muy considerable.

  Cuando el gobernador de la fiesta probó este vino, sin saber de dónde venía, llamó al novio y dijo: "Todo hombre sirve primero el buen vino, y cuando ya han bebido mucho, entonces el inferior; mas tú has reservado el buen vino hasta ahora" (v 10). Y causó que los discípulos de Cristo a creer más firmemente en Él (v. 11).

  Discutiremos esta boda un poco más de detalle en el capítulo 7, sobre los milagros de Jesucristo.

- **Juan 2:12 Jesús va a Capernaum por unos días antes de regresar a Jerusalén.** Se llevó consigo a "su madre, y sus hermanos, y sus discípulos, y estuvieron allí no muchos días."

## VUELTA A JERUSALÉN

### La Primera Limpieza del Templo

Este fue el momento de la Pascua (Juan 2:13), que se celebró en la primavera (aproximadamente el 6 de abril). Josefo afirma que "innumerables multitudes" de cerca y lejos asistieron a esta fiesta anual. La mayoría tenía de intercambiar dinero o comprar animales en preparación para hacer su oferta.

El élder James E. Talmage dijo: "Era costumbre. . . en esta temporada [de la Pascua] pagar el tributo anual de homenaje del santuario—la ofrenda rescate requerida a todos los varones de Israel, y que ascendía a la mitad de un siclo. . . Este iba a ser pagado 'según el siclo del santuario,' cuya limitación, según lo establecido por los rabinos, significaba el pago en la moneda del templo. No era aceptable dinero ordinario, mucho del cual llevaba efigies e inscripciones de importación pagana, y como resultado, los cambistas manejaban un comercio próspero en los terrenos del templo."[5]

- **Juan 2:13–17 Jesús limpia el templo.** Entrando en el recinto del templo, Jesús encontró a los que "vendían bueyes, ovejas y palomas, y a los cambistas allí sentados" (v. 14). Si bien esta era una actividad lógica y necesaria, no pertenecía a los terrenos interiores del templo. Así que Jesús "haciendo un azote de cuerdas, echó fuera del templo a todos, y las ovejas y los bueyes; y esparció las monedas de los cambistas, y volcó las mesas; Y dijo a los que vendían palomas: Quitad de aquí esto, no hagáis de la casa de mi Padre casa de mercado" (vv. 15–16). Al observar este acto de justa indignación, "sus discípulos se acordaron que estaba escrito [en las Escrituras], El celo de tu casa me consume" (v. 17).

C. H. BLOCH

- **Juan 2:18–22 Los judíos demanda una señal de Su autoridad, y Él les da una.** Los saduceos controlaban el templo y todas sus actividades. ¿Quién era este galileo que tan audazmente expulsó a los mercaderes? Exigieron, "¿Qué señal pues haces tú con nosotros, ya que haces estas cosas?" (v. 18). Y así les dio uno. "Destruid este templo, y en tres días lo levantaré", dijo (v. 19). "Dijeron entonces los judíos, en cuarenta y seis años fue edificado este templo, ¿y tú lo levantarás en tres días? Pero él hablaba del templo de su cuerpo" (vv. 20–21).

  Tres años más tarde, cuando resucitó de entre los muertos, "sus discípulos se acordaron que había dicho esto; y creyeron en la Escritura y la palabra que Jesús había dicho" (v 22). Pero no fueron los únicos que recordaron. Los líderes judíos recordaron también.

  — **Mateo. 26:61** En Su juicio 3 años más tarde, está claro que sabían lo que quiso decir.
  — **Mateo. 27:39–40** También se burlaron de Él en la cruz.
  — **Mateo. 27:62–64** Se preocuparon por él después de Su muerte.

  El presidente David O. McKay dijo:

  > Cuando Jesús purificó el templo, Él estaba lleno de indignación reverente porque los hombres estaban profanando la casa de su Padre, la venta de palomas y corderos para ser ofrecidos como sacrificio. Los cambistas estaban allí para comodidad de los que vinían de otros países, para que pudieran dar en moneda local sus contribuciones templo. Al parecer, ante sus propios ojos, estaban justificadas, pero que estaban haciendo estas cosas en la Casa de Dios. Se nos dice que Él volcó las mesas de los cambiadores de dinero, y dijo a los vendedores de palomas: "Quitad de aquí esto. No hagáis de la casa de mi Padre una casa de mercado" (Juan 2:16). "Reverencia", escribió Ruskin, "es el estado más noble en el que un hombre puede vivir en el mundo. La reverencia es una de las señales de fortaleza; irreverencia, una de los más seguros indicios de debilidad. Ningún hombre se elevará alto que se mofa de las cosas sagradas. Las bellas lealtades de la vida deben ser reverenciadas o serán reclamadas en el día del juicio."[6]

- **Juan 2:23–25 Las acciones de Jesús extendieron su fama a todos los lugares de los que había venido la gente.** Gente de todo Judea estaban en Jerusalén para la Pascua. Y muchos "creyeron en su nombre, viendo las señales que hacía" (v. 23). Pero Él no buscaba que lo siguieran, sin embargo, conociendo la fragilidad de todos los hombres y no confiaba en sus buenas intenciones "porque él sabía lo que había en el hombre" (vv. 24–25).

  El élder James E. Talmage dijo: "Tal logro como el de desafiar el uso sacerdotal y limpiar el templo. . . por la fuerza no podía dejar de impresionar, con efectos variados a las personas que asistían a la fiesta; y que, de regreso a sus hogares en las provincias lejanas y muy distantes entre sí, extenderían la fama del valiente Profeta de Galilea. Muchos en Jerusalén creyeron en Él en el momento, sobre todo porque se sintieron atraídos por los milagros que obró; pero se negaron a "comprometerse con ellos, 'al darse cuenta de la fundación insegura de sus profesiones."[7]

  El élder Bruce R. McConkie declara que este episodio da testimonio:

  1. Que el manso y humilde nazareno era un hombre de acción; un fuerte carácter dinámico; un hombre de coraje y fuerza física; aquel cuya alma llena de justa indignación al ver la profanación de las cosas sagradas; quien respondió con celo y con vigor en la causa de la justicia, a pesar de todos los hombres se oponían;
  2. que Dios era su Padre; y
  3. Que el templo seguía siendo la casa de su padre, si bien prácticamente todos los que adoraban allí estaban caminando en oscura y funesta apostasía.[8]

## La Respuesta de los Fariseos

- **TJS Mateo 9, 18–21 Jesús dice: "Yo soy el que dio la ley."** Le preguntaron a Jesús, "¿Por qué no vais a recibirnos con nuestro bautismo, viendo que nosotros guardamos toda la ley? Pero Jesús les dijo: Vosotros no guardan la ley. Si hubierais guardado la ley, me hubierais recibido a mí, pues yo soy el que dio la ley "(vv. 18–19). Este pasaje la traducción de José Smith muestra que Jesús proclamó claramente que Él era el Mesías, incluso tan temprano en Su ministerio. Contrariamente a las afirmaciones pseudointelectuales de los "historiadores" de la Biblia en nuestros días, Él no creía que él era sólo un maestro cuando empezó a salir. Sabía quién era y sabía por qué había venido. "Yo no te recibe con tu bautismo," dijo Jesús, "porque tu nada aprovechas. Para cuando venga lo nuevo que está al venir, lo viejo está listo para ser guardado "(vv. 20–21).

- **Marcos 2:7; 3:6 Los líderes judíos conspiran para matarlo.** Fue durante este tiempo que Jesús sanó a un hombre paralítico que fue bajado por el techo. Vamos a discutir este milagro con más detalle en el capítulo 7 sobre los milagros de Jesús. Pero observamos aquí que cuando Él también perdonó los pecados del hombre, los líderes judíos le preguntaron: ¿Por qué éste habla así? Blasfemias dice. ¿Quién puede perdonar pecados, sino sólo Dios?" (2, 7. "Y salidos los fariseos, tomaron consejo con los herodianos contra él, para matarle" (3, 6).

- **Mateo 9, 9–13 Jesús llama a Mateo, luego come con los publicanos y pecadores.** Fue durante este tiempo que Jesús llamó a Mateo, un publicano (recaudador de impuestos): para el ministerio. Los publicanos eran odiados por los judíos, debido a su colaboración con las autoridades romanas, para quienes cobraban los impuestos. Jesús vio a Mateo "sentado en el banco de los tributos: Entonces dijo a él, Sígueme. Y él se levantó, y le siguió" (v. 9).

A. BIDA, 1874

  Y luego, siguiendo a Mateo a la casa donde se hospedaba Jesús [posiblemente la casa de Mateo], "muchos publicanos y pecadores vinieron y se sentaron con Jesús y sus discípulos. Y cuando vieron esto los fariseos, dijeron a los discípulos: ¿Por qué come vuestro Maestro con los publicanos y pecadores?" (vv. 10–11). Jesús los reprendió señalando que "Los sanos no tienen necesidad de médico, sino los enfermos" (v. 12). "Tendré misericordia y no sacrificio: porque no he venido a llamar a los justos, sino a los pecadores al arrepentimiento" (v. 13).

- **Mateo 9:14–15 No hay necesidad del Espíritu (o ayuno) mientras que Jesús está entre ellos.** Los discípulos de Juan el Bautista habían enseñado ayunar, y se preguntaron por qué los discípulos de Cristo no lo hicieron (v. 14). Jesús dijo que mientras estuvo con ellos no tenían necesidad de ayunar, pero lo harían después de su regreso al Padre (v. 15). El propósito del ayuno es aumentar el poder del Espíritu Santo, que no tiene necesidad de estar presente cuando el Maestro está ahí. Por lo tanto, no había necesidad de ayunar.

- **Jesús se va de Galilea.** El élder James E. Talmage dijo: "La oposición abierta lo estaba amenazado; y Jesús deseaba evitar el obstáculo para su obra que en ese momento suponía tal persecución, Él se fue de Judea y de Galilea, viajando a través de Samaria."[9]

**Notas** (Todas las referencias son de las versiones en idioma inglés de los textos que se citan.)

1. *El Mesías Mortal: De Belén al Calvario*, 4 volúmenes (1979–1981), 2:23–24.

2. *Comentario Doctrinal del Nuevo Testamento*, 3 volúmenes (1965–1973), 1:261–262.

3. *Enseñanzas del Profeta José Smith*, escogidas y arregladas por Joseph Fielding Smith (1976), págs. 275–276.

4. *Enseñanzas del Profeta José Smith*, pág. 276.

5. *Jesús el Cristo*, Clásicos Revisados en la Edición de la Literatura Mormona (1983), pág. 145.

6. En Reporte de La Conferencias, octubre de 1950, págs. 163–164.

7. *Jesús el Cristo*, pág. 148.

8. *Comentario Doctrinal del Nuevo Testamento*, 1:138.

9. *Jesús el Cristo*, pág. 155.

SECCIÓN TERCERA

# Segundo Año del Ministerio de Jesús

(31 DC — 32 DC)

---

Los hechos descritos en esta sección incluyen aquellos ocurridos durante el segundo año del ministerio de Jesús. Esto incluye los siguientes ministerios:

JESUS ASISTE A LA PASCUA
EL SEGUNDO GALILEA MINISTERIO

Los capítulos asociados de este libro, que corresponden a las clases de Doctrina del Evangelio, son:

6. Llamado a los doce apóstoles
7. Los Milagros de Jesús
8. Sermón de la Montaña, Pt. 1 — Bienaventuranzas
9. Sermón de la Montaña, Pt. 2 — Primero Buscar el Reino
10. Llevad mi yugo, mi carga ligera
11. Enseñanza con parábolas
12. El Pan de Vida

Estos incluyen muchos milagros de Jesús en Jerusalén y en Galilea; la resurrección de los muertos, el hijo de una viuda de Nain y también la hija de Jairo; calmando una tormenta en el mar de Galilea; echando fuera legiones de demonios; eligiendo a sus doce apóstoles; el Sermón de la Montaña; la enseñanza con parábolas; y el sermón sobre el pan de vida.

La siguiente es una lista cronológica de los acontecimientos que tuvieron lugar durante este período y las escrituras de los cuatro Evangelios que cuentan la historia.

| JESÚS ASISTE A LA PASCUA | Mateo | Marcos | Lucas | Juan |
|---|---|---|---|---|
| Jerusalén | | | | |
| Sanación en el Pozo | | | | 5:1–16 |
| Siervo de Centurión Sanado | 8:5–13 | | 7:1–10 | |

| SEGUNDO MINISTERIO GALILEO | Mateo | Marcos | Lucas | Juan |
|---|---|---|---|---|
| Nain, Galilea | | | | |
| Hijo de Viuda Resucitado | | | | 7:11–17 |
| Galilea | | | | |
| Juan Envía Investigadores | 11:2–24, 28–30 | | 7:18–35 | |
| Detiene la Tormenta (otoño 31 DC) | | | | |
| Gergesa, Tetrarquía de Felipe | 8:23–27 | 4:35–41 | 8:22–25 | |
| Legión de Diablos y Vuelta al Otro Lado | 8:28–34; 9:1 | 5:1–21 | 8:26–40 | |

| | | | | |
|---|---|---|---|---|
| Cafarnaúm, Galilea | | | | |
| Resucita a la Hija de Jairo; Sana a la Mujer con Problema de Sangre | 9–18-26. | 5:22–43. | 8:41–48. | |
| Curación del Ciego y Echa Fuera Demonios | 9:27–34. | | | |
| Jesús Enseña sobre Él mismo | | | | 5:17–47. |
| Discurso Sobre el Sábado | 12.1–14 | 2:23–28;3:1–6. | 6:1–5. | |
| Jesús se Retira al Mar | 12:15–21. | 3:7–12. | | |
| son Son Elegidos los Doce | 10:2–4. | 3:13–21. | 6:12–16. | |
| Mujer Unge a Jesús en la Casa de Simón | | | 7:36–50. | |
| Otro Recorrido a través de Galilea | | | 8:1–3. | |
| Cafarnaúm, Galilea | | | | |
| Declaración sobre Belcebú | 12:22–37. | 3:22–30. | | |
| Discurso sobre Señales y Testimonio | 12:38–45. | | | |
| Su Madre y Hermanos Le Buscan | 12:46–50. | 3:31–35. | 8:19–21. | |
| Galilea | | | | |
| Tercer viaje a Galilea | 9;35–38. | 6:6. | | |
| Envía a los Doce | 10:1,5–42; 11:1. | 6:7–13. | 9:1–6. | |
| Maqueronte, Perea | | | | |
| La Muerte de Juan | 14:6–12. | 6:14-29. | 9:7–9. | |
| Cerca de Betsaida, Tetrarquía de Felipe | | | | |
| Vuelven los Doce e Informan | 14:13. | 6:30–33. | 9:10. | |
| El Sermón de la Montaña | | | | |
| Lugar y Audiencia | 5:1–2. | | 6:17–19. | |
| Bienaventuranzas | 5;3–12. | | 6:20–26. | |
| Obligaciones del Discipulado | 5:13–16. | | | |
| La justicia de los Discípulos para superar a los fariseos | 5:17–20. | | | |
| La Ley de Moisés cumplida por la Ley de Cristo | 5:21–48. | | 6:27–36. | |
| La limosna | 6:1–4. | | | |
| La Oración | 6:5–13. | | | |
| Perdonar a los demás | 6:14–15. | | | |
| Ayuno | 6:16–18. | | | |
| Haceos de tesoros en el cielo | 6;19–33. | | | |
| No podéis servir a dos señores | 6:24. | | | |
| Instrucciones Especiales a los Doce | 6:25–34. | | | |
| Juzgad con Justo Juicio | 7:1–6. | | 6:37–42. | |
| Sinceridad de la Oración | 7:7–11. | | | |
| Regla de Oro | 7:12. | | 6:31. | |
| Dos Dos Puertas y dos Maneras | 7:13–14. | | | |
| Examen Final del Carácter | 7;15–27. | | 6:43–49. | |
| Efectos del Sermón | 7:28–29. | | | |

| **ENSEÑANZA CON PARÁBOLAS** | **Mateo** | **Marcos** | **Lucas** | **Juan** |
|---|---|---|---|---|
| La Parábola del Sembrador | 13:1–9. | 4:3–9. | 8:4–8. | |
| Propósito de las Parábolas | 13:10–17. | 4:10–12. | 8:9–10. | |
| La Bienaventuranza del Discipulado | 13:16–17. | | 10:23–24. | |
| El Sembrador Interpretado | 13:18–23. | 4;13–20. | 8:11–15. | |
| Luz Bajo el Celemín | | 4:21–25 | 8:16–18; 11:13. | |
| Cizaña entre el Trigo | 13:24–30. | | | |
| The La Semilla que Crece | | 4:26–29. | | |
| El Trigo y la Cizaña | 13:31 32. | | | |
| El Grano de Mostaza | 13:33. | 4:30–32. | 13:18–19. | |

| | | | | |
|---|---|---|---|---|
| La Levadura | 13:34–35. | | 13:20–21. | |
| El Uso de parábolas | 13:36–43. | 4:33–34. | | |
| Interpretación de la Cizaña. | 13:44–46. | | | |
| La Perla del Gran Precio. | 13:47–50. | | | |
| Fin de la Parábola. Sermón | 13:51–53. | | | |
| Segundo Rechazo en Nazaret | 13:54–58. | 6:1–6. | | |

| **SEGUNDO MINISTERIO GALILEO (Cont.)** | **Mateo** | **Marcos** | **Lucas** | **Juan** |
|---|---|---|---|---|
| Cerca de Betsaida, Tetrarquía de Felipe | | | | |
| Cinco Mil Alimentados | 14:14–21. | 6:33–44. | 9:11–17. | 6:1–14. |
| Cerca del Mar de Galilea | | | | |
| Jesús les impide que lo hagan Rey | 14:22–23. | 6:45–46. | | 6:15. |
| Mar de Galilea | | | | |
| Jesús Camina sobre Mar | 14:24–33. | 6:47–52. | | 6:16–21. |
| Cafarnaúm, Galilea | | | | |
| Discurso del Pan de Vida | | | | 6:22–71. |
| Galilea | | | | |
| Curación en Genesaret | 14:34–36. | 6:53–56. | | |

Capítulo 6b

# Llamado y Ordenación de los Doce Apóstoles

(Mateo 9.10; 16-17; Marcos 2.3; 6; Lucas 5-6; 10; 16; Juan 1; 15)

---

## LA NECESIDAD DE APÓSTOLES EN LA IGLESIA DE CRISTO

Los apóstoles son el fundamento de la Iglesia de Jesucristo (Efesios 2:19–22). Con el fin de establecer su Iglesia, Jesús se volvió junto a llamar de doce de ellos para servir como sus testigos y dirigentes. Cada uno de los Evangelios sinópticos registro (Mateo, Marcos y Lucas) cómo Cristo llamó a los Doce, y cada uno ofrece un punto de vista único.

GUSTAVE DORÉ, 1896

- **Marcos 3:7–8 En ese momento grandes multitudes ya estaban siguiendo a Jesús.** Jesús "se retiró con sus discípulos al mar", donde una "gran multitud" le habían seguido desde Galilea, Judea, Jerusalén, Idumea, además de los pueblos "de más allá del Jordán" y desde el área alrededor de "Tiro y Sidón." Esta multitud vino a causa de que habían oído hablar de los "grandes cosas que hizo."

- **Mateo 9, 36–38 Jesús observó la multitud dispersa y desmayada, "Como ovejas que no tienen pastor."** Después de enseñar el Evangelio en las sinagogas de los pueblos de Caná, Jesús sintió compasión por estas muchas personas perdidas, y comentó a sus discípulos que se necesitaba más ayuda en la cosecha de almas. "La mies es mucha," dijo, "pero los trabajadores son pocos" (v. 37). "Rogad, pues, al Señor de la mies, que envíe obreros a su mies" (v. 38).

### Jesús Primero Llama a Discípulos para que le Sigan

- **1 Cor. 1:26–27 El apóstol Pablo comenta sobre la naturaleza de los llamados a servir.** "Pues mirad, hermanos, vuestra vocación, que no sois muchos sabios según la carne, ni muchos poderosos, ni muchos nobles; sino que lo necio del mundo escogió Dios, para avergonzar a los sabios; y lo débil del mundo escogió Dios, para avergonzar a lo fuerte; "Los discípulos de Jesús no eran hombres de gran erudición o de posición religiosa entre los judíos. Por el contrario, eran hombres humildes y fieles que estaban dispuestos a sacrificar todo por la causa del reino.

## Etapas en el Servicio de los Doce

Los Doce no se convirtió al instante los valientes de la fe o seguro de testigos de Cristo. Avanzaron por etapas, cada vez más bien informados y leales y testimoniaron los muchos actos milagrosos de Jesús en el camino. Todo esto progresó en una secuencia lógica.

1. Fueron llamados por Jesús a través de las enseñanzas de Juan el Bautista y otros.
2. Fueron llamados por Jesús para el servicio de tiempo completo.
3. Fueron seleccionados y ordenados como apóstoles.
4. Recibieron las llaves del Reino y una Primera Presidencia.
5. Ellos recibieron una preparación adicional para su ministerio después de la Ascensión.
6. Su trabajo dio como resultado el martirio de muchos de los doce originales.

## Los Doce Apóstoles Originales

- **Mateo 10:2–4 Los nombres de los doce apóstoles originales.** Hay otras tres listas como ésta (ver Marcos 3, 16–19; Lucas 6:14–16; Juan 21:2). Y, como dijo El El élder Bruce R. McConkie, "Ninguno de estos anuncios dan el mismo orden de antigüedad. . . Todos [lo] ubican primero a Pedro, y los tres que mencionan a Judas lo colocan último."[1] Esta lista particular, menciona" primero Simón, llamado Pedro, y Andrés su hermano.; Jacobo, el hijo de Zebedeo, y Juan su hermano; Felipe y Bartolomé; Tomás y Mateo el publicano; Jacobo hijo de Alfeo, y Lebeo, por sobrenombre Tadeo; Simón el Cananeo, y Judas Iscariote, que también le traicionó".

*Andrés*

- **Juan 1:35–40 Andrés era discípulo de Juan el Bautista, el primo de Jesús.** Andrés era uno de los dos discípulos que estaban de pie al lado de Juan el Bautista cuando dijo: "He aquí el Cordero de Dios!", cuando Jesús se acercó a ellos (vv. 35–36, 40). Al escuchar este testimonio, Andrés y el otro discípulo (sin nombre) siguieron a Jesús (V. 37). Cuando Jesús les preguntó qué querían, le preguntaron donde "habitaba" y Él los invitó a acompañarlo. (vv. 38–39)

*Simón Pedro*

- **Juan 1:41–42 Pedro era el hermano de Andrés.** Andrés entonces buscó a su hermano Simón para decirle: "Hemos hallado al Mesías" [Cristo] (v. 41). Andrés trajo a su hermano Simón a Jesús, y cuando Jesús lo vio le dijo: " Tú eres Simón, hijo de Jonás; tú serás llamado Cefas[a] (que quiere decir, Pedro en arameo, piedra en griego])" (v 42).

- **Lucas 5:1–10 La pesca milagrosa de peces.** Jesús estaba de pie junto al mar de Galilea (Genesaret), enseñando cuando vio "dos barcas que estaban cerca del lago: y los pescadores, habiendo descendido de ellas, y lavaban las redes" (vv. 1–2.). Daban por terminado el día, después de haber tenido poca suerte. Pero Jesús "entró en una de las naves, que era de Simón" y le dijo que salieran un buen trecho de nuevo, mientras que Jesús "sentándose, enseñaba desde la barca a la multitud" (v–3).

*Jesús los llamó a ser pescadores de hombres*

Cuando se terminó el sermón, Jesús ", dijo a Simón: Boga mar adentro, y echad vuestras redes para pescar" (v. 4). Simón protestó, diciendo: "Maestro, hemos trabajado toda la noche, nada hemos tomado" (v. 5). Sin embargo, él obedientemente echó sus redes, y ellas encerraron "una gran cantidad de peces, y su red se rompía" (v. 6) Simón y Andrés llamaron a sus compañeros (que eran Santiago y Juan) para que los ayudaran y cuando llegaron "llenaron ambas barcas, de manera que casi se hundían" (v. 7). Ante este milagro, Simón "cayó de rodillas ante Jesús diciendo: Apártate de mí; porque yo soy un hombre pecador, Señor" (v. 8). Los cuatro estaban asombrados por el milagro, pero Jesús les tranquilizó diciendo: "No temas (v 9.); desde ahora serás pescador de hombres "(v. 10).

- **Lucas 5:10–11 Santiago y Juan eran socios en el negocio de la pesca con Andrés y Pedro**, y eran los hijos de un hombre llamado Zebedeo (v 10.). Jesús los apodó "Boanerges, que es, los hijos del trueno" (Marcos 3:17), al parecer debido a sus rápidas y estruendosas emociones. Después de la pesca milagrosa," cuando trajeron a tierra las barcas, [Simón, Andrés, Santiago y Juan] dejándolo todo, lo siguieron" (v. 11). El sacrificio de su negocio de pesca fue un tremendo acto de fe (véase Mateo 4:18–22; Marcos 1:16–20).

*Santiago*

*Juan*

- **Juan 1:43–44 Felipe era un residente de Betsaida, donde vivían Andrés y Pedro** (v 44.). Se convirtió en un discípulo de Jesús "al día siguiente" del milagro de los peces. Cuando Jesús se iba a Galilea, "halló a Felipe, y le dijo: Sígueme" (v. 43). Sabemos muy poco más acerca de Felipe, pero podemos suponer que había sido testigo de algunos de los milagros de Jesús en esa vecindad. Y claramente, cuando Jesús dijo: "Sígueme," inmediatamente lo hizo.

*Felipe*

- **Juan 1:45-51 Natanael (Bartolomé) era amigo de Felipe.** Felipe lo buscó para decirle: "Hemos hallado, de quien [queriendo decir el Mesías] escribió Moisés en la ley, y escribieron los profetas ", y lo identificó como "Jesús de Nazaret, el hijo de José" (v. 45). Natanael estaba sorprendido. "¿De Nazaret puede salir algo de bueno?", Preguntó. Era una ciudad pequeña e intrascendente de Galilea. Pero Philip insistió, "Venid y lo veréis" (v. 46). Cuando Natanael se acercó a Jesús, aun antes de que estuviera frente a Él, Jesús dijo le dijo: "He aquí un verdadero israelita, en quien no hay engaño" (v. 47). Sorprendido, "Natanael le dijo: ¿De dónde sabes tú de mí?" Y Jesús respondió que Él lo había visto en la visión "debajo de la higuera", incluso antes de que Felipe hubiera venido a él (v. 48). Esto fue suficiente para que Natanael declarara: «Rabbí, tú eres el Hijo de Dios; tú eres el Rey de Israel" (v. 49). Jesús le aseguró que en el futuro iba a ver cosas aún más grandes: "De aquí adelante veréis el cielo abierto y a los ángeles de Dios que suben y descienden sobre el Hijo del hombre" (v 51.).

*Natanael (Bartolomé)*

- **Lucas 5:27-32 Mateo (Leví) era un despreciado publicano** (recaudador de impuestos) para los romanos. El élder Bruce R. McConkie dijo: "Los publicanos eran los recaudadores de impuestos, los representantes de un poder extraño que mantenían en sujeción los judíos, y, como tales, formaban un grupo social odiado, despreciado, y se rieron de. Sin duda era particularmente ofensivo para los judíos que alguien de su propia raza, como Mateo, aceptara este tipo de empleo."[2] Sin embargo, él se convirtió en uno de los discípulos de confianza de Jesús y, finalmente, escribió uno de los cuatro evangelios de la Biblia actual.

*Mateo (Leví)*

- **Lucas 6:15-16 Santiago (el Menor) y su hermano Judas** (también llamado Judas, Lebeo y Tadeo) eran los hijos de Alfeo. Este tercer grupo de hermanos que terminó en el quórum inicial de los Doce Apóstoles, no son tan conocidos como algunos otros, pero no menos dedicados al servicio del Maestro. Al igual que los otros, dejaron sus vidas anteriores y fueron testigos de Cristo, todo el tiempo restante.

*Santiago (el Menor) y Judas*

- **Lucas 6:15 Tomás** también era conocido como el Dídimo, que significa "gemelo". Tomás puede que sea mejor conocido por su dudas acerca de la resurrección del Salvador, cuando dijo: "Si no veo en sus manos la señal de los clavos y no meto mi dedo en el lugar de los clavos, y metiere mi mano en su costado, no creeré "(Juan 20:25). Jesús dijo más tarde a él, "Pon aquí tu dedo, y mira mis manos; y alarga acá tu mano, y métela en mi costado: y no seas incrédulo, sino creyente "(Juan 20:27). Pero también debemos recordar a Tomas como el que dijo a los otros

*Tomás*

discípulos: "Vamos también nosotros, para que muramos con él" cuando Jesús le dijo que sería asesinado en Jerusalén (Juan 11:16).

- **Lucas 6:15 Simón Zelotes** era un zelote, un patriota en la lucha contra Roma. Los zelotes se pusieron en contra de los herodianos. Su partido se formó en el año 6 DC, en oposición a los impuestos romanos, lo que significa que Simón y Mateo habrían sido enemigos naturales antes de sus llamados al ministerio. Aunque a veces violentos, los zelotes eran estrictamente religiosos, justificándose con el argumento de que sólo a través de la caída de Roma podría venir el reino de Dios. Su mismo nombre sugiere gran celo por la ley de Moisés. Simón dejó sus ideas políticas atrás cuando decidió seguir al Maestro.

*Simón Zelotes*

- **Lucas 6:16 Judas Iscariote**, el que resultó ser "el traidor" era el único de Judea entre los Doce. Él pudo haber sido el guardián de los fondos que sostenían a los Doce en su ministerio (Juan 13:29). Se quejó cuando observó a una mujer usando un ungüento caro para ungir los pies de Jesús, pero "no porque cuidara de los pobres; sino porque era ladrón, y teniendo la bolsa, sustraía de lo que se echaba en ella" (Juan 12:6).

  Al igual que todos los otros once, Judas fue "contado con nosotros, y . . . obtuvo parte de este ministerio" (Hechos 1:17). Él fue testigo de todos los mismos milagros y oído todas las mismas verdades que los demás. Pero como todos sabemos, traicionó al Salvador por 30 piezas de plata, y más tarde se suicidó cuando se dio cuenta de la gravedad de lo que había hecho.

*Judas Iscariote*

Durante este tiempo, hubo otros discípulos de Jesús, tanto hombres como mujeres, pero que no se mencionan por su nombre en estas listas. Sólo los doce que finalmente se convirtieron en apóstoles son nombrados.

### Jesús Selecciona a sus Apóstoles de Entre los Discípulos

- Tenga en cuenta la diferencia entre un discípulo y un apóstol:
  - Discípulos (mathetes en griego) eran alumnos o seguidores de un maestro específico.
  - Estos discípulos eran seguidores de Jesucristo (*Diccionario de la Biblia de los SUD*, sv "Discípulo", 657).
  - Apóstoles son discípulos que son llamados como testigos especiales de Cristo (D. y C. 107:23).
  - La palabra significa Apóstol "uno [que es] enviado" (*Diccionario de la Biblia de los SUD*,, sv "apóstol", 612).
  - Los miembros del Quórum de los Doce Apóstoles son enviados a dar testimonio al mundo que Jesús es el Salvador y Redentor de la humanidad.

El élder James E. Talmage dijo:

> El discipulado es general; cualquier seguidor de un hombre o devoto a un principio puede ser llamado un discípulo. El Santo Apostolado es un oficio y llamamiento que pertenece al Sumo Sacerdocio de Melquisedec, a la vez exaltado y específico, que comprende como una función distintiva dar testimonio personal y especial de la divinidad de Jesucristo como el único Redentor y Salvador de la humanidad. El Apostolado es una concesión individual, y como tal se confiere sólo a través de la ordenación. . . .La palabra "apóstol" es una forma castellanizada derivada del griego apostolos, que significa literalmente "uno que es enviado", y connota un enviado o mensajero oficial, que habla y actúa con la autoridad de alguien superior a él. . . . Tan grande es la santidad de este llamado especial, que el título de "apóstol" no se debe usar a la ligera como la forma común u ordinaria de dirigirse aplicada a los hombres que viven llamados a este oficio.[3]

El élder Bruce R. McConkie dijo: "En verdad, donde hay apóstoles y profetas, llamados por Dios y dotados de poder de lo alto, es la verdadera Iglesia y el reino; y si éstas no lo son, la obra del Señor no llegará a establecerse entre los hombres."[4]

### Los Apóstoles Fueron Llamados por Revelación

A. BIDA, 1874

- **Lucas 6:12–16 Jesús oró toda la noche antes de seleccionar los Doce Apóstoles.** Él "se fue al monte a orar, y pasó la noche orando a Dios" acerca de quién debe servir con él. Entonces "llamó a sus discípulos, y escogió a doce de ellos, a los cuales también llamó apóstoles" (v. 13). Esto hace que sea perfectamente claro que hay una diferencia entre un discípulo y apóstol. Estos iban a ser ministros extraordinarios llevando un testimonio especial.

- **Hechos 1:21–22 Un apóstol tiene que ser un testigo del ministerio y de la divinidad de Jesús.** En la elección para reemplazar a Judas Iscariote, después que Jesús ascendió al cielo, los apóstoles sabían que un miembro de su quórum tenía que venir de "los hombres que han estado junto a nosotros todo el tiempo que el Señor Jesús entraba y salía de entre nosotros,. . . [y] un testigo con nosotros de su resurrección" (v. 22).

- **Hechos 1:23–26 El nuevo apóstol fue seleccionado por revelación.** Ellos nominaron dos que cumplían los requisitos, "José, llamado Barsabás, que tenía por sobrenombre Justo, y Matías" (v. 23). Entonces, ellos oraron (como lo había hecho Jesús) y pidieron al Señor, " Tú, que conoces los corazones de todos, muestra cuál de estos dos has escogido, para que tome la parte de este ministerio y apostolado, de que cayó Judas por transgresión" (vv. 24–25). Entonces dieron sus opiniones sobre el asunto (no tiraron los dados) y "la suerte cayó sobre Matías; y fue contado con los once apóstoles" (v. 26).

El élder Joseph Fielding Smith es un ejemplo de cómo los Apóstoles son llamados hoy:

> Durante una hora o más a la Presidencia de la Iglesia y el Consejo de los Doce Apóstoles, reunidos en el Templo de Salt Lake en abril de 1910, habían discutido varios nombres como posibles para llenar la vacante en el consejo, ocasionada por la muerte del presidente John R. Winder el 27 de marzo, y el posterior nombramiento del Apóstol John Henry Smith a la presidencia. Pero a cada nombre sugerido, aparecía alguna objeción. Parecía imposible llegar a algún sentimiento de unanimidad sobre el tema. Finalmente, el Presidente Joseph F. Smith se retiró a una habitación y se arrodilló en oración para recibir orientación. Cuando regresó, un tanto vacilante preguntó a los otros 13 hermanos si estarían dispuestos a considerar su hijo, El El élder Joseph Fielding Smith Hijo. para el puesto. Era reacio a sugerir su nombre, dijo, porque. . . temía que los miembros de la Iglesia estarían descontentos de tener a otro de sus hijos designado como autoridad general. Sin embargo se sintió inspirado a ofrecer el nombre de José para su consideración. Los otros hombres inmediatamente parecieron receptivo a la sugerencia y apoyaron al presidente Smith para el cargo. . . .
>
> Años más tarde, Heber J. Grant, que por entonces era presidente de la Iglesia y quien estuvo presente en la reunión del consejo en el templo el día que fue elegido José en 1910, aseguró a un grupo de lo acertado de la decisión: Fue durante una reunión de la familia Smith. El presidente Grant señaló a Joseph Fielding y dijo: "Ese hombre fue llamado por revelación directa de Dios. Yo soy testigo de ese hecho."[5]

### Jesús Ordena a los Apóstoles

- **Marcos 3:13–15 Los Apóstoles son separados de los demás y son ordenados.** Jesús se retiró de nuevo a la intimidad de la montaña y llamó a la doce elegidos para que se llegaran ante Él (v. 13). Allí, "estableció doce, para que estuviesen con él, y para enviarlos a predicar, y que tuviesen autoridad para sanar enfermedades y para echar fuera demonios" (vv. 14–15). Por lo tanto, tenían que ser testigos del ministerio de Jesús, profesores y misioneros ante el pueblo, y titulares de poder del sacerdocio del Salvador.

*Doce discípulos fueron ordenados para ser Apóstoles*

- **Juan 15:16** (Mateo 10:1–5.) **Ellos no son voluntarios—fueron llamados y ordenado por Jesucristo.** No corrieron hacia el cargo, ni tampoco se auto—seleccionaron como ministros en el nombre de Jesús. Jesús les dejó en claro: "Ustedes no me han elegido, sino que yo os elegí a vosotros."

El presidente Harold B. Lee dijo:

> Al comienzo de su ministerio, el Señor escogió a doce hombres a los que separó del resto con el nombre, Apóstoles. Estos iban a ser testigos especiales de la santidad de su vida y de su misión divina, y se encargarían de transmitir a la última posteridad, un relato verdadero de Sus doctrinas y principios, y las ordenanzas esenciales para la salvación del alma humana. . . .
>
> Los verdaderos siervos en el Reino de Dios, cuando están debidamente autorizados, recibían una dotación de poder sagrado, salvo que su ministerio fuera como el "tintineo de latón y el sonido de los platillos." Esta dotación celestial a Sus Doce elegidos, fue el resultado de tres experiencias sagradas. En primer lugar, fueron bautizados en agua, tal vez por Juan el Bautista, o posiblemente los únicos que efectivamente fueron bautizados por el Maestro Mismo, ya que Juan registra que Él y Sus discípulos estaban en Judea "y él estaba allí con ellos, y fueron bautizados" (Juan 3:22). Entonces Él "sopló sobre ellos y les dijo: Recibid el Espíritu Santo" (Juan 20:22), lo cual con toda probabilidad fue la confirmación y la comisión para recibir el Espíritu Santo, o el bautismo del Espíritu, por el la imposición de manos, que fue el procedimiento seguido después por sus discípulos. . . .
>
> La tercera de las experiencias espirituales extraordinarias a las que los discípulos tuvieron el privilegio de asistir es descripta así por el Maestro mismo: "Vosotros no me habéis elegido, sino que yo os elegí a vosotros. . . que todo lo que pidiereis al Padre en mi nombre, él os lo dé " (Juan 15:16) Traten de imaginarse si alguno de ustedes fuera" llamado "por el Maestro y" ordenado "debajo de sus manos. Que estas ordenaciones resultaran en una dotación de poder de lo alto, así como dar la autoridad para actuar oficialmente como representantes del Señor, es bien atestiguados por los milagrosos acontecimientos que siguieron, lo que hizo de ellos, "hombres diferentes", debido a su mandato divino.
>
> No solo fueron testigos apostólicos especiales para recibir y disfrutar de estos dones celestiales. Ellos se encargaron de transmitirles por ordenaciones a los demás que habían recibido el testimonio de la misión divina del Señor resucitado.[6]

## LA MISIÓN DE LOS DOCE APÓSTOLES

### Testigos Especiales de Jesucristo

- **Hechos 1:8 Iban a ser testigos de Cristo ante todo el mundo.** Todos ellos habían sido testigos presenciales del Señor resucitado, y ahora, "cuando el Espíritu Santo venga sobre vosotros. . . seréis mis testigos en Jerusalén, en toda Judea, en Samaria, y hasta lo último de la tierra."

- **2 Pedro 1:16–19 Los apóstoles en el día de Cristo fueron testigos personales de la gloria de Cristo.** Pedro recordó al pueblo que los apóstoles no habían sido engañados. "Porque no os hemos dado a conocer el poder y la venida de nuestro Señor Jesucristo siguiendo fábulas artificiosas, sino como habiendo visto con nuestros propios ojos su majestad" (v. 16). Pedro, Santiago y Juan, en particular, habían oído la voz de Dios Padre en el Monte de la Transfiguración, diciendo: "Este es mi Hijo amado, en el cual tengo complacencia" (vv. 17–18).

Aún más importante, tenían "una palabra profética más segura" respecto a Cristo "a la cual hacéis bien en estar atentos" (v. 19). Este testimonio más seguro era el aspecto real del Señor resucitado ante ellos después de su muerte, sin dejar duda alguna de que Él era divino y el Hijo de Dios.

El profeta José Smith dijo:

> El otro Consolador del que habla es un tema de gran interés, y tal vez entendido por pocos de esta generación. Después que una persona tiene fe en Cristo, se arrepiente de sus pecados, y fuere bautizado para la remisión de sus pecados y recibe el Espíritu Santo, (por la imposición de manos), que es el primer Consolador, entonces si continúa humillándose delante de Dios, teniendo hambre y sed de justicia y viviendo por cada palabra de Dios, y el Señor pronto dirá: Hijo, serás exaltado. Cuando el Señor lo haya probado, y descubra que el hombre está decidido a servirle a toda costa, entonces el hombre verá que su vocación y elección han sido confirmadas, entonces tendrá el privilegio de recibir el otro Consolador, que el Señor ha prometido a los santos, como se registra en el testimonio de San Juan, en el capítulo 14, del versículo12 al 27. . . .
>
> Ahora bien, ¿qué es este otro Consolador? No es más ni menos que el mismo Señor Jesucristo mismo; y esto es la suma y sustancia de todo el asunto; que cuando un hombre obtiene este último Consolador, tendrá el personaje de Jesucristo para asistirle, o aparecérsele de vez en cuando, e incluso Él manifestará al Padre ante él, y se ocupará de su morada con él, y las visiones de los cielos se abrirán a él, y el Señor le enseñará cara a cara, y que puede tener un perfecto conocimiento de los misterios del Reino de Dios; y este es el estado y el lugar al que arribaron los antiguos Santos cuando tenían esas visiones gloriosas —Isaías, Ezequiel, Juan en la isla de Patmos, San. Pablo en los tres cielos, y todos los santos que celebran la comunión con la asamblea general y la Iglesia del Primogénito.[7]

- **D. y C. 107:23 La revelación de los últimos días también identifica los Doce como "testigos especiales" de Cristo.** Su ministerio es los "testigos especiales del nombre de Cristo en todo el mundo, así se distinguen de los otros oficiales de la iglesia en los deberes de su llamamiento."

El profeta José Smith dijo: "¿Qué importancia lleva unida la vocación de estos Doce Apóstoles, diferente de los otros llamamientos u oficiales de la Iglesia? . . . Son los Doce Apóstoles, los que son llamados a la oficina del Alto Consejo Viajante, que han de presidir las Iglesias de los Santos, entre los gentiles, donde haya una presidencia establecida; y tendrán que viajar y predicar entre los gentiles, hasta que el Señor les mandare ir a los judíos. Tienen que mantener las llaves de este ministerio, para abrir la puerta del reino de los cielos a todas las naciones, y para predicar el Evangelio a toda criatura. Este es el poder, la autoridad, y la virtud de su Apostolado."[8]

El presidente Joseph F. Smith dijo: "Estos doce discípulos de Cristo se supone que son los ojos y oídos los testigos de la misión divina de Jesucristo. No les está permitido decir simplemente, creo; Lo he aceptado simplemente porque lo creo. Leed la revelación; el Señor nos informa que deben conocer, tienen que obtener el conocimiento por sí mismos. Deben estar con ellos como si hubieran visto con sus ojos y oído con sus oídos y ellos saben la verdad."[9]

El élder Harold B. Lee dijo:

> Puedo imponer para llevar mi propio testimonio. Hace unos años, yo estaba de visita con uno de los misioneros cuando se me acercaron dos misioneros con lo que parecía ser una pregunta muy difícil, para ellos. Un joven ministro metodista se había reído de ellos cuando habían dicho que los Apóstoles eran necesarios hoy para que la verdadera Iglesia se establezca sobre la tierra. Y ellos dijeron que el ministro dijo: "¿Se dan cuenta que cuando se reunieron para elegir a aquel que llenaría la vacante producida por la muerte de Judas, dijeron que tenía que ser una persona que hubiera estado junto a ellos y hubiera sido testigo de todas las cosas pertenecientes a la misión y la resurrección del Señor?
>
> ¿Cómo pueden decir que tienen Apóstoles, si esa es la medida de un apóstol? "Y así estos jóvenes dijeron: " ¿Qué vamos a responder? "
>
> Yo les dije: "Vuelvan y háganle dos preguntas a vuestro amigo ministro. En primer lugar, ¿Qué cosas hizo el apóstol Pablo para ganar lo necesario para ser llamado un apóstol? No sabía del Señor; no le conocía personalmente. Él no había acompañado a los Apóstoles. No había sido testigo del ministerio, ni de la resurrección del Señor. ¿Cómo hizo para ganar el testimonio suficiente para ser un apóstol? Ahora, la segunda pregunta que le deben hacer: ¿Cómo sabe él que todos los que hoy son Apóstoles no han recibido del mismo modo el testimonio "Doy testimonio de que aquellos que tienen la vocación apostólica pueden, y saben de la realidad de la misión del Señor.[10]

El élder Boyd K. Packer dijo:

> He oído a uno de mis hermanos declarar: "Sé por experiencia, demasiado sagrada para referirme a ellas, que Jesús es el Cristo." He oído otra testificar: "Yo sé que Dios vive; Yo sé que el Señor vive. Y más que eso, yo conozco al Señor."
>
> No fueron sus palabras las que apoyaban el significado o el poder. Fue el Espíritu. ". . . porque cuando un hombre habla por el poder del Santo Espíritu, el poder del Espíritu Santo lo lleva al corazón de los hijos de los hombres" (2 Nefi 33:1). . . .
>
> He llegado a saber que el testimonio no viene buscando las señales. Viene a través del ayuno y la oración, a través de la actividad y las pruebas y la obediencia. Viene a través de sostener a los siervos del Señor y después de ellos. . . .
>
> Ahora bien, me pregunto por qué alguien como yo sería llamado al santo apostolado. Hay tantas calificaciones que me faltan. Hay tantas cosas en mi esfuerzo para servir que están esperando. Al meditar en ello, he llegado a una sola cosa, una salvedad en la que puede haber causa, y que es, tengo ese testimonio. Yo declaro que sé que Jesús es el Cristo. Yo sé que Él vive. Él nació en el meridiano de los tiempos. Él enseñó Su Evangelio, fue juzgado, fue crucificado. Él resucitó al tercer día. Él fue el primer fruto de la resurrección. Él tiene un cuerpo de carne y hueso. De esto doy testimonio.[11]

## Formación de los Apóstoles para su Servicio

Los Apóstoles no tenía ningún entrenamiento formal para el ministerio como los escribas y fariseos. La mayoría de los apóstoles eran humildes, trabajadores, sinceros, y hombres espirituales. Varios ya habían sido discípulos de Juan el Bautista. Al parecer, venían de buenas familias, ya que varios grupos de hermanos fueron llamados como miembros de los Doce. No compartían opiniones o advocaciones políticas, pero estaban unidos como uno en el servicio de Cristo.

E. ZIMMERMANN

- **3 Nefi 13:25–34 Se tenían que enfocar exclusivamente en su ministerio.** "El Sermón del Monte" del Salvador a los nefitas indica que ciertas partes de ese sermón fueron dirigidas sólo a los Doce. La escritura registra, "Miraba a los doce que había elegido, y les dijo: Recuerden las palabras que os he hablado. Porque he aquí, vosotros sois aquellos a quienes he elegido para ministrar a este pueblo" (v. 25). Fue a los Doce que Él no dijo estar preocupado por sus vidas, su comida o su ropa. Ellos tenían que preocuparse exclusivamente por el ministerio y "no os preocupéis, diciendo: ¿Qué comeremos? o, ¿Qué hemos de beber? o, ¿Con qué nos cubriremos? Puesto que vuestro Padre celestial sabe que tenéis necesidad de todas esas cosas. Mas buscad primeramente el reino de Dios y su justicia, y todas estas cosas os serán añadidas a vosotros" (vv. 26–33). Podemos suponer que cuando dijo estas mismas cosas en Galilea Él también hablaba a sus Doce.

- **Juan 15:17 Deben estar absolutamente unificados** (véase también D. y C. 38:27). "Estas cosas os mando: que os améis unos a otros."

- **Mateo 10:5–42 La cargo del Salvador a los Doce en relación con su llamado.**
  - — Ellos tienen el poder de sanar a los espiritualmente y físicamente enfermos (v. 1).
  - — Inicialmente, son enviados sólo a las ovejas perdidas de Israel (vv. 6–7).
  - — Han de usar su poder del sacerdocio para bendecir y sanar a la gente (v. 8).
  - — Han de buscar a aquellos que están dispuestos a escuchar el evangelio (vv. 11–14).
  - — Deben enseñar como guiados por el Espíritu (vv. 19–20).
  - — Han de dar su vida por completo a la obra del Salvador (v. 39).

## Mensaje y Métodos de los Apóstoles

- **Mateo 10:7 Su mensaje principal es la venida del reino de Dios.** "Y yendo, predicad, diciendo: El reino de los cielos se ha acercado."

- **Marcos 6:7 Ellos han de ir de dos en dos.** "Y llamó a los doce y comenzó a enviarlos de dos en dos."

- **Marcos 6:8–9 Ellos han de vestir adecuadamente pero simple y no tomar nada con ellos.** Él "les mandó que no llevasen nada para el camino, sino solamente bordón; ni alforja, ni pan, ni dinero en el cinto, sino que calzasen sandalias, y no vistiesen dos túnicas".

  El élder Bruce R. McConkie dijo:

  > En consonancia con las costumbres sociales de la época, Jesús envió a sus discípulos sin bolsa ni alforja. Ellos iban a vestir con modestia, sin llevar dinero, comida o ropa extra, teniendo sólo una personal, y confiando en la hospitalidad de la gente por alimentos, ropa y refugio. Los zapatos (hechos en aquellos días de suave cuero) estaban prohibidos por ser demasiado lujoso; se aprobaban las sandalias (de más robusta construcción). Un bolso era una faja en la que se llevaba el dinero; la alforja era una pequeña bolsa o billetera utilizada para llevar provisiones. Más tarde Jesús revocó el requisito de contar con la hospitalidad de la gente y mandó en su lugar, "Ahora, el que tiene bolsa, tómela, y también la alforja" (Lucas 22:35–36) . . .
  >
  > Actuando por medio de sus representantes debidamente designados de la tierra, el Señor ya ha retirado este requisito que todo el trabajo misionero moderno debe ser realizado por trabajadores que van sin bolsa ni alforja. Circunstancias requisitos legales, y diferentes sistemas sociales, económicos e industriales, han hecho un cambio tan necesario, un hecho que ilustra la necesidad de una revelación continua, de modo que las cosas del Señor en la tierra siempre pueden llevarse a cabo cuando se ajustan a las circunstancias existentes. En lugar de depender de alimentos, ropa y refugio de aquellos a quienes son enviados, ahora se espera que los misioneros se mantengan a sí mismos o con el apoyo de su familia o amigos. Por supuesto, no existe fuerza misionera paga en la Iglesia verdadera del Señor.[12]

- **Lucas 10:8 Ellos han de comer cualquier alimento que se les proporcione.** "En cualquier ciudad donde entréis y os reciban, comed lo que os pongan delante."

- **Marcos 6:10 Ellos han de a morar en un mismo lugar en cada ciudad.** "En lo Dondequiera que entréis en una casa, quedaos allí hasta que salgáis de aquel lugar." Lucas registra que Él dijo: "Posad en aquella misma casa, comiendo y bebiendo lo que os den; porque el obrero es digno de su salario. No os paséis de casa en casa" (Lucas 10:7).

- **Marcos 6:11 Ellos han de ser testigos contra quienes los rechazan.** "Y si en algún lugar no os recibieren ni os oyeren, salid de allí, y sacudid el polvo que está debajo de vuestros pies, para testimonio a ellos." El Señor advirtió que "en el día del juicio, será más tolerable el castigo para los de Sodoma y Gomorra, que para aquella ciudad.".

- **Marcos 6:12–13 Han de predicar el arrepentimiento, echar fuera a los espíritus malignos y sanar a los enfermos.** "Y ellos, saliendo, predicaron que se convirtieran. Y echaban fuera muchos demonios, y ungían con aceite a muchos enfermos y los sanaban."

- **Lucas 10:1–2, 5–12 El Señor da instrucciones similares a otros setenta.** También "envió de dos en dos delante de él a toda ciudad y lugar adonde él había de ir." (v. 1). Cuando entraran en cualquier casa, debían bendecir a esa casa con la paz, y si los habitantes fueren justos "vuestra paz reposará sobre ella" y "si no, se volverá a vosotros" (vv. 5–6). Los setenta también irían a sanar a los enfermos y predicar la venida del reino de Dios (v. 9). Y también tenían que atestiguar contra esos pueblos y ciudades que los rechazaran (vv. 10–12).

*Bendición de una casa con la paz*

- **Lucas 10:3–4; Mateo 10:16 Ellos han de ser "prudentes como serpientes", pero "sencillos como palomas."** Él les advirtió que iban a ir "como corderos en medio de lobos", y por lo tanto no deben llevar con ellos dinero o cualquier cosa de valor (Lucas 10:3–4). "He aquí, yo os envío como a ovejas en medio de lobos: sed pues prudentes como serpientes, y sencillos como palomas" (Mateo 10:16).

- **Lucas 10:13–15 El Señor condena aquellas ciudades que lo habían rechazado.** "¡Ay de ti, Corazín! ¡Ay de ti, Betsaida!", dijo,"que si en Tiro y en Sidón se hubieran hecho los milagros que se han hecho en vosotras, tiempo ha, que sentadas en cilicio y ceniza se habrían arrepentido" (v. 13). "Y tú, Capernaum, que eres levantada hasta el cielo, serás abatida al infierno" (v. 15).

- **Lucas 10:16 La respuesta del pueblo hacia sus siervos es también su respuesta hacia el Salvador.** "El que a vosotros oye, a mí me oye; y el que a vosotros desecha, a mí desecha; y el que me desecha a mí, desecha al que me envió".

- **Mateo 10:21–22 Serán odiados por todos los pueblos.** En los días que seguirían a su propia muerte y ascensión, habrá caos y conflicto: "El hermano entregará a la muerte al hermano, y el padre al hijo; y los hijos se levantarán contra los padres, y los harán morir. Y seréis aborrecidos de todos por causa de mi nombre; mas el que persevere hasta el fin, éste será salvo" (vs. 21–22).

- **Mateo 10:23 Ellos no debe perder su tiempo con personas que no quieran escucharles.** "Pero cuando os persigan en esta ciudad, huid a la otra; porque de cierto os digo, que no acabaréis de recorrer todas las ciudades de Israel, antes que venga el Hijo del Hombre."

- **Mateo 10:24–25 No debe esperar ninguna respuesta o tratamiento mejor al que ha recibido el Señor Mismo.** "El discípulo no es más que su maestro, ni el siervo más que su señor" (v. 24). "Si al padre de familia llamaron Belcebú, ¿cuánto más a los de su casa?" (v. 25).

- **Mateo 10:26–28 No debe tener miedo de sus enemigos.** "No los temáis; porque nada hay encubierto, que no haya de ser manifestado; ni oculto, que no haya de saberse" (v. 26). Ellos fueron a predicar el Evangelio con valentía "desde las azoteas" [públicamente] (v. 27). " Y no temáis a los que matan el cuerpo, mas el alma no pueden matar; temed más bien a aquel que puede destruir el alma y el cuerpo en el infierno [Satanás]" (v. 28).

  El presidente Ezra Taft Benson dijo:

  > Sin embargo, hay quienes actúan como si ellos no creyeran en la eternidad o una resurrección. Ellos se acobardan ante la idea de una guerra nuclear, y para salvar sus propios cuerpos tendrían paz a cualquier precio. Sin embargo, la mejor garantía de paz y de vida es ser fuerte moral y militarmente. Pero quieren la vida sacrificando los principios. En lugar de escoger libertad o muerte, prefieren la vida en la esclavitud. Pero pasan por alto un pasaje crucial ". . . no temáis a los que matan el cuerpo pero no pueden matar el alma; temed antes a aquel que puede destruir el alma y el cuerpo en el infierno." (Mateo 10:28). Supongo que el Señor podría haber evitado la guerra en el cielo por el libre albedrio. Todo lo que él tenía que hacer era comprometerse con el diablo, pero si lo hubiera hecho, hubiera dejado de ser Dios. Si bien es más difícil vivir la verdad, sosteniendo el libre albedrio, algunos de nosotros en un futuro no muy lejano seremos exigidos a morir por la verdad. Pero la mejor preparación para la vida eterna es estar preparado en todo momento a morir—completamente preparados para una valiente lucha por la justicia.[13]

- **Mateo 10:29–33 El Padre es perfectamente consciente de sus circunstancias y velará por ellos.** "¿No se venden dos pajarillos por un cuarto? Con todo, ni uno de ellos cae a tierra sin vuestro Padre" (v. 29). "No temáis, por lo tanto, vosotros valéis más que muchos pajarillos" (v. 31). De hecho, " aun vuestros cabellos están todos contados" (v. 30) y "A cualquiera, pues, que me confiese delante de los hombres, yo también le confesaré delante de mi Padre que está en los cielos" (v. 32). Por otro lado, "cualquiera que me niegue delante de los hombres, yo también le negaré delante de mi Padre que está en los cielos" (v. 33).

- **Mateo 10:34–37 Tenían que dejar las preocupaciones de la familia detrás de ellos.** Se espera que sacrifiquen todo por sus ministerios, incluso la paz de la familia en caso de necesidad. "Porque he venido a poner al hombre en contra su padre, a la hija contra su madre, y a la nuera contra su suegra. Y los enemigos del hombre serán los de su propia casa. El que ama a padre o madre más que a mí, no es digno de mí: el que ama a hijo o hija más que a mí, no es digno de mí".

- **Mateo 10:38–39 Cada uno debe "tomar su cruz" y seguir al Maestro.** Cada uno de nosotros se enfrenta a circunstancias difíciles en nuestra vida, incluyendo una o más que se sienten como pruebas supremas—nuestra propia cruz personal. "Y el que no toma su cruz y sigue en pos de mí, no es digno de mí. El que halla su vida, la perderá, y el que pierde su vida por mi causa, la hallará."

  El élder Joseph Fielding Smith dijo:

  > Decir que sus discípulos deben odiar todo lo que les es querido es sin duda un dicho duro. Pero descubrimos otras interpretaciones de la doctrina (Mateo 10:37–38.) Cuyo significado es que cualquier persona que ama a su padre, madre, esposa, y todo lo que es querido para él, hasta su propia vida, más de lo que ama Cristo, no es digno de Él y no puede ser su discípulo. La idea es muy clara sobre esta instrucción, que todos los que buscan la vida eterna están obligados a venir a Cristo dispuestos a renunciar a todo lo que tienen, si fuese necesario. En caso de que no estén dispuestos a hacerlo, incluso ofrecer la vida por su causa, entonces no son dignos de Su reino. Esto es razonable; ninguna injusta demanda es requerida por nuestro Salvador, pues Él vino y dio su vida por nosotros para que tengamos vida eterna. Él sufrió por nosotros; ¿no hemos de amarlo más de lo que amamos nuestras propias vidas?[14]

- **Mateo 28:19–20 Se les acusa de enseñar a todas las naciones lo que concierne a Él.** En sus últimas instrucciones a los apóstoles antes de su ascensión al cielo, el Salvador les ordenó: " Por tanto, id, y haced discípulos a todas las naciones, bautizándolos en el nombre del Padre, y del Hijo, y del Espíritu Santo; enseñándoles que guarden todas las cosas que os he mandado; y he aquí yo estoy con vosotros todos los días, hasta el fin del mundo" (véase también Hechos 1:8; D. y C. 112:1–7).

- **1 Nefi 12:9 Con el tiempo, los primeros Doce Apóstoles juzgarán a las doce tribus de Israel.** "Y él me dijo: ¿Te acuerdas de los Doce Apóstoles del Cordero? He aquí, ellos son los que han de juzgar las doce tribus de Israel; por tanto, los doce ministros de tu simiente [los Doce nefitas] serán juzgados por ellos, porque sois de la casa de Israel".

- **D. y C. 112:16–22 Cualquier persona enviada por los Apóstoles es también un testimonio apostólico.** Hablando de los primeros Doce Apóstoles llamados en esta dispensación, el Señor dijo, "Sobre ellos he puesto la carga de todas las iglesias por poco tiempo" y "donde quiera que seáis enviado Id, y yo estaré contigo; y en cualquier lugar donde habéis de proclamar mi nombre una puerta eficaz se os abrirá, para que reciban mi palabra"(.vv. 18–19). Por lo tanto, nadie llamado y enviado por los Doce goza de las mismas bendiciones apostólicas y facultades que los propios Doce poseen. "Y de nuevo os digo, que todo aquel que os envíe en mi nombre, por la voz de vuestros hermanos los Doce, debidamente recomendados y autorizados por vos, tendrá el poder de abrir la puerta de mi reino en cualquier nación a donde vos seais enviado por ellos" (v. 21). Este es un grupo muy selecto que incluye (1) Las autoridades generales, y (2) los misioneros.

## EL PODER Y LA AUTORIDAD DE LOS DOCE APÓSTOLES

### Las Llaves del Reino

El tema de las llaves del sacerdocio se discutirá con más detalle en el capítulo 13, pero es bueno notar aquí que los apóstoles debidamente ordenados tienen las llaves del Reino de Dios en la tierra.

*Un testimonio seguro en la Transfiguración*

- **Mateo 16:13–19 Jesús encomendó las llaves del reino a los Doce originales.** Los llevó hacia el norte hasta los "región de Cesárea de Filipo", donde Él se comprometió a darles "las llaves del reino de los cielos (v 13.): Y todo lo que atares en la tierra será atado en los cielos, y todo desatares en la tierra será desatado en los cielos" (v. 19).

- **Mateo 17:1–3 Pedro, Santiago y Juan en sí convirtieron en Figuras clave en el quórum.** Ellos recibieron las llaves del Sacerdocio de Juan el Bautista, Moisés y Elías en el Monte de la Transfiguración, donde el Salvador, se "transfiguró delante de ellos: y resplandeció Su rostro como el sol, y Sus vestidos se hicieron blancos de como la luz. "

  El élder Bruce R. McConkie dijo: "De otras fuentes sabemos que Pedro, Santiago y Juan fueron los tres preeminentes, y de hecho fueron la Primera Presidencia de la Iglesia en ese día, aunque no tenemos forma de sable si sirvieron como un quórum independiente aparte de los de otros de los doce como es el caso hoy. es muy posible que lo hayan hecho, ya que "las llaves del reino" que restauraron en esta dispensación 'pertenecen siempre a la presidencia del sumo sacerdocio' (d. y c. 81 :2), lo que significa que en todas las dispensaciones están siempre en poder de la Primera Presidencia de la Iglesia."[15]

- **D. y C. 107:21–22 La Primera Presidencia.** En nuestra propia dispensación, el Señor ha identificado "presidentes u oficiales presidentes que crecen fuera de, o que son nombrados de, o entre los que son ordenados para los varios oficios en estos dos sacerdocios" (v. 21). La Primera Presidencia se compone de "tres Sumos Sacerdotes Presidentes, escogidos por el cuerpo [de los Doce], nombrados y ordenados para ese oficio, y sostenidos por la confianza, la fe y la oración de la Iglesia" (v 22).

- **D. y C. 107:23–24 El Quórum de los Doce Apóstoles.** Estos doce están llamados a ser "testigos especiales del nombre de Cristo en todo el mundo,— distinguiéndose así de los otros oficiales de la iglesia en los deberes de su vocación" (v. 23). Ellos "constituyen un quórum, igual en autoridad y poder al de los tres presidentes ya mencionados" (v.

24), lo que significa que cuando la Primera Presidencia no existe, entonces los Doce tiene autoridad para dirigir los asuntos del reino, incluyendo el nombramiento de nuevo apóstoles y seleccionar tres de entre los de su quórum para formar una nueva Primera Presidencia.

- **D. y C. 107:25–26 Los Setenta.** Como lo fueron en los días de Jesús, los "Setenta modernos" también son llamados para predicar el evangelio y ser testigos especiales para los gentiles y en todo el mundo, distinguiéndose así de otros oficiales de la iglesia en los deberes de su llamamiento" (v. 25). "Y constituyen un quórum, igual en autoridad a la de los doce testigos especiales o apóstoles antes nombrados" (v. 26). Por lo tanto, como hombres que poseen un ministerio apostólico y el testimonio, si los Doce fueran retirados de alguna forma de la tierra, los Setenta podrían hacerse cargo de los asuntos del reino con plena autoridad.

- **D. y C. 107:27 Se requiere la Unidad.** Ninguna decisión hecha por cualquiera de estos tres quórums presidentes de la Iglesia es válida salvo "por la voz unánime del mismo; es decir, todos los miembros de cada quórum debe aunar sus decisiones, a fin de tomar sus decisiones de la misma potencia o validez uno con el otro. "Por lo tanto, es posible discernir cuál es la voluntad del Señor concerniente a sus decisiones, al igual que los once hicieron en la antigüedad cuando deliberaron sobre y luego seleccionaron un nuevo Apóstol para reemplazar a Judas Iscariote.

- **D. y C. 107:33, 35, 58 Los Doce son dirigidos en sus actividades por la Primera Presidencia.** Deben "oficiar en el nombre del Señor, bajo la dirección de la Presidencia de la Iglesia, de acuerdo a la institución del cielo; para edificar la iglesia y regular todos los asuntos de ella en todas las naciones, primero a los gentiles y luego a los Judíos" (v.. 33). Ellos tienen la llave "para abrir la puerta para la proclamación del evangelio de Jesucristo. . . primero a los gentiles y luego a los judíos" (v. 35). También es el deber de los Doce " ordenar y poner en orden todos los otros oficiales de la iglesia" (v. 58).

- **D. y C. 107:34 Los Setenta son dirigidos en sus actividades por los Doce.** "Los Setenta obrarán en el nombre del Señor, bajo la dirección de los Doce o el sumo consejo viajante, en la construcción de la iglesia y regulando todos los asuntos de ella en todas las naciones, primero a los gentiles y luego a los judíos".

- **D. y C. 112:16–19 La Primera Presidencia y los Doce ejercen las llaves del Reino.** Al igual que lo habían hecho en los días de Jesús, los Doce modernos "tienen las llaves de mi reino. . . entre todas las naciones" (v. 16) a fin de" abrir la puerta del reino en todos los lugares en los que [la Primera Presidencia] no pueda venir; por sobre ellos [la Primera Presidencia] he puesto la carga de todas las iglesias" (vv. 17–18). "Por lo cual, dondequiera que le envíen: Id, y yo estaré vosotros; y en cualquier lugar donde habéis de proclamar mi nombre una puerta eficaz se os abrirá, para que reciban mi palabra" (v. 19).

El presidente Joseph Fielding Smith dijo: "Puedo decir ahora—muy claramente y muy enfáticamente, que tenemos el santo sacerdocio y que las llaves del reino de Dios están aquí. Se encuentran solamente en La Iglesia de Jesucristo de los Santos de los Últimos Días. . . . Ahora, hermanos, creo que hay una cosa que debemos tener sumamente clara en nuestras mentes. Ni el Presidente de la Iglesia, ni la Primera Presidencia, ni la voz unida de la Primera Presidencia y los Doce alguna vez van a dirigir a los santos por mal camino o enviar el consejo al mundo que es contrario a la mente y la voluntad del Señor."[16]

El presidente Spencer W. Kimball dijo: "Nadie en esta Iglesia va a ir por mal camino si se ata a si mismo con seguridad a las autoridades de la Iglesia a quien el Señor ha puesto en Su Iglesia. Esta Iglesia no errará en el camino; El quórum de los Doce nunca te dejará caer en desvíos; nunca lo ha hecho y nunca lo hará."[17]

## Los Apóstoles Representan al Señor

- **Mateo 23:34–37 El Señor nos envía a los profetas.** Desde el principio del mundo, el método del Señor ha sido el de "enviar. . . profetas y sabios y escribas, "a pesar que "algunos de ellos, a unos mataréis y crucificaréis, y algunos de ellos. . . vosotros flagelasteis en vuestras sinagogas, y perseguisteis de ciudad en ciudad "(v. 34). Esto ha sido así desde los días en que "la sangre de Abel justo" fue derramada por Caín aun hasta el día del Salvador, cuando "la sangre de Zacarías [fue derramada] entre el templo y el altar" (v. 35). El Señor envió a estos hombres entre ellos "reunir. . . tus hijos, como la gallina junta a sus polluelos debajo de sus alas, y ¡no quisiste! "(v. 37).

THEBIBLEREVIVAL.COM, #26

- **Lucas 16:29–31 Por qué los pueblos rechazan a los profetas.** Los judíos declararon con orgullo su relación con "Moisés y los profetas", y un hombre en una de las parábolas de Jesús sugiere que ellos seguramente "los escucharían" y se arrepentirían (vv. 29–30). Pero el Señor respondió que "Si no oyen a Moisés y a los profetas, tampoco se persuadirán aunque alguno se levantare de los muertos" (v. 31). Por lo tanto, los que rechazan las Escrituras o las espiritualizan para sus propios fines tampoco recibirán a un profeta—incluso a uno resucitado.

- **Mateo 10:40–42 El que recibe a los Apóstoles recibe al Señor.** Jesús dejó en claro que "El que a vosotros recibe, a mí me recibe; y el que me recibe a mí, recibe al que me envió." (v. 40). Aquellos que los sostienen como profetas " recompensa de profeta recibirá ", y aquellos que reconocen uno de ellos como "un hombre justo" recibirá "recompensa de justo" (v. 41). Cuando un discípulo hace algo tan sencillo y amable como ofrecer "un vaso de agua fría" a uno de los siervos del Señor, "Yo digo que él no perderá su recompensa" (v. 42).

- **D. y C. 18:35-36 El Señor nos habla a través de ellos** (véase también 2 Nefi 32:1-5). El Señor declaró en nuestros días, "Porque es mi voz la que os habla a vosotros; porque le son dadas por mi Espíritu, y por mi poder las podéis leer los unos a los otros; y si no fuera por mi poder que no podían tenerlas; Por tanto, podéis testificar que habéis oído mi voz y que conocéis mis palabras".

- **D. y C. 68:3-4 La definición de escritura incluye sus enseñanzas** (véase también D. y C. 84:36, 88-89; 99:1-4). A los siervos del Señor se les ordena "Hablarán conforme los inspire el Espíritu Santo" (v. 3). "Y lo que hablen cuando sean inspirados por el Espíritu Santo será Escritura, será la voluntad del Señor, será la intención del Señor, será la palabra del Señor, será la voz del Señor, y el poder de Dios para la salvación " (v. 4).

- **Éter 12:38-39 Sus testigos Lo conocen personalmente.** En su último adiós, el profeta Mormón declaró: "Y ahora yo, Moroni, me despido de los gentiles, sí, y también de mis hermanos a quienes amo, hasta que nos encontremos ante el tribunal de Cristo, donde todos los hombres saben que mis vestidos no se han manchado con su sangre. Y sabréis que yo he visto a Jesús, y que él ha hablado conmigo cara a cara, y que él me dijo en sencilla humildad, así como un hombre lo dice a otro en mi propio idioma, acerca de estas cosas".

- **D. y C. 84:36-38 Hoy los siervos del Señor Le representan** (véase también D. y C. 1:14, 38). El Señor deiclaró que "el que recibe a mis siervos a mí me recibe; Y el que me recibe a mí, recibe a mi Padre; Y el que recibe a mi Padre, recibe el reino de mi Padre; Por lo tanto, todo lo que mi Padre tiene le será dado a él".

- **D. y C. 01:14, 38 Escucharlos es el mismo que el de escuchar al Señor** (véase también Lucas 10:16). "El día vendrá en que aquellos que no quieran oír la voz del Señor, ni la voz de sus siervos, ni prestar atención a las palabras de los profetas y apóstoles, serán cortados de entre el pueblo" (v. 14). "Lo que el Señor, he dicho, yo lo he dicho, y no me disculpo; y aunque los cielos y la tierra pasarán, mis palabras no pasarán, sino que toda se cumplirá, sea por mi propia voz o por la voz de mis siervos, es lo mismo "(v. 38).

  El presidente Marion G. Romney dijo: "Vale la pena destacar esta declaración. "El que recibe a mis siervos a mí me recibe." ¿Quiénes son sus siervos? Son sus representantes en las oficinas del Sacerdocio—la Estaca General, el quórum del sacerdocio, y los oficiales de barrio. Nos conviene tener esto en mente cuando nos sentimos tentados a ignorar a nuestras autoridades presidentes, obispos, presidentes de quórum y de estaca, etc., cuando, dentro de la jurisdicción de sus llamamientos, nos dan consejo y asesoramiento."[18]

El élder Boyd K. Packer dijo: "Karl G. Maeser estaba llevando a un grupo de misioneros a través de los Alpes. Al llegar a la cumbre, se detuvo. Señalando hacia abajo en el camino, a algunos postes fijados en la nieve para marcar el camino a través del glaciar, dijo, "Hermanos, allí está el Sacerdocio. Solo son palos comunes como el resto de los nuestros. . . pero la posición que ocupan las hace lo que son para nosotros. Si damos un paso a un lado del camino que marcan, estamos perdidos."[19]

El élder Boyd K. Packer dijo:

> Supongo que si alguno de nosotros fuera llamado a ocupar inmediatamente un alto cargo en la Iglesia seríamos leales, y mostraríamos la dedicación exigida. Queremos dar un paso adelante y valientemente comprometernos con este servicio.
>
> Pero, usted puede ponerlo en su pequeño libro negro, que si no va a ser fiel en las cosas pequeñas no será fiel en las cosas grandes. Si no va a responder a las llamadas tareas insignificantes o de baja categoría que deban llevarse a cabo en la Iglesia y reino, no habrá oportunidad para el servicio en los llamados a mayores desafíos.
>
> Un hombre que dice que va a sostener al Presidente de la Iglesia o a las Autoridades Generales, pero no puede apoyar a su propio obispo está engañándose a sí mismo. El hombre que no quiere apoyar al obispo de su barrio y el presidente de su estaca no sostendrá al Presidente de la Iglesia.
>
> He aprendido por experiencia que las personas que acuden a nosotros en busca de consejo diciendo que no pueden ir a sus obispos, no están dispuestos a aceptar el consejo de sus obispos. Ellos están no están dispuestos o no a aceptar el consejo de las Autoridades Generales. En realidad, la inspiración del Señor vendrá de su obispo y lo pueden aconsejar correctamente.[20]

## **Notas** (Todas las referencias son de las versiones en idioma inglés de los textos que se citan.)


1. *El Mesías: Mortal De Belén al Calvario*, 2:104.
2. *Comentario Doctrinal del Nuevo Testamento*, 3 volúmenes (1965–1973), 1:181.
3. *Jesús el Cristo,* Clásicos Revisados en la Edición de la Literatura Mormona (1983), págs. 212–214.
4. *El Mesías: Mortal De Belén al Calvario*, 2:100.
5. Joseph Fielding Smith Hijo. y John J. Stewart, *Vida de Joseph Fielding Smith* (1972), págs. 174, 177.
6. En Reporte de La Conferencias, abril de 1955, págs. 18–19.
7. *Enseñanzas del profeta José Smith*, págs. 150–151.
8. *Historia de la Iglesia*, 2:200.
9. *Doctrina del Evangelio*, 5.º edición (1939), pág. 178.
10. "Nacido del Espíritu," Discurso en los Seminarios e Institutos de la Facultad, 26 de junio 1962.

11. En Reporte de La Conferencias, abril 1971, págs. 122–125; o revista *Liahona*, junio 1971, págs. 87–88.

12. *Comentario Doctrinal del Nuevo Testamento*,, 1:325–326.

13. En Reporte de La Conferencias, abril 1964, pág. 120.

14. *El Camino a la Perfección* (1949), págs. 272–273.

15. *El Mesías: Mortal De Belén al Calvario*, 2:104–105.

16. En Reporte de La Conferencias, abril de 1972, pág. 99; o revista *Liahona*, julio de 1972, págs. 87–88.

17. En Reporte de La Conferencias, abril de 1951, pág. 104.

18. En Reporte de La Conferencias, octubre de 1960, pág. 73.

19. En Reporte de La Conferencias, abril 1971, pág. 124; o revista *Liahona*, junio 1971, págs. 87–88.

20. "Sigue a los Hermanos," *Discursos del Año de la BYU* (1965), págs. 4–5.

Capítulo 7

# Los Milagros de Jesús

(Mateo 4, 8-9, Marcos 1-5, Lucas 4-5, 7-8, Juan 4-5)

---

## INTRODUCCIÓN

C.H. BLOCH

- **Mateo 4:23–25 Mientras Jesús viajaba por Galilea** Él hizo muchos milagros, "sanando toda enfermedad y toda dolencia en el pueblo" (v 23).. "Y se difundió su fama por toda Siria, y le trajeron todos los enfermos que fueron tomados de diversas enfermedades y tormentos, y los que estaban poseídos por demonios, y los que eran lunáticos, y los que tenían la parálisis; y él los sanó "(v. 24).

  Como es de imaginar, estos milagros causaron un gran revuelo, y le siguieron grandes multitudes de Galilea, de Decápolis, de Jerusalén, de Judea y del otro lado del Jordán" (v. 25).

## El Número de los Milagros de Jesús

- **Juan 21:25 Hubo más que los registrados en la Biblia.** Según el presidente J. Reuben Clark Hijo, el Nuevo Testamento registra al menos 44 milagros separados realizados por el Salvador (véase el resumen en la página siguiente). Y esos son sólo aquellos que se registraron. El apóstol Juan dice que "también hay muchas otras cosas que hizo Jesús, las cuales si se escribieran una por una, pienso que ni aun el mundo cabrían los libros que se habrían de escribir." Dada la reputación que Jesús tenía para curar, es muy posible que cada vez que se detuvo para enseñar también pasó un tiempo considerable curando a aquellos que venían a Él en busca de alivio.

## La Naturaleza de los Milagros de Jesús

Los milagros de Jesús se pueden organizarse en cuatro tipos, que vamos a discutir en este capítulo de acuerdo al tipo en lugar de cronológicamente.

| | |
|---|---|
| — Milagros de la naturaleza | 14 |
| — Milagros de curación | 20 |
| — Expulsión de espíritus malignos | 7 |
| — Resurrección de muertos | 3 |

# Los Milágros De Jesús

(Ordenados cronológicamente)

**Primer año del ministerio de Jesús:**

| N° | MILAGRO | Mateo | Marcos | Lucas | Juan |
|---|---|---|---|---|---|
| 1. | Agua convertida en vino | | | | 2:1-11 |
| 2. | Curación hijo del noble | | | | 4:46-54 |
| 3. | Jesús pasa sin ser visto a través de una multitud | | | 4:28-30 | |
| 4. | El botín de los peces | | | 5:1-11 | |
| 5. | Un espíritu inmundo expulsado | | 1:21-28. | 4:31-37 | |
| 6. | Madre de la esposa de Pedro curada a | 8:14-15 | 1:29-31. | 4:38-39 | |
| 7. | Una multitud sanada | 8:16-17. | 1:32-34. | 4:40-41 | |
| 8. | Un leproso sanado | 8:1-4 | 1:40-45. | 5:12-15 | |
| 9. | Hombre con parálisis sanado perdonado de pecados | 9:2-8 | 2:1-12 | 5:17-26 | |
| 10. | Hombre con una enfermedad de 38 años. sanado | | | | 5:1-16 |
| 11. | El hombre con una mano seca curada | 12:9-13. | 3:1-5 | 6:6-10 | |
| 12. | Siervo del centurión sanado de parálisis | 8:5-13 | | 7:2-10 | |
| 13. | Hijo de la viuda de Naín resucitado | | | 7:11-17 | |
| 14. | Ciego y mudo endemoniado sanado | 12:22-23 | | | |
| 15. | Una tormenta calmada | 8:23-27. | 4:35-41. | 8:22-25 | |

**Segundo año del ministerio de Jesús:**

| N° | MILAGRO | Mateo | Marcos | Lucas | Juan |
|---|---|---|---|---|---|
| 16. | Dos endemoniados de Gadara sanados | 8:28-34. | 5:1-20 | 8:26-39 | |
| 17. | Los malos espíritus expulsados en cerdos | 8:32-34. | 5:13-20. | 8:33-39 | |
| 18. | La hija de Jairo resucitada | 9:18-26. | 5:22-43. | 8:41-56 | |
| 19. | Mujer con flujo de sangre sanada | 9:20-22. | 5:25-34. | 8:43-48 | |
| 20. | Dos hombres ciegos sanados | 9:27-31. | | | |
| 21. | Un mudo endemoniado sanado | 9:32-34. | | | |
| 22. | Cinco mil alimentados | 14:14-21 | 6:33-44. | 9:11-17 | 6:1-14 |
| 23. | Jesús camina sobre el mar | 14:24-33 | 6:47-52. | | 6:16-21 |
| 24. | Pedro también camina y es salvado por Cristo | 14:28-33 | | | |
| 25. | Cesa el viento; de inmediato la nave en tierra | 14:24-33 | 6:47-52. | | 6:16-21 |
| 26. | Personas sanadas por tocar su prendas | 14:34-36 | 6:53-56. | | |

**Tercer año del ministerio de Jesús:**

| N° | MILAGRO | Mateo | Marcos | Lucas | Juan |
|---|---|---|---|---|---|
| 27. | Hija de la mujer griega sanada | 15:22-28 | 7:25-30. | | |
| 28. | Hombre sordo s /poder hablar sanado | | 7:32-37. | | |
| 29. | Cuatro mil alimentados | 15:29-38 | 8:1-9 | | |
| 30. | Un ciego sanado | | 8:22-26. | | |
| 31. | Muchacho endemoniado sanado después que discípulos fallan | 17:14-21 | 9:14-29. | 9:37-43 | |
| 32. | Encontrar tributo dinero en los peces | 17:24-27 | | | |
| 33. | Jesús pasa a través de multitud invisible | | | | 8:59 |
| 34. | Jesús echa fuera un demonio mudo | | 11:14-26 | | |
| 35. | Jesús sana a un ciego de nacimiento | | | | 9:1-7 |
| 36. | Una mujer de larga enfermo es sanado en sábado | | 13:11-17 | | |
| 37. | El hombre con hidropesía sanado en sábado | | 14:1-6 | | |
| 38. | Resucita a Lázaro de entre los muertos | | | | 11:17-46 |
| 39. | Diez leprosos sanados | | 17:11-19 | | |
| 40. | Bartimeo / mendigo ciego vista restaurada | 20:29-34 | 10:46-52 | 18:35-43. | |

41. Higuera estéril maldita. .................................. 21:18–21... 11:12–21......................
42. Los que venían a tomar a Jesús caer.............................................................. 18:3–6
43. El oído del siervo del Sumo sacerdote sanado. ....................................... 22:50–51. .........
44. Un gran botín de peces ..................................................................... 21:6–14

(Adaptado del Presidente J. Reuben Clark Hijo)[1]

## Por Qué Jesús Hizo Milagros

- **Marcos 5:19 Para mostrar amor y compasión.** Después de curar a un hombre poseído por muchos demonios, Él le aconsejó "ve a casa a tus amigos, y cuéntales cuán grandes cosas el Señor ha hecho contigo, y cómo ha tenido misericordia de ti."

- **Mateo 9:27–30 Para construir y confirmar la fe.** Cuando dos ciegos lo siguieron, buscando ser sanados, Jesús les preguntó: "¿Creéis que puedo hacer esto?" (v. 28). Esta fue su práctica—común, preguntar primero por la fe de aquellos que buscaban sus milagros. Entonces, cuando ellos respondían "Sí, Señor", como lo hicieron que estos dos ciegos, Él "les tocó los ojos, diciendo: Conforme a vuestra fe os sea hecho. Y sus ojos se abrieron"(vv. 29–30).

- **Marcos 2:10 para demostrar su divinidad y poder.** Cuando la curación del enfermo con parálisis, explicó su propósito así "para que sepáis que el Hijo del hombre tiene potestad en la tierra para perdonar pecados" (v. 10).

  El élder James E. Talmage escribió: "En muchas escrituras los milagros son nombrados como señales, también como prodigios, poderes, obras, obras maravillosas, obras poderosas, etc. El efecto espiritual de los milagros no se lograría si no fuera porque llevaba a los testigos a maravillarse interiormente, reflexionar y preguntarse; la mera sorpresa o el asombro se pueden producir por el engaño y el truco ingenioso. Cualquier manifestación milagrosa del poder divino sería inútil como medio de efecto espiritual si fueran poco impresionantes. Por otra parte, cada milagro es una señal del poder de Dios; y en este sentido se han exigido señales de los profetas que profesaban hablar por autoridad divina."[2]

- **2 Lucas 5, 1–11 Como parte de la convocatoria a sus discípulos.** Cuando llamó a Pedro, Andrés, Santiago y Juan al ministerio, primero hizo el milagro de los peces (vv. 1–7). Esto hizo que Pedro "[cayera] de rodillas ante Jesús, diciendo: Apártate de mí; porque yo soy un hombre pecador, Señor" (v. 8), y los otros quedaron" asombrados" (v. 9). Todos ellos inmediatamente "dejándolo todo, lo siguieron" (v. 1).

## LA NATURALEZA Y OBJETO DE LOS MILAGROS

### ¿Qué es un Milagro?

- **Definición de un milagro:** Un milagro es un evento producido por Dios que está más allá de la comprensión humana. Ellos pueden o no, funcionar de acuerdo con principios científicos conocidos por el hombre. Algunos pueden implicar fuerzas de las que no sabemos nada. Pero siempre se llevan a cabo de acuerdo con las normas y leyes conocidas por Dios.

El élder Bruce R. McConkie dijo: "En el sentido evangélico, los milagros son esas ocurrencias obradas por el poder de Dios, que están completamente más allá del poder del hombre para llevarlos a cabo. Producidos por un poder sobrenatural, son maravillas, prodigios y señales, que no pueden ser duplicadas por las potencias actuales del hombre o por cualquier poder que pueda obtener de los avances científicos. Los milagros en el sentido evangélico son dones del Espíritu; que tienen lugar cuando el Señor en Su oficio manifiesta Sus poderes o cuando el hombre por la fe prevalece sobre la Deidad para realizar eventos sobrenaturales."[3]

El élder James E. Talmage dijo:

> Los milagros no pueden constituir una infracción de la ley natural, sino que son hechos a través de la aplicación de las leyes no universalmente o comúnmente reconocidas. . . .
>
> En la contemplación de los milagros obrados por Cristo, debe necesariamente reconocerse el funcionamiento de un poder que trasciende nuestra comprensión humana. En este campo, la ciencia aún no ha avanzado lo suficiente para analizar y explicar. Negar la realidad de los milagros en la tierra porque no podemos comprender los medios, decir que los resultados presentados son ficticios, es arrogar a la mente humana el atributo de la omnisciencia, dando a entender que lo que el hombre no puede comprender, no puede ser, y que por lo tanto él es capaz de comprender todo lo que es . . .
>
> Para comprender las obras de Cristo, uno debe conocerlo como el Hijo de Dios; para el hombre que aún no ha aprendido a conocerle, el alma honesta que le pregunte al Señor, la invitación está lista; dejemos que "Venga y vea."[4]

### Los Milagros solo Bendicen a los Fieles

- **Mateo 11:23–24 Más milagros se realizaron en la ciudad de Cafarnaúm que en cualquier otra ciudad**, pero la gente no se arrepentiría. Por ello, Jesús denunció a Cafarnaúm: "Y tú, Cafarnaúm, que eres levantada hasta el cielo, hasta el infierno serás abatida; porque si en Sodoma se hubieran hecho los milagros que han sido hechos en ti, habría permanecido hasta el día de hoy. Por tanto os digo que en el día del juicio, será más tolerable el castigo para la tierra de Sodoma, que para ti".

*Jesús sanó a la suegra de Pedro en Cafarnaúm*

- **Mateo 13:54–58 La fe es un pre-requisito para los milagros.** El Señor no hizo muchos milagros entre los que no creían. Los ciudadanos de Nazaret "no recibieron muchos milagros" de Él, porque no podían creer que uno de los suyos—el hijo de María y José—pudiera tener cualquier "sabiduría" u "obras poderosas" y "se escandalizaban de él."

— **Mateo 4:23–25** Dice que Jesús sanó a todas las personas afectadas que vinieron a él.
— **TJS Mat. 4:22–23** Agrega la frase, "que creyeron en su nombre." Las curaciones realizadas por Jesús exigían fe.

- **Éter 12:12, 18 Los milagros por sí solos no proporcionan una base firme para la fe.** Moroni explicó que "si no hay fe entre los hijos de los hombres Dios no puede hacer ningún milagro entre ellos" (v. 12). "Y en ningún momento ha obrado milagros sino hasta después de su fe," hasta que "primero creyeran en el Hijo de Dios" (v. 18).

  El élder James E. Faust dijo: "Estoy convencido de que lo milagroso y espectacular no convierte necesariamente a la gente al evangelio. Los milagros no hacen más que confirmar una fe que ya poseen. Después que los diez leprosos fueran sanados por el Salvador, uno sólo se molestó en darle las gracias, y no he encontrado ninguna prueba convincente de que incluso ese lo convirtiera en un discípulo. Un testigo silencioso que Jesús es el Cristo es más el producto de una fe comprometida procedente de la dedicación y el sacrificio, un esfuerzo por mantener los mandamientos de Dios, y siguiendo la autoridad del sacerdocio constituido de la Iglesia."[5]

- **Marcos 16:14–18 Las señales siguen a la creencia y la fe.** Cuando los Apóstoles escucharon de las mujeres que el Salvador había resucitado de entre los muertos, ellos no le creyeron. Así, cuando "Finalmente se apareció a los once mismos, estando ellos sentados a la mesa, [Él] les reprochó su incredulidad y dureza de corazón" (v. 14). Entonces les mandó: " Id por todo el mundo y predicad el evangelio a toda criatura. El que creyere y fuere bautizado, será salvo; mas el que no creyere, será condenado. Y estas señales seguirán a los que creen: En mi nombre echarán fuera demonios; hablarán nuevas lenguas; tomarán en las manos serpientes, y si bebieren cosa mortífera, no les hará daño; sobre los enfermos pondrán sus manos, y sanarán"(vv. 15–18).

  El profeta José Smith dijo: "Los milagros son los frutos de la fe. . . . Cuando la fe está allí, existirán algunos de los frutos: todos los dones y el poder que se enviaron desde el cielo, se derramaron sobre la cabeza de los que tenían fe. . . . La fe ha ha estado esperando, no sólo entre los paganos, sino también en la cristiandad profesa, por lo que las lenguas, sanaciones, profecías, y los profetas y apóstoles, y todos los dones y bendiciones han estado esperando."[6]

  El presidente Brigham Young dijo: "Los milagros, esas extraordinarias manifestaciones del poder de Dios, no son para los no creyentes; son para consolar a los santos, y para fortalecer y confirmar la fe de aquellos que aman, temen, y sirven a Dios, y no para los de afuera."[7]

  El élder Bruce R. McConkie dijo: Tal como realizadas por Jesús, las curaciones siguieron este modelo: (1) Llegaron a causa de la fe de las personas entre quienes Él ministró;

(2) Para la mente judía eran y deberían haber sido pruebas convincentes de la misión divina del Señor de los cielos, que caminó entre ellos; (3) Como actos de misericordia y compasión, eran de inestimable beneficio y bendición para los sufrientes y enfermos de esos días; y (4) Sus apariciones vinieron de acuerdo con las declaraciones mesiánicas de hombres inspirados de épocas anteriores. . . El rey Benjamín, por ejemplo,. . . dijo, Él irá entre los hombres efectuando grandes milagros, tales como sanar a los enfermos, resucitar a los muertos, hacer que los cojos anden, los ciegos reciban su vista, y que los sordos oigan, y curar toda clase de enfermedades" (Mosíah 3:5)."[8]

- **D. y C. 84:64–73 Los milagros siempre son una parte de la Iglesia verdadera**. Son señales que siempre siguen a los verdaderos creyentes. Ellos cesarán sólo donde la fe ya no está presente. Entre las señales prometidas a los santos en los últimos días están las siguientes:

  — En mi nombre han de hacer muchos milagros (v. 66).
  — En mi nombre echarán fuera demonios (v. 67).
  — En mi nombre sanarán a los enfermos (v. 68).
  — En mi nombre abrirán los ojos de los ciegos, y destaparán los oídos de los sordos (v. 69).
  — La lengua del mudo hablará (v. 70).
  — Si alguno os administrara veneno a ellos no les hará daño (v. 71).
  — El veneno de una serpiente no tendrá poder para hacerles daño (v. 72).

THEBIBLEREVIVAL.COM, #20

"Pero un mandamiento les doy, que no se jacten de estas cosas ni hablen de ellas ante el mundo; porque se dan estas cosas a vosotros para vuestro provecho y para salvación" (v. 73) (véase también Mormón 9:20–25).

## LOS MILAGROS DE JESÚS DE LA NATURALEZA

### Catorce Milagros de la Naturaleza

| N ° | MILAGRO REALIZADO: | Mateo | Marcos | Lucas | Juan |
|---|---|---|---|---|---|
| 1. | Agua convertida en vino | | | | 2:1–11 |
| 3. | Jesús pasa sin ser visto a través de una multitud | | | 4:28–30 | |
| 4. | La recolección de peces | | | 5:1–11 | |
| 15. | Se calmó una tormenta | 8:23–27 | 4:35–41 | 8:22–25 | |
| 22. | Cinco mil alimentados | 14:14–21 | 6:33–44 | 9:11–17 | 6, 1–14 |
| 23. | Jesús camina sobre el mar | 14:24–33 | 6:47–52 | | 6:16–21 |
| 24. | Pedro también camina y es salvado por Cristo | 14:28–33 | | | |
| 25. | Cesa el viento; la nave de inmediato llega a tierra | 14:24–33 | 6:47–52 | | 6:16–21 |
| 29. | Cuatro mil alimentados | 15:29–38 | 8:1–9 | | |
| 32. | Encontrar el dinero para tributar en peces | 17:24–27 | | | |
| 33. | Jesús pasa a través de multitud invisible | | | | 8:59 |
| 41. | Higuera estéril maldecida | 21:18–21 | 11:12–21 | | |

42. Los que vinieron a tomar a Jesús cayeron ........................................................ 18:3–6
44. Un gran botín de peces ................................................................................ 21:6–14

El número de cada milagro en esta tabla es el número cronológico del milagro entre todos los realizados por Jesús durante su ministerio. No hay tiempo ni espacio suficiente para considerar todos estos, pero he seleccionado algunos que son representativos de sus milagros de la naturaleza.

### Cambia el Agua por Vino
(Milagro N° 1)

- **Juan 2:1–4 Jesús estuvo en las bodas de Cana**—aparentemente dentro de la casa de su madre —después de llegar allí de enseñar a la mujer samaritana en el pozo. Algunos creen que puede haber sido propia boda de Jesús, pero no hay evidencia en las Escrituras que apoyen esto. Sabemos que Jesús y sus discípulos fueron invitados a la boda (v. 2). Luego, en el tercer día de la boda, al parecer se quedaron sin vino (v. 3).

  La Biblia dice que Jesús dijo a María: "Mujer, ¿qué tengo yo que ver contigo? mi hora aún no ha llegado ", como si estuviera regañándola por esperar un milagro antes que comenzara Su ministerio plenamente. Pero esto es incorrecto.

  — **Nota al pie 4a** Jesús voluntariamente respondió a la petición de su madre en busca de ayuda, diciendo: "¿Qué quieres que yo que haga por ti?"

  — **TJS Juan 2:4** "Jesús le dijo: Mujer, ¿qué quieres que yo haga por ti? que voy a hacer; porque mi hora aún no ha llegado".

  El élder James E. Talmage dijo: "El nombre con que se dirigió, 'Mujer', dirigido de un hijo a su madre puede sonarnos un poco duro, sino irrespetuoso; pero su uso tenía realmente el sentido contrario. Para todos los hijos, la madre debía ser preeminentemente la mujer de las mujeres; Ella es la única mujer en el mundo a quien el hijo debe su existencia terrena; y aunque el título 'Madre' pertenece a toda mujer que se ha ganado los honores de la maternidad, sin embargo, no hay ningún niño allí ni más de una mujer a la que por derecho natural pueda abordar con ese título de reconocimiento respetuoso. Cuando, en las últimas escenas terribles de su existencia mortal, Cristo colgaba en agonía en la cruz muriéndose, Él miró hacia abajo a María llorosa, su madre, y la encomendó al cuidado del amado apóstol Juan, con las palabras: 'Mujer, he ahí a tu hijo! '¿Puede pensarse que en este momento supremo, la preocupación de nuestro Señor por la madre de quien estaba a punto de ser separado por la muerte, estuvo asociada con alguna emoción que no fuera la del honor, la ternura y el amor?"[9]

- **Juan 2:5–11 Convierte el agua en vino**. María le dijo a sus siervos: "Haced todo lo que os dijere" (v. 5). Jesús entonces les dijo que tomaran seis tinajas de piedra, cada una capaz de almacenar 2.3 "firkins" y los llenaran con agua (vv. 6–7). Un "firkin" equivale a unos treinta y cuatro litros. Así, cada una de las seis tinajas contenían alrededor de 38 a

100 litros de agua, y por lo tanto Jesús creó entre 380 y 570 litros de vino. De esto podemos deducir que la celebración de la boda fue muy considerable.

C. H. BLOCH

Cuando el gobernador de la fiesta probó este vino, sin saber de dónde provenía, llamó al novio — y dijo: "Todo hombre sirve primero el buen vino; y cuando los hombres han bebido mucho, entonces el que es peor: mas tú has guardado el buen vino hasta ahora" (v. 10). Lo que causó que los discípulos de Cristo creyeran más firmemente en Él (v. 11).

**Calma el Mar**
(Milagro N° 15)

- **Marcos 4:35–41 Jesús está profundamente dormido, pero despierta y calma la mar agitada por la tormenta que rabia**. Este milagro ocurrió en algún momento más tarde después de un largo día de caminar y enseñar. Para escapar de las multitudes de personas, Jesús sugirió que "pasen por encima a la otra orilla" del Mar de Galilea en un barco (v. 35). Envío a la multitud, que comenzaron su viaje a través del lago, acompañados por "otras barcas" (v. 36). Por desgracia, "se levantó una gran tempestad de viento, y echaba las olas en la barca, de tal manera que ya se anegaba" (v. 37). Mientras arreciaba la tormenta, Jesús "estaba en la popa de la nave, durmiendo sobre un cabezal, y le despertaron, y le dijeron: Maestro, ¿no tienes miedo que perecemos?" (v. 38). Necesitaban todas las manos en cubierta para sacar el agua que entraba.

THEBIBLEREVIVAL.COM, #47

Jesús "levantándose, reprendió al viento y dijo al mar: Calla, enmudece. Y cesó el viento, y se hizo grande bonanza " (v. 39). "Y él les dijo: ¿Por qué estáis así amedrentados? ¿Cómo es que no tenéis fe?" (v. 40). Simplemente estaban aturdidos. "¿Qué clase de hombre es éste", se preguntaron, "que aun el viento y el mar le obedecen?" (v. 41).

El élder Bruce R. McConkie dijo:

> De este aquietamiento milagroso de una tempestad en el mar de Galilea aprendemos varias lecciones:
>
> (1) Jesús estaba sujeto a las mismas leyes de saluD. y C.onducta física aplicables a toda la humanidad. Estando físicamente exhausto, dormía; por el trabajo Él se cansaba. . . Dormir en calma en medio de olas furiosas de una tempestad que amenazaba con hundir el barco es sin duda prueba un sistema nervioso intacto.
>
> (2) Los discípulos sabían que Jesús tenía poderes divinos y podría salvarlo incluso de la tempestad furiosa. . .

(3) Jesús, el Señor de la naturaleza y el Creador de todas las cosas, tenía y ejercía libremente poder sobre [Su creación]. . . Habló y los vientos y el agua obedecieron.

(4) La Divinidad interviene en las cosas temporales, incluso controlando y moderando los elementos para los fieles. . . .

(5) Una mayor fe debería haber sido evidenciada por los discípulos cuando su nave tuvo problemas en las agitadas olas del mar de Galilea. . . .

Implícita en la reprensión por la débil fe de los discípulos de Jesús está el [hecho] que por la fe ellos también podrían haber mandado a los elementos y tenían que obedecerles.[10]

### Alimenta a Cinco Mil
(Milagro N° 22)

- **Juan 6:1–13 Jesús multiplica panes y peces para alimentar a una multitud hambrienta.** Jesús a menudo pasaba por el mar de Galilea, a fin de obtener un breve respiro de las multitudes. En esta ocasión, justo antes de la Pascua, lo hicieron de nuevo y luego "subió al monte y se sentó allí con sus discípulos" (vv. 1–4). La multitud los siguió, y cuando Jesús vio lo grande del un grupo que había "llegado a él, dijo a Felipe: ¿De dónde compraremos pan para que coman éstos?" (v. 5)

Esta fue una prueba de fe de los discípulos, porque Jesús ya sabía lo que iba a hacer (v. 6). Felipe observó que incluso una gran cantidad (200 denarios) no eran suficientes para alimentar a una multitud tan grande, y Andrés señaló que había "un muchacho que tiene cinco panes de cebada y dos pececillos (v 7.): mas ¿qué es esto para tantos?" (v. 9).

CAROLSFELD, 1852-60

Jesús les dio instrucciones para que las 5000 personas presentes en esa ocasión se recostaran en la hierba (v. 10). Entonces Él "tomó los panes; y habiendo dado gracias, los repartió entre los discípulos, y los discípulos entre los que estaban recostados; y asimismo de los peces, cuanto querían" (v. 11). Milagrosamente, a partir de esta pequeña cantidad de comida, todo el mundo comió hasta que estuvieron "saciados" (v. 12). Y cuando se recogieron los fragmentos dejados atrás, "llenaron doce canastas" con ellos—mucho más de lo que había al principio (v. 13).

El presidente J. Reuben Clark hijo dijo:

"He pensado en algunos de esos milagros en el sentido de ser el milagro de un Creador, lo que demuestra su poder creador, particularmente algunos, a los que yo llamo milagros creativos: la conversión del agua en vino, lo simple que debe haber sido a una Deidad que hizo universos, alimentar a cinco mil, Qué simple que fue.

Y espero que ninguno de ustedes se verá afectado por el pigmeo—racionalizador que sugiere que la multitud se alimentaba de comidas que traían con ellos. Este Creador del universo, de cinco panes y dos peces, hizo que la comida alimentara a todos. Tal vez, con el fin de acallar las críticas que puedan hacerse, o la explicación que Él sólo les hipnotizó y todos fueron simplemente hipnotizados, el registro dice: "Y recogieron de los pedazos que quedaron doce canastas llenas." De igual importancia y estatura fue la alimentación de cuatro mil en un momento posterior."[11]

## Caminando sobre el Agua
(Milagro N° 23)

Dejando la zona rural partieron en barco "hacia Cafarnaúm." Su plan era encontrarse otra vez con Jesús en el camino, al parecer, en la ciudad de Betsaida. Una tormenta repentina y violenta surgió, manteniendo el barco lejos de la costa, y habría impedido la reunión prevista si no hubiera llegado Jesús a ellos caminando sobre el agua. En la cuarta vigilia de la noche—en algún momento entre las 3: 0–6: 0.—Jesús vino a ellos andando sobre el agua. Para entonces, solo habían avanzado unos 25–30 furlones—alrededor de 6 kilómetros—en 8–10 horas. No se puede navegar contra el viento de cara, y temiendo un espantoso desastre, los discípulos habían logrado mantenerse a flote.

THEBIBLEREVIVAL.COM, #25

- **Mateo 14:24–33 Jesús caminó sobre el agua**. Y la barca estaba "en medio del mar, azotada por las olas; porque el viento era contrario." (v 24). Y "cuando los discípulos, viéndole andar sobre el mar, se turbaron, diciendo: ¡Un fantasma; y dieron voces de miedo " (v. 26). Jesús les llamó, "¡Tened ánimo; soy yo; no tengáis miedo!" (v. 27), pero ¿quién podría culparlos si tenían sus dudas? Nadie nunca había caminado sobre el agua antes. "Entonces le respondió Pedro, y dijo: Señor, si eres tú, manda que yo vaya a ti sobre las aguas. Y él dijo: Ven. Y descendiendo Pedro de la barca, andaba sobre las aguas para ir a Jesús. ", Jesús le contestó: "Ven", Pedro saltó de la barca y "andaba sobre las aguas para ir a Jesús" (vv. 28–29). Sólo pasó un momento hasta que Pedro sintió miedo de las embravecidas olas y comenzó a hundirse, gritando: "¡Señor, sálvame!" (v. 30). "Jesús, extendiendo la mano, asió de él, y le dijo: ¡Hombre de poca fe!, ¿por qué dudaste? Y cuando ellos subieron a la barca, se calmó el viento" (vv. 31–32). Asombrados, los discípulos en la barca "le adoraron, diciendo: Verdaderamente eres Hijo de Dios" (v. 33).

El élder Bruce R. McConkie dijo que Jesús caminó sobre el agua por varias razones:

> (1) Para llegar a la barca, mantener un encuentro planeado con los Apóstoles, y salvarlos en el momento de desesperación y agotamiento físico.
>
> (2) Para enseñar de nuevo por medios concretos, en circunstancias en que hay una explicación natural podría espiritualizar el milagro de distancia, que la fe es un principio de poder por el cual las fuerzas naturales son controlados.
>
> (3) Para dar testimonio de que Él era el Mesías prometido, el Hijo de Dios, el Verbo encarnado, que aunque se hizo carne para cumplir con los propósitos del Padre, sin embargo, en él habían estado los poderes de la divinidad. Aquí en la barca con los débiles mortales Él fue "Quién encerró los vientos en sus puños, quien ató las aguas en un paño" (Proverbios 30:4.), El que " extendió los cielos, Y anduvo sobre las olas dEl mar "(Job 9, 8). Y que los discípulos Le conocían por lo que Él era, y vieron en esta renovada manifestación de su poder, la prueba de su divinidad eterna, es evidente por el hecho de que a continuación, lo adoraron y aclamaron, "Verdaderamente tú eres el Hijo de Dios" (Mateo14:33).[12]

## Las Motivaciones de Quienes se Alimentaron

- **Juan 6:22–31 Las personas le siguen, esperando que Él continuará alimentándoles.** Al día siguiente del milagro de la alimentar a 5000, la multitud encontró que Jesús y sus discípulos se habían apartado de ellos (vv. 22–23). Por tanto, ellos tomaron "las barcas, y vinieron a Cafarnaúm, buscando a Jesús. Y cuando le habían encontrado en el otro lado del mar, le dijeron: Rabí, ¿cuándo llegaste acá?" (vv. 24–25). Jesús los reprendió, diciendo: " me buscáis, no porque habéis visto las señales [y os habéis convertido], sino porque comisteis el pan y os saciasteis" (v. 26). Todo lo que querían era comida gratis.

  Jesús les aconsejó: " Trabajad, no por la comida que perece, sino por la comida que a vida eterna permanece, la cual el Hijo del Hombre os dará" (v. 27). Cuando le preguntaron cómo podrían hacer "para poner en práctica las obras de Dios" Él respondió "que creáis en el que él ha enviado. " (vv. 28–29). Y a esto patéticamente respondieron: "¿Qué señal pues, haces tú, para que veamos, y te creamos?" (v. 30). Al parecer, el milagro de su alimentación en el día anterior no era convincente. Querían saber lo que iba a hacer por ellos ahora. "Nuestros padres comieron el maná en el desierto", dijeron, y que era su "pan del cielo para comer" (v. 31).

  El presidente David O. McKay dijo: "me buscáis, no porque habéis visto las señales, sino porque comisteis el pan y os saciasteis" (Juan 6:26). ¡Cosas sórdidas, temporales arrastrando sus mentes hacia abajo! Él los elevaría a las cosas que eran divinas. Entonces Él les dio ese sermón memorable sobre el pan de vida, una sinopsis del que se encuentra en Juan, en el capítulo once, cuando Él hizo el milagro de resucitar a Lázaro de entre los muertos."[13]

## MILAGROS DE JESÚS DE CURACIONES

### Veinte Milagros de Curaciones

| N ° | MILAGRO REALIZADO: | Mateo | Marcos | Lucas | Juan |
|---|---|---|---|---|---|
| 2. | Curación al hijo del noble | | | | 4:46–54 |
| 6. | La madre de la esposa de Pedro sanada | 8:14–15. | 1:29–31. | 4:38–39. | |
| 7. | Una multitud curada | 8:16–17. | 1:32–34. | 4:40–41. | |
| 8. | Un leproso sanado | 8:1–4. | 1:40–45. | 5:12–15. | |
| 9. | Hombre con parálisis sanado, perdonado de los pecados | 9:2–8. | 2:1–12. | 5:17–26. | |
| 10. | Hombre de 38 años con una enfermedad sanado | | | | 5:1–16 |
| 11. | El hombre con una mano seca curada | 12:9–13. | 3:1–5;. | 6:6–10. | |
| 12. | El siervo del centurión sanado de parálisis | 8:5–13. | | 7:2–10. | |
| 19. | Mujer con flujo de sangre sanada | 9:20–22. | 5:25–34. | 8:43–48. | |
| 20. | Dos hombres ciegos sanados | 9:27–31. | | | |
| 26. | Personas sanadas por el tacto de sus prendas | 14:34–36. | 6:53–56. | | |
| 27. | Hija de la mujer griega sanada | 15:22–28. | 7:25–30. | | |
| 28. | Hombre sordos s / poder hablar sanado | | 7:32–37. | | |
| 30. | Un ciego sanado | | 8:22–26. | | |
| 35. | Jesús sana a un ciego de nacimiento | | | | 9:1–7 |
| 36. | Una mujer enferma desde muchos años sanada en sábado | | | 13:11–17. | |
| 37. | El hombre con hidropesía sanado en sábado | | | 14:1–6. | |
| 39. | Diez leprosos sanados. | | | 17:11–19. | |
| 40. | Bartimeo / mendigo ciego vista restaurada | 20:29–34. | 10:46–52. | 18:35–43. | |

### Curación Hijo de un Noble

(Milagro N° 2)

C. FARRAR, 1894

- **Juan 4:46–54 Este fue el segundo milagro que hizo Jesús** (v 54.), Inmediatamente después que había convertido el agua en vino. Cuando regresó a Caná, encontró "un hombre noble, cuyo hijo estaba enfermo en Cafarnaúm" (v. 46). Este hombre había oído que Jesús había salido de Judea y se fue a Galilea, y por eso lo buscaban, ellos esperaban que sanara a su hijo, que estaba a punto de morir (v. 47). Le rogó al Salvador "desciende antes que mi hijo muera", pero Jesús en vez dijo: "Ve, tu hijo vive. Y el hombre creyó la palabra que Jesús le dijo, y se fue por su camino" (vv. 49–50).

  Al volver a Cafarnaún, los siervos del hombre se encontraron con él y le dijeron: "Tu hijo vive" (v. 51). Y cuando "preguntó. . . a ellos a qué hora había comenzado a estar mejor, "nos dijeron que era" a la hora séptima [cuando] la fiebre le dejó" (v. 52). Esta fue "la misma hora, en el que Jesús le dijo: Tu hijo vive", y que provocó que el noble y su "toda la casa" creyeran en Jesús (v. 53).

## Curación de un Leproso
(Milagro N° 8)

"La lepra era nada menos que una muerte en vida, un corruptor de todos los humores, un envenenamiento de las fuentes mismas de la vida; una disolución, poco a poco, de todo el cuerpo, de modo que una extremidad tras otra realmente se destruía y desaparecía. Aarón describe exactamente la apariencia que el leproso presentaba a los ojos de los espectadores, cuando, rogando por Miriam, dice, 'No sea ella ahora esté como muerta, la carne se consumida a la mitad cuando salga del vientre de su la madre" (Números 12:12). por otra parte, la enfermedad era incurable por el arte y la habilidad del hombre; no es que el leproso no podría volver a estar sanos, sin embargo aunque raros, estos casos están contemplados en la ley levítica."[14]

- **Mateo 8:1–4 Jesús sanó a un leproso de pura compasión por su sufrimiento.** Cuando Jesús "baja del monte, le seguía mucha gente. Y, he aquí vino un leproso y se postró ante él, diciendo: Señor, si quieres, puedes limpiarme" (v. 2). Esta expresión de fe fue suficiente, y "Jesús extendió la mano y lo tocó, diciendo: Quiero; sé limpio. Y al instante su lepra desapareció" (v. 3). Él le dijo al hombre que no hiciera alarde su curación, sino que "muéstrate al sacerdote y presenta la ofrenda que ordenó Moisés, para testimonio a ellos"—algo que se requería que hicieran todos los leprosos cuando la lepra los dejara (véase también Marcos 1:40–45; Lucas 5:12–15). En ocasiones como esta, cuando Sus milagros podrían atraer sólo a los curiosos o los solicitantes de señales, Jesús mandó a los que Él bendecía no contarlo a nadie.

JAMES J. TISSOT, 1904

*The leper pleaded for help*

## Curación de un Paralítico
(Milagro N°9)

- **Marcos 2:1–7 Un hombre paralítico es bajado a través del techo por sus amigos para conseguir que esté cerca de Jesús** (véase también Mateo 9:2–8, Lucas 5:17–26). Cuando Jesús volvió a Cafarnaúm, "se oyó que estaba en la casa" (v. 1). Esto condujo a una multitud de tal manera que "no había lugar para recibirlos, de manera que ya no cabían ni aun a la puerta" cuando Jesús "predicó la palabra para ellos" (v 2). En este escenario lleno de gente llegó "un paralítico, que era cargado por cuatro" (v. 3). Deseosos de ubicar hombre al lado de Jesús para que pudiera curarlo, "descubrieron el techo de donde estaba, y haciendo una abertura, bajaron el lecho en que yacía el paralítico" (v 4.).

  Al observar su gran fe, Jesús "dijo al paralítico: Hijo, tus pecados te son perdonados" (v. 5). Esto molestó a los escribas que estaban cerca, que "razonaron en sus corazones:

¿Por qué habla éste así? Blasfemias dice ¿Quién puede perdonar pecados sino sólo Dios?" (vv. 6–7).

- **Marcos 2, 8–12 Jesús mostró su derecho a perdonar pecados inmediatamente sanar al hombre.** Al percibir los pensamientos de los escribas, Jesús los reprendió. "¿Por qué pensáis estas cosas en vuestros corazones? [Lo cual] es... más fácil decir al paralítico: Tus pecados te son perdonados; ¿o decir: Levántate, toma tu lecho y anda? "(v. 9). "Pero para que sepáis que el Hijo del hombre tiene potestad en la tierra para perdonar pecados... dice al paralítico,... Te digo: Levántate, toma tu lecho, y vete a tu casa. Entonces él se levantó, y tomando su lecho, salió delante de todos ellos" (vv. 10–12). Entre los presentes se asombraron "y glorificaron a Dios, diciendo: Nunca hemos visto cosa semejante" (v. 12).

El élder Bruce McConkie dijo: "Entendido correctamente, este evento en la vida de nuestro Señor fue una prueba visible e irrefutable de que Él era el Mesías.... Tanto Jesús como los "doctores de la ley 'que entonces estaban presentes sabían que sólo Dios puede perdonar los pecados. En consecuencia, como u n agudo y dramático testigo que el poder de Dios residía en Él, Jesús tomó (tal vez buscaba) esta ocasión apropiada para perdonar los pecados. Luego ser cuestionado por los escrituralistas que saben (y con razón) que la supuesta falsedad del poder de perdonar los pecados era blasfemia, Jesús hizo lo que ningún impostor podría haber hecho—ha demostrado su poder divino por sanar al hombre perdonado. Para su pregunta, "¿Se requiere más poder para perdonar los pecados, que para levantar a un enfermo y andar?' ¡No puede haber sino una sola respuesta! Ellos son como uno; Él, que puede hacer lo uno, puede hacer lo otro."[15]

El presidente Marion G. Romney dijo: "Por lo que dijo Jesús en el momento en que sanó al hombre paralítico, "parece que la remisión de los pecados es la terapia que cura y que los dos términos son sinónimos.... En este caso hubo una curación física. A veces también hay una curación del sistema nervioso o de la mente. Pero siempre la remisión de los pecados que asiste al perdón divino sana el espíritu. Esto explica el hecho de que en las escrituras la conversión y la curación están asociadas repetidamente."[16]

## Curación Siervo del Centurión
(Milagro N° 12)

- **Lucas 7:1–10 Los milagros (y el amor del Salvador) no se limitan a los judíos ni a los miembros de Su Iglesia.** El Salvador se maravilló de esta fe y la humildad de un centurión romano—un gentil y un comandante del ejército romano odiado. El siervo del centurión, "a quien éste quería mucho, estaba enfermo ya punto de morir" (v. 2). Así que envió a algunos de los ancianos de los judíos locales a pedirle a Jesús que "fuera a sanar a su siervo" (v. 3). Esto hicieron con gusto, porque consideraban al centurión "digno" (v. 4). Él "ama a nuestra nación", dijeron a Jesús, "y él nos edificó una sinagoga" (v. 5).

Jesús vino a él, pero "cuando él no estaba. . . lejos de la casa, el centurión envió a él unos amigos, diciéndole: Señor, no te molestes, porque no soy digno de que entres bajo mi techo" (v 6.). Él se consideraba indigno "de venir a ti", pero sabía que si Jesús dijera la palabra "mi criado sanará" (v. 7). Jesús se maravilló de este espectáculo de fe ", dijo a las personas que lo siguieron, yo os digo, no he hallado tanta fe, no, no en Israel. Y los que habían sido enviados, al regresar a la casa hallaron sano al siervo que había estado enfermo" (vv. 9–10).

### Curación una Mujer con Flujo de Sangre
(Milagro N° 19)

- **Marcos 5:25–34 La fe de la mujer fue suficiente para curarla.** Tenía una especie de desorden— femenino "una cuestión de sangre" que no había cesado desde hacía doce años " (V. 25). Esto sería problemático para cualquier mujer en nuestros días, pero en aquellos días era una verdadera maldición porque la hacía continuamente "inmunda" para todos a su alrededor, y ellos la habrían evitado su bajo todas las circunstancias. Ella había buscado la ayuda de "muchos médicos, y había gastado todo lo que tenía, y nada había aprovechado, antes le iba peor" (v. 26). Así que, cuando Jesús vino a su ciudad, ella aprovechó la oportunidad para venir por detrás entre la multitud de gente y tocar el borde de su manto (v. 27). Ella creía que, al hacerlo, sería sanada (v. 28). Y así fue. Inmediatamente, "la fuente de su sangre se secó; y sintió en su cuerpo que estaba sana de aquel azote" (v. 29).

Cuando ella tocó Su manto, Jesús supo de inmediato "el poder que había salido de él, [y] se volvió a la multitud y dijo: ¿Quién ha tocado mis vestidos?" (v. 30). Los discípulos se mostraron incrédulos. En este tipo de multitud, con gente rondando a su alrededor continuamente, ¿cómo podía preguntar: "¿Quién me ha tocado?" (v. 31). Pero Jesús "miró alrededor para ver quién había hecho esto, [y] la mujer, temiendo y temblando, sabiendo lo que había en ella, vino y se postró ante él, y le dijo toda la verdad" (vv. 32 33). Jesús amablemente aseguró: "Hija, tu fe te ha salvado; vete en paz y queda sana de tu azote " (v. 34).

El élder James E. Talmage dijo: "La fe de los que creen que si pudieran, con solo tocar el borde de prendas de vestir del Señor serían curados está en línea con la de la mujer que fue curada de su larga enfermedad por tocar Su túnica (Mateo 9:21;. Marcos 5:27, 28;

Lucas 8:44). Los judíos consideran el borde o ruedo de sus vestiduras exteriores como de particular importancia, debido a la exigencia hecha a Israel en días anteriores (Núm. 15:38, 39) que el ruedo fuera de flecos y se suministrara con una banda de color azul, como recordatorio para de sus obligaciones como pueblo del pacto. El deseo de tocar el borde del manto de Cristo pudo haber estado asociado con este pensamiento de santidad adherido al dobladillo o ruedo."[17]

A. BIDA, 1874

El élder Bruce R. McConkie dijo: "Ni que decir no había poder de curación en el borde del manto de Jesús, ni en ninguna de las cosas físicas que poseía, ni en ninguna reliquia de cualquier fuente, por santa que fuese,. . . . Y ahora vemos [a la mujer] buscando en los bordes de sus vestiduras; recordando el antiguo pacto que, al hacerlo, ella estaba de acuerdo en guardar los mandamientos; y sintiendo dentro de sí misma que si ella tocaba los flecos sagrados en las prendas de Aquel a quien ella aceptaba como Hijo de Dios, sin duda, sería sanada. Que ese deseo debía entrar en su corazón era, bajo toda circunstancia, tanto natural como adecuada. Era una señal, no de la creencia en la magia o reliquias o algún poder especial en la ropa en sí, sino de la fe en Él, que llevaba las prendas y a quién las diseñó de tal manera como para recordar a su pueblo de su pacto de guardar sus mandamientos."[18]

El élder McConkie también dijo, "Jesús publicitó deliberadamente este milagro de curación. En lugar de permitir que saliera una historia de la cual las personas espiritualmente analfabetas podrían suponer falsamente que la mujer fue sanada por alguna virtud correspondiente a su ropa, o incluso su propia persona, Jesús exige a la mujer decirle lo que había hecho, para dar testimonio de la bendición recibida, y para recibir de sus labios la seguridad de que la gracia sanadora había llegado a ella a causa de su fe."[19]

El profeta José Smith también experimentó el agotamiento que puede venir de utilizar el poder del sacerdocio para sanar y bendecir. El 14 de marzo de 1843, El élder Jedediah M. Grant preguntó a José Smith por qué se había puesto pálido y perdido las fuerzas mientras bendecía a 19 de 27 niños en una reunión la noche anterior.

El profeta José Smith dijo: "Vi que Lucifer podría ejercer su influencia para destruir a los niños que estaba bendiciendo, y me esforcé con toda la fe y el espíritu que tenía en sellar sobre ellos una bendición que garantizara sus vidas sobre la tierra; y tanta virtud salió de mí hacia los niños, que me debilité y aún no me he recuperado. "En relación con el caso de la mujer que toca el manto de Jesús (Lucas 8), continúa," La virtud a la que se refiere aquí es el espíritu de la vida; y un hombre que ejerce una gran fe administrando a los enfermos, bendiciendo a los niños pequeños, o confirmando, es susceptible de debilitarse."[20]

## EL PODER DE JESÚS SOBRE LOS ESPÍRITUS MALIGNOS

### Siete Demostraciones de Poder Sobre los Espíritus Malignos

| N ° | MILAGRO REALIZADO: | Mateo | Marcos | Lucas | Juan |
|---|---|---|---|---|---|
| 5. | Un espíritu inmundo expulsado | | 1:21–28. | 4:31–37 | |
| 14. | Un ciego y mudo endemoniado curado | 12:22–23. | | | |
| 16. | Dos endemoniados de Gadara curados | 8:28–34. | 5:1–20. | 8:26–39. | |
| 17. | los malos espíritus expulsados a cerdos | 8:32–34. | 5:13–20. | 8:33–39 | |
| 21. | Un mudo endemoniado curado | 9:32–34. | | | |
| 31. | Un muchacho endemoniado curado después que fallan los discípulos. | 17:14–21. | 9:14–29. | 9:37–43 | |
| 34. | Jesús echa fuera un demonio mudo | | | 11:14–26. | |

### ¿Quiénes Son estos Espíritus Malignos?

- **D. y C. 29:36–39 Ellos son los que siguieron a Lucifer en su rebelión.** Lucifer se rebeló contra el Padre, diciendo: "Dame tu honra, la cual es mi poder; y también una tercera parte de las huestes del cielo alejó de mí a causa de su agencia "(. v 36). "Y fueron arrojados abajo, y así llegaron el diablo y sus ángeles; Y he aquí, hay un lugar preparado para ellos desde el principio, el cual es el infierno "(. Vv 37–38). Mientras tanto, se les permite a "tentar a los hijos de los hombres," de modo que puedan convertirse en "sus propios agentes; porque si nunca tuviesen lo amargo, no podrían conocer lo dulce "(v. 39).

- **Judas 1:6 Ellos son "ángeles que no guardaron su dignidad."** Ellos "abandonaron su propia morada" en el cielo antes que someterse al plan del Padre, y siguieron a Lucifer en su rebelión. Por lo tanto, el Padre "ha guardado [un lugar para ellos], en prisiones eternas bajo tinieblas para el juicio del gran día" (véase también 2 Nefi 9:9).

- **Apocalipsis 12:3–4, 7–9 Ellos son un tercio de las huestes del cielo.** Juan el Revelador llama a Satanás un "dragón", cuya "cola arrastró la tercera parte de las estrellas del cielo, y las arrojó sobre la tierra" (vv. 3–4). Él dice que "hubo una gran batalla en el cielo: Miguel y sus ángeles lucharon contra el dragón; y lucharon el dragón y sus ángeles, pero no prevalecieron, ni se halló ya lugar para ellos en el cielo. Y el gran dragón fue lanzado fuera, la antigua serpiente, que se llama Diablo y Satanás, la cual engaña al mundo entero; fue arrojada a la tierra, y sus ángeles fueron arrojados con él" (vv. 7–9).

- **2 Pedro 2:4 Ellos fueron expulsados del cielo.** Pedro dijo: "Dios no perdonó a los ángeles que pecaron, sino que los arrojó al infierno y los entregó a prisiones de oscuridad, para ser reservados para juicio."

## Por qué los Espíritus Malignos Tomar Posesión de Otros Cuerpos

- **Isaías 14:21 Ellos fueron por siempre privados de cuerpos físicos.** Isaías observó que "no se levantan [resucitar], ni poseen la tierra [heredar la tierra], ni llenan la faz del mundo de ciudades [tener hijos]." Al parecer, esta negación les a provocado buscar vivienda en los cuerpos de otras personas.

  El profeta José Smith dijo: "El gran principio de la felicidad consiste en tener un cuerpo. El diablo no tiene cuerpo, y aquí está su castigo. Él está contento cuando puede obtener el tabernáculo del hombre, y cuando fue expulsado por el Salvador le pidió ir a aquel hato de cerdos, demostrando que prefería el cuerpo de un cerdo a no tener ninguno."[21]

  El élder Bruce R. McConkie dijo:

  > Antes que podamos entender la expulsión de demonios, debemos tener un conocimiento de la existencia [premortal] y de la Paternidad personal de Dios. Según lo revelado en el Evangelio, Dios es un hombre exaltado y santo, un ser personal a cuya imagen el hombre es creado, un ser para quien la unidad de la familia continúa en el estado de inmortalidad. Él es el Padre personal de los espíritus de todos los hombres; Sus hijos espirituales comenzaron la vida como hombres y mujeres cuyos cuerpos fueron compuestos de espíritu en lugar de elementos temporal.es.
  >
  > Esta progenie espiritual de la Deidad, dotada con el albedrío y con sujeción a la ley, tuvo todas las oportunidades para avanzar, progresar y ganar el privilegio de experimentar la experiencia probatoria de la mortalidad. Dos tercios de ellos pasaron las pruebas de la esfera preexistente y ahora están en proceso de nacer a este mundo como seres mortales. El otro tercio, no mantuvo su dignidad, finalmente salió en abierta rebelión contra Dios y sus leyes. Como resultado hubo una gran batalla en el cielo, y el diablo y sus seguidores fueron arrojados a la tierra. Aquellos tan rechazados, se ven privados, eternamente, del derecho a tener sus propios cuerpos. En este estado abatido y condenable pretenden albergarse a sí mismos de forma ilegal en los cuerpos de los hombres mortales.[22]

### Reprende a un Espíritu Maligno
(Milagro N° 5)

GUSTAVE DORÉ, 1896

- **Marcos 1:21–28 Jesús expulsa un espíritu inmundo de un hombre en Cafarnaúm** después de llevar sus discípulos allí y enseñarles en la sinagoga (vv. 21–22). "Pero había en la sinagoga de ellos un hombre con espíritu inmundo; y dio voces, diciendo: ¡Ah! ¿Qué tenemos que ver contigo, Jesús de Nazaret? ¿Has venido a destruirnos? Yo te conozco quién eres, el Santo de Dios" (vv. 23–24).

  Observe que este espíritu maligno sabe quién es Jesús, pero él no hace ningún bien. Los diablos de hecho saben que Jesús es el Cristo, pero su rebelión ha sellado su destino y sólo pueden esperar hasta el día en que el Salvador sea desechado para siempre.

Jesús reprendió al espíritu inmundo, diciendo: "Cállate y sal de él", y cuando el espíritu inmundo lo había sido "arrancado" [sacado fuera], él "clamó a gran voz, [y] salió de él " (vv. 25–26). Las personas que presenciaron esto se maravillaron, diciendo: "¿Qué es esto? ¿Qué nueva doctrina es esta? , que con autoridad manda aun a los espíritus inmundos y le obedecen" (v. 27). "Y al instante su fama se esparció por toda la provincia alrededor de Galilea" (v. 28).

### El Maniaco de las Tumbas Poseído por Legiones
(Milagro N° 16)

- **Marcos 5:1–13 Poco después de calmar el mar, Jesús fue abordado por otro hombre poseído por espíritus malignos.** Jesús y los discípulos habían llegado "más a la otra orilla del mar, a la tierra de los gadarenos" (v. 1), y "cuando él salió de la barca, en seguida vino a su encuentro, de los sepulcros, un hombre con un espíritu inmundo" (v. 2). Este endemoniado "tenía su morada en los sepulcros; y nadie podía sujetarlo, ni aun con cadenas; "de hecho," muchas veces había sido atado con grillos y cadenas, mas las cadenas habían sido hechas pedazos por él, y los grillos desmenuzados; ni nadie le podía domar" (vv. 3–4). Pasaba sus días y noches "en los montes y en los sepulcros, gritando e hiriéndose con piedras." (v. 5).

CAROSLFELD, 1852–60

Cuando este demonio dentro del hombre "vio a Jesús de lejos, corrió, y lo adoró" (v. 6). Y, como el demonio en Cafarnaúm él "clamó a gran voz, y dijo: ¿Qué tengo yo que ver contigo, Jesús, Hijo del Dios Altísimo? Te conjuro por Dios, que tú no me atormentes "(v. 7). Jesús ordenó: "Sal de este hombre, espíritu inmundo", y exigió saber su nombre, que resultó ser "Legión, porque somos muchos" (vv. 8–9.). Estos muchos espíritus malignos estaban a punto de perder su posesión temporal del endemoniado, por lo que pidieron a Jesús no "enviarlos fuera del país" (v. 10). Pidieron permiso para entrar en "una gran piara de cerdos" cerca, y cuando Jesús estuvo de acuerdo, "la manada cayó violentamente por un despeñadero al mar, (eran unos dos mil) y se ahogaron en el mar" (vv. 11–13).

Cuando este demonio dentro del hombre "vio a Jesús de lejos, corrió, y lo adoró" (v. 6). Y, como el demonio en Cafarnaúm, él "clamó a gran voz, y dijo: ¿Qué tengo yo que ver contigo, Jesús, Hijo del Dios Altísimo? Te conjuro por Dios, que tú no me atormentes "(v. 7). Jesús ordenó: "Sal de este hombre, espíritu inmundo", y exigió saber su nombre, que resultó ser "Legión, porque somos muchos" (vv. 8–9.). Estos muchos espíritus malignos estaban a punto de perder su posesión temporal del endemoniado, por lo que pidieron a Jesús que no "enviarlos fuera del país" (v. 10). Pidieron permiso para entrar en "una gran piara de cerdos" cerca, y cuando Jesús estuvo de acuerdo, "la manada cayó violentamente por un despeñadero al mar, (eran unos dos mil) y se ahogaron en el mar" (vv. 11–13).

- **Marcos 5:14–20 El pueblo se sorprendió por el endemoniado curado.** Los que estaban alimentando a los cerdos "lo dijeron en la ciudad y en el país. Y salieron para ver qué era lo que se hacía "(v. 14). Y cuando llegaron y encontraron al hombre poseído previamente por un demonio "sentado, vestido y en su sano juicio," tuvieron miedo y le pidió a Jesús que se fuera de ellos (vv. 15–17). Esto es lo hizo, a pesar de las súplicas de la ex endemoniado no a él (v. 18) salir. Él aconsejó al hombre que "ir a casa a tus amigos, y cuéntales cuán grandes cosas el Señor ha hecho contigo grande, y cómo ha tenido misericordia de ti. Y se fue, y comenzó a publicar en Decápolis cuán grandes cosas Jesús había hecho por él: y todos se maravillaban" (vs. 19–20).

### El Muchacho Poseído Desde La Infancia

(Milagro N° 31)

GUSTAVE DORÉ, 1896

- **Marcos 9:17–27 El Señor muestra gran compasión por el padre del niño.** Él trajo a su hijo a Jesús, diciendo: "Maestro, te traje a ti mi hijo, que tiene un espíritu mudo; dondequiera que le toma, le sacude; y echa espumarajos, y cruje los dientes, y se va secando; y dije a tus discípulos que lo echasen fuera, y no pudieron" (vv. 17–18). Después de regañarles por su falta de fe, Jesús dijo a los discípulos "traédmelo" (v. 19). Esto hicieron, "y cuando el espíritu vio a Jesús, sacudió con violencia al muchacho, quien cayendo en tierra se revolcaba, echando espumarajos" (v. 20) .Jesús preguntó al padre: "¿Cuánto tiempo hace que le sucede esto?" Y él dijo: Desde niño. Y muchas veces le echa en el fuego y en el agua, para matarle" (vv. 21–22). Y luego vino este indefenso y patético llamamiento: "Si puedes hacer algo, ten compasión de nosotros y ayúdanos" (v. 22). Jesús aseguró al hombre que si podía creer, "todas las cosas son posibles para el que cree", y el padre, queriendo desesperadamente la bendición, pero no estando seguro de su capacidad de convocar la fe suficiente para el milagro, "gritó, y dijo con lágrimas, Señor, yo creo; ayuda mi incredulidad" (v. 24).

El élder L. Whitney Clayton dijo: "Todos nosotros nos hemos encontrado cara a cara con difíciles horas aun desesperadas cuando con lágrimas hemos caído de rodillas y declarado. . . 'Señor, yo creo; ayuda mi incredulidad'. . . . Cada día decidimos lo que vamos a hacer y lo que no vamos a hacer, entre innumerables alternativas. Cuando elegimos alegremente obedecer los mandamientos como nuestra primera prioridad, ni murmurar acerca ni medir las cosas que se nos manda,. . . simplemente vamos y hacer las cosas que el Señor ha mandado, incluso cuando estamos cansados, confiando en que Él nos ayudará a hacer exactamente lo que Él pide. Al hacerlo, el Señor ayuda a que nuestra incredulidad y nuestra fe se vuelvan poderosa, vibrante, e inconmovible."[23]

El profeta José Smith escribió desde la cárcel de Liberty: "Por tanto, hermanos muy amados, hagamos con buen ánimo cuanta cosa esté a nuestro alcance; y entonces podremos permanecer tranquilos, con la más completa seguridad [o la fe], para ver la salvación de Dios, y por su brazo manifestarse" (D. y C. 123:17).

Jesús ahora "reprendió al espíritu inmundo, diciéndole: Espíritu mudo y sordo, yo te mando, sal de él, y no entres más en él. Y el espíritu, clamando y él con violencia, salió de él, y él era como un muerto; de tal modo que muchos decían: Está muerto. Pero Jesús, tomándole de la mano, le levantó; y se levantó" (vv. 25–27).

- **Marcos 9:28–29 Por qué los discípulos no podía echar fuera el espíritu del mal.** Ellos le preguntaron después en privado, "¿Por qué nosotros no pudimos echarlo fuera?" (v. 28), y Jesús respondió: " Este género con nada puede salir, sino con oración y ayuno" (v. 29).

  El élder Bruce R. McConkie dijo: "Por la fe todo es posible; nada es demasiado difícil para el Señor. Ninguna enfermedad es demasiado grave, ni hay enfermedad demasiado incapacitante, ninguna plaga muy destructiva para ser sanada por el poder que es la fe. Ya sea en la vida o en la muerte nada se retiene de los que cumplen la ley de la fe que les da derecho a recibirlo. Pero en la práctica, incluso entre los mortales más justos, la fe o el poder se disfrutan en mayor o menor grado, y algunas enfermedades requieren el ejercicio de un mayor poder curativo que otras."[24]

  El profeta José Smith dijo: " Si un hombre no tiene la fe suficiente para hacer una cosa, él puede tener fe para hacer otra: si no puede eliminar una montaña, puede sanar a los enfermos."[25]

## PODER DE JESÚS SOBRE LA MUERTE

### Tres son los Resucitados entre los Muertos

| N ° | MILAGRO REALIZADO: | Mateo | Marcos | Lucas | Juan |
|---|---|---|---|---|---|
| 13. | El hijo de la viuda de Naín resucitado | | | 7:11–17. | |
| 18. | La hija de Jairo resucitada. | 9:18–26. | 5:22–43. | 8:41–56 | |
| 38. | Resurrección de Lázaro de entre los muertos | | | | 11:17–46 |

**Resucita al Hijo de la Viuda de Naín**
(Milagro N° 13)

- **Lucas 7:11–17 El primer ejemplo del poder de Cristo sobre la muerte fue ejercido por compasión pura por una viuda afligida.** Cuando Jesús y sus discípulos se acercaron a una ciudad que se llamada Naín, se encontraron con una procesión " que llevaban a enterrar a un difunto, hijo único de su madre, la cual era viuda; y había con ella mucha gente de la ciudad" (v. 12). Al ver su dolor, el Señor le dijo: "No llores. Y acercándose, tocó el féretro: y los que lo llevaban se detuvieron. Y dijo: Joven, a ti te digo, levántate. Entonces se incorporó el que había muerto, y comenzó a hablar. Y lo dio a su madre" (vv. 13–15). Las personas se sorprendieron y tuvieron miedo, entonces "glorificaban a Dios, diciendo: Un gran profeta se ha levantado entre nosotros; y: Dios ha visitado a su pueblo" (v. 16). Nada como esto había sido visto en Israel desde los días de Eliseo, y la fama de este incidente "se extendió por toda Judea, y por toda la tierra de alrededor" (v. 17).

A. BIDA, 1874

**Resucita a la Hija de Jairo**
(Milagro N° 18)

- **Marcos 5:22–24, 35–43 Otro ejemplo del poder de Cristo sobre la muerte.** Este milagro involucró "uno de los principales de la sinagoga, llamado Jairo [que] cuando lo vio, se postró a sus pies, le rogaba mucho, diciendo: Mi hija está a punto de morir: Te ruego, ven, impón tus manos sobre ella para que sea salva, y vivirá. Y Jesús fue con él; y mucha gente lo siguió, y le apretaban" (vv. 22–24). Sin embargo, antes de que pudieran volver a su casa, vinieron de casa del principal de la sinagoga, diciendo: Tu hija ha muerto; ¿para qué molestas más al Maestro? (v 35). Pero Jesús le tranquilizó, diciendo: "No temas, cree solamente" (v. 36).

  Al llegar a la casa, Jesús "no permitió que le siguiese nadie sino Pedro, y Santiago, y Juan hermano de Santiago" (v. 37). Luego, entrando en la casa vieron el "alboroto, los que lloraban y se

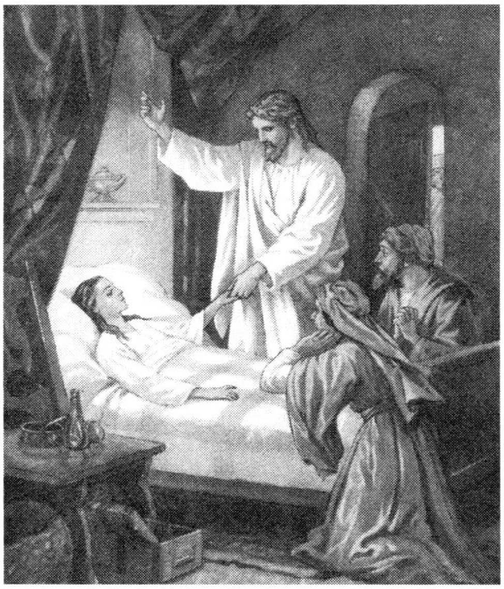
THEBIBLEREVIVAL.COM, #25

lamentaban mucho" (v. 38). Jesús les dijo: "¿Por qué alborotáis y lloráis? La niña no está muerta, sino que duerme ", pero "se rieron de el con desprecio "y no le creyeron (vv. 39–40).

Jesús "echó a todos ellos afuera," entonces "tomó al padre y a la madre de la niña, y a los que estaban con él, y entró donde estaba la damisela" (v. 40). "Y tomando la mano de la niña, le dijo: Talita Cumi; que traducido es: Niña, a ti te digo, levántate" (v. 41). Algunos eruditos creen que en arameo Talita Cumi no se refería a una damisela en general, sino que era el nombre dado de la hija de Jairo. Si esto es cierto, el verdadero Pastor estaba llamando una de sus ovejas por su nombre. "Y luego la muchacha se levantó, y se fue; porque ella era de la edad de doce años. Y se admiraban con gran asombro" (v. 42). Él "les mandó rigurosamente que no lo supiesen; y ordenó que alguien le diese de comer" (v. 43).

### Resucitar a Lázaro Después de Cuatro Días en la Tumba
(Milagro N° 38)

- **Juan 11:17–46 El más dramático de todas los resurrecciones de muertos** que hizo Jesús fue Su resurrección de Lázaro de entre los muertos después "que había estaba en el sepulcro ya cuatro días" (v. 17). Vamos a discutir este milagro en detalle en el capítulo 19 de esta serie, pero mencionaremos aquí que después que realizó este gran milagro los fariseos procuraron matarle, diciendo: "¿Qué haremos? Porque este hombre hace muchas señales. Si le dejamos así, todos creerán en él: y vendrán los romanos y destruirán nuestro lugar y nación" (Juan 11:47–48).

**Notas** (Todas las referencias son de las versiones en idioma inglés de los textos que se citan.)


1. *Nuestro Señor de los Evangelios* (1968), págs. 535–537.
2. *Jesús el Cristo*, Clásicos Revisados en la Edición de la Literatura Mormona (1983), págs. 138–139.
3. *Doctrina Mormona*. 2.º edición (1966), pág. 506
4. *Jesús el Cristo*, págs. 139–140.
5. "Un legado del Nuevo Testamento," 12 octavo. Simposio anual de maestros de religión del CES," 12 de agosto de 1988.
6. *Historia de la Iglesia*, 5:355, 218.
7. En *Diarios de Discursos*, 12:97.
8. *Comentario Doctrinal del Nuevo Testamento*, 3 volúmenes (1965–1973), 1:158–159.
9. *Jesús el Cristo*, pág. 136.
10. *Comentario Doctrinal del Nuevo Testamento*, 1:306–307.

11. *He aquí el Cordero de Dios*, 1962, pág. 20.

12. *Comentario Doctrinal del Nuevo Testamento*, 1:347.

13. *Los Hombre Pueden Saber Por Sí Mismos: Enseñanzas Del Presidente David O. Mckay* (1967), pág. 427.

14. Trench, *Notas sobre los Milagros*, págs. 165–168, citado por James E. Talmage en *Jesús el Cristo*, pág. 187.

15. *Comentario Doctrinal del Nuevo Testamento*, 1:177–178.

16. En *Diarios de Discursos*, octubre de 1963, págs. 24–25.

17. *Jesús, el Cristo*, pág. 322.

18. *El Mesías Mortal: De Belén al Calvario*, 4 volúmenes (1979–1981), 2:294–296.

19. *Comentario Doctrinal del Nuevo Testamento*, 1:318–319.

20. *Historia de la Iglesia*, 5:303.

21. *Enseñanzas del Profeta José Smith*, pág. José Fielding Smith (1976), pág. 181.

22. *Comentario Doctrinal del Nuevo Testamento*, 1:167–168.

23. Revistta *Liahona*, enero de 2001, págs. 28–29.

24. *Comentario Doctrinal del Nuevo Testamento*, 1:409.

25. *Historia de la Iglesia*, 5:355.

Capítulo 8

# El Sermón de la Montaña, Pt. 1: Las Bienaventuranzas

(Mateo 5; 3 Nefi 12)

## INTRODUCCIÓN

### El Lugar y Propósito del Sermón

El Señor dio este sermón al menos dos veces, y algunos eruditos creen que el "Sermón de la Llanura" (Lucas 6: 20–36) fue por tercera vez (otros creen que es el mismo que el Sermón de la Montaña). Lucas lo sitúa después del llamado de los Doce, mientras que Mateo parece ponerlo antes. Sin embargo, Mateo no se refiere en realidad en cualquier parte del llamado y la ordenación de los Doce; Se limitó a nombrarlos cuando son enviados como misioneros. Algunos dicen que el relato de Mateo no fue un sermón continuo, sino una compilación posterior de las enseñanzas de Cristo. El Libro de Mormón, sin embargo, muestra que fue un sermón.

La audiencia dEl sermón, tanto en el Libro de Mormón como en la Biblia, son sus leales seguidores o discípulos—los miembros de la Iglesia (Mateo 5: 1–2). No era una alocución general a las multitudes. En el relato del Libro de Mormón, Él está abordando a aquellos lo suficientemente justos para haber sobrevivido a las grandes destrucciones que se produjeron antes de Su aparición a los nefitas.

El élder James E. Talmage dijo: "Algunas partes de esta alocución integral estaban dirigidas expresamente a los discípulos, que habían sido o pudrían ser llamados al apostolado y en consecuencia, se requiere renunciar a todos sus intereses mundanos para las labores del ministerio; otras partes eran y son de aplicación general."[1]

El Sermón de la Montaña fue esencialmente un sermón sobre la manera de perfeccionar la vida después del bautismo—elevarse por encima de las magras necesidades de la ley a más los comportamientos semejantes a Dios.

El presidente Harold B. Lee dijo: "En el Sermón de la Montaña el Maestro nos ha dado un poco de una revelación de su propio carácter, que era perfecto, o lo que podría decirse "una autobiografía, cada sílaba de la cual él había escrito en los hechos,", y, al hacerlo, nos ha dado un modelo para nuestras propias vidas."[2]

Estas enseñanzas eran tan importantes que el Salvador les repitió a los nefitas, y es útil comparar la versión que se encuentra en el Libro de Mormón con la que está en la Biblia. Vamos a comparar las dos siguientes, según sea el caso.

— Mateo 5: 3–12 El sermón de Cristo en el monte de Galilea durante Su ministerio terrenal.

— 3 Nefi 12: 3–12 El sermón de Cristo a los nefitas.

- **3 Nefi 12: 1–2 Jesús dejó en claro a los nefitas lo que es necesario para obtener estas promesas.** Él dijo: "Bienaventurados sois si prestáis atención a las palabras de estos doce que yo he escogido de entre vosotros para ministrar a usted, y para ser sus siervos" (v. 1). También dijo: "Bienaventurados sois si creéis en mí y ser bautizados [porque] me habéis visto y sabrán que yo soy" (v. 1). "Y además, más bendecido son los que crean en sus palabras... que me habéis visto y que sabéis que yo soy. Sí, bienaventurados son los que crean en sus palabras, y desciende a las profundidades de la humildad y sean bautizados, porque serán visitados con fuego y con el Espíritu Santo, y recibirán una remisión de sus pecados "(v. 2).

## LAS BIENAVENTURANZAS

La palabra "bienaventuranzas" viene del latín *beatus* que tiene el significado "suerte", "feliz", o "bendito." El Señor usó la frase "bienaventurados los... "Con el fin de enseñar los principios básicos de la piedad, que, si se siguen, nos llevarán a un estado de felicidad y bienaventuranza. Por ambas razones, esta lista de enseñanzas se conoce como las "bienaventuranzas."

En Mateo y 3 Nefi, las bienaventuranzas son los principios con los que el Señor comienza su sermón. Estos pueden ser considerados como su introducción, donde Él enumera brevemente los principios que Él ampliará más adelante en el sermón. Cada una de estas palabras se merece, y obtiene, un tratamiento más completo en los capítulos que siguen inmediatamente.

Las bienaventuranzas se pueden dividir en dos categorías: (1) los principios de la rectitud personal, y (2) los principios de la justicia hacia los demás. Las primeras cuatro bienaventuranzas caen en la primera categoría de la rectitud personal.

### Los principios de la rectitud personal

- **Mateo 5: 3** (3 Nefi 12: 3) **Bienaventurados los pobres de espíritu** (humilde) que vienen a mí. Los verdaderos discípulos se dan cuenta de sus necesidades espirituales y no son orgullosos. Ser "pobres de espíritu" significa ser humilde (v 3;

Mateo 5: 3—nota 3b). La versión del Libro de Mormón añade las palabras importantes "que vienen a mí" al describir a los que serán bendecidos. Esta es una distinción importante, ya que deja claro que ser humilde no es suficiente; uno debe ser humilde y también venir a Cristo. La bendición prometida a estas personas es "suyo es el reino de los cielos."

El presidente Harold B. Lee dijo: "Ser pobre en espíritu es sentirse a sí mismos como los espiritualmente necesitados, dependiendo siempre del Señor para su ropa, su comida y el aire que respiran, su salud, su vida; darse cuenta que ningún día debe pasar sin ferviente oración de acción de gracias, para la orientación y el perdón y la fuerza suficiente para las necesidades de cada día."[3]

- **Mateo 5: 4** (3 Nefi 12: 4) **Bienaventurados todos los que lloran**. A veces, los verdaderos discípulos son llamados a la tristeza por la pérdida, el miedo o el dolor piadoso por el pecado. La bendición prometida es " "porque ellos serán consolados," que el Señor hace a través del Espíritu Santo (Juan 14: 26–27; Mosíah 18: 8–9).

El presidente Harold B. Lee dijo concerniente al duelo por nuestros pecados: "Para llorar, como enseñaría la lección del Maestro aquí, uno debe demostrar que "el dolor piadoso produce arrepentimiento 'y gana para el penitente un perdón de los pecados y prohíbe el retorno a los hechos de los cuales se lamenta."[4]

- **Mateo 5: 5** (3 Nefi 12: 5) **Bienaventurados los mansos**. Los verdaderos discípulos son mansos, es decir apacibles, indulgentes, o benevolentes (Mosíah 3: 19; Alma 7: 23; 13: 28). La bendición prometida es "porque ellos heredarán la tierra."

El presidente Harold B. Lee dijo: " Un hombre manso se define como alguien que no es fácilmente provocado o irritado yes tolerante ante las heridas o disgustos. La mansedumbre no es sinónimo de debilidad. El hombre manso es el fuerte, el poderoso, el hombre capaz de un total autodominio. Él es el que tiene el coraje de sus convicciones morales, a pesar de la presión de la pandilla o el club."[5]

El presidente Gordon B. Hinckley dijo: "La mansedumbre implica un espíritu de gratitud en lugar de una actitud de autosuficiencia, un reconocimiento de un mayor poder más allá de uno mismo, el reconocimiento de Dios, y la aceptación de sus mandamientos."[6]

- **Mateo 5: 6** (3 Nefi 12: 6) **Bienaventurados todos los que tienen hambre y sed de justicia.** Los verdaderos discípulos desean justicia como una persona hambrienta anhela alimentos. La bendición prometida es "ellos estarán llenos del Espíritu Santo."

  La versión del Nuevo Testamento se detiene después de la palabra "lleno", lo que sugiere que estarían llenos de la justicia que buscan. La versión del Libro de Mormón añade las importantes palabras "del Espíritu Santo" para describir la forma en que se llenarían con el Espíritu Santo—que es la recompensa de los justos.

GUSTAVE DORÉ, 1896

## Principios del Comportamiento Justo hacia los Demás

- **Mateo 5: 7** (3 Nefi 12: 7) **Bienaventurados los misericordiosos.** Los verdaderos discípulos son misericordiosos, se preocupan por las necesidades de los demás y siempre están dispuestos a perdonarlos. La bendición prometida es "ellos obtendrán misericordia." Este principio proporciona una a razonable advertencia que las normas por las que tratamos a los demás son las mismos estándares por los cuales seremos juzgados, y es ampliado por el Salvador más adelante en su sermón (3 Nefi 13: 14–15, Mateo 6: 14–15).

THEBIBLEREVIVAL.COM, #22

  El presidente Harold B. Lee dijo: "Nuestra salvación descansa en la misericordia que mostremos hacia los demás. Las palabras duras y crueles, o los actos injustificables de crueldad hacia el hombre o bestia, a pesar de que sean aparentemente en represalia, descalifican al perpetrador por sus reclamos de misericordia cuando él tenga necesidad de misericordia en el día del juicio ante tribunales terrenales o celestiales."[7]

- **Mateo 5: 8** (3 Nefi 12: 8) **Bienaventurados son todos los de corazón puro**. Los verdaderos discípulos son puros e inocentes en el pensamiento y las intenciones (Helamán 3: 35 y Moisés 6: 57). Vivimos en un mundo donde las imágenes impuras, palabras y sonidos pueden asaltar nuestros sentidos sin cesar si los dejamos. Tenemos que aprender a aislarnos de la obscenidad de los programas de televisión sugerentes, la pornografía blanda y (dura) de muchas películas, y el llanto y el crujir de dientes de algunas formas de música que gritan obscenidades e imágenes impuras en nuestros oídos y ojos. Y cuando se nos presentan estímulos impuros, debemos optar por sustituirlos por otros más santos. La bendición prometida para aquellos que hacen esto es que "ellos verán a Dios" (exaltados).

THEBIBLEREVIVAL.COM, #23

El presidente Harold B. Lee dijo: "Sólo si usted es de corazón limpio va a ver a Dios, y también en menor medida va a ser capaz de ver el " Bien "o la bondad en el hombre y amarle a causa de la bondad que ve en él. Observe bien a esa persona que critica y difama al hombre de Dios o a los líderes ungidos del Señor en su Iglesia. Tal persona, habla desde un corazón impuro."[8]

El presidente Marion G. Romney dijo:

> La gran batalla total en el mundo de hoy es, como siempre lo ha sido, por las almas de los hombres. Cada alma está personalmente comprometida en la lucha, y él libra su batalla con lo que está en su mente. En el análisis final, el campo de batalla, para cada individuo, está dentro de sí mismo. Inevitablemente él gravita hacia los temas de sus pensamientos. Hace siglos el hombre sabio así declaró sucintamente esta gran verdad: "Como piensa en su corazón, así es él" (Proverbios 23: 7). Si queremos escapar de los deseos de la carne y construir para nosotros mismos y nuestros hijos grandes y nobles caracteres, debemos tener en nuestras mentes y en sus mentes los principios verdaderos y justos para que nuestros pensamientos y sus pensamientos habiten sobre ellos. No debemos permitir que nuestras mentes sean saciadas con los intereses, las cosas y las prácticas del mundo de nuestro derredor. Porque hacerlo es equivalente a adoptarlos y estar de acuerdo con ellos. . . . Si hemos de evitar adoptar los males del mundo, debemos seguir un camino con el cual alimentar diariamente nuestra mente, y llamarlos nuevamente a las cosas del Espíritu.[9]

El presidente Spencer W. Kimball dijo: "[Citando a James Allen]" En arsenal del pensamiento [el hombre] forja las armas con las que se destruye a sí mismo; él también elabora las herramientas con las que construye para sí, mansiones celestiales de felicidad fortaleza y paz. . . . Entre estos dos extremos se encuentran todos los grados de carácter, y el hombre es su creador y señor. . . . El hombre es el maestro del pensamiento, el forjador del carácter, y creador y modelador de la condición, entorno y destino."[10] Esta relación del carácter para el pensamiento no puede ser exagerada excesivamente. ¿Cómo podría una persona convertirse en lo que no está pensando? Como tampoco en cualquier pensamiento, cuando se entretiene persistentemente en un pensamiento demasiado pequeño como para que tenga efecto. La "divinidad que da forma a nuestros fines," de hecho, está en nosotros mismos. Es algo de nuestro propio ser."[11]

El élder Boyd K. Packer dijo:

> La mente es como un escenario. Excepto cuando estamos dormidos, el telón siempre está levantado. Siempre hay algún acto que se está representando en ese escenario. Puede ser una comedia, una tragedia, interesante o aburrida, buena o mala; pero siempre hay algún acto representándose en el escenario de la mente.
>
> ¿Ha notado que sin verdadera intención de su parte, en el centro de casi cualquier representación, un cierto pensamiento sombrío puede colarse dede las alas y atraer su atención? Estos pensamientos delincuentes tratarán de eclipsar a todos. Si le permite que continúen, todos los pensamientos virtuosos dejarán el escenario. Usted se quedará, porque ha consentido a ellos, bajo la influencia de pensamientos injustos.

Si cede a ellos, van a representar en el escenario de su mente cualquier cosa hasta los límites de su tolerancia. Pueden representar un tema de amargura, celos u odio. Puede que sean vulgar, inmorales, incluso depravados. Cuando tienen el escenario, si los deja, le persuadirán sutilmente para acaparar su atención. Pueden hacer que sean interesantes, incluso convencerle que son inocentes—porque ellos no son más que pensamientos.

¿Qué hace en un momento como ese, cuando el escenario de su mente esté invadido por los diablillos de pensamientos impuros, ya sea que se trate de los grises que parecen casi limpios o sucios de los que no dejan lugar a la duda? Si usted puede controlar sus pensamientos, puede superar los hábitos, incluso los hábitos personales degradantes. Si usted puede aprender a dominarlos, tendrá una vida feliz.

Esto es lo que me gustaría enseñarle. Elija de entre la música sagrada de la Iglesia un himno favorito, uno con palabras que sean edificantes y música que sea reverente, una que le haga sentir algo parecido a la inspiración. . . . Llévela cuidadosamente su mente. Memorícela. A pesar de que [puede] no haber tenido ninguna formación musical, puede pensar en un himno.

Ahora, utilice este himno como un lugar donde poner sus pensamientos Que sea su canal de emergencia. Cada vez que encuentre que estos actores sombríos se han deslizado desde la barrera de su pensamiento al escenario de su mente, póngales en este registro, por así decirlo. Cuando la música comience y cuando se formen las palabras en sus pensamientos, los indignos se alejarán avergonzados. En el escenario de su mente va a cambiar el estado de ánimo general. Debido a que es edificante y limpio, los pensamientos viles desaparecerán. Porque mientras la virtud, por elección, no se asocie con la suciedad, el mal no puede tolerar la presencia de la luz.

A su debido tiempo usted se encontrará, en ocasiones, tarareando la música. Al volver sobre sus pensamientos, si usted descubre alguna influencia del mundo sobre usted, insta al pensamiento indigno a que vaya del escenario en su mente, y la música comenzará de forma casi automática

Una vez que aprenda a limpiar el escenario de su mente de pensamientos indignos, manténgalo ocupado en aprender las cosas que valen la pena. Cambie su medio ambiente de manera que usted tenga cosas suyas que inspiren pensamientos buenos y edificantes. Manténgase ocupado con cosas que son rectas.[12]

- **Mateo 5: 9** (3 Nefi 12: 9) **Bienaventurados son los pacificadores**. Los verdaderos discípulos son pacificadores—promotores de la amistad y la buena voluntad y de evitar conflictos. Los seguidores de Cristo deben ser las personas más pacíficas de la tierra, huyendo de la guerra y la discordia cuando sea posible, y su sustitución por el evangelio de Jesucristo. La bendición prometida a los que hacen esto es "porque ellos serán llamados hijos de Dios."

PROVIDENCE LITHOGRAPHIC CO., 1897, #30

El presidente Harold B. Lee dijo: "Los pacificadores serán llamados hijos de Dios. El creador de problemas, el puntero contra la ley y el orden, el líder de la mafia, el infractor se le solicita por promotores del mal y, a menos que desistan serán conocida como los hijos de Satanás en lugar de los hijos deDios."[13]

A nivel nacional e internacional, los grandes misioneros nefitas Amón y más tarde Nefi y Lehi, mostraron cómo el Evangelio puede pacificar a un enemigo y traer la paz y la prosperidad, algo que los armamentos y la diplomacia no pueden hacer.

El presidente David O. McKay dijo: "No hay paz, a pesar que temporalmente se la obtenga, esta no será permanente a menos que se basa en la sólida fundamentación de los principios eternos. El primero de ellos [es]. . . cuando sinceramente aceptamos a Dios como nuestro Padre y hacemos de él el centro de nuestro ser. . . . De igual importancia es la aceptación del Hijo de Dios como el Salvador de la humanidad. . . . Los hombres pueden anhelar la paz, clamar por la paz, y trabajar por la paz, pero no habrá paz hasta que no sigan el camino señalado por el Cristo viviente."[14]

THEBIBLEREVIVAL.COM, #23

- **Mateo 5: 10** (3 Nefi 12: 10) **Bienaventurados todos los que padecen persecución por causa de mi nombre**. La versión del Libro de Mormón— difiere ligeramente de la de Mateo, donde la Biblia dice "por causa de la justicia" en lugar de "por causa de mi nombre." El Señor advierte que los verdaderos discípulos serán "injuriados," "perseguidos, "y sobre ellos vendrá" toda clase de mal," como ha ocurrido a los profetas en todas las edades (3 Nefi 12: 11–12, Mateo 5: 11–12). Los verdaderos discípulos no dejan que tal persecución los desvíe de sus metas eternas. Ver Mateo 5: 44 y Lucas 6: 35 para la instrucción del Señor sobre la forma de responder a la persecución. La bendición prometida a los que padecen persecución es que "de ellos es el reino de los cielos."

## PERFECCIONAMIENTO DE LA LEY DE MOISÉS

### Metáforas de la Sal y de la Luz

- **Mateo 5: 13** (3 Nefi 12: 13) **Convertirse en la "sal de la tierra."** Como siempre lo hace, el Salvador aquí utiliza para enseñar, metáforas extraídas de la vida cotidiana días la gente. Comienza con la sal, que tiene tantos efectos importantes, incluyendo la purificación, la preservación y la adición de sabor a los alimentos. La sal también es única, ya que no va a perder su sabor con el tiempo. El sabor se pierde sólo a través de la mezcla y la contaminación.

El éder Carlos E. Asay dijo:

> Un químico de renombre mundial me dijo que la sal no pierde su sabor con la edad. El sabor se pierde por la mezcla y la contaminación. Del mismo modo, el poder del sacerdocio no se

disipa con la edad; él, también, se pierde a través de la mezcla y la contaminación.

Cuando un joven o anciano mezcla sus pensamientos con literatura pornográfica, sufre una pérdida de sabor. Cuando un poseedor del sacerdocio mezcla su discurso con mentiras o malas palabras, sufre una pérdida de sabor. Cuando uno de nosotros sigue ala multitud y se involucra en actos inmorales y el uso de drogas, tabaco, alcohol y otras sustancias perjudiciales, pierde sabor.

Sabor y calidad huyen de un hombre cuando contamina su mente con pensamientos impuros, profana la boca al faltar a la verdad, y aplica erróneamente su fuerza en el desempeño de malos actos.[15]

Cuando el Señor dice a sus Santos que han de ser la "sal de la tierra," Él está sugiriendo que deberíamos tener el mismo tipo de influencia en el mundo que la sal hace a las cosas que toca. Y si no lo hacemos, entonces nos consideramos "buenos para nada", como influencia y también puede ser nos persiga en las calles con el resto del mundo (véase también D. y C. 101: 39–40)

El élder Bruce R. McConkie, dijo "La declaración que hizo Nuestro Señor, por primera vez a los judíos y luego a ese otro gran cuerpo de Hebreos, los nefitas, que tenían el poder 'para ser la sal de la tierra', adquiere una gran importancia. . . . En otras palabras, ellos tenían el poder para sazonar, saborear, y preservar la influencia en el mundo, influencia que traería paz y bendiciones a todos los demás."[16]

- **Mateo 5: 14–16** (3 Nefi 12: 14–16) **Ser la "Luz a este pueblo."** Esta metáfora puede ser un poco más clara para nosotros en nuestra cultura actual, porque todos entendemos los usos y beneficios de la luz. El Señor realza la necesidad de esa luz preguntando si una luz que está cubierta por una cesta de celemín es de alguna utilidad. Para ser útil, la luz debe ser vista, y se nos invita a "dejar que [nuestra] luz. . . brille "delante de los hombres, no en un sentido exhibicionista de" mostrar, ", sino dejando que la gente vea los frutos de la vida y el servicio de Cristo. El Señor cuenta con nosotros para que le ayudemos en su obra haciendo brillar nuestra luz delante de ellos (véase también D. y C. 103: 9–10).

J. C. WEIGEL, 1695

## Jesús Presenta el Evangelio Superior

La Ley de Moisés nunca fue pensada para ser una norma permanente de vida de los santos del Señor. Fue un "maestro de escuela" para llevar a los israelitas rebeldes a Cristo (Gálatas 3: 24–25), y se le dio a ellos "[porque] eran un pueblo de dura cerviz, rápido para hacer iniquidad, y lento para recordar al Señor" (Mosíah 13: 29–30). Los que entiende la ley "[miran hacia] adelante con firmeza en Cristo, hasta que la ley [se] haya cumplido. . . .

Para este fin se dio la ley" (2 Nefi 25: 24–25). El Salvador cumplió la ley de Moisés cuando expió

nuestros pecados, y a la gente ya no se les ordenó hacer sacrificios de animales (Alma 34: 13–16). En su lugar, se les mandó a "ofrecer por sacrificio. . . un corazón quebrantado y un espíritu contrito" (3 Nefi 9: 19–20).

Sin embargo, la Ley de Moisés había estado con ellos durante mil años y sería difícil para ellos hacer cambios sin entender cómo se relacionaba con la nueva ley "superior" que Jesús ahora estaba enseñando Él explicó pacientemente esto, varias veces ael pueblo de Jerusalén y durante su visita a los nefitas.

- **Mateo 5: 17–20** (3 Nefi 12: 17–20) **Jesús vino a cumplir la ley y los profetas**. Como lo había hecho antes, cuando Él primero descendió en el continente americano, el Señor aquí explicó que Él venía en cumplimiento de la ley de Moisés, no el destructor de ella (v. 17), y que "hasta que pasen el cielo y la tierra, ni una jota ni una tilde pasará de la ley, hasta que todo se haya cumplido."(v. 18).

  Jotas y tildes eran el equivalente de los puntos sobre nuestra "i" es y los cruces en nuestras "t" es cuando estamos escribiendo. La ley de Moisés fue dada con el expreso propósito "para que creáis en mí", y ahora "la ley se cumple" (v 19). En lugar de preocuparse por las ordenanzas de la ley de Moisés, Él les pidió "arrepentíos de sus pecados y venid a mí con un corazón quebrantado y un espíritu contrito" (v. 19). Si es así, ellos se salvarían, pero "a no ser que guardéis mis mandamientos que yo os he mandado en este momento, vosotros no entrareis en el reino de los cielos" (v. 20).

- **3 Nefi 15: 2–5 Jesús mismo dio la ley de Moisés a los israelitas.** Era una ley de prácticas y ordenanzas estrictas para ayudar a los israelitas a esperar la expiación de Jesucristo (2 Nefi 25: 24; Mosíah 13: 29–33). Sin embargo, muchos (si no la mayoría) de los israelitas hacía ya mucho tiempo que perdido de vista los símbolos de Cristo que contiene, y "había algunos entre ellos que se maravillaban, y se preguntaban qué debían hacer en relación con la ley de Moisés; porque ellos no entendieron el dicho que las cosas viejas habían pasado, y que todas las cosas se habían vuelto nuevas" (v. 2).

  PROVIDENCE LITHOGRAPHIC CO., 1907

  Jesús les dijo de nuevo: "He aquí, os digo que la ley que se le dio a Moisés se ha cumplido. He aquí, yo soy el que dio la ley, y yo soy el que hice convenio con mi pueblo Israel" (vv. 3–5). Él vino a la tierra "para cumplir con la ley", y habiendo venido y cumplido su misión redentora, la ley de Moisés "llega a su fin" (v. 5).

## Vivir de Acuerdo una Ley Superior

En esta sección de Su sermón, el Señor compara las reglas de la ley de Moisés con los principios superiores de Su ley del evangelio. A través de este proceso, Ilustró que la ley de Moisés se mantenía vigente, pero se "agrega" a la ley superior que Él ahora les estaba enseñando.

- **Mateo 5: 21–26** (3 Nefi 12: 21–26) **Evitar la ira**. "Tú no has de matar" se sustituye por "Ni siquiera estar enojado." Las palabras "sin causa" (Mateo 5: 22) no se encuentran en la versión del Libro de Mormón de este sermón, ni en las revisiones de Mateo en la TJS. Tenemos que dejar de estar enojados. Punto. Las palabras "de acuerdo con tu [enemigo]" (vv. 25–26) significan "llegar a un acuerdo rápido" en lugar de dejarnos arrastrar a una disputa.

- **Mateo 5: 27–30** (3 Nefi 12: 27–30) **Mantener pensamientos limpios**. "No cometerás adulterio" se sustituye por "Ni siquiera la concupiscencia." Si codiciamos a otra persona, " ya hemos cometido adulterio en [nuestro] corazón" (v. 28). En la versión de Mateo del sermón Él es recordado por haber utilizado una figura del lenguaje común en esa cultura que, más que se dejase contaminar por lo que ven o tocan, que debe "arrancar . . " su ojo ofensivo o" cortar. . . "de su mano infractora (Mateo 5: 29–30).

  Le Presidente Joseph Fielding Smith añadió otra forma a esta figura retórica podría interpretarse: a nuestra familia y amigos "Cuando el Señor habló de las partes del cuerpo, es evidente que Él tenía en mente los amigos cercanos o familiares que trataban de llevarnos por la senda de la rectitud y humilde obediencia a los mandamientos divinos que recibimos del Señor. Si algún amigo o pariente se empeña en llevar a una persona lejos de los mandamientos, es mejor prescindir de su amistad y asociación en lugar de seguirle en malas prácticas a la destrucción. Este uso de la comparación o ilustración era tan común en la antigüedad como en la época actual. No debemos, en la lectura de estas antiguas expresiones del Nuevo Testamento, tomar dicha declaración como si se refiriera a las palabras del Salvador registradas por [Mateo y] Marcos en su interpretación literal. Cuando se entienden correctamente se convierten en una expresión muy impresionante."[17]

  El nuevo requisito, más alto que se enseña aquí en 3 Nefi por el Maestro con respecto al adulterio es que debemos no debemos "sufrir ninguna de estas cosas para entrar en su corazón" (v. 29). Y "es mejor que os abstengáis de estas cosas. . . a que seáis echado al infierno" (v. 30).

- **Mateo 5: 31–32** (3 Nefi 12: 31–32) **Honrar los convenios matrimoniales**. En el antiguo Israel un hombre podía repudiar a su esposa o divorciarse, por razones insignificantes. Estos "facturas de divorcio" van a ser sustituidas por tomar la alianza matrimonial seriamente en lugar de tratarla a la ligera o abandonarla fácilmente. El divorcio es permitido bajo la ley superior, pero no debe suceder salvo por causas más graves.

El éder dijo Bruce R. McConkie, "Bajo la ley de Moisés, el divorcio era fácil; pero recientemente liberados de la esclavitud egipcia, el linaje escogido aún tenía que lograr la estabilidad social, cultural, y espiritual que exalta el matrimonio a su lugar en el esquema eterno de las cosas. Los hombres estaban facultados para divorciarse de sus esposas por cualquier cosa indecorosa. . . . El divorcio es totalmente ajeno a las normas celestiales. . . . Ahora. . . Él. . . especifica la ley más alta que su pueblo debiera vivir, pero que está más allá de nuestra capacidad, incluso hoy en día. Si los esposos y las esposas vivieran la ley como el Señor querría que ellos la vivieran, tampoco deberían hacen o decir cosas, incluso permitir que el más fugaz pensamiento sobre el divorcio entre en la mente de sus compañeros eternos."[18]

El presidente Gordon B. Hinckley dijo:

> Para ustedes que están divorciados, por favor sepan que no miramos hacia abajo sobre vosotros como un fracaso debido a que un matrimonio fracasó. En muchos, tal vez en la mayoría de los casos usted no era responsable de ese fracaso. Además, la nuestra es la obligación de no condenar, sino para perdonar y olvidar, para levantar y ayudar. En sus horas de desolación, volver al Señor. . . . El remedio para la mayoría de la tensión matrimonio no está en el divorcio. Es en el arrepentimiento. No es en la separación. Es en la integridad simple que lleva a un hombre a la plaza hasta sus hombros y cumplir sus obligaciones. Se encuentra en la regla de oro. . . . Puede haber una y otra vez una causa legítima para el divorcio. Yo no soy de los que dicen que nunca se justifica. Pero yo os digo sin dudar que esta plaga entre nosotros, lo que parece estar creciendo en todas partes, no es de Dios, sino que es la obra del adversario de justicia, paz y truth.[19]

- **Mateo 5: 33–37** (3 Nefi 12: 33–37) **Mantener nuestras promesas**. Jurando "en el nombre de Dios" (o sobre cualquier otro objeto—por ejemplo, la Biblia) va a ser reemplazado por la simple honestidad. La gente en esos días no estaba obligada, excepto cuando tomaban un juramento. Jesús les enseñó a hacer de la palabra de ellos (decir "sí" o "no") su compromiso.

  El élder Bruce R. McConkie dijo: "Bajo la ley mosaica la toma de juramentos era tan común y cubría tal variedad de circunstancias que, en la práctica, poco veracidad asistía a las declaraciones que no fueran hechas bajo un juramento. . . . Bajo la ley perfecta de Cristo la palabra de cada hombre es su compromiso, y todas las declaraciones que se digan son tan valederas como si cada palabra hablada hubiera sido hecha bajo juramento."[20]

- **Mateo 5: 38–42** (3 Nefi 12: 38–42) **Evitar la contienda**. "Ojo por ojo" significa que una persona que lesionó a otro podría recibir la misma lesión como castigo (Levítico 24: 17–21). Esto ahora se reemplaza por un mandamiento de evitar por completo la contienda, e incluso ofreciendo servicios adicionales a los que podrían haberse aprovechado de nosotros.

- **Mateo 5: 43–45** (3 Nefi 12: 43–45) **Amar y perdonar a los enemigos**. Es fácil amar a nuestros amigos y familiares. Pero ahora Jesús manda que nosotros también "amemos a [nuestros] enemigos, bendecid a los que os maldicen, haced el bien a los que os aborrecen, y orad por los que os ultrajan y os persiguen" (v. 44). Él nos recuerda que Dios el Padre "hace salir su sol sobre malos y buenos," bendiciendo incluso los hijos que se rebelan contra Él (v. 45). Y, por supuesto, el Salvador mismo dio el ejemplo cuando estaba colgado en la cruz y perdonó incluso a los que le habían torturado cruelmente y crucificado (Lucas 23: 34).

### Alcanzar la Perfección

- **Mateo 5: 46–48** (3 Nefi 12: 46–48) **En todas las cuestiones antes mencionadas, podemos ser perfectos.** Al vivir esta ley superior nos convertimos en "terminados" y "completos", que es una traducción explicativa de la palabra "perfecto" que dan las Escrituras En última instancia, vamos a alcanzar la perfección de nuestro Padre Celestial, y esa debería ser nuestra meta eterna . Pero incluso mientras vivamos en esta tierra podemos llegar a ser "perfectos" viviendo en los principios expuestos más arriba, que creo que es lo que las escrituras quieren decir cuando usan la palabra "por lo tanto," en este caso. Interpreto que significa "de esta manera" (las formas que acaban de enumerarse) seremos perfectos. Tengo la firme convicción de que las personas racionales que deseen hacer estas cosas pueden hacerlas. Y si lo hacen, se habrán transformado en "perfectos" en ese sentido.

En el sentido eterno, volvernos perfectos como el Padre y el Hijo no es posible en esta vida. Es algo que sólo podemos lograr con la ayuda de la gracia redentora de nuestro Salvador.

— Moroni 10: 32–33 Vamos a alcanzar la perfección a través de la expiación de Cristo.
— Éter 12: 26–27 La gracia de Cristo es suficiente para salvarnos y exaltarnos a todos nosotros.
— D. y C. 76: 68–70 Las personas justas (los justos) se vuelven perfectos a través de Cristo.

El presidente Joseph Fielding Smith dijo: "Creo que el Señor quiso decir exactamente lo que dijo: que debemos ser perfectos, como nuestro Padre que está en los cielos es perfecto. Eso no va a venir todo a la vez, pero línea sobre línea y precepto por precepto, ejemplo tras ejemplo, y aun asi no mientras que vivimos en esta vida mortal, porque tendremos que ir más allá de la tumba antes de que lleguemos a esa perfección y llegue a ser como Dios. Pero aquí sentamos las bases. Aquí es donde se nos enseña estas simples verdades del Evangelio de Jesucristo, en este estado de gracia, es que nos preparamos para la perfección. Es nuestro deber ser mejor hoy que ayer, y mañana mejor que hoy. . . . Si estamos guardando los mandamientos del Señor, estamos en ese camino a la perfección."[21]

El élder Bruce R. McConkie said, "Our problem is to learn how to do more than just learn about God and religion. It is to have God into our souls, to have the love of Christ in our hearts. It is to have the mind of Christ—to think what He thinks, say what He says, believe what He believes, and ultimately to do what He does. We must live the kind of life that Christ lives. We must become like Him and His Father and thereby have everlasting glory in the eternal realms."[22]

**Notas** (Todas las referencias son de las versiones en idioma inglés de los textos que se citan.)

1. *Jesús el Cristo*, Clásicos Revisados en la Edición de la Literatura Mormona (1983), pág. 215.
2. *Permaneced en Lugares Santos* (1974), pág. 342.
3. *Decisiones para una Vida Exitosa* (1973), págs. 57–58.
4. *Decisiones para una Vida Exitosa*, pág. 58.
5. *Decisiones para una Vida Exitosa*, pág. 60.
6. "*Con Todo lo que Recibas Adquiere Inteligencia*," revista *Liahona*, agosto de 1988, págs. 3–4.
7. *Decisiones para una Vida Exitosa*, pág. 60.
8. *Decisiones para una Vida Exitosa*, pág. 59.
9. En Reporte de Conferencia, abril de 1980, pág/ 88; o revista *Liahona*, mayo de 1980, pág. 66.
10. *Como piensa un hombre*, págs. 5–6.
11. *El Milagro del Perdón* (1969), págs. 104–105.
12. Revista *Liahona*, enero de 1974, pág. 28.
13. *Decisiones para una Vida Exitosa*, pág. 61.
14. En Reporte de Conferencia, abril de 1948, págs. 67–68; o revista *Improvement Era*, octubre 1960,pág. 703.
15. En Reporte de Conferencia, abril de 1980, pág. 60; o revista *Liahona*, mayo de 1980, págs. 42.
16. *Doctrina Mormona*, 2da editado por, 1966, pág. 668.
17. *Respuestas a Preguntas sobre el Evangelio*, 5 volúmenes, compilado por Joseph Fielding Smith Hijo (1957–1966), 5: 79.
18. *El Mesías Mortal: De Belén al Calvario*, 4 volúmenes (1979–1981), 2: 138–139.
19. *Enseñanzas de Gordon B. Hinckley* (1997), págs. 161–162.
20. *El Mesías Mortal: De Belén al Calvario*, 2: 140.
21. *Doctrina de Salvación*, 3 volúmenes, compilado por Bruce R. McConkie (1954–1956), 2:18–19.
22. "*Cómo adorar*," *Discursos del año de la Universidad Brigham Young* (1971), pág. 7 Alocución del 20 de julio 1971.

Capítulo 9

# El Sermón de la Montaña, Pt. 2: Buscad primero el Reino

(Mateo 6-7; 3 Nefi 13-14)

---

## SERVICIO Y CULTO DE CRISTO

### Servicio Correcto, Oración, Perdón, y Ayuno

- **Mateo 6:1–4** (3 Nefi 13:1–4) **Hacer cosas buenas por las razones correctas.** Los verdaderos discípulos no hacen "limosnas" (generalmente traducida como "buenas obras" o "virtudes") para la alabanza de los hombres, sino en secreto. El Señor dice varias veces en este sermón "de cierto... Ya tienen su recompensa "cuando hablan de la gente que hace cosas buenas" para ser vistos por los hombres "(3 Nefi 13:2, 5, 16, Mateo 6:2, 5, 16). Por esto podemos observar que las personas que hacen buenas acciones con el fin de ser reconocidos recibirán la bendición que buscaban, el reconocimiento, pero no pueden esperen también las bendiciones celestiales. Si queremos esas bendiciones, se nos manda a hacer nuestra obras buenas en "en secreto."

El élder Bruce R. McConkie dijo: "La limosna es la contribución de obsequios para aliviar a los pobres; el espíritu que asiste a una acción de este tipo es de Dios y encuentra su manifestación más alta en las empresas caritativas organizadas de Su reino terrenal.... En los tiempos modernos la mayor parte de la limosna de los Santos se administra a través del gran Plan de Bienestar de la Iglesia."[1]

El élder William R. Bradford, de los Setenta, una vez habló con el obispo de un barrio cuya juventud había trabajado para ganar dinero para una actividad. El obispo pidió al El élder Bradford si podría ayudar a los jóvenes conseguir un poco de reconocimiento por lo que habían hecho. Para sorpresa del obispo, El élder Bradford dijo que no lo haría. Dijo que se alegraba de que los jóvenes hubieran trabajado duro, pero que no era importante que recibieran el reconocimiento público por ese trabajo.

Cuando la juventud decidió donar su dinero al fondo misional general de la Iglesia en vez de usarlo para la actividad, ellos quisieron tomarse una foto con El élder Bradford, ya que habían hecho la donación, y querían tener la foto y un artículo puesto en el periódico. De nuevo Elélder Bradford los sorprendió al decir "no." Le dijo al obispo: "Es posible que considere ayudar a los jóvenes a aprender una ley más alta de reconocimiento. El reconocimiento de que es alto es silente. Está cuidadosamente y silenciosamente grabado allí. Hágales sentir la alegría y guardar en sus corazones y almas el tesoro que proviene del servicio desinteresado y silente."[2]

- **Mateo 6:5–13** (3 Nefi 13:5–13) **La forma en que debemos orar.** Debemos orar sinceramente, no para la gloria de los hombres o con "vanas repeticiones" (frases vacías) (Moroni 7:6–9). En cuanto a la gloria de los hombres, el Señor advierte una vez más que las personas que "aman oran de pie en las sinagogas y en las esquinas de las calles, para ser vistos de los hombres" ya tienen su recompensa de ser vistos, y no pueden esperan que sus oraciones sean contestadas. Esto no condena la oración pública que ocurre regularmente en nuestras iglesias y otros lugares públicos, sino que condena a la oración que se ofrece para "mostrarse" o para que aparezca "justa" delante de los hombres. Para el Señor, aquel es un discurso orgulloso, no una oración.

  Dios Ya Conoce Nuestras Necesidades: En el versículo 8 el Señor introduce otro principio importante de la oración—que "vuestro Padre sabe de qué cosas tenéis necesidad antes que vosotros le pidáis." ¿Por qué, entonces, es qué tenemos que orar si Dios ya sabe lo que necesidad y los deseos de nuestros corazones? Él nos da la respuesta más adelante en Su sermón, como se registra en 3 Nefi 14:7–11 (Mateo 7:7–11).

- **Mateo 7:7–11** (3 Nefi 14:7–11) **El propósito de la oración.** El Señor enseñó a los judíos y a los nefitas que debemos llevar nuestras preocupaciones a Dios, dándonos cuenta que Él ya conoce nuestras necesidades y quiere bendecirnos. Como cualquier buen padre, Él se preocupa por lo que queremos y necesitamos y escucha con atención nuestras peticiones. El Señor pregunta, "¿Qué hombre hay de vosotros, que si su hijo le pide pan, le dará una piedra? ¿O si le pide un pescado, le dará una serpiente? Pues si vosotros, siendo malos, sabéis dar buenas dádivas a vuestros hijos, ¿cuánto más vuestro Padre que está en los cielos dará cosas buenas a los que le pidan?" (vv. 9–11).

  La promesa: "Pedid, y se os dará a vosotros; buscad y hallaréis; llamad, y se os abrirá. Porque todo aquel que pide, recibe; y el que busca, halla; y al que llama, se le abrirá "(vv. 7–8). He oído explicar muchas veces que esto significa que Él contestará nuestras oraciones "si se trata de lo que es correcto para nosotros." Y, por supuesto, que es verdad que Él vela por nosotros y hace lo que es correcto para nosotros en todas las circunstancias, aunque no siempre podamos entender Su propósito o Su tiempo.

Pero creo que hay algo más que se puede decir acerca de este principio. Al final, el Señor nos da, precisamente, lo que queremos, de acuerdo con los deseos de nuestro corazón. Si deseamos éxito y estamos dispuestos a trabajar por ello, Él nos lo concede. Si deseamos la alabanza de los hombres, podemos recibirla. Si queremos vivir en el pecado, podemos hacerlo. Si queremos vivir como "hombres buenos de la tierra", pero no ir más allá de esa norma, se nos permite hacerlo por el resto de la eternidad en el reino terrestre. Pero si nuestros estándares son más altos y nuestros deseos más profundos, recibiremos esas bendiciones mayores, a condición, por supuesto, que hagamos lo que se requiere.

Cuando enseño sobre el tema de la oración personal, me gusta recordarle a mis estudiantes que no están "recordando" al Dios de sus necesidades, ni están allí para dar una conferencia sobre cuándo y cómo se supone  que Él que debe responder. Confieso que en mis momentos de impaciencia, he hablado con el Señor en oración, como si yo le estuviera dando una conferencia sobre lo que obviamente necesitaba y aún no había recibido. Pero este no es el propósito de la oración. Es mi oportunidad para aconsejarme con Él, para expresar los deseos más profundos de mi corazón, para darle gracias por toda su bondad providente para mí y para mi familia y amigos, y para pedir su ayuda con mis problemas.

No necesito armar una "lista" de todos aquellos que necesitan ser bendecidos y asegurarme de recitarla en cada oración, como si yo de alguna manera negligente me olvidara de alguien. Con demasiada frecuencia, dichas listas conducen a "vanas repeticiones" que toman el lugar de la comunicación sincera. Él también conoce las necesidades de los demás, y aprecia mi preocupación por ellos y escucha mis peticiones en su nombre. Pero es más importante llevar frente a Él los temas del día y los deseos más sinceros de mi corazón, y escuchar con atención su inspiración tanto mientras voy a orar como durante todo el día a partir de entonces.

<u>La oración del Señor</u>: La oración del Señor es un ejemplo de oración propia, no una oración fija que se debe repetir palabra por palabra. Es un ejemplo del tipo de cosas que debemos orar y la humilde actitud con la que debemos hacerlo. El Señor incluye todo lo siguiente.

- — Sostenimiento.
- — La capacidad de perdonar.
- — Perdón.
- — Poder para vencer la tentación y el mal.
- — El Reino (la Iglesia y el Reino de Cristo por venir).
- — Por la voluntad del Señor que se hagan todas las cosas.

El élder Dallin H. Oaks comentó sobre el tipo de lenguaje que debemos usar cuando oramos: "El lenguaje especial de oración sigue diferentes formas en diferentes idiomas, pero el principio es siempre el mismo. Debemos abordar oraciones a nuestro Padre Celestial en palabras que los hablantes de ese idioma asocien con el amor y el respeto y la reverencia y la cercanía. . . . Los hombres y las mujeres que desean mostrar respeto que se tomen el tiempo para aprender el lenguaje especial de la oración."[3]

El obispo H. Burke Peterson nos dio este consejo en cuanto a cómo y dónde orar:

> Vaya donde pueda estar solo, vaya a donde usted puede pensar, vaya a donde usted pueda arrodillarse, vaya a donde usted pueda hablarle en voz alta. Sirven el dormitorio, el baño, el armario.
>
> Ahora, dibújelo en el ojo de su mente. Piense a quién está hablando, controle sus pensamientos—no los deje vagar, diríjase a Él como su Padre y Amigo.
>
> Ahora dígale las cosas que realmente siente que quiere decirle— no las frases trilladas— que tienen poco significado, sino que tenga un sincero, conversación sentida con Él. Confíe en Él, pídale perdón, ruegue con Él, goce con Él, dele las gracias, exprese su amor por Él, y luego escuche Sus respuestas.
>
> Escuchar es una parte esencial de la oración. Las respuestas del Señor vienen en silencio—siempre muy calladamente. De hecho, pocos oyen Sus respuestas de forma audible con sus oídos. Debemos estar escuchando con mucho cuidado o nunca vamos a reconocerlas. La mayoría de las respuestas del Señor se dejan sentir en nuestro corazón como una expresión cálida confortable, o pueden venir a nuestra mente en forma de pensamientos. Ellos llegan a aquellos que están preparados y que son pacientes.[4]

- **Mateo 6:14–15** (3 Nefi 13:14–15) **Perdonar a los demás**. Debemos perdonar a otros si esperamos ser perdonados por nuestros pecados (v. 14), y si nos negamos a perdonar, entonces "tampoco vuestro Padre os perdonará vuestras ofensas" (v. 15). El Señor dijo más adelante en este sermón, "Con la medida con que medís, seréis medidos a su vez" (3 Nefi 14:2; Mateo 7:2). Por esto podemos ver fácilmente por qué es que los que son misericordiosos con los demás reciben misericordia a cambio.

- **Mateo 6:16–18** (3 Nefi 13:16–18) **El ayuno adecuado**. Debemos ayunar con sinceridad y de forma privada, no para la gloria de los hombres. (D. y C. 10:5; 63:64; 88:119; 93:49). Cuando hacemos hincapié en nuestro ayuno a los demás, o con una "cara triste" para que sea obvio que estamos en ayunas, "tenemos [nuestra] recompensa" y no cabe esperar ninguna otra bendición del ayuno. El Señor dice: "Cuando ayunes, unge tu cabeza y lava tu rostro," por lo que "no muestres a los hombres que ayunas" (vv. 17–18). Si lo hacemos, entonces nuestro Padre en el Cielo, que sabe que estamos ayunando, "te recompensará en público" (v. 18).

### Prioridades y Valores Apropiados

Ciertas partes del sermón se dirigían a los doce, y a otros que fueron llamados al servicio de tiempo completo en el reino (3 Nefi 13:25–34, Mateo 6:25–34), y el consejo dado en estos pasajes de las Escrituras no necesariamente se aplica en general a los miembros de la Iglesia. Sin embargo, algunos de estos consejos pueden aplicarse en general a nuestras prioridades y valores.

El élder James E. Talmage dijo: "Algunas partes de esta dirección integral estuvieron dirigidas expresamente a que habían sido discípulos, o pudieran ser llamados al apostolado, y en consecuencia, se les requería renunciar a todos sus intereses mundanos para las labores del ministerio; otras partes fueron y son de aplicación general."[5]

- **Mateo 6:19–24** (3 Nefi 13:19–24) **Tener un ojo que sea "único"**. No debemos poner nuestro corazón en las cosas del mundo, sino buscar los "tesoros en el cielo."

  El élder Bruce R. McConkie dijo: "Tesoros en el cielo son el carácter, las perfecciones y atributos que los hombres adquieren por la obediencia a la ley. Por lo tanto, aquellos que ganan esos atributos de la divinidad, como el conocimiento, la fe, la justicia, la justicia la misericordia y la verdad, va a encontrar estos mismos atributos restituidos a ellos. . . en la inmortalidad (Alma 41:13–15)."[6]

  El Señor observa que nuestros "corazones" se establecerán en las cosas que más atesoramos (v 21). En una forma mucho menos elegante, he tratado de enseñar este principio a mis hijos al observar que "La gente hace lo que realmente quieren hacer, así que presten atención a lo que hacen, no a lo que dicen." Expresamos nuestros valores por medio de nuestras acciones.

  El élder Dallin H. Oaks dijo:

  > En otras palabras, los tesoros de nuestros corazones—nuestras prioridades—no deberían ser las cosas destructibles y temporales de este mundo. . . . Los que predican el evangelio del éxito y la teología de la prosperidad están sufriendo de "el engaño de las riquezas", y de suponer que "la ganancia es piedad" (1 Timoteo 6:5). La posesión de riqueza o la adquisición de ingresos importantes no es una señal del favor divino, y su ausencia no es prueba de la desaprobación divina. Las riquezas pueden ser una de las bendiciones que siguen a un buen comportamiento—como el pago del diezmo (Malaquías 3:9–12.), Pero la riqueza también puede ser adquirida a través de la suerte de un buscador o como el fruto de la falta de honradez. . . . En medio de expresiones proféticas sobre su segunda venida, el Salvador advirtió que no debemos estar tan preocupados con los cuidados de esta vida, no vaya a ser que no estemos preparados para ese gran día: "Mirad también por vosotros mismos, que en ningún momento vuestros corazones se carguen de glotonería y embriaguez y de los afanes de esta vida, ya que el día puede venir sobre vosotros de improviso" (Lucas 21:34). . . . El Libro de Mormón identifica el amor a las riquezas y el orgullo que engendra, como la causa de la caída espiritual y temporal del pueblo de Dios.[7]

  El Señor también utiliza el "ojo" como una metáfora de este principio de prioridades y valores. Dado que el ojo es la "luz del cuerpo," aquello que elegimos para centrarnos llenará nuestras mentes y cuerpos (v. 22). Si lo que vemos es el mal, estaremos llenos de "tinieblas" (v. 23). Por lo tanto, debemos tener cuidado con lo que nos permitimos ver.

Por último, el Señor observa que es imposible para nosotros, servir a la vez a Dios y a las riquezas (v 24; D. y C. 88: .67–69). Para comprender esta enseñanza debemos saber que "riquezas" es la palabra aramea para la riqueza mal habida. No podemos "servir a dos señores", y con el tiempo tendremos que "aborrecer a uno y amar al otro" o también "estimar a uno y menospreciar al otro" (v. 24). Siendo esto cierto, si hemos puesto nuestros corazones demasiado en las cosas de este mundo, la única forma en que el Señor nos puede salvar es romper nuestros corazones.

El élder Marvin J. Ashton dijo:

> Hoy en día, muchos se ven envueltos en su amor por los bienes mundanos porque piensan que les traerá fama, fortuna y popularidad. Ellos, también, cosechan las recompensas de amar de forma incorrecta, porque ellos aprenderán a amar aquello a lo que sirven,. . . . Ellos también tendrán la recompensa de amar las cosas malas, entonces lo sacrifican todo—la vida, la salud y la libertad—por aquello que piensan que son tesoros. El amor sensual por las drogas y la mentira crece a medida que servimos en estas áreas que Satanás ha hecho tan atractivas. Los lazos del amor son fuertes e intensos en proporción a nuestro servicio continuo. Un hombre que aprende a amar una mentira sirve deshonestamente toda su vida. De hecho, un adicto a las drogas, por lo general puede curarse más rápidamente de lo que puede un mentiroso. Uno de los mayores logros de Satanás en estos últimos días es su éxito en volver el afecto de los hombres hacia lo destructivo, lo fugaz, lo mundano.[8]

El presidente James E. Faust dijo:

> El Señor nos ha bendecido como pueblo con bendiciones temporales sin igual en la historia de la Iglesia. Estos recursos nos han sido dados para hacer el bien y para permitir que se acelere nuestro trabajo en la tierra. Pero temo que a través de la prosperidad, muchos de nosotros hemos estado preocupados por lo que Daniel llama "dioses de plata y oro, de bronce, de hierro, de madera y de piedra, que ni ven, ni oyen, ni saben" (Dan. 5:23). Estos, por supuesto, son ídolos. . . . Durante la mayor parte de la historia del mundo, la humanidad ha trabajado mucho en la idolatría, ya sea adorando a dioses falsos o preocupándose por la adquisición de la opulencia material de este mundo. . . . El requisito que debemos amar al Señor por encima de hacernos de cuentas bancarias, automóviles, ropa fina, acciones, bonos, certificados de depósito, o cualquier otra posesión es total; es absoluta.[9]

El presidente Spencer W. Kimball dijo:

> El Señor nos ha bendecido como pueblo con una prosperidad sin igual en tiempos pasados. Los recursos que se han puesto a nuestra disposición son buenos y necesarios para nuestro trabajo aquí en la tierra. Pero me temo que muchos de nosotros hemos sido saciados con rebaños y manadas, tierras, graneros y riquezas, habiendo comenzado a adorarlos como dioses falsos, y ellos tienen poder sobre nosotros. ¿Tenemos más de estas cosas buenas de las que nuestra fe puede soportar? Muchas personas pasan la mayor parte de su tiempo trabajando al servicio de la imagen de sí mismo que incluye suficiente dinero, acciones, bonos, carteras de inversión, propiedades, tarjetas de crédito, muebles, automóviles, y similares para garantizar la seguridad carnal a lo largo, de la que espera ser, una vida larga y feliz. ¿Ha olvidado el hecho que nuestra tarea es utilizar estos muchos recursos en nuestras familias y quórums para edificar el reino de Dios—para

promover el esfuerzo misionero y la obra genealógica y el templo; para criar a nuestros hijos como fructíferos siervos del Señor; para bendecir a otros en todos los sentidos, para que ellos también sean fructíferos. En cambio, gastamos estas bendiciones en nuestros propios deseos, y como dijo Moroni, "adornáis con lo que no tiene vida, y sin embargo, permitís que el hambriento, y los necesitados, y los desnudos, los enfermos y los afligidos pasen por vuestro lado sin hacerles caso" (Mormón 8:39).[10]

- **Mateo 6:25–34** (3 Nefi 13:25–34) **Poner las cosas de Dios en primer lugar en nuestras vidas**. Jesús estaba hablando a sus doce cuando dijo "no os preocupéis por vuestra vida, qué habéis de comer o qué habéis de beber; ni con qué habéis de vestir vuestro cuerpo" (v. 25). Este fue un mandamiento específico para que no se preocuparan de sus necesidades temporales, ya que se les suministrarían en la medida que sirvieran a su Maestro.

HEINRICH HOFMANN

El élder Bruce R. McConkie dijo: "Esta parte del Sermón de la Montaña estaba dirigida a los Apóstoles y como tales fueron llamados a abandonar sus ocupaciones temporales y llevar el mensaje de salvación al mundo. . . . Para el momento y la temporada de su servicio misionero, se quiere que no tengan ninguna preocupación por las empresas o actividades temporales. Deben estar libres de las perturbadoras obligaciones que siempre pesan sobre los que manejan los asuntos temporales. Toda su atención y toda su fuerza y talento han de estar centrados en la obra del ministerio, y tienen la promesa del Padre que Él cuidará de sus necesidades diarias."[11]

Para ilustrar este principio, el Señor llama su atención sobre las "aves del cielo", que "no siembran, ni siegan, ni recogen en graneros; y vuestro Padre celestial las alimenta. ¿No valéis vosotros mucho más que ellas?" (v. 26). Además, les invita a "considerar las lirios del campo, cómo crecen; no trabajan ni hilan; Y sin embargo, yo os digo, que ni Salomón, en toda su gloria, se vistió como uno de ellos" (vv. 28–29). Si Dios cuida de las aves y las flores, entonces Él seguramente se hará cargo de sus siervos, "pero vuestro Padre celestial sabe que tenéis necesidad de todas estas cosas" (vv. 30–32). Ellos fueron a "buscar. . . primero el reino "y" tomarzo de . . sin pensar en el mañana" (vv. 33–34).

Al observar el espíritu de este mandamiento, nosotros, tampoco deberíamos dejarnos atrapar por las preocupaciones vanas de lo bien que comemos o vestimos, pero <u>no</u> se nos manda a "no pensar" en nuestras necesidades temporales, como lo están las Autoridades Generales. Se espera de nosotros que proveamos para nosotros y nuestras familias.

Catalina Thomas dijo: "No os preocupéis por la que es una traducción anodina de la palabra griega *merimneseteque* que significa estar muy ansioso por algo. [Jesús] usó la palabra seis veces en este pasaje. En efecto, nos invitó a evitar la ansiedad por los muchos elementos de nuestra vida que están más allá de nuestro control. . . . Señaló que si hacemos de la voluntad de Dios y la promoción de la causa de Sión el único objetivo de nuestra vida, los elementos incontrolables de la vida, algún día en un tiempo, cuidarán de sí mismos, y podemos vivir sabiendo que las fuerzas del universo están trabajando para nuestro beneficio. Mateo 6:34 traduce la palabra griega *kakia* como el mal. El versículo podría traducirse con precisión: "No se preocupen excesivamente porque el día de mañana traerá sus propias preocupaciones. Los problemas (o dificultades) del día ya son suficientes por hoy.'"[12]

### Tratos Adecuados con Nuestros Semejantes

- **Mateo 7:1–5** (3 Nefi 14:1–5 ) **Juzgar rectamente**. No debemos juzgar a otros injustamente. En cambio, debemos considerar nuestros propios pecados antes de criticar a los demás. La versión de TJS de Mateo 7:2 dice: "No juzguéis injustamente, no sea que seáis juzgados; sino juzgad con justo juicio" (con la asistencia de la Luz de Cristo y el Espíritu Santo).

  En relación con este mandamiento, el Señor sugiere que deberíamos centrarnos en los "rayos" (grandes problemas) en nuestras propias vidas antes de preocuparnos por las "motas" (pequeñas faltas) que podemos notar en otros. Es cierto que parece que somos mucho más hábiles para identificar las faltas de los demás de lo que somos para identificar las nuestras. Como cada uno de nosotros será responsable de nuestros propios actos y no de los demás, nuestro enfoque debe estar en corregirnos a nosotros mismos.

  Moroni añadió que deberíamos " asirnos a todo lo bueno, y no condenarlo " (Moroni 7:19), lo que sugiere que debemos ver lo bueno de las cosas siempre que sea posible.

  La siguiente historia contada por Jesse W. Crosby ilustra este principio.

  > Fui un día a ver al Profeta con una hermana. Ella tenía para hacer un cargo de escándalo contra uno de los hermanos. Cuando el Profeta hubo escuchado su queja, le preguntó si estaba segura si lo que el hermano había dicho de ella era totalmente falso. Ella estaba segura de que lo era. Entonces, él le dijo que no debía pensar más en ello, ya que no podría hacerle daño. La falsedad, no podría vivir, pero la verdad va a sobrevivir. Todavía ella sentía que debía tener cierta de reparación.
  >
  > Entonces él le ofreció el método que él tenía para tratar con estos casos por sí mismo. Cuando un enemigo le había contado una historia escandalosa sobre él, como a menudo lo había hecho, antes que él lo hubiese juzgado, se detenía y dejaba que su mente volviera a la hora y a la escena de la historia para ver si inadvertidamente había dejado pasar alguna palabra o acto para reconstruir la historia. Si se encontraba con que lo había hecho, dijo que entonces, en su corazón perdonaba a su enemigo, y se sentía agradecido de que hubiera recibido la advertencia de una debilidad que no sabía que poseía.

Luego dijo a la hermana que hiciera lo mismo: bucear en su memoria a fondo para ver si ella misma, inconscientemente, sentó las bases para el escándalo que le molestaba. La hermana pensó profundamente durante unos momentos y luego confesó que ella creía que efectivamente lo había hecho. Entonces el Profeta le dijo que en su corazón, ella podía perdonar a aquel hermano que había arriesgado su buen nombre y su amistad, dándole esta visión más clara de sí misma. La hermana agradeció su consejo y se fue en paz.[13]

- **Mateo 7:6** (3 Nefi 14:6) **Enseñar doctrinas básicas y tener cuidado con las cosas sagradas**. Si bien este versículo: "No deis lo santo a los perros, ni echéis vuestras perlas delante de los cerdos", es el mismo que uno encuentra en Mateo 7:6, en la versión de TJS de este mandamiento (TJS Mateo 7:9 –11), Jesús ordena a Sus discípulos predicar el arrepentimiento en lugar de enseñar los misterios del reino. Así, mientras que no debemos pensar que debemos ocultar a nadie los primeros principios, no debemos ofrecer cosas sagradas a los que no las aprecian o son indignos de ellas.

  El élder Boyd K. Packer dijo: "No es prudente hablar continuamente de experiencias espirituales extraordinarias. Han de ser vigiladas con cuidado y compartirlas sólo cuando el Espíritu nos induzca a utilizarlas para la bendición de otros. Yo soy siempre muy consciente de las palabras de Alma [en Alma 12:9]."[14]

  El élder Packer también dijo: "El maestro también debe ser sabio en el uso de sus propias experiencias espirituales. He llegado a creer que las experiencias espirituales profundas, en su mayor parte se dan a los individuos para su propia instrucción y edificación, y de ordinario no se habla de ellas. . . . También hay una escritura que dice: "No deis lo santo a los perros, ni echéis vuestras perlas delante de los cerdos, no sea que las pisoteen, y se vuelvan y os despedacen" (Mateo 7:6). Las experiencias personales sagradas sólo deben ser compartidas en raras ocasiones."[15]

  Hablando de sus propias experiencias sagradas, dijo el presidente Marion G. Romney, "Yo no digo todo lo que sé. No le he dicho a mi esposa todo lo que sé. He descubierto que si le digo todo lo que sé y le explico cada experiencia que he tenido, el Señor no confiará en mí."[16]

THEBIBLEREVIVAL.COM, #30

- **Mateo 7:12** (3 Nefi 14:12) **La regla de oro**. Esta es quizás una de las afirmaciones más conocidas del Salvador, ordenándonos tratar a los demás como nos gustaría ser tratados. La frase "esta es la ley y los profetas" significa que todas las enseñanzas de la ley de Moisés y los profetas tienen este principio como su tema central. Tal vez, no haya mejor medida de un "cristiano" que la forma en que trata a los demás, especialmente cuando no conocen bien a esos otros, o incluso son enemigos.

El élder Marvin J. Ashton describió una reunión en la que un grupo de miembros de la Iglesia consideró la pregunta "¿Cómo se puede saber si una persona se ha convertido a Jesucristo?"

"Durante cuarenta y cinco minutos, los asistentes hicieron numerosas sugerencias en respuesta a esta pregunta, y el líder escribió con cuidado cada respuesta en una gran [pizarra]. Todos los comentarios fueron reflexivos y adecuados. Pero después de un tiempo, este gran maestro borró todo lo que había escrito. Entonces, reconociendo que todos los comentarios habían valido la pena y habían sido apreciados, enseñó un principio vital: "El indicador mejor y más claro que estamos progresando espiritualmente y estamos aproximándonos a Cristo es la manera en que tratamos a otras personas.»... La manera en que tratamos a los miembros de nuestras familias, nuestros amigos, aquellos con los que trabajamos cada día es tan importante como lo son algunos de los principios del Evangelio más notables que a veces destacamos."[17]

## Conversión Verdadera y Adecuada

- **Mateo 7:13-14** (3 Nefi 14:13-14) **El camino a la vida eterna es estrecho**. La puerta que abre el camino a la salvación es "estrecha" —tiene requisitos estrictos. No es amplia y global, como muchos falsos profetas y maestros nos quieren hacer creer. Incluso el mismo Señor Jesucristo entró en el reino por el bautismo, aunque no tenía necesidad de la remisión de los pecados, diciendo que lo hizo "para cumplir toda justicia" (Mateo 3:15). ¿Entonces, podemos omitir este requisito y todavía esperar las bendiciones del cielo? No. La puerta a la destrucción ciertamente es amplia", y muchos son los que entran por ella" (v. 13). Pero "estrecha es la puerta, y angosto el camino que lleva a la vida, y pocos son los que la hallan" (v 14).

- **Mateo 7:15-20** (3 Nefi 14:15-20) **Guardaos de los falsos profetas**. El Señor advierte que los falsos profetas siempre llegan a nosotros "con vestidos de ovejas, pero por dentro son lobos rapaces" (v. 15). En otras palabras, tratan de dar la impresión de ser sinceros, los miembros de la Iglesia temerosos de Dios, como todo el mundo. Pero sus motivos y sus enseñanzas son mortales. ¿Cómo podemos evitar ser engañados por estos lobos? La respuesta del Señor es simple: "Vosotros los conoceréis por sus frutos" (v 16). Teniendo en cuenta que "todo buen árbol da buenos frutos; pero el árbol malo da frutos malos " (v. 17), se nos advierte prestar atención al espíritu y a los resultados de lo que hacen y enseñan y juzgarlos por esos "frutos "(v. 20).

  Esta enseñanza es particularmente importante hoy, cuando hay muchos falsos profetas que están dispuestos a enseñarnos "las filosofías de los hombres mezcladas con las Escrituras." La versión de Mateo 24:23 de TJS dice que en los postreros días "si es posible, aun a los muy escogidos, que son los elegidos de acuerdo con el pacto ", que significa los miembros fieles de la Iglesia. Con demasiada frecuencia, escuchamos demasiada filosofía y psicología y sociología de nuestros púlpitos y en los salones de clase, y muy poco la enseñanza y el testimonio de Cristo. Debemos tener cuidado de tal filosofía, que no nos puede salvar e incluso puede "engañar [nuestras] almas, y llevar [nos] cuidadosamente al infierno" (2 Nefi 28:21).

El élder Bruce R. McConkie dijo:

> Nos reunimos en congregaciones, buscando la guía del Espíritu Santo, estudiando las revelaciones, escuchando la lectura de las Escrituras, y las expresiones de la doctrina y el consejo dado por aquellos que están nombrados. Estas enseñanzas deben ser entregadas por el poder del Espíritu Santo. Ellas deben ser recibidas por el mismo poder. Y si lo son, entonces el que habla y el oyente estarán mutuamente edificados y tendremos un culto verdadero y apropiado. . . . En otras ocasiones tenemos reuniones donde viene el disertante y lo único que trae es una pequeña taza de la verdad eterna, y las miembros de la congregación vienen con una jarra grande, y todo lo que obtienen en sus jarras es el pequeño regate que vino de un hombre que debería haber sabido más y que debería haberse preparado y hablado de las revelaciones y hablado por el poder del Espíritu Santo. En la Iglesia tenemos la obligación de hablar por el poder del Espíritu. Se nos manda atesorar las palabras de luz y la verdad y proporcionar la parte que sea apropiada y necesaria para cada ocasión.[18]

- **Mateo 7:21–23** (3 Nefi 14:21–23) **Debemos hacer la voluntad de nuestro Padre Celestial para entrar en el reino de los cielos** (v 21; D. y C. 130:20–21.). Profesar el discipulado no es suficiente, ni tampoco es hacer obras buenas o incluso milagros (vv. 21–22). La versión de la Biblia y la del Libro de Mormón de esta escritura dicen, "entonces yo les declararé: *Nunca os conocí*; apartaos de mí, hacedores de maldad" (v. 23, énfasis añadido). Pero la versión de TJS se lee de manera diferente. "Y entonces Yo os diré, *Vosotros nunca me conocisteis*; apartaos de mí hacedores de maldad "(TJS de Mateo7:33, énfasis añadido).

- **Santiago 2:19–20** Saber que Jesús es el Cristo no nos salva. Lucifer mismo "sabe que Jesús es el Cristo," pero no lo salva. La salvación nos obliga en base a ese conocimiento, a actuar con fe haciendo la voluntad de nuestro Padre.

- **Mateo 7:24–27** (3 Nefi 14:24–27) **La parábola del hombre sabio**. El Señor cierra su sermón con esta parábola, que enseña que debemos establecer nuestra fe sobre la "roca" de la acción—no sólo escuchar, sino *hacer* la voluntad de Cristo (v. 24). Tener fe sin hacer lo que creemos, o cualquier otra aproximación a la salvación, es como construir nuestra fe sobe "arena" (v. 26). Sólo de esta manera podemos capear las tormentas de la maldad y la adversidad (v. 27; Helamán 5:12).

**Notas** (Todas las referencias son de las versiones en idioma inglés de los textos que se citan.)

1. *Doctrina Mormona*, 2.º edición (1966), págs. 30–31.
2. En Reporte de La Conferencia, octubre de 1987, págs. 90–91; o revista *Liahona*, enero de 1987, pág. 75.

3. En Reporte de La Conferencia, abril de 1993, págs. 17, 20; o revista *Liahona*, mayo de 1993, págs. 16, 18.

4. Revista *Liahona*, enero de 1974, pág. 19.

5. *Jesús el Cristo*, Clásicos Revisados en la Edición de la Literatura Mormona (1983), pág. 215.

6. *Comentario Doctrinal del Nuevo Testamento*, 3 volúmenes (1965–1973), 1:239.

7. *Puros de Corazón* (1988), págs. 74–75, 77, 79.

8. *Vosotros sois mis Amigos* (1972), págs. 10–11.

9. Revista *Liahona*, mayo de 2001, pág. 45.

10. *Las Enseñanzas de Spencer W. Kimball*, editado port Edward L. Kimball (1982), págs. 357–358.

11. *Comentario Doctrinal del Nuevo Testamento*, 1:243.

12. "El Sermón de la Montaña: El Sacrificio del Corazón Humano", en *Estudios en las Escrituras, vol., 5: Los Evangelios*, editado por Kent P. Jackson y Robert L. Millet (1986), págs. 245–246.

13. Citado en *Ellos conocieron al Profeta: Cuentos Personales de más de 100 personas que Conocieron a José Smith,* compilado por Hyrum L. Andrus y Helen Mae Andrus (2004), págs. 139–140.

14. "*La lámpara de Jehová," revista Liahona*, enero de 1983, pág. 53.

15. *Enseñad Diligentemente* (1975), pág. 326.

16. Citado por Boyd K. Packer, Serie de Conferencias a los Empleados de la Iglesia, 18 de enero de 1980.

17. En Reporte de La Conferencia, abril de 1992, pág. 25; o revista *Liahona*, mayo de 1992, pág. 20.

18. "*Las Siete Herejías Mortales*," Universidad Brigham Young alocución junto a la chimenea, 1 de junio de 1980.

Capítulo 10

# "Llevad mi Yugo . . . mi Carga es Ligera"

(Mateo 6-7; 3 Nefi 13-14)

---

## INTRODUCCIÓN

### Los Primeros dos Años del Ministerio de Jesús

Durante los dos primeros años de ministerio del Salvador, el Nuevo Testamento registra 45 eventos. En el primer año de su ministerio Él se identificó como el Mesías prometido, y realizó muchos milagros que atestiguan su divinidad. Debido a estos milagros, Él se hizo cada vez más popular entre la gente, lo que produjo una gran oposición de líderes judíos que sentían que Su ministerio desafiaba sus tradiciones y la autoridad rabínica.

PROVIDENCE LITHOGRAPHIC CO., 1905, #38

Debido a la oposición en Jerusalén, Jesús fue a Galilea y pasó la mayor parte de su tiempo a enseñando allí, velando su mensaje con parábolas. Al término del segundo año, llamó a los Doce Apóstoles y los ordenó. Pasó bastante tiempo entrenando con el ejemplo y el precepto en sus muchos deberes del sacerdocio. Luego los envió como misioneros a los habitantes de Israel.

### Comienza el Tercer Año

Con sólo un año restante de su ministerio terrenal, Jesús fijó su atención en Jerusalén y en el propósito primordial de Su venida al mundo—para hacer un sacrificio expiatorio por los pecados de los hombres. Tenemos la sensación de un ritmo creciente a medida que su vida se acerca a sus momentos más críticos. También realizó algunas de sus más impresionantes milagros.

- — Sanó a un hombre en el estanque de Betesda.
- — Alimentó a cinco mil.
- — Impidió que las masas le hicieran forzadamente rey.
- — Caminó sobre el marzo de

Jesús enseñó sobre el servicio, las escrituras, la unidad y la pureza, y mostró gran misericordia hacia muchos de los que estaban sufriendo. También testificó de Su misión divina en el sermón del Pan de Vida, uno de los más importantes dados durante su ministerio de tres años.

## ENSEÑANZAS SOBRE LA JUSTICIA

### "Llevad mi Yugo sobre Vosotros y Aprended de Mí"

- **Mateo 11:28–30 Jesús invita a "todos los que están cansados y llevan cargas pesadas" a "venir a [Él]"** y Él les haría descansar de sus cargas (v. 28.). Él nos invita "Llevad mi yugo sobre vosotros, y aprended de mí, que soy manso y humilde de corazón y hallaréis descanso para vuestras almas"(v. 29). Un yugo es un marco o barra que se puede colocar en una o dos personas o animales que tiran o que llevan una carga pesada. El yugo equilibra la carga y hace que sea más fácil de manejar. Porque Jesús es la persona en la otra mitad de su yugo, "Su yugo es fácil, y su carga ligera" (v. 30). Jesús es la persona en la otra mitad de su yugo, "[Su] yugo es fácil, y [Su] carga es liviana" (v. 30).

  El presidente Howard W. Hunter dijo: "En los tiempos bíblicos, el yugo era un dispositivo de gran ayuda para aquellos que labraban el campo. Permitía que la fuerza de un segundo animal atado y acoplado al esfuerzo de un solo animal, intercambiar y reducir la pesada labor de arado o vagón. Una carga que era abrumadora o tal vez imposible de llevar por uno solo podría ser equitativa y cómodamente soportada por dos uncidos a un yugo común. . . . ¿Por qué enfrentáis las cargas de la vida solos?, pregunta Cristo o, por qué se enfrentan al soporte temporal que tan rápidamente a de faltar? Para los que soportan cargas pesadas está el yugo de Cristo, es el poder y la paz de pie, al lado de un Dios que proporcionará el apoyo, el equilibrio y la fuerza para enfrentar nuestros retos y soportar nuestras tareas aquí en el campo, de dura capa de la mortalidad."[1]

### Jesús es Señor del Sábado

C. FARRAR, 1894

- **Mateo 12:1–2 Los discípulos de Jesús recogen trigo ("maíz") en el día sábado (de reposo)** y los fariseos les condenan. Mientras caminaban por los campos de trigo en día sábado (de reposo), "sus discípulos tuvieron hambre, y comenzaron a arrancar espigas y a comer" (v. 1). Ayudarse a uno mismo con granos de trigo ("maíz") era perfectamente legal bajo la ley mosaica. Pero de acuerdo con las estrictas reglas concebidas por los fariseos, que no era "legal" cosechar en el día de reposo (v. 2), y arrancar espigas de trigo era, de acuerdo con sus reglas, cosechar.

- **Mateo 12:3–5 No toda actividad es una violación del sábado**. Recordó a los fariseos de cómo "David. . . cuando él tuvo hambre y los que estaban con él. . . entraron en la casa de Dios, y comieron los panes de la proposición, que no les era lícito [a ellos] comer,. . . sino solamente a los sacerdotes " (vv. 3–4). También señaló cómo "en los días de reposo los sacerdotes en el templo profanan el sábado, y son sin culpa" (v. 5). El trabajo en sí mismo no es malo en el día sábado (de reposo) cuando se hace para mantener la vida. Estaban haciendo a los hombres esclavos de sus reglas e ignorando el espíritu de la observancia del Sábado.

- **Mateo 12:6–8 El Señor quiere que tengamos misericordia, no sólo ceremonia, en el día Sábad**o. Fue el mismo Jesús, como el Jehová del Antiguo Testamento, que estableció el día de reposo. Por lo tanto, "el Hijo del hombre es Señor aun del día Sábado (de reposo)" (v. 8). Él realmente podía decir a los fariseos: "en este lugar está uno más grande que el templo" (v. 6). Él quiere centrarnos en "la misericordia, y no en sacrificios", en el día de reposo, y si los fariseos hubieran entendido esto que "no habrían condenado a los inocentes" (v. 7). La TJS dice que el sábado es un "día de descanso", un día para "glorificar a Dios" (TJS Marcos 2:26). Y Marcos registra al Salvador diciendo: "El sábado ha sido instituido para el hombre y no el hombre para el sábado" (Marcos 2:27).

- **Mateo 12:10–14 Jesús enseña acerca del sábado cuando Él sana a un hombre con una mano paralizada en el día Sábado** (véase también Lucas 13:10–17). Comer era una cosa. Curar era otra muy distinta. Los fariseos le trajeron a Jesús un hombre con una mano paralizada y le preguntaron: "¿Es lícito sanar en el día de reposo?" Tratando de encontrar una manera de acusar a Jesús de iniquidad (v. 10). Jesús sabiamente respondió: "¿Qué hombre habrá de vosotros, que tenga una oveja, y si ésta cayere en un hoyo en día sábado, no le eche mano, y la levante? Pues ¿cuánto más es que una oveja qué un hombre? Por tanto, es lícito hacer bien en los días sábados "(vv. 11–12).

A. BIDA, 1874

Entonces Jesús dijo al hombre: "Extiende tu mano. Y él la extendió, y le fue restaurada sana como la otra"(v. 13). Los fariseos estaban furiosos y "salieron, y tuvieron consejo contra él, para matarle" (v. 14).

- **Mateo 12:22–23 Jesús sana a un hombre que es ciego, mudo y poseído de un diablo**. Esta era una triple tragedia, dejando al hombre sin mucho más que un animal, capaz de escuchar, pero poco más, y también en posesión de espíritus malignos. Sólo podemos imaginar su sufrimiento extremo. Jesús "le sanó, de tal manera que el ciego y mudo veía y hablaba", sin dejar ninguna duda en la mente de las personas presentes que Él era verdaderamente "hijo de David", de quien había sido profetizado que vendría.

### La Importancia de la Unidad

- **Mateo 12:24–30 Un reino dividido no puede sostenerse**. Cegados por su arrogancia sectaria, los fariseos creían que Jesús realizó Sus milagros "por Belsebú, príncipe de los demonios" (v. 24). Esto no tenía sentido, dijo Jesús, ya que "todo reino dividido contra sí mismo es asolado; y toda ciudad o casa dividida contra sí misma, permanecerá Y si Satanás echa fuera a Satanás, está dividido contra sí mismo; ¿cómo, pues, permanecerá su reino?" (vv. 25–26). Les recordó que "si yo expulso los demonios por el Espíritu de Dios, entonces el reino de Dios ha llegado a vosotros" (v. 28), y ellos serían, por lo tanto, culpables de rechazar al Mesías. "El que no está conmigo, está contra mí; y el que conmigo no recoge, desparrama "(v. 30).

### Pensamientos y Acciones Puras

- **Mateo 12:35–37 Seremos juzgados incluso para nuestras palabras "ociosas".** Jesús señaló que "un hombre bueno, de buen tesoro del corazón saca buenas cosas: y el hombre malo, del mal tesoro saca malas cosas" (v. 35).. Nuestras palabras revelan nuestros pensamientos y nuestro carácter. Y por "toda palabra ociosa que hablen los hombres, de ella darán cuenta en el día del juicio" (v. 36). Por lo tanto, nuestras palabras nos justificarán o condenarán en el día del juicio (v. 37).

  — **Alma 12:14 Seremos juzgados por todas nuestras palabras, obras y pensamientos** (véase también Mosíah 4:29–30). "Porque nuestras palabras nos condenarán, sí, todas nuestras obras nos condenarán; no nos hallaremos sin mancha; y nuestros pensamientos también nos condenarán; y en este estado horrible no vamos a atrevernos a mirar a nuestro Dios; y nos daríamos por felices si pudiéramos mandar a las piedras y las montañas que caigan sobre nosotros para escondernos de su presencia".

  — **D. y C. 1:3** Nuestras iniquidades se darán a conocer a todos. "La rebeldes serán traspasados de mucho pesar; porque de sus iniquidades se hablan desde las azoteas, y sus hechos secretos serán revelados".

  — **D. y C. 88:109** También se conocerán las intenciones de nuestro corazón. Un ángel "tocará su trompeta, y revelará los hechos secretos de los hombres, y los pensamientos y las intenciones del corazón."

  — **D. y C. 121:34–36** El poder del sacerdocio depende de nuestra pureza. "He aquí, muchos son los llamados, pero pocos los escogidos. ¿Y por qué no son escogidos? Porque sus corazones están puestos demasiado en las cosas de este mundo, y aspiran demasiado a los honores de los hombres, que no aprenden esta lección—Que los derechos del sacerdocio están inseparablemente unidos a los poderes del cielo, y que los poderes de los cielos no pueden ser gobernados ni manejados sino conforme a los principios de la rectitud. "

— **D. y C. 121:45–46** La confianza en sí surge de la pureza de los pensamientos. "Deja también que tus entrañas se llenen de caridad hacia todos los hombres, y para la familia de la fe, y deja que la virtud engalane tus pensamientos incesantemente; entonces tu confianza se fortalecerá en la presencia de Dios; y la doctrina del sacerdocio destilará sobre tu alma como rocío del cielo. El Espíritu Santo será tu compañero constante, y tu cetro, un cetro inmutable de justicia y de verdad; y tu dominio será un dominio eterno, y sin ser compelido fluirá hacia ti por siempre jamás."

El élder Boyd K. Packer dijo: "Yo tengo la idea de que muchos van por la vida con su mente algo así como un lote de esquina en una intersección de la ciudad, sólo un lote sobre el que no hay casa. Se usa para muchas cosas—los niños cruzan a jugar, la gente cruza va de aquí para allá, a veces un coche va a tomar un atajo a través de él. Aquí está una mente, un campo de juego vacante; y cualquier persona que pasa se entrecruza. Yo ya no tengo eso. En mi lote tengo algunos carteles que dicen "Prohibido el paso", y luego enumero a quienes se refiere. No voy a consentir la más mínima contaminación de una fuente perversa. . . . Si un pensamiento como ese entra en mi mente, se lo trata como un intruso; se lo trata como un intruso no deseado. Yo consiento abiertamente y sin reservas,. . . suplicante, con todo la invitación— a la inspiración del Señor."[2]

El profeta José Smith dijo: "Si viven de acuerdo con estos principios, ¡cuán grande y glorioso será su recompensa en el reino celestial! Si viven de acuerdo con estos privilegios, los ángeles no pueden impedir que sean sus asociados. . . . Si queremos presentarnos ante Dios, debemos conservarnos puros, como Él es puro."[3]

## Muchos son Curados por Tocar Su Manto

- **Mateo 14:34–36 Se vuelven "sanos" con sólo tocar el borde de Su manto.** Jesús y sus discípulos regresaron de nuevo a "la tierra de Genesaret" y cuando se supo "todo lo que campos de alrededor, [ellos] trajeron a Él todos los enfermos; Y le rogaban que les dejase tocar solamente el borde de su manto; y todos los que tocaron, quedaron sanos".

  El éder Bruce R. McConkie dijo: "Tal vez ellos tenían conocimiento de la mujer que, plagada por doce años con un flujo de sangre, había sido sanada al tocar el borde de su manto (Marcos 5:25–34); quizás ellos consideraban como santos el ruedo de las prendas de vestir por el mandato divino que las prendas deben estar bordeadas en azul para que todo Israel pudiera "contemplar, y recordar todos los mandamientos del Señor, y lo hicieran' (Números 15:37–41); o tal vez, dominados por la presencia divina, buscaron incluso el más leve contacto físico al menos con Él. Pero en cualquier caso, tan grande era su fe que todos participaban de su infinita bondad y fueron sanados."[4]

## El Ceremonial vs. La Pureza Espiritual

El odio de los escribas y fariseos por Jesús había crecido hasta donde estaban conspirando para matarlo. Frustrado en un intento de llevar a Jesús a Jerusalén para poder cumplir con sus planes, los judíos enviaron una delegación a Jerusalén para intentar atrapar al Señor diciendo haciendo algo que les daría licencia para tomar su vida. Cuando estos judíos vieron algunos de los discípulos de Jesús comer sin lavarse las manos, acusaron a Jesús de no seguir la ley de Moisés.

A. BIDA, 1874

- **Mateo 15:1–3, 7–9 Mantener las tradiciones en lugar de los mandamientos.** Los fariseos se quejaron a Jesús que sus discípulos no se "lavan sus manos cuando comen pan " (v. 2). Este no era un requisito mosaico. Fue uno de los muchos cientos de reglas de procedimiento que los fariseos habían establecido para asegurarse que las personas mantuvieran la ley con exactitud. Pero se habían pasado de raya. Jesús les respondió con la pregunta "¿Por qué también vosotros quebrantáis el mandamiento de Dios por vuestra tradición?" (v. 3). Al igual que los sectarios de cualquier edad (incluyendo la nuestra), insistieron en que todo el mundo siguiera sus credos hechos por el hombre, incluso cuando contradijeran las Escrituras y los mandamientos. "Hipócritas", dijo Jesús, " bien profetizó de vosotros Isaías, cuando dijo: Este pueblo de labios me honra; mas su corazón está lejos de mí. Pues en vano me honran, enseñando como doctrinas, mandamientos de hombres" (vv. 7–9).

- **Mateo 15:3–6 Negando los mandamientos con sus reglas.** Jesús dijo que los fariseos transgredieron los mandamientos de Dios por sus tradiciones (v. 3). Como ejemplo, citó el mandamiento "Honrad a tu padre ya tu madre, y: El que maldiga al padre o a la madre, muera de muerte" (v 4.). A pesar de este mandamiento, se había convertido en tradición entre los judíos que "Cualquiera que dijera a su padre o a su madre: Es un regalo" podría "no honrar a su padre o a su madre [y] estar libre" de cualquier condena (vv.. 5 –6). Por lo tanto, por sus tradiciones habían "invalidado el mandamiento de Dios " (v. 6).

    — **Marcos 7:11 El concepto de "corbán."** El "regalo" sobre el cual Mateo escribe en la escritura anterior lo explica Marcaros como cuando "dijere un hombre al padre o a la madre: Es Corbán, es decir, un regalo. "La palabra "Corbán "significaba un regalo o sacrificio a Dios. Su uso permitía a un hombre hacer un voto para evitar cualquier obligación. Así, un hombre podía decir: "Corban a mí por un tiempo, es no ayudar a mis padres."[5] De esta manera la intención de las leyes "honra a tu padre ya tu madre", fue frustrada. El Salvador reprendió a los fariseos y escribas por eludir de esta manera las obligaciones legítimas.

- **Mateo 15:10–12, 15–20 La justicia viene de la pureza interior no del lavado externo.** Las acusaciones de los fariseos contra sus discípulos por no lavarse las manos eran espurias. "No lo que entra en la boca contamina al hombre; mas lo que sale de la boca, esto contamina al hombre" (v. 11). Era evidente que estaba hablando de las cosas que los fariseos estaban diciendo, y ellos "se sintieron ofendidos [por] estas palabras" (v. 12).

  Pedro le pidió al Señor que aclarara lo que quiso decir por Su dicho (v. 15). El Señor explicó que "¿todo lo que entra en la boca va al vientre, y es echado en la letrina? Pero lo que sale de la boca vienen del corazón; y esto contamina al hombre" (vv. 17–18). "Porque del corazón salen los malos pensamientos, los homicidios, los adulterios, las fornicaciones, los hurtos, los falsos testimonios, las blasfemias: Estas son las cosas que contaminan al hombre: pero comer con las manos sin lavar no contamina al hombre" (vv. 19–20) .

- **Mateo 15:13–14 Los fariseos son "ciegos guías de ciegos."** Jesús aconsejó a sus discípulos que no se preocupe acerca de la ira de los fariseos. "Toda planta que mi Padre celestial no haya plantado, será desarraigada", dijo (v. 13). "Dejadlos: son ciegos guías de ciegos. Y si un ciego guía a otro ciego, ambos caerán en el hoyo "(v. 14).

## ACONTECIMIENTOS IMPORTANTES Y SIMBÓLICOS

### Jesús Perdona a una Mujer en la Casa de un Fariseo

A. BIDA, 1874

- **Lucas 7:36–38 Una mujer pecadora lava los pies de Jesús en casa de Simón.** Jesús había sido invitado a comer en casa de Simón el fariseo, y cuando esto se supo, una mujer pecadora en esa ciudad lo buscó (vv. 36–37). La mujer trajo con ella "un alabastro de ungüento, y se puso a sus pies detrás de él llorando, y comenzó a lavar los pies con lágrimas, y los enjugaba con los cabellos de su cabeza, y lo besó en los pies, y los ungió con el ungüento" (vv. 37–38). Esta mujer sabía que su reputación podría precederla y que probablemente sería ridiculizada por haber entrado en la casa de Simón. Ella no sería bien recibida por algunos en la fiesta, pero ella vino de todos modos, buscando el perdón del Señor.

- **Lucas 7:39–43 Jesús cuenta la parábola de los dos deudores.** Simón era un fariseo, por lo que su atención no se centró no en la misericordia, sino en la pureza ceremonial. Pensó para sí: "Este, si fuera profeta, conocería quién y qué clase de mujer es la que le toca, que es pecadora" (v. 39). Jesús, percibió sus pensamientos y trató de enseñarle con una parábola.

  "Simón, tengo algo que decirte", dijo Jesús, y Simón respondió: "Maestro, dilo" (v. 40). "Hubo un acreedor tenía dos deudores: el uno le debía quinientos denarios, y el otro cincuenta. Y no teniendo ellos con qué pagar, los perdonó a ambos francamente. Di, pues, ¿cuál de ellos le amará más? "Sin esperar que Jesús terminara, Simón respondió: « Supongo que aquel a quien perdonó más. "Y Jesús respondió: " Tú has juzgado bien" (vv. 41–43).

- **Lucas 7:44–50 Jesús contrastó a Simón con la mujer arrepentida.** "Simón", dijo Jesús, "¿Ves esta mujer? Entré en tu casa, no me diste agua para los pies; mas ésta ha regado mis pies con lágrimas, y los ha secado con sus cabellos. No me diste beso, mas ésta, desde que entré, no ha cesado de besar mis pies. Mi cabeza con aceite no has ungido mas ésta ha ungido mis pies con perfume "(vv. 44–46).

  El élder James E. Talmage dijo: "Era costumbre de los tiempos tratar a un huésped distinguido con marcada atención; recibirlo con un beso de bienvenida, proporcionarle agua para lavar el polvo de sus pies, y el aceite para ungir el pelo de la cabeza y la barba. Todas estas corteses atenciones s fueron omitidas por Simón."[6]

  Jesús explicó entonces la moraleja de la historia: "a ti te digo, sus pecados, que son muchos, han sido perdonados; porque amó mucho; mas aquel a quien se le perdona poco, poco ama" (v 47). El orgullo de Simón, la falta de cortesía y actitud crítica se habían comparado con el arrepentimiento, el respeto, la humildad y el amor de la mujer.

  En cuanto a la mujer, dijo Jesús: "Tus pecados te son perdonados" (v. 48). Y mientras que los otros en la habitación (presumiblemente amigos del fariseo) pensaron críticamente, "¿Quién es éste que hasta perdona pecados" (v. 49), Jesús simplemente le dijo a ella: "Tu fe te ha salvado; vete en paz " (v 50).

### Las Mujeres que Seguían a Cristo

- **Lucas 8:1–3 María Magdalena y otras mujeres "ministraron" sobre Jesús fuera de su "su sustancia"** (véase también TJS, Lucas 8, 1–3). Cuando pensamos en los discípulos de Jesús normalmente podríamos pensar en los doce hombres que se convirtieron en apóstoles. Pero también hubo muchas mujeres justas que seguían a Jesús cuando Él "iba por todas las ciudades y aldeas, predicando y anunciando el evangelio del reino de Dios" (v. 1). Algunas de estas mujeres "habían sido sanadas de espíritus malos y de enfermedades", y María Magdalena, en particular, tuvo siete diablos echados fuera de ella (v. 2). Otras de estas santas mujeres fueron "Juana, mujer de Chuza intendente de Herodes, y Susana, y otras muchas que le servían de sus bienes" (v. 3).

JAMES J. TISSOT, 1904

El élder James E. Talmage dijo:

> La primera mención de María Magdalena por su nombre la presenta en asociación con otras mujeres ilustres, entre los cuales estaba la esposa del mayordomo real. Ellas acompañaron a Jesús y los Doce y "le servían de sus bienes" (Lucas 8, 1–3). Estas mujeres de la estación fueron beneficiarias del poder sanador del Señor, pues cada una de ellas había sido curada de enfermedades físicas y mentales combinadas, inherentes a la posesión por espíritus malignos. María Magdalena, como se lee, había librada de la tribulación de siete demonios; por el hecho incluso que tan grande plaga es sin orden judicial por la imputación de falta de castidad.
>
> María Magdalena se convirtió en uno de las amigas más cercanas a Cristo entre las mujeres. Su devoción a Él como su Sanador, y Aquel a quien adoraba como el Mesías, era tan profunda, tan genuina y tan pura como su propia alma. Ella estuvo junto a la cruz mientras que otras mujeres miraban desde lejos, a la hora de su agonía mortal. Ella estuvo entre las primeras en la tumba en el amanecer de la resurrección. Ella conversaba con los ángeles, y fue el primer mortal en contemplar al resucitado Salvador—el Señor a quien ella había amado con todo el fervor de la adoración espiritual. Decir que esta mujer fue una vez una criatura caída, su alma cauterizada con el calor de la lujuria no consagrada, es perpetuar una infamia.[7]

### Un Breve Retorno a Nazaret

- **Mateo 13:55–56 La familia de Jesús. Cuando Jesús volvió a Nazaret, los comentarios de sus compañeros**—gente del pueblo, son útiles para establecer la naturaleza de su familia terrenal. Por supuesto, sabemos, que su madre se llamaba María y que Él era considerado como "el hijo del carpintero" (v. 55). Pero también tenía hermanos y hermanas que se nombran aquí: Sus "hermanos" eran "Jacobo, José, Simón y Judas" (v. 55) y también tenía hermanas, a pesar de que no se nombran (v. 56).

  — **Marcos 6:3** Marcos nombra a Sus hermanos como " Santiago, de José, y Mark. . . Judas y Simón "y también menciona" hermanas "que todavía estaban vivos.

  — **Gálatas 1:19** Pablo, durante su visita a Jerusalén años después, dice que allí vio a " Santiago hermano del Señor". Este es el mismo Santiago que escribió la Epístola de Santiago en la Biblia.

  — **Judas 1:1** Judas que dio nombre al libro de Judas, era la misma persona que "Judas" y "Judá" mencionados en la lista de arriba, y que se identifica a sí mismo como el "hermano de Santiago"

David H. Madsen dijo, "Tenía hermanos, Santiago, José, Simón y Judas—y hermanas. Josefo menciona "el hermano de Jesús, quien fue llamado Cristo, cuyo nombre era Santiago,"[8]8 que también se menciona en Gal. 1:19 y Judas 1: ". Probablemente el escritor de la Epístola de Santiago"[9] Al parecer, Jesús tomó la parte activa de un 'hijo de la ley'[10]."[11]

- **Mateo 13:54-58 Jesús fue rechazado como el Mesías por sus hermanos y su gente de la ciudad** (véase también Marcos 6, 1-6). Podríamos recordar que cuando él predicó en la sinagoga y se proclamó a sí mismo ser el cumplimiento de la profecía de Isaías sobre la venida del Mesías, les preguntaron: "¿De dónde, pues, ha sacado éste todas estas cosas?" Y "se escandalizaban de él" (vv. 54-57). Jesús declaró en esa ocasión, "No hay profeta sin honra sino en su propia tierra y en su propia casa" (v. 57), "Y allí no hizo muchos milagros, a causa de la incredulidad de ellos" (v. 58). Sin embargo, más tarde, es evidente que al menos dos de sus hermanos—Santiago y Judas—se convirtieron en sus discípulos.

El éder Bruce R. McConkie dijo: "'Y se escandalizaban de él." ¿Por qué? ¿Por qué alguien debería sentirse ofendido porque alguien va haciendo el bien? ¿Por qué los hombres deberían tratar de matar a un hombre porque Él resucita a los muertos o aquieta una tormenta? ¿Por qué sus espíritus se agitan dentro de ellos porque Él predica el Sermón de la Montaña o avanza con un flujo interminable de palabras llenas de gracia? Estos nazarenos fueron testigos contra sí mismos. Escucharon sus palabras y sabían de sus obras, y sin embargo, lo rechazaron. No fue la razón, sino la emoción que los motivó. Y se escandalizaron porque sus obras eran malas."[12]

El élder McConkie también dijo: "Estos nazarenos fueron testigos contra sí mismos. Tenían el conocimiento absoluto que su paisano se destacó en sabiduría y realizó obras milagrosas más allá del poder humano; pero ellos lo rechazaron. . . . De acuerdo con las leyes eternas que Jesús mismo ordenó en la eternidad, los milagros son el fruto de la fe. Donde no hay fe, no habrá señales, milagros y dones del Espíritu. Donde no hay fe, no pueden ocurrir estas cosas."[13].

El élder Marvin J. Ashton dijo:

> Recuerdo que el presidente Harold B. Lee cuenta la historia de un hombre muy prominente de Nueva York que no podía aceptar a José Smith como un profeta por estar 'demasiado cerca de casa.'
>
> ¿Vamos a perder la cosecha, porque no podemos aceptar la dirección, revelación, o el consejo de alguien que sólo vive en la otra calle, en el barrio o en la estaca? ¿Vamos a rechazar el liderazgo del Clérigo que es un ser humano, con debilidades, y que tiene familiares que también pueden ser muy humano?
>
> Mientras estamos luchando con un "no—es—este—el hijo—del carpintero? 'Esta actitud, nos puede hacer perder la verdad, el camino, y la cosecha final. No fue aceptado a Jesús como el Hijo Unigénito de Dios por miles de personas que prefirieron a reconocerlo como "sólo el hijo de María.[14]

## Muerte de Juan el Bautista

E. V. GEPHARDT

- **Mateo 14:3–5 Juan el Bautista es encarcelado.** La relación de Herodes con su mujer era adúltera e incestuosa. Herodías era no sólo su cuñada a quien había robado a su hermano Felipe, sino que también era su sobrina, la hija de otro hermano, Arquelao. Esta relación, tanto adúltera como incestuosa, fue denunciada por Juan (v. 4), al igual que los otros males que Herodes había hecho. Debido a esta crítica, "Herodes había prendido a Juan, y le había encadenado y metido en la cárcel a causa de Herodías" (v. 3). Pero él no condenó a muerte a Juan por temor a "la multitud, porque le tenían por profeta" (véase Lucas 3, 19–20) (v 5.).

  Herodías no estaba satisfecha con el encarcelamiento de Juan. Temía que incluso en la cárcel pudiera tener éxito en intimidar al débil y supersticioso Herodes para apartarla de su lado Así que utilizó su hija Salomé para alcanzar lo que ella no había podido lograr por su cuenta.

- **Mateo 14:6–12 Juan el Bautista es decapitado** (véase también Marcos 6:17–29; Lucas 9, 7–9). En la celebración del cumpleaños de Herodes, la hija de Herodías "danzó, y agradó a Herodes" (v. 6). Buscando sus favores, "le prometió con juramento darle todo lo que pidiese. Y ella, instruida primero por su madre, dijo: Dame aquí en un plato la cabeza de Juan el Bautista" (vv. 7–8). Esto le hizo entristecer por lo que había pedido, pero "por causa del juramento, y de los que estaban con él a la mesa, mandó que se la diesen" (v. 9). Fueron enviados siervos "y decapitaron a Juan en la cárcel. Y le trajeron su cabeza en un plato, y se la dieron a la muchacha; y ella la presentó a su madre" (vv. 10–11). Los discípulos de Juan "tomaron el cuerpo, y lo enterraron, y se lo dijeron a Jesús" (v. 12).

**Notas** (Todas las referencias son de las versiones en idioma inglés de los textos que se citan.)


1. *En Reporte de La Conferencia*, octubre de 1990, pág. 20; o revista *Liahona*, enero de 1990, pág. 18.
2. "Para aquellos que enseñan en tiempos difíciles," *Growing Edge*, 5:3, noviembre de 1972.
3. *Enseñanzas del Profeta José Smith*, escogidas y arregladas por Joseph Fielding Smith (1976), págs. 226–227.

4. *Comentario Doctrinal del Nuevo Testamento*, 3 volúmenes, (1965–1973), 1:350–351.

5. John R. Dummelow, *Volumen Uno del Comentario de la Biblia* (1937), pág. 678.

6. *Jesús el Cristo*, Clásicos Revisados en la Edición de la Literatura Mormona (1983), pág. 244.

7. "María Magdalena," revista *Improvement Era*, julio de 1917.

8. *Antigüedades de los Judios*, bk. 20, cap. 9, párr.1.

9. *Escrituras de los SUD*, s.v. "Santiago," pág. 709.

10. *Jesús el Cristo*, págs. 106–107.

11. "*El Comienzo de los Evangelios*," Simposio sobre el Nuevo Testamento (1984), págs. 8–9.

12. *El Mesías Mortal: De Belén al Calvario*, 4 volúmenes, (1979–1981), 2:300–301.

13. *Comentario Doctrinal del Nuevo Testamento*, 1:322.

14. *Vosotros Sois mis Amigos* (1972), págs. 66–67.

Capítulo 11

# La enseñanza con Parábolas

(Mateo 13; 18; 22; 25; Marcos 4, Lucas 10, 14-15; Juan 8)

---

## ENTENDER LAS PARÁBOLAS

### ¿Por qué Jesús usó parábolas?

*La parábola del Buen Samaritano*

El tercer año del ministerio de Jesús estaba por alrededor de la mitad cuando comenzó a usar parábolas para enseñar a la gente. Hasta ese momento, Él estaba en su tierra natal—Galilea, donde había pasado la mayor parte de su tiempo. El sutil disfavor de los fariseos y el rechazo de su mensaje ahora se habían convertido, por parte de algunos, en franca oposición a pesar de sus muchos milagros. Por lo tanto, Él comenzó un método nuevo y sutil método de enseñanza que ocultaba su mensaje de los incrédulos y sus enemigos: enseñar con parábolas.

El élder Talmage dijo, "Los Doce y otros discípulos se sorprendieron por la innovación del Señor de la instrucción parabólica. Antes de ese tiempo sus doctrinas habían sido expuestas con sencillez, inocultable como testigo, las enseñanzas explícitas en el Sermón de la Montaña. Es notable que la introducción de parábolas ocurriera cuando la oposición a Jesús era muy fuerte, y cuando escribas, fariseos y rabinos estaban alertas en mantener una estrecha vigilancia sobre sus movimientos y sus obras, siempre dispuestos a hacer de él un delincuente por una palabra. El uso de parábolas era común entre los maestros judíos; y al adoptar Jesús de esta modalidad de enseñanza realmente estaba siguiendo una costumbre de la época; aunque no es posible ninguna comparación entre las parábolas Sus palabras y las de los estudiosos, excepto la del más pronunciado contraste."[1]

Durante esta parte del ministerio en Galilea Jesús enseñó públicamente sólo con parábolas, a continuación, se explica su significado privado a sus discípulos (Marcos 4:33–34). El gran número de parábolas registrado–40— indica que Jesús las consideraba muy importante para su ministerio. A pesar de que las utilizó desde este momento hasta el final de su vida, En este capítulo las estamos considerando todas juntas. En la página siguiente se incluye una lista completa de las parábolas de Jesús.

## Las Parábolas de Jesucristo

| N° | TITULO DE LA PARÁBOLA: | Mateo | Marcos | Lucas | Juan |
|---|---|---|---|---|---|
| 1. | Parábola del Sembrador. | 13:3–9. | 4:3–9. | 8:5–8. | |
| | Interpretación. | 13:18–23. | 4:13–2. | 8:11–15. | |
| 2. | El Trigo y la Cizaña Interpretación. | 13:24–30. | | | |
| | Interpretación. | 13:36–43. | | | |
| 3. | La Semilla que Crece en Secreto. | | 4:26–29. | | |
| 4. | La Semilla de Mostaza. | 13:31–32. | 4:30–32. | 13:18–19. | |
| 5. | La Levadura | 13:33. | | 13:20–21. | |
| 6. | El Tesoro Escondido | 13:44. | | | |
| 7. | La Perla de Gran Precio | 13:45–46. | | | |
| 8. | El Evangelio neto. | 13:47–50. | | | |
| 9. | La Oveja Perdida | 18:11–14. | | | |
| 10. | El Siervo Despiadado. | 18:23–35. | | | |
| 11. | El Buen Samaritano. | | | 10:30–37. | |
| 12. | Amigo a la Medianoche | | | 11:5–8. | |
| 13. | La Viuda Importuna (Juez Injusto) | | | 18:1–8. | |
| 14. | Tonto Hombre Rico | | | 12:14–21. | |
| 15. | La Higuera Estéril | | | 13:6–9. | |
| 16. | La Gran Cena | | | 14:16–24. | |
| 17. | La Oveja Perdida (repetida a los fariseos). | | | 15:1–7. | |
| 18. | La Moneda Perdida | | | 15:8–10. | |
| 19. | El Hijo Pródigo | | | 15:11–32. | |
| 20. | El Mayordomo Impío | | | 16:1–8. | |
| 21. | El Hombre Rico y Lázaro | | | 16:19–31. | |
| 22. | El Siervo Inútil | | | 17:7–10. | |
| 23. | Fariseo y Publicano | | | 18:9–14. | |
| 24. | Los Obreros de la Viña | 20:1–16. | | | |
| 25. | Libras | | | 19:11–27. | |
| 26. | Dos Hijos | 21:28–32. | | | |
| 27. | El Labrador Malvado | 21:33–41. | 12:1–9. | 20:9–16. | |
| 28. | Fiesta del Matrimonio Real | 22:1–10. | | | |
| 29. | Diez Vírgenes | 25:1–13. | | | |
| 30. | Talentos Confiados | 25:14–30. | | | |

## La Naturaleza de las Parábolas

La palabra parábola viene de la palabra griega parabole que significa "colocar al lado" o "juntos", una comparación, una ilustración de un sujeto con otro. Una parábola es una historia terrenal con un mensaje celestial. Se trata de una "verdad divina... presentada por comparación con las cosas materiales."[2]

El élder James E. Talmage dijo: "[Las parábolas están] diseñadas para transmitir una gran verdad espiritual.... Una parábola es una alegoría " breve, narrativa o descriptiva basada en escenas o acontecimientos reales como ocurre en la naturaleza y la vida humana, y por lo general con una aplicación moral o religiosa."[3]

El élder Talmage también dijo: "Que no se les olvide que una parábola no es más que un boceto, no una imagen acabada en detalle; y que la similitud expresada o implícita en la enseñanza a través de parábolas puede lógica y consistentemente no ser llevada más allá de los límites de la historia ilustrativa.... La parábola ha de estudiarse en el espíritu de su propósito; y se justifican las extensiones o inferencias extraídas. Una metáfora fuerte, un símil sorprendente, o cualquier otra figura expresiva de la palabra, es útil sólo cuando se aplica de manera racional; si se la lleva más allá de los límites de una razonable intención, lo mejor de este concepto puede carecer de sentido o incluso ser absurdo."[4]

Por lo tanto, debemos tener cuidado con la interpretación de las parábolas, asegurándonos de que no extendemos el significado de una parábola mucho más allá de lo que pretende el Salvador. Lo más seguro es que:

— Interpretar parábolas en los términos más simples.
— Utilizar la interpretación dada por el Salvador o sus profetas.
— Utilizar el contexto de la parábola en la determinación de su mensaje principal.

El profeta José Smith dijo: "Tengo una llave por la cual entiendo las Escrituras. Me pregunto, ¿cuál fue la pregunta que ocasionó la respuesta, o hizo que Jesús pronunciara la parábola?... Para determinar su significado, debemos desenterrar la raíz y determinar qué fue lo que generó el dicho de Jesús."[5] En otras palabras, miro la razón por la cual parábola fue dada en el primer lugar, a fin de comprender el significado de la historia en sí misma.

## El Propósito de las Parábolas

- **Mateo 13:10–17 Jesús mismo explicó el propósito de las parábolas.** Después de enseñar Su primera parábola—la parábola del sembrador— "los discípulos se acercaron y le dijeron: ¿Por qué les hablas en parábolas?" (v. 10). Su respuesta explica varias razones para el uso de parábolas:

  — "Porque a vosotros os es dado saber los misterios del reino de los cielos, pero a ellos no les es dado" (v. 11). Sólo aquel preparado espiritualmente puede sacar provecho de ellas.

  — "Todo aquel que tiene, se le dará, y tendrá más; pero al que no tiene, le será quitado aun lo que tiene" (v 12).. Nosotros o crecemos o divagamos en nuestra comprensión espiritual. Aquellos que poseen conocimientos adquieren más conocimientos, mientras que aquellos que no buscan más conocimiento pierden el conocimiento que poseían anteriormente

— "Porque viendo no ven.; y oyendo no oyen, ni entienden "(v. 13). Esto es a propósito. Aquellos que no están espiritualmente preparados serían condenados por los principios que enseñan, por lo que su comprensión se bloquea hasta un momento posterior cuando estarán listos para escuchar y obedecer el evangelio.

El élder James E. Talmage dijo: "Se ve claramente un elemento de misericordia en el modo de instrucción por medio de parábolas adoptado por nuestro Señor en las condiciones vigentes en el momento. Él siempre había enseñado con declaraciones explícitas, tal que no requerían ninguna interpretación, muchos de sus oyentes habrían sido objeto de condena, en la medida en que fueran demasiado débiles en la fe y sin preparación en el corazón para romper los lazos del tradicionalismo y el prejuicio engendrado por el pecado, a fin de aceptar y obedecer la palabra de salvación. Su incapacidad para comprender los requisitos del Evangelio le daría en su justa medida algún derecho de Misericordia sobre ellos, mientras que de haber rechazado la verdad con plena comprensión, seguramente una severa Justicia exigiría su condena."[6]

El élder Bruce R. McConkie dijo: "Nuestro Señor usó parábolas en frecuentes ocasiones durante su ministerio para enseñar las verdades del Evangelio. Su propósito, sin embargo, al contar estos cuentos no era presentar las verdades de su Evangelio con sencillez, para que todos sus oyentes las entendieran Más bien era por así decir frasear y ocultar la doctrina implicada de manera que sólo los espiritualmente alfabetizados la entenderían, mientras que aquellos cuyo entendimiento fuera oscuro permanecerían en la oscuridad. . . . La diferencia en la receptividad a la verdad entre los judíos a los cuales nuestro Señor ministró en la mortalidad y los nefitas (a quienes Él visitó después de su resurrección), es donde mejor se muestra el hecho de que dio al menos 40 parábolas a los judíos, pero enseñó a los nefitas, no con parábolas, sino con claridad."[7]

Jesús consideraba que esta situación era en cumplimiento de la profecía de Isaías que dijo que iban a oír pero aún no entender y ver pero aún no percibir (v. 14). "Porque el corazón de este pueblo se ha engrosado, Y con los oídos oyen pesadamente, y han cerrado los ojos; no sea que vean con sus ojos, y oigan con los oídos, y entiendan con el corazón, y se conviertan, y yo los sane "(v. 15).

Sus discípulos y los miembros de Su Iglesia están verdaderamente bendecidos porque sus ojos ven estas cosas y sus oídos las oyen (v. 16). Durante miles de años, los profetas y justos "desearon ver lo que vosotros veis, y no lo vieron; y oír lo que vosotros oís, y no lo oyeron "(v. 17).

## El Uso Histórico de las Parábolas

Las parábolas no son exclusivas del Nuevo Testamento. Fueron utilizadas en los tiempos del Antiguo Testamento, en el Libro de Mormón, y también se utilizan en la actualidad.

— Jueces 9:8–20 Una de las primeras aparece en el Antiguo Testamento: los árboles y las zarzas.

— Jacob 5 y 6 La parábola de Jacob relacionada con los olivos domesticados y salvajes de Zenós.

— 3 Nefi 12:15
3 Nefi 14:3–5
3 Nefi 14:16
3 Nefi 14:24–27 Cuando Jesús vino a los nefitas Él repitió muchas de las que había dado en la Tierra Santa.

La Doctrina y Convenios es un recurso valioso para la comprensión de las parábolas, ya que relaciona e interpreta una serie de parábolas del Nuevo Testamento.

— D. y C. 35:16; 45:36–38 La higuera.
— D. y C. 45:52–57; 63:54 Las diez vírgenes.
— D. y C. 86:1–7; 101:64–67 El trigo y la cizaña.
— D. y C. 101:81–91 La viuda importuna y el juez injusto.

La Doctrina y Convenios también contiene tres parábolas totalmente nuevas para nuestros días:

— D. y C. 38:24–27 El hombre con doce hijos.
— D. y C. 88:51–61 Los doce reinos.
— D. y C. 101:43–62 Los doce olivos, los vigilantes, y la torre.

El profeta José Smith relaciona muchas de las parábolas y dio interpretaciones interesantes de ellas en numerosos discursos, así como en su traducción de la Biblia.

También escribió una larga carta a los santos de Kirtland, Ohio, la cual fue publicada en el *Mensajero y Defensor*, el periódico de la Iglesia de la jornada. En esta carta él interpretó las siguientes parábolas: el sembrador, el trigo y la cizaña, la semilla de mostaza, la levadura, el tesoro escondido en el campo, la perla de gran precio, y la reditado por.[8]

## EL PARÁBOLA DEL SEMBRADOR

### El Contexto

GUSTAVE DORÉ, 1896

Los doce apóstoles había regresado recientemente de sus primeros viajes misioneros, y había experimentado diversos grados de éxito. El Salvador utilizó esta parábola para explicar por qué.

- **Mateo 13:1–3 Fue liberado de un barco**. Una vez más, las multitudes hacían difícil el enseñar, así que Jesús se apartó de la multitud para entrar en un barco que se apartó de la orilla a una corta distancia. Jesús se sentó en el barco mientras la multitud se puso de pie en la orilla (v. 2). Desde esa posición ventajosa, les enseñó a usar varias parábolas (v. 3). La primera de ellas fue la parábola del sembrador.

### La Parábola

- **Mateo 13:3-9 La parábola del sembrador** (véase también Marcos 4, 1-9; Lucas 8, 4-8). "He aquí, el sembrador salió a sembrar" (v. 3). Jesús seleccionó una circunstancia que resultará familiar a la mayoría de Sus oyentes—semillas para siembra—que se llevaba a cabo en esos días dispersándolas con la mano.

  Por el camino: "Y mientras sembraba, parte de la semilla cayó junto al camino, y vinieron las aves y la comieron "(v. 4). Por los costados del camino significa "sobre la carretera." Los senderos estaban compactados y endurecidos por el tráfico sobre ellos, y las semillas no serían capaces de penetrar y arraigarse.

  Pedregales: "Algunas cayeron en pedregales, donde no tenían mucha tierra" (v. 5). Este no es un terreno cubierto de piedras y rocas, sino más bien una tierra dura y rocosa cubierta con una fina capa de tierra. "Y brotó pronto, porque no tenía profundidad de tierra" (v. 5) significa que se radicaron rápidamente en el suelo delgado. "Y cuando el sol estaba alto, se quemó; y porque no tenía raíz, se secó "(v. 6). En lugares pedregosos, las semillas echan raíces, pero se marzo deitan rápidamente por el calor del sol debido a la falta de suelo fértil.

  Entre espinos: "Y parte cayó entre espinos; y los espinos crecieron, y la ahogaron" (v. 7). Estas semillas no cayeron en un parche de malezas, sino entre espinos que también estaban listos para crecer. Como las semillas y los espinos crecieron juntos, las espinos simplemente se apoderaron de ellos.

  Buena tierra: "Y otra parte cayó en buena tierra, y dio fruto, cual a ciento, a sesenta, a treinta por uno" (v 8.). Estas semillas se asentaron en un terreno que era adecuado para su crecimiento y nutrición y relativamente libre de malezas. Sin embargo, las semillas no eran iguales en su productividad—algunas produjeron más fruto que otras.

  Oídos para oír: "El que tiene oídos para oír, oiga" (v 9.). Esto es un indicio que la historia tiene un significado más profundo que los simples hechos que narra. Si alguien tiene la madurez espiritual para entender este relato simbólico, Jesús los invita a considerar su mensaje espiritual.

### La Interpretación

Siendo esta la primera parábola que Jesús usó para enseñar a las personas, sus discípulos le preguntaron "por qué" estaba usando parábolas y que significa esta parábola particular. El "por qué" que Él les dio se discutió anteriormente en este capítulo bajo el título "El Propósito de las parábolas." La interpretación que ofreció Jesús se discute a continuación.

- **Mateo 13:18–23 Una explicación de la parábola del sembrador** (véase también Marcos 4:10–20; Lucas 8:9–15) Aprendemos de las versiones de esta historia de Lucas y Marcos algunos detalles que no se explican en Mateo:

| | | | |
|---|---|---|---|
| La Semilla | = | La palabra de Dios. | (Lucas 8:11; Alma 32:28) |
| El Sembrador | = | Aquel que predica la palabra de Dios. | (Marcos 4:14; Alma 32:27–28) |
| Los Frutos | = | Los resultados (obras) que saldrán a la vida de los oyentes de la palabra. | (Lucas 8:15, Mateo 7:16–19) |

Aprendemos de la versión de la historia en Mateo lo siguiente:

| | | | |
|---|---|---|---|
| Los Suelos | = | Los corazones variables de los oyentes de la palabra. | (Mateo 13:19; Alma 32:28) |
| El Campo | = | El "mundo." | (Mateo 13:38) |

El profeta José Smith ofreció esta explicación general de la parábola: "Esta parábola fue dicha para demostrar los efectos que se producen por la prédica de la palabra; y creemos que hace una alusión directa, al inicio, o el establecimiento del Reino en esa edad."[9]

El profeta José también dijo: "Ahora voy a proceder a hacer algunas observaciones de los dichos del Salvador, registradas en el capítulo 13 de su Evangelio según San Mateo, que, en mi mente, nos ofrece un comprensión tan clara sobre el importante tema de la reunión, como cualquier cosa registrada en la Biblia."[10]

Utilizando las explicaciones ofrecidas por Jesús, con los comentarios del profeta José Smith y otros, podemos descifrar el significado de la parábola de la siguiente manera:

<u>Sembrar semillas junto al camino</u>: "Cuando alguno oye la palabra del reino y no la entiende, viene el maligno y arrebata lo que fue sembrado en su corazón. Esto es el que fue sembrado junto al camino" (v. 19).

— Esta circunstancia representa a los infieles—aquellos que, cuando oyen la palabra del Señor, endurecen sus corazones y nunca permiten que se arraigue.

— El profeta José Smith dijo: "Los hombres que no tienen ningún principio de justicia en sí mismos, y cuyos corazones están llenos de maldad, y no tienen ningún deseo de los principios de la verdad, no entienden la palabra de verdad cuando la oyen. El diablo quita la palabra de la verdad de su corazón, porque no hay un deseo de justicia en ellos."[11]

Sembrar semillas en pedregales: "El que ha sembrado la semilla en pedregales, lo mismo que el que ha escuchado la palabra, y luego la recibe con gozo; Mas no tiene raíz en sí, sino que es de corta duración, pues al venir la aflicción o la persecución por causa de la palabra, luego tropieza " (vv. 20–21)

— Algunos permiten que la palabra del Señor eche raíces , pero debido a la superficialidad de la fe se marzo deita rápidamente bajo el reto de la tribulación.

— Heber C. Kimball profetizó hace más de un siglo:

> Permítanme decirles, que muchos de ustedes verán el momento en que ustedes tendrán todos los problemas, el juicio y la persecución que puedan resistir, y un montón de oportunidades para demostrar que ustedes son fieles a Dios y su obra. Esta Iglesia tiene ante sí muchos lugares cercanos a través de los cuales tendrán que pasar antes que la obra de Dios sea coronada con la victoria. Para hacer frente a las dificultades que se avecinan, será necesario para que ustedes tengan un conocimiento de la verdad de este trabajo por sí mismos. Las dificultades serán de tal naturaleza que el hombre o mujer que no posea este conocimiento o testimonio personal caerá. Si ustedes no han conseguido el testimonio, vivir bien y clamar al Señor y no cesar hasta que lo obtengan. Si no lo hacen no estarán. . . . Llegará el momento en que ningún hombre ni mujer será capaz de soportar con luz falsa. Cada uno tendrá que ser guiado por la luz dentro sí mismo.[12]

Sembrar semillas entre espinas: "El que fue sembrado entre espinos es también el que oye la palabra; y el afán de este siglo y el engaño de las riquezas ahogan la palabra, y se hace infructuosa" (v. 22).

— Estos también reciben la palabra, y tienen la oportunidad adecuada de llegar a ser fructífera. Ellos brotan y crecen, pero están abrumados por las preocupaciones del mundo y su amor por las cosas del mundo (riquezas), y no dan fruto.

— El élder Bruce R. McConkie dijo: "Si la semilla cae entre espinas, es en buena tierra, como lo demuestra el crecimiento de plantas indeseables. Pero la buena planta pronto es tragada y muere porque no puede superar la influencia de las malas hierbas y cardos. Lo mismo ocurre con los miembros de la Iglesia que saben que el Evangelio es verdadero, pero que no son valientes en el testimonio de Jesús, que no están afirmativamente y valientemente tratando de promover los intereses de la Iglesia. Así es como se da en los Santos que piensan más en los honores de los hombres, los niveles de educación en el mundo, preferencias políticas, o dinero y propiedades, que lo que lo hacen en el evangelio. Ellos saben que la obra del Señor se ha establecido en la tierra, pero dejaron que las preocupaciones del mundo ahogaran la palabra. Y en lugar de obtener la vida eterna, serán quemados por la cizaña que los venció."[13]

Sembrar la semilla en tierra buena: "El que fue sembrado en buena tierra es el que oye la palabra y la entiende; el que lleva fruto, y da a luz, a ciento, a sesenta, ya treinta por uno " (v. 23).

— Estos no son superados por el mundo, y son fructíferos. Tenga en cuenta, sin embargo, sus diversos grados de fecundidad. No todos los que aceptan el evangelio son igualmente productivos y reciben diferentes recompensas.

— El élder Bruce R. McConkie dijo: "Si la semilla cae en suelo fértil productivo, y si después es alimentada y cuidada, da a luz una cosecha. Pero incluso en este caso todos los Santos no cosechan cultivos de igual valor. Hay muchos grados de creencia receptiva; hay muchas gradaciones de cultivos efectivos. Todos los hombres, los Santos incluidos, serán juzgados según sus obras; los que guarden toda la ley del Evangelio sacarán cien tantos y heredarán la plenitud del reino del Padre. Otros ganarán recompensas menores en las mansiones que están preparadas."[14]

— Un hecho interesante son los tres grados de la fecundidad mencionados por Jesús en esta parábola. Estos números, 30, 60, 100, eran importantes para los judíos y representaban, básicamente, tres grados de justicia. Aquí hay un paralelo entre los tres reinos de gloria que le esperan a los hijos de Dios, incluso entre los que han recibido la palabra como miembros de la Iglesia.

Básicamente, Jesús estaba explicando la forma en que algunas personas reciben la palabra de Dios y otros no. También explica por qué algunos que sí reciben el mundo de Dios finalmente se apartan. Estas fueron importantes enseñanzas para sus apóstoles que habían regresado recientemente de su primera experiencia misionera.

El profeta José Smith dijo: "La condena que se posó sobre la multitud que no recibió su decires, fue porque no estaban dispuestos a ver con sus ojos, y oír con los oídos; no porque no pudieran, y no tuvieran el privilegio de ver y oír, sino porque sus corazones estaban llenos de iniquidad y abominaciones; 'Como vuestros padres, así también vosotros.'. . . Concluimos, pues, que la verdadera razón por la cual la multitud, o el mundo, como fueran designados por el Salvador, no recibieron una explicación sobre sus parábolas, fue a causa de la incredulidad. A vosotros, Él dice (hablando a sus discípulos) que os es dado conocer los misterios del Reino de Dios. ¿Y por qué? Debido a la fe y la confianza que tenían en Él".[15]

## LA PARÁBOLA DEL TRIGO Y LA CIZAÑA

### El Escenario

Cristo acababa de pronunciar la parábola del sembrador a sus Apóstoles. Él continuó utilizando la metáfora de la siembra de semillas, pero ahora las semillas (en lugar de los suelos) representan la fe del pueblo.

### La Parábola

- **Mateo 13:24–30 La parábola del trigo y la cizaña.** Una vez más tenemos la historia de un hombre la siembra de semillas: "El reino de los cielos es semejante a un hombre que sembró buena semilla en su campo" (v 24).

  El enemigo siembra cizaña: "Mientras los hombres dormían, vino su enemigo y sembró cizaña entre el trigo, y se fue" (v. 25).

El trigo y la cizaña crecen juntos: "Cuando la hierba salió y dio fruto, entonces también apareció la cizaña" (v. 26).

Los sirvientes descubren cizaña entre el trigo: "entonces los siervos del dueño fueron y le dijeron: Señor, ¿no sembraste buena semilla en tu campo? de dónde, pues, tiene cizaña? Él les dijo: Un enemigo ha hecho esto "(vv. 27–28).

La eliminación inmediata de la cizaña destruiría el trigo: "Los siervos le dijeron: ¿Quieres, pues, que vayamos y la arranquemos? Pero él dijo: No; no sea que os cogiendo la cizaña, no para arriba también con ella el trigo "(vv. 28–29).

H. MOORE, THE CHILDREN'S BIBLE, p.297

*Un enemigo siembra cizaña*

Cuando el trigo está en plena madurez, se puede sacar la cizaña: "Dejad crecer juntos hasta la siega; y al tiempo de la siega yo diré a los segadores: Coged primero la cizaña, y atadla en manojos para quemarla; pero recoged el trigo en mi granero " (v. 30).

El élder James E. Talmage dijo: "El plural griego zizania ('cizañas')... denota la mala hierba llamada "maleza barbada"... Una hierba ampliamente distribuida, y la única especie de la orden que tiene propiedades deletéreas. Antes que la maleza barbada entre en el oído es muy similar en apariencia al trigo, y a menudo, las raíces de las dos están entrelazadas; por lo tanto, el comando que los 'cizañas' deben dejarse hasta la siega, no sea que los hombres arrancaran la cizaña 'que con ella arranquéis también el trigo.' Esta cizaña es fácilmente distinguible del trigo y cebada, cuando ya están crecidas, pero cuando ambas están menos desarrolladas, ' a menudo falla el escrutinio.. Los agricultores, que... desmalezan sus campos, no intenten separar el uno del otro."[16]

## La Interpretación

- **Mateo 13:36–43 La interpretación de esta parábola.** "Entonces Jesús, despedida la gente, y entró en la casa, y sus discípulos se acercaron a él, diciendo: Explícanos la parábola de la cizaña del campo" (v 36).. Jesús, entonces, proporciona las siguientes explicaciones (.Vv 37–39):

| | | | |
|---|---|---|---|
| — El sembrador | = | El Hijo del Hombre (Jesús) | (v. 37) |
| — El campo | = | El mundo. | (v. 38) |
| — La buena semilla | = | Los miembros del reino | (v. 38) |
| — La cizaña | = | Los seguidores de Satanás | (v. 38) |
| — El enemigo | = | Satanás | (v. 39) |
| — La cosecha | = | El fin del mundo | (v. 39) |
| — Los segadores | = | Los ángeles | (v. 39) |

Quemar la cizaña: "De la misma manera que se arranca la cizaña y se quema en el fuego; así será en el fin de este mundo. El Hijo del hombre enviará a sus ángeles, y recogerán de su reino a todos los que sirven de tropiezo, y a los que hacen iniquidad; Y los echarán en el horno de fuego: allí será el lloro y el crujir de dientes "(vs. 40–42)..

Justo será "como el sol": "Entonces los justos resplandecerán como el sol en el reino de su Padre" (v 43). Esta es una alusión a la gloria celestial que los justos recibirán en el reino celestial de nuestro Padre.

- **TJS–Mateo 13:29, 39–44 El trigo será recogido en primer lugar, no la cizaña.** La Traducción de José Smith indica que el trigo se cosecha primero (v. 29), que la cizaña (como se indica en la Biblia). Por lo tanto, los justos serán reunidos de entre el mundo, dejando detrás sólo la cizaña para ser quemada cuando el fuego se encienda en el campo.

  Además, la TJS ofrece las siguientes explicaciones de otros símbolos en la parábola:

  — El fin del mundo = La destrucción de los impíos.
  — Los ángeles = Los mensajeros del cielo.
  — El horno de fuego = El mundo será quemado con fuego.

  El profeta José Smith dijo: "Ahora aprendemos de esta parábola, no sólo el establecimiento del Reino en los días del Salvador, que está representado por la buena semilla, que produce fruto, sino también la corrupción de la Iglesia, que está representada por la cizaña que sembró el enemigo, que sus discípulos de buena gana hubieran arrancado, o limpiado la Iglesia de ella, si sus opiniones hubieran sido favorecidas por el Salvador. Pero Él, sabiendo todas las cosas, dice: "No es así. 'Por mucho que digan, sus opiniones no son correctas, la Iglesia está en su infancia, y si se toma este paso súbito, va a destruir el trigo, o la Iglesia, con la cizaña; por lo tanto, es mejor dejarlos crecer juntos hasta la cosecha, o hasta el fin del mundo, lo que significa la destrucción de los impíos."[17]

- **D. y C. 86:1–7 Una aplicación de la parábola a los últimos días.** El Señor usa esta parábola otra vez en nuestros días para explicar las circunstancias de la temprana e infantil Iglesia Restaurada. Esto muestra cómo una parábola se puede utilizar en múltiples circunstancias y veces con igual validez.

  "De cierto, así dice el Señor a vosotros, mis siervos, sobre la parábola del trigo y de la cizaña" (v 1.):

| | | | |
|---|---|---|---|
| — El campo | = | El mundo | (v. 2) |
| — Los sembradores | = | Los apóstoles | (v. 2) |
| — La semilla | = | El evangelio | (v. 2) |
| — El enemigo | = | Satanás, los apóstatas, y Babilonia | (v. 3) |
| — La cizaña | = | Los apóstatas | (v. 3) |
| — Los segadores | = | Los ángeles | (v. 5) |
| — La cosecha | = | El reencuentro de Israel | (v. 7) |

El Señor indica que después que la Iglesia caiga "dormida" (caer en la complacencia), Satanás entrará en y sembrará cizaña entre el trigo (v. 3). Esta cizaña ahogará al trigo y conducirá la Iglesia "al desierto" (v. 3). Esto fue ciertamente válido para los acontecimientos que siguieron en Kirtland, donde se dio esta revelación.

"El Señor está comenzando a traer la palabra, y la hierba está brotando y se enternece" (v. 4). Mientras tanto, "los ángeles claman al Señor día y noche, que están listos y en espera de ser enviado a segar los campos" (v. 5). Pero el Señor todavía no lo permite. "El Señor les dice: No arranquéis la cizaña mientras la hoja está tierna (porque de cierto es débil vuestra fe), no sea que destruyáis también el trigo" (v. 6).

"Por lo tanto, dejad que el trigo y la cizaña crezcan juntos hasta que la cosecha esté madura; entonces vosotros primero recogeréis el trigo de entre la cizaña, y después la separareis del trigo, he aquí, la cizaña será atada en manojos, y el campo permanece para ser quemado" (v. 7).

## PARÁBOLAS SOBRE EL REINO DE LOS ÚLTIMOS DÍAS

### El Árbol de la Mostaza

- **Mateo 13:31–32 la parábola del árbol de mostaza.** En esta parábola: "El reino de los cielos es [comparado] a un grano de mostaza, que un hombre tomó y sembró en su campo" (v. 31). La semilla de mostaza es tan pequeña que Jesús se refiere a ella aquí como "la más pequeña de todas las semillas" (v. 32). "Pero cuando ha crecido, es la más grande de las hortalizas, y se hace árbol, de modo que las aves del cielo hacen nidos en sus ramas" (v. 32).

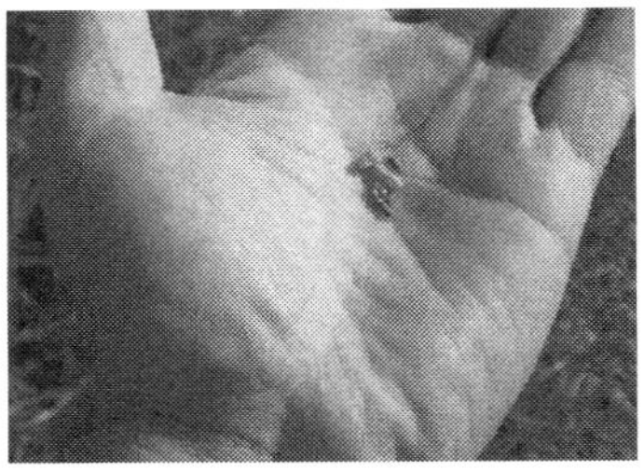

*Semillas de mostaza*

BOTH PHOTOS COURTESY DAVID HALL, 2003

*Un árbol de mostaza madura*

El élder James E. Talmage dijo: "Es necesario saber que la planta de la mostaza en Palestina alcanza un crecimiento mayor que en climas más septentrionales. La lección de la parábola es fácil de leer. La semilla es una entidad viva. Cuando se la planta correctamente absorbe y asimila las materias nutritivas del suelo y la atmósfera, crece, y con el tiempo es capaz de ofrecer alojamiento y comida a las aves. Así que la semilla de la verdad es vital, vive, y es capaz de tal desarrollo como para suministrar alimento espiritual y refugio para todos los que vienen buscando. En ambas concepciones, la planta en la madurez produce semilla en abundancia, y por lo tanto de un solo grano puede estar cubierto todo un campo."[18]

El profeta José Smith dijo:

> Y de nuevo, otra parábola expuso Él haciendo alusión al Reino que debe ser creado, precisamente antes de, o en el momento de la cosecha... 'el reino de los cielos es como un grano de mostaza "... Ahora podemos descubrir claramente que esta figura se da para representar a la Iglesia, como surgirá en los últimos días....
>
> Tomemos el Libro de Mormón, en el cual un hombre tomó y escondió en su campo, asegurándolo por su fe para que brotara en los últimos días, o a su debido tiempo; veámoslo salir de la tierra, que de hecho representaba la más pequeña de todas las semillas, pero he aquí que aparecen ramas, sí, incluso se eleva, con altas ramas, y semejante a la majestad de Dios majestad, hasta que, como la semilla de mostaza, se convierte en la más grande de todas las hierbas. Y es verdad, y ha brotado y ha salido de la tierra, y la justicia empieza a mirar hacia abajo desde el cielo, y Dios está enviando por sus poderes, dones y ángeles, para albergarlos en sus ramas.[19]

El profeta José Smith también dijo: "El Reino de los Cielos es semejante a un grano de mostaza. La semilla de mostaza es pequeña, pero da a luz un árbol grande, y las aves hacen nidos en sus ramas. Las aves son los ángeles. Así ángeles bajan, juntos se combinan para reunir a sus hijos, y los reúnen... Podemos venir a una innumerable compañía de ángeles, tener comunión y recibir instrucción de ellos."[20]

### Un Tesoro Escondido en el Campo y una Perla de Gran Precio

J. E. MILLAIS, 1864

- **Mateo 13:44 El reino es como un tesoro escondido en un campo.** "El reino de los cielos es semejante a un tesoro escondido en el campo; el cual cuando hombre lo ha encontrado, y lo oculta, y de gozo de ello, va y vende todo lo que tiene, y compra aquel campo".

- **Mateo 13:45–46 El reino es como una perla de gran precio.** "Además el reino de los cielos es semejante a un mercader que busca buenas perlas, cuando hubo encontrado una perla de gran valor, fue y vendió todo lo que tenía, y la compró."

### Una Red Arrojada al Mar

- **Mateo 13:47–48 El reino es como una red echada en el mar, que se reúne en el bien y el mal.** "El reino de los cielos es semejante a una red, que echada en el mar, recoge de toda clase: La cual, una vez llena, la sacan a la orilla; y sentados, recogen lo bueno en cestas, y tiran lejos lo malo".

- **Mateo 13:49–50 Los impíos serán echados fuera de entre los justos.** "Así será en el fin del mundo: los ángeles saldrán, y apartarán a los malos de entre los justos, y los echarán en el horno de fuego: allí habrá llanto y el crujir de dientes.

## PARÁBOLAS DE LA MISERICORDIA, EL PERDÓN Y LA HUMILDAD

### La Parábola del Buen Samaritano

- **Juan 8:37–41 Jesús dice a los fariseos que son hijos de Satanás porque hacen sus obras.** Jesús reprendió a los fariseos incrédulos diciendo, "Sé que sois descendientes de Abraham; pero procuráis matarme, porque mi palabra no halla cabida en vosotros. Yo hablo lo que he visto cerca del Padre; y vosotros hacéis lo que habéis oído cerca de vuestro padre" [Satanás] (vv. 37–38). Ellos respondieron insistiendo, "Nuestro padre es Abraham", pero Jesús les dijo: "Si fueseis hijos de Abraham, las obras de Abraham haríais. Pero ahora procuráis matarme a mí, hombre que os he hablado la verdad, la cual he oído de Dios; no hizo esto Abraham" (vs. 39–40). "Vosotros hacéis las obras de vuestro padre" (v. 41).

- **Juan 8:41 Los fariseos dicen que Jesús "nació de la fornicación."** Heridos por Su crítica de sus tramas asesinas, ellos entonces replicaron con el último insulto: "Nosotros no somos nacidos de fornicación; un padre tenemos, que es Dios" (v. 41). Esto tenía un doble significado. Ellos insistían en que su derecho de nacimiento como hijos de Abraham era legítimo. Pero también estaban sugiriendo que Jesús nació "de la fornicación" —como el hijo ilegítimo de su madre María. Sin duda, tanto María como Jesús tuvieron que soportar esta carga durante toda su vida porque muy pocos creyeron su historia de la inmaculada concepción de Cristo.

- **Juan 8:42–47 Jesús dice que son seguidores de Satanás porque mienten y tratan de asesinar.** Jesús dijo: "Si vuestro padre fuese Dios, ciertamente me amaríais; porque yo de Dios he salido, y he venido; pues no he venido de mí mismo, sino que él me envió" (v. 42). Por el contrario, "Vosotros sois de vuestro padre el diablo, y los deseos de vuestro padre queréis hacer. Él ha sido homicida desde el principio, y no ha permanecido en la verdad, porque no hay verdad en él. Cuando habla mentira, de suyo habla; porque es mentiroso, y padre de mentira" (v 44). También son sordos a las palabras de la verdad: "Porque a mí que digo la verdad, no me creáis" (v 45). Ellos saben que Jesús es sin pecado, pero "si digo la verdad, ¿por qué vosotros no me creéis? El que es de Dios, las palabras de Dios oye; por esto no las oís vosotros, porque no sois de Dios" (vs. 46–47).

- **Juan 8:48–49 Los fariseos dicen que Jesús es un "Samaritano."** Ignorando la absoluta verdad de las acusaciones de Jesús respecto a ellos—ellos sabían que estaban mintiendo y sabían que estaban conspirando para matarle, por lo que sólo pudieron responder con un insulto étnico: "samaritano": "¿No decimos bien nosotros, que tú eres samaritano, y que tienes demonio?" (v. 48). Jesús rechazó su insulto diciendo: "Yo no tengo demonio; sino que honro a mi Padre, y vosotros me deshonráis" (v. 49).

- **Lucas 10:25–29 Un doctor le pregunta: "¿Quién es mi prójimo."** Más tarde, en el ministerio de Jesús, "un doctor de la ley se levantó, y dijo para probarle: Maestro, ¿qué haré para heredar la vida eterna?" (v. 25). Jesús respondió con una pregunta: "¿Qué está escrito en la ley? ¿Cómo lees?" (v. 26). El estudioso de la ley recitó los dos grandes mandamientos de la ley: "Amarás al Señor tu Dios con todo tu corazón, y con toda tu alma y con todas tus fuerzas, y con toda tu mente; ya tu prójimo como a ti mismo" (v. 27). Entonces Jesús le dijo: "Bien has respondido: haz esto, y vivirás" (v 28).

Insatisfecho con la simplicidad de la respuesta de Jesús, y "queriendo justificarse a sí mismo," el estudioso de la ley entonces planteó una segunda pregunta: "¿Y quién es mi prójimo?" (v. 29) Habiéndose llamado a Sí mismo un "samaritano" sólo unos pocos momentos después, Jesús procedió a contar la parábola del Buen Samaritano para responder a la nueva pregunta del hombre..

- **Lucas 10:30–37 Jesús les cuenta la parábola del Buen Samaritano.** "Un hombre descendía de Jerusalén a Jericó, y cayó en manos de ladrones, los cuales le despojaron de sus vestidos, y le hirieron, y se marzo dearon dejándolo medio muerto" (v. 30).

El sacerdote hizo caso omiso del hombre herido: "Y aconteció, que descendió un sacerdote por aquel camino, y viéndole, pasó por el otro lado" (v 31). Esto representaría a los saduceos y otros que oficiaban en el templo. Ellos no se preocupaban por la gente, sino sólo por su propio poder y prestigio.

El levita ignoró al hombre herido: "Asimismo un levita, cuando estaba en el lugar, y viéndole, se pasó del otro lado" (v 32).. Los levitas también oficiaban en el templo, pero también fueron acusados de proporcionar justicia al pueblo. En gran parte, esta función había sido secuestradas por los fariseos, que se imaginaba a sí mismos como árbitros de la ley y de la conducta de la gente día a día. Asimismo, no se preocupaban por la gente.

Los odiados samaritanos: El odio étnico de los judíos 'por los samaritanos no conocía límites. Ellos los consideraban mestizos inmundos y sus difamaciones étnicas como las que usaron en contra de Jesús ("No decimos bien nosotros, que tú eres samaritano") eran comunes. Así que es interesante que Jesús escogiera a un "samaritano" como el ejemplo de esta historia. De hecho, el significado oculto era que Él—Jesús—es el Buen Samaritano que cuida de los necesitados y heridos, mientras los sacerdotes oficiales los ignoran.

THEBIBLEREVIVAL.COM, #27

El samaritano ayudó y sanó al hombre herido: "Pero un samaritano cuando estaba de viaje, llegó cerca de donde estaba él, y cuando lo vio, tuvo compasión de él, y acercándose, vendó sus heridas, echándoles aceite y vino, y poniéndole sobre su propia cabalgadura, lo llevó al mesón, y cuidó de él. Y al día siguiente, al partir, sacó dos denarios, y los dio al mesonero, y le dijo: Cuida de él; y todo lo que gastes de más, cuando yo vuelva, te lo pagaré" (vv. 33–35).

La conclusión: "¿Cuál de estos tres de tu prójimo te parece que fue el que cayó en manos de los ladrones?" (v. 36). La respuesta obvia es: "El que tuvo misericordia de él" (v.37). Y conclusión de Jesús fue tan simple y directa como la anterior: "Ve, y haz tú lo mismo" (v 37).

El élder James E. Talmage dijo:

> Hemos visto que los fariseos y su clase estaban constantemente en alerta para molestar y si fuera posible desconcertar a Jesús sobre cuestiones de derecho y doctrina, y a provocarle a alguna enunciación explícita o de hecho. . . El "doctor de la ley". . . formuló una pregunta para tentar a Jesús. . Podemos suponer que deseaba poner a prueba los conocimientos y la sabiduría del famoso Maestro, probablemente con el propósito de avergonzarlo. Ciertamente, su propósito no era el de la búsqueda sincera de la verdad. Este erudito de la ley, de pie entre la gente que se había reunido para escuchar a Jesús, le preguntó: "Maestro, ¿qué haré para heredar la vida eterna?" Jesús respondió con una otra pregunta. . . Si este hombre, que de exprofeso aprendió en la ley, hubiera leído y estudiado correctamente, debería saber sin preguntar lo que debía hacer. "¿Qué está escrito en la ley? ¿Cómo lees?"
>
> El hombre respondió con un admirable resumen de los mandamientos: "Amarás al Señor tu Dios con todo tu corazón, y con toda tu alma y con todas tus fuerzas, y con toda tu mente; y a tu prójimo como a ti mismo." Se aprobó la respuesta. "Haced esto, y vivirás", dijo Jesús. Estas sencillas palabras transmitían una reprimenda. . . Habiendo fracasado hasta en su plan para confundir al Maestro, y probablemente dándose cuenta que él, un erudito de la ley, no había hecho ninguna demostración acreditable de su erudición preguntando una pregunta tan simple y luego respondiéndola él mismo, mansamente intentó justificarse a sí mismo preguntando además: "¿Y quién es mi prójimo?"[21]

## Parábolas de Buscar a los Perdidos

El Salvador hace hincapié en la importancia de rescatar a aquellos que están perdidos. Él ofrece tres parábolas que ilustran las tres condiciones en las que alguien podría llegar a perderse y los tipos de esfuerzos que se requieren para redimirlos en cada circunstancia.

W. J. WEBB, 1864

— **Lucas 15:3–7 La oveja perdida:** Los que se pierden involuntariamente. A veces las personas se pierden sin siquiera darse cuenta. Hay muchos que no conocen la verdad sólo porque no saben dónde encontrarla. Este es el caso de muchos que nunca han escuchado o entendido el Evangelio. También es el caso de las personas que, como el hijo pródigo, hacen malas elecciones y luego se encuentran perdidos y anhelan el "hogar." Jesús nos dice la forma en que debemos responder:

"¿Qué hombre de vosotros, teniendo cien ovejas, si pierde una de ellas, no deja las noventa y nueve en el desierto, y va tras la que se perdió, hasta encontrarla?" (v. 4). Nuestra respuesta debe ser la de buscar activamente tras los que se pierden y no darse por vencido hasta encontrarlos y traerlos de vuelta. Esto es de lo que se trata el trabajo misionero.

"Y cuando la halla, la pone sobre sus hombros gozoso. Y al llegar a casa, reúne a sus amigos y vecinos, diciéndoles: Gozaos conmigo, porque he hallado mi oveja que se había perdido" (vv. 5–6).

No hay alegría más completa y duradera que la alegría de traer a otro hijo de Dios al reino de Dios. Y "Os digo, que así habrá más gozo en el cielo por un pecador que se arrepiente, que por noventa y nueve justos que no necesitan de arrepentirse" (v. 7).

— **Lucas 15:8–10 La moneda perdida:** Los que están descuidados y olvidados. Deambulan apagados en caminos extraños y luego no saben cómo volver al redil. Este es el caso de muchos de los que han caído en la inactividad, donde perdemos la noción de y nos olvidamos de ellos. ¿Pero "qué mujer que tiene diez dracmas, si pierde una dracma, no enciende la lámpara, y barre la casa, y busca con diligencia hasta encontrarla?" (v. 8).

J. E. MILLAIS, 1864

Si valoramos las almas perdidas, como preciosas piezas de plata, entonces vamos a buscar con diligencia para recuperarlas, barriendo todos los rincones hasta encontrar a las perdidas. "Y cuando la encuentra, reúne a sus amigas y las vecinas, diciendo: Gozaos conmigo, porque he encontrado la dracma que había perdido. Del mismo modo, os digo, hay gozo en la presencia de los ángeles de Dios por un solo pecador que se arrepiente" (vv. 9–10).

— **Lucas 15:11–32 El hijo pródigo:** Aquellos que voluntariamente desobedecen los mandamientos. Jesús contó la historia de dos hijos. "Y el menor de ellos dijo a su padre: . . . dame la parte de la hacienda que me corresponde. Y él les repartió su vida. No muchos días después, el hijo menor, juntó todo, y se marzo deó a un país lejano, y allí desperdició sus bienes viviendo perdidamente" (vv. 11–13).

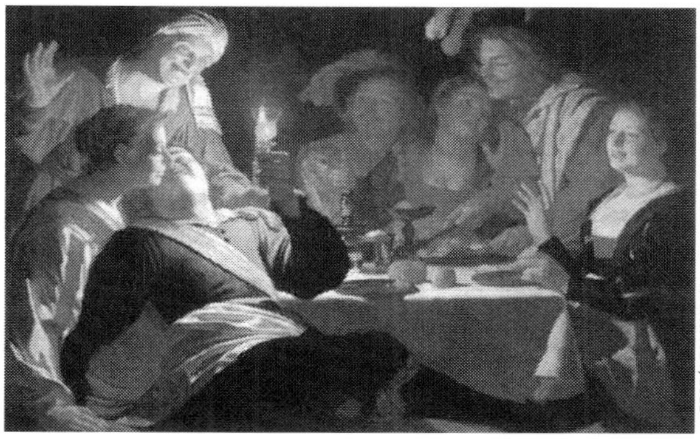

G. V. HONTHORST, 1622

Entonces, llegó el día del ajuste de cuentas (como pasa siempre). Cuando el joven "gastado todo, vino una gran hambruna en aquella tierra; y él comenzó a pasar necesidad" (v. 14). Tomó el único trabajo disponible para él, trabajar en el campo para un hombre, alimentando sus cerdos (v. 15). Para un joven judío, difícilmente podría haber un deber más humillante, pero estaba hambriento y desesperado. "Y deseaba llenar su vientre con las algarrobas que comían los cerdos; y nadie le daba" (v 16).

"Y cuando volvió en sí, dijo: ¡Cuántos jornaleros en casa de mi padre tienen el pan suficiente y de sobra, y yo aquí perezco de hambre! Me levantaré e iré a mi padre, y le diré: Padre, he pecado contra el cielo y contra ti, y ya no soy digno de ser llamado tu hijo; hazme como uno de tus jornaleros "Y así, humillado y triste, se fue a casa (vv. 17–20).

P. P. D. CHAVANNES, 1879

Seguimos con atención la actitud del padre hacia él. La Escritura nos dice que cuando el hijo todavía "estaba lejos, su padre lo vio" (v. 20). ¿Con qué frecuencia este padre miró hacia abajo de la carretera, con la esperanza de ver regresar a su hijo? Como padre yo mismo, creo que sé la respuesta. Y así, el padre "tuvo compasión, y corrió, y se echó sobre su cuello, y le besó. Y el hijo le dijo: Padre, he pecado contra el cielo y contra ti, y ya no soy digno de ser llamado tu hijo" (vv. 20–21).

GUSTAVE DORÉ, 1896

"Pero el padre dijo a sus siervos: Sacad el mejor vestido, y vestidle; y poned un anillo en su mano, y calzado en sus pies: Y traed el ternero cebado y matadlo; y comamos, y hagamos fiesta: Porque este mi hijo muerto era, y ha revivido; estaba perdido y ha sido hallado. Y comenzaron a regocijarse" (vv. 22–24).

El hijo mayor ahora entra en escena—el único que no había perdido su herencia y había sido siempre obediente. Había estado en el trabajo de campo ", y DORÉ cuando vino, y llegó cerca de la casa, oyó la música y las danzas. Y llamando a uno de los criados, le preguntó qué era aquello. Y él le dijo: Tu hermano ha venido; y tu padre ha matado el ternero cebado, porque le ha recobrado sano y salvo "(vv. 25–27).

A. BIDA

Eso fue demasiado para él. Él se enojó y no quería entrar en la casa. Su padre tuvo que salir a rogarle a unirse a las festividades (v. 28). Pero el hermano mayor (y más fiel) no se dejó impresionar. "He aquí, tantos años te sirvo, ni yo transgredido jamás tu mandamiento, y nunca me has dado un cabrito, para que pudiera tener una fiesta con mis amigos" (v 29). Le frustra al ver que "tan pronto como vino este tu hijo, que ha consumido tus bienes con rameras, has hecho matar para él el becerro gordo" (. V 30). ¿Por qué no hay "alegría en el cielo" sobre el alma que simplemente hace lo que es correcto? ¿Por qué toda están celebrando el regreso de almas mientras se ignora a los fieles?

La respuesta del padre es instructiva. "Hijo, tú siempre estás conmigo, y todas mis cosas son tuyas" (v. 31). Su rectitud no quedará sin recompensa; él recibiría su herencia completa. Su hermano, que había perdido la suya, no recibiría más. Existe, de hecho, un precio que se pagará por dilapidar nuestras bendiciones, y sigue habiendo una recompensa para cada alma que guarda los mandamientos. Cuando se nos promete a heredar "todo lo que tiene el Padre" (D. y C. 76:55) ¿Qué más hay para recibir? La herencia es total.

Mientras tanto, "Era necesario hacer fiesta y regocijarnos, porque este tu hermano era muerto, y ha revivido; se había perdido, y es hallado "(v 32). Podemos y debemos alegrarnos cuando cualquier alma perdida encuentra su camino de regreso. Y siempre debemos recordar que Dios es el Padre de todos nosotros, fieles e infieles—y quiere que todos seamos felices y redimidos. Antes que Su plan esté terminado, él salvará a todos sus hijos, excepto a los hijos de la perdición. No podemos esperar que Él ame un hijo más que a otro. Él ama al pecador tanto como al santo. Y se regocija cuando un hijo descarriado vuelve a casa.

### Parábola del Siervo Despiadado

- **Mateo 18:21–35 Una parábola acerca de perdonar para ser perdonados.** Esta parábola fue dada cuando Pedro vino al Señor y le preguntó: "Señor, ¿cuántas veces pecará mi hermano contra mí y yo le perdonaré? ¿Hasta siete veces?" (v. 21). Y Jesús respondió: "No te digo hasta siete veces, sino aun hasta setenta veces siete" (v. 22).

J. E. MILLAIS, 1864

Entonces, Jesús, procedió a contarle a Pedro una parábola acerca de "un rey" que estaba llevaba la cuenta sus siervos (v. 23). Uno de ellos "fue traído a él, que le debía él diez mil talentos " (v. 24). El hombre no tenía manera de pagar la deuda, por lo que " su señor ordenó venderle, y a su mujer e hijos, y todo lo que tenía, y que se hiciera el pago" (v. 25). Buscando misericordia, el hombre se postró delante del rey y le rogó, "ten paciencia conmigo, y yo te pago", y "el señor de aquel siervo, movido a misericordia, le soltó y le perdonó la deuda" (vv. 26–27).

UNKNOWN, 1906

Ese mismo siervo a quién se le había sido perdonado sus deudas entonteces "salió y encontró a uno de sus consiervos, que le debía cien denarios; y asiéndose de él, le ahogaba, diciendo: Págame lo que tú me debes" (v. 28). Cuando le pidió paciencia a su deudor y se comprometió a pagar todo lo que le debía, "él no quiso, sino que fue y le echó en la cárcel hasta que pagase la deuda" (vv. 29–30).

Este acto de hipocresía sorprendió a los compañeros del hombre, y fueron y le dijeron al rey lo que había hecho (v. 31). El rey entonces llamó de nuevo all hombre, diciendo: "Siervo malvado, yo te perdoné toda aquella deuda porque me lo pediste: ¿No debías tú también tener misericordia de tu consiervo, como yo tuve misericordia de ti?" (vv. 32–33).

"Entonces su señor, enojado, le entregó a los verdugos, hasta que pagase todo lo que le debía" (v. 34). "Así también mi Padre celestial hará con vosotros, si vosotros no perdonáis de todo corazón cada una de las ofensas de vuestros hermanos.

El élder James E. Talmage dijo: "Diez mil talentos... una suma tan grande como para poner al deudor más allá de toda posibilidad razonable de pagar.... El hombre estaba en mora por deuda. No vino antes de su señor voluntariamente sino que tuvo que ser traído.... El contraste entre diez mil talentos y cien denarios es enorme. En la súplica por tiempo de su consiervo para pagar cien denarios, el mayor deudor debería haber recordado la situación desesperada de la que acababa de ser relevado; las palabras: "Ten paciencia conmigo, y yo te lo pagaré todo, 'eran idénticas a las de su propio ruego al rey. La ingratitud del siervo despiadado justificó que el rey revocara el indulto una vez concedido. El hombre cayó bajo la condena, no principalmente por [su] la deuda, sino por falta de misericordia, después de haber recibido tan abundante misericordia."[22]

- **Mateo 7:2 Nosotros establecemos el estándar por el cual seremos juzgados.** "Porque con el juicio con que juzgáis, seréis juzgados, y con la medida con que medís, os seréis medido a su vez."

  El profeta José Smith dijo: "Yo aconsejo a todos ustedes tener cuidado con lo que hacen, o tal vez con el tiempo encontrar que han sido engañados. Deténganse; no se dejen llevar; no hagan ningún movimiento apresurado; quizás sean salvos. Si sienten un espíritu de amargura, no tengan prisa. Ustedes pueden decir, "¡Ese hombre es un pecador! 'Bueno, si se arrepiente, será perdonado. Tengan cuidado; esperen. Cuando usted encuentre un espíritu que quiere el derramamiento de sangre, —un asesino, el mismo no es de Dios, sino del diablo. Porque la boca habla de la abundancia del corazón del hombre."[23]

  El Profeta también aconsejó: "Siempre tengan entrenado el principio de la misericordia, y estén dispuestos a perdonar a nuestro hermano ante los primeros indicios de arrepentimiento y pidan perdón; y debemos perdonar a nuestro hermano, o incluso nuestro enemigo, antes de que se arrepienta o pida perdón, nuestro Padre Celestial sería igualmente misericordioso de nosotros."[24]

  El presidente Spencer W. Kimball dijo: "Recuerden que debemos perdonar incluso si nuestro ofensor no se arrepienten y pide perdón.... ¿Seguimos ese mandamiento o nos ponemos de mal humor en nuestra amargura, esperando que nuestro ofensor lo aprenda y se arrodille ante nosotros en remordimiento?... Esta reconciliación también sugiere olvidar. A menos que usted se olvide, ¿ha perdonado?... Ninguna amargura de las fricciones del pasado debe quedar en la memoria si perdonamos de todo corazón."[25]

El presidente Gordon B. Hinckley dijo:

> Vemos la necesidad de [perdón] en los hogares de las personas, donde pequeños malos entendidos se transforman en grandes disputas. La vemos entre los vecinos, donde diferencias insignificantes conducen a interminables muestras de desprecio. La vemos en socios de negocios que se pelean y se niegan a ceder y perdonar cuando, en la mayoría de los casos, si hubiera voluntad de sentarse juntos y hablar en voz baja uno a otro, el asunto podría ser resuelto con la bendición de todos. Más bien, ellos pasan sus días alimentando rencores y planeando la retribución. . . .
>
> Si hubiera alguien que alimente en su corazón el brebaje venenoso de la enemistad hacia otro, yo le ruego que pida l al Señor a fuerza para perdonar. Esta expresión de deseos será la esencia misma de su arrepentimiento. Puede que no sea fácil, y no pueda venir rápidamente. Pero si usted la busca y cultiva con sinceridad, todo llegará. . . .No se halla paz reflexionando sobre el dolor de viejas heridas. Hay paz sólo en el arrepentimiento y el perdón. Esta es la dulce paz de Cristo, que dijo: "Bienaventurados los pacificadores, porque ellos serán llamados hijos de Dios» (Mt. 5, 9).[26]

## PARÁBOLAS SOBRE LA SEGUNDA VENIDA

### Parábola de la Gran Cena

- **Lucas 14:12–24 Una parábola sobre los que serán exaltados en el día postrero.** Esta parábola ocurrió en una cena a la que Jesús había sido invitado. Les aconsejó: " Cuando hagas comida o cena, no llames a tus amigos, ni a tus hermanos, ni a tus parientes, ni a vecinos ricos; no sea que ellos a su vez te vuelvan a convidar, y seas recompensado.. Mas cuando hagas banquete, llama a los pobres, el mutilado, los cojos, los ciegos: Y serás bienaventurado; porque ellos no te pueden recompensar, pero te será recompensado en la resurrección de los justos" (vv. 12–14). "Y cuando uno de los que estaba sentado a la mesa con él, oyendo esto, le dijo: Bienaventurado el que coma pan en el reino de Dios" (v. 15). Entonces Jesús contó esta parábola.

THEBIBLEREVIVAL.COM 1896, #29

"Un hombre hizo una gran cena, y convidó a muchos Y envió a su siervo a la hora de la cena para decir a los convidados: Venid, que ya todo está listo" (vv. 16–17). Pero sus amigos estaban demasiado ocupados y "comenzaron a excusarse. El primero le dijo: He comprado una hacienda, y tengo necesidad de ir y verla; te ruego que me excuses. Y el otro dijo: He comprado cinco yuntas de bueyes y voy a probarlos; te ruego que me excuses. Y otro dijo: Acabo de casarme, y por tanto no puedo ir" (v. 20). El siervo, pues, regresó e informó a su señor de todas las excusas que se habían hecho (v. 21).

El señor de la casa se enojó y le dijo a su siervo: "Ve pronto por las plazas y las calles de la ciudad, y trae acá a los pobres, los mancos, los cojos y los ciegos", cosa que hicieron, pero aun así había más espacio (vv. 21–22). Entonces su señor le mandó "por los caminos y por los vallados, [a] obligarlos a entrar, para que mi casa se llene" (v. 23). Todos ellos vinieron, pero el dueño de la casa juró "que ninguno de aquellos hombres que fueron convidados, gustarán de mi cena" (v. 24).

THE CHILDREN'S BIBLE

El élder James E. Talmage dijo: "La historia implica que las invitaciones se habían cursado con antelación suficiente para los invitados seleccionados y potenciales; entonces, en el día de la fiesta se envió un mensajero a notificarles de nuevo. . . . Un hombre tras otro se negaron a asistir. . . . Evidentemente ninguna de estas personas hubiera querido estar presente. El pueblo del pacto, Israel, fueron invitados especiales. . . Pidieron ser excusados o declararon irreverentemente que no podían o no querían ir. Entonces la invitación gozosa se iba a llevar a los gentiles, a quienes se consideraba como espiritualmente pobres, mutilado, cojo y ciego. . . . La posibilidad de que algunos de los más descorteses llegaran más tarde, después de haber asistido a sus asuntos más absorbentes, se ve en las palabras de cierre del Señor: "Porque os digo que ninguno de aquellos hombres que fueron convidados, gustará mi cena."[27]

### Parábola del Banquete de la Boda Real

- **Mateo 22:1–14 También llamada la parábola de las bodas del Hijo del Rey.** Esta parábola, como la anterior, consiste en una gran fiesta, pero éste se llevó a cabo en celebración del "matrimonio del hijo [del rey]" (vv. 1–2). Como en la parábola anterior, este rey "envió a sus siervos a llamar a los convidados a las bodas; mas no quisieron venir. Envió de nuevo otros siervos, diciendo: Decid a los convidados: He aquí, he preparado mi comida; mis toros y animales engordados han sido muertos, y todo está previsto: venid a las bodas. Pero ellos no hicieron caso, y se fueron, uno a su labranza, otro a sus negocios" (vv. 3–5). Peor aún, "tomando a los siervos, los afrentaron y los mataron" (v. 6). Evidentemente, esto tiene relación con el Señor y sus siervos, los profetas.

"Cuando el rey, oyó esto, se enojó; y envió sus ejércitos, destruyendo a aquellos asesinos, y quemó su ciudad" (v 7.). Luego, dándose cuenta que los que habían sido invitados no eran dignos, dio instrucciones a sus siervos a "id. . . en los caminos, y y llamad a las bodas a cuantos halléis" (vv. 8–9). Esto hicieron ", y juntaron a todos los que hallaron, juntamente malos y buenos: y las bodas fueron llenas de convidados" (v 10).

Después que todos los invitados estuvieron sentados, "el rey entró para ver a los convidados, [y] vio allí a un hombre que no estaba vestido de boda," lo que significa que él no fue invitado, pero había tratado de colarse en la fiesta (. v 11). El rey preguntó:

"Amigo, ¿cómo entraste aquí, sin estar vestido de boda? Y él se quedó sin habla " (v. 12). Por lo tanto, ordenó a sus siervos a "atadlo de pies y manos, y llevadle, y echadle en las tinieblas de afuera; allí será lloro y crujir de dientes. Porque muchos son llamados, pero pocos los escogidos " (Vv. 13–14).

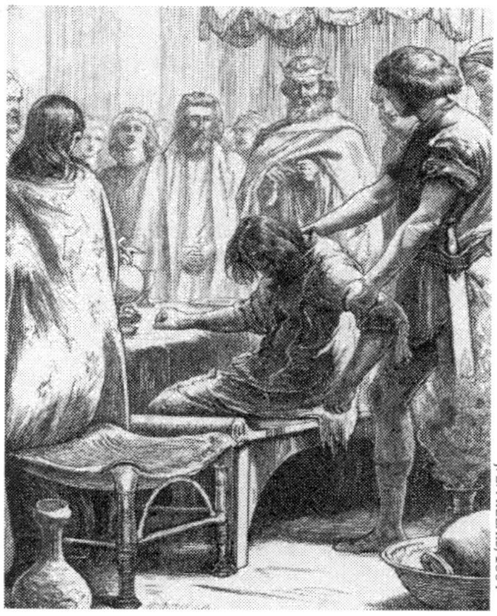

J. E. MILLAIS, 1864

Esta parábola fue dada como un reproche público a los escribas y fariseos. El rey es Dios el Padre; Jesús es su descendencia e Hijo. Los primeros invitados a la fiesta de bodas eran el pueblo del pacto de Israel. El remanente que rechazó la invitación más tarde y cometió un asesinato eran los descendientes (judíos) de la antigua Israel. Y los recogidos de las calles y los caminos eran las naciones gentiles. El hombre sin el vestido de boda ilustra el hecho de que nadie va a recibir las bendiciones de la exaltación que no haya cumplido estrictamente con los requisitos.

El élder Bruce R. McConkie dijo:

> Este acontecimiento glorioso, todavía en el futuro, hace referencia a la anunciación de [el] reino milenario del Mesías, el día en que Él reine en triunfo y gloria sobre toda la tierra. Por su predicación en esta presente dispensación, los "siervos" del Rey están invitando a huéspedes que acudan a la cena de las bodas del Cordero. "Por esta causa te he enviado," dice el Señor a sus misioneros modernos, "que un banquete de manjares suculentos podría estar preparado para los pobres; sí, un banquete de manjares suculentos, de vinos sobre lías bien refinados, que conozcan la tierra que la boca de los profetas no fallará; Sí, una cena de la casa del Señor, bien preparada, a la cual serán invitados a todas las naciones. . . " (D. y C. 58:6–11; 65:3).
>
> Que un banquete de bodas real señalaría el comienzo del reinado triunfal del Mesías había sido revelado a los profetas de la antigüedad (Sof. 1:7–8). Sin embargo, entre los judíos de la época de Jesús, la doctrina se había diluido y distorsionado. Según la tradición rabínica, sólo la simiente de Abraham sería invitada, mientras que los pueblos gentiles se quedarían con hambre y sin comer.[28]

Otras imágenes en esta parábola pueden ser explicadas como sigue:

— La Doctrina y Convenios declara que todas las naciones serán invitadas. El erudito, sabio, noble y rica serán invitados en primer lugar. Luego se invitará a los pobres y ciegos y cojos y sordos.

— Los misioneros comisionados y con autoridad salen hoy para invitar a todos los que quieran venir a la "fiesta de la justicia que se encuentra en el Evangelio restaurado."

— Los que ponen las cosas materiales antes de que el evangelio no puede tener las bendiciones de la fiesta. Los que cometen asesinatos y persiguen serán destruidos.

— El invitado que vio el rey, sin estar vestido de boda era uno que había entrado en la Iglesia, pero no había guardado los mandamientos. No llevaba las ropas de justicia.

— **Apocalipsis 19:7–9** Los santos justos son la "esposa" del Señor que está vestida de blanco glorioso en esta gran fiesta.

## Parábola de las Diez Vírgenes

PROVIDENCE LITHOGRAPHIC CO., 1906, #38

- **Mateo 25:1–13 Una parábola sobre la disposición de los miembros de la Iglesia para ser convocados a la fiesta de bodas hacia el fin del mundo.** Hablando de nuevo de la Iglesia en los últimos días, el Señor enunció la parábola de las diez vírgenes, diciendo: "El reino de los cielos [será] semejante a diez vírgenes que tomando sus lámparas, salieron a recibir al esposo. Y cinco de ellas eran prudentes y cinco insensatas " (vv. 1–2). Por lo tanto, podemos concluir que la mitad de los miembros de la Iglesia serán imprudentes y estarán mal preparados para cuando venga el Señor. Las cinco vírgenes insensatas ", tomaron sus lámparas, [pero] no llevaron aceite consigo" (. V 3). Las cinco vírgenes prudentes "tomaron aceite en sus vasijas, juntamente con sus lámparas" (v. 4). Entonces, tardándose el "al novio", " cabecearon todas y se durmieron " (v. 5).

  Finalmente, "a medianoche se oyó un clamor: ¡Aquí viene el esposo; salid a recibirle!" (. v 6). El gran día había llegado, y "todas aquellas vírgenes se levantaron y arreglaron sus lámparas." (V 7). Pero las imprudentes no podían encender sus lámparas porque carecían de suficiente aceite para ello. Ellos dijeron a las prudentes: "Dadnos de vuestro aceite; porque nuestras lámparas se apagan. Mas las prudentes respondieron diciendo: Para que no nos falte a nosotras y a vosotras, id más bien a los que venden, y comprad para vosotras mismas "(vv. 8–9).

  A. BIDA, 1874

  Mientras las cinco necias vírgenes salieron para tratar de conseguir aceite ", vino el esposo; y las que estaban preparadas entraron con él a las bodas y se cerró la puerta "(v 10).. Ya era demasiado tarde; habían perdido su llegada. Llamaron a la puerta y gritaron: "¡Señor, Señor, ábrenos. Pero él respondió y dijo: De cierto os digo, que no os conozco "(vv. 11–12). "Velad, pues," Jesús dijo a sus discípulos, "porque no sabéis ni el día ni la hora en que el Hijo del Hombre ha de venir" (v. 13).

  — **D. y C. 45:56–59** Proporciona una interpretación moderna de esta parábola. El Señor dice que "los que son prudentes y han recibido la verdad, y han tomado al Espíritu Santo por guía, y no han sido engañados, de cierto os digo, que no serán talados ni echados al fuego, pero deberán soportar el tiempo" (v. 57). Por lo tanto, el "aceite" es la preparación espiritual. Y si se los

> encuentra dignos en el momento de la venida del Señor, "la tierra será dado a ellos por heredad; y se multiplicarán y se harán fuertes, y sus hijos crecerán sin pecado hasta salvarse. Porque el Señor estará en medio de ellos, y su gloria estará sobre ellos, y él será su rey y su legislador " (vv. 58–59).

El presidente Spencer W. Kimball dijo:

> Yo creo que las diez vírgenes representan a la gente de la Iglesia de Jesucristo y no al común del mundo. Todas las vírgenes, prudentes y necias, habían aceptado la invitación a la cena de las bodas; tenían conocimiento del programa y habían sido advertidas del día importante que estaba al venir. No eran gentiles o paganas, ni eran necesariamente corruptas y depravadas, pero fueron sabiendo que la gente que estaba tontamente preparada para los acontecimientos vitales que iban a afectar sus vidas eternas.
>
> Tenían el evangelio, salvador y exaltado, pero no habían hecho de él el centro de sus vidas. Ellas sabían el camino, pero sólo dieron una pequeña medida de lealtad y devoción. Me pregunto: ¿Qué valor tiene un coche sin motor, una taza sin agua, una mesa sin comida, una lámpara sin aceite? Corriendo por sus lámparas para iluminar su camino a través de la oscuridad, la mitad de ellas las encontró vacías. Se habían engañado a sí mismas., Estas cinco vírgenes no preparadas fueron tontas. Al parecer, el novio se había demorado por razones que eran suficientes y buenas. El tiempo había pasado, y Él no había venido. Habían oído hablar de Su venida durante tanto tiempo, tantas veces, que aparentemente la declaración dejó de tener sentido para ellas. ¿Él vendría? Habían pasado tanto tiempo desde que comenzaron a esperarle que estaban pensando que Él nunca aparecería. Tal vez era un mito.
>
> Hoy en día, cientos de miles de nosotros están en esta posición. La confianza se ha embotado y la paciencia desgastado. Es tan difícil esperar y estar siempre preparados. Pero no podemos permitirnos estar aletargados. El Señor nos ha dado esta parábola como una advertencia especial.[29]

## LAS PARÁBOLAS DE HOY

El élder dijo Boyd K. Packer, "Con un poco de ingenio, todos nosotros como profesores podemos utilizar esta técnica [parábolas]. Es simplemente el proceso de desarrollo, creación o invención de una situación imaginaria que representa una situación de la vida real. Por alguna razón, se utiliza muy poco. Esto es lamentable, porque es una manera fácil de llevar a casa una lección que de lo contrario sería difícil. Cuando digo una manera fácil, estoy hablando comparativamente. Se necesita trabajo imaginación e ingenio para crear una parábola, pero del tiempo empleado se saca mucho provecho cuando se consideran los resultados. . . . Los principios del Evangelio pueden cobrar vida si están relacionados con las experiencias cotidianas de los oyentes."[30]

Los miembros del Quórum de los Doce no sólo han citado las parábolas muchas veces, sino que unos pocos también han creado otras nuevas. No vamos las vamos a discutir aquí, pero el lector puede sacar provecho de ellas mirando en el sitio web de la Iglesia o en otros sitios.

— El élder James E. Talmage escribió una serie de parábolas para *Improvement Era* durante 1914; la más conocida, "La abeja imprudente", también fue reimpresa en el *Era* en noviembre de 1962.[31]

— El élder Boyd K. Packer ha escrito sobre el uso de las parábolas en la enseñanza y también nos ha dado dos grandes parábolas: "El Guante"[32] y "El Mediador."[33]

**Notas** (Todas las referencias son de las versiones en idioma inglés de los textos que se citan.)

1. *Jesús el Cristo*, Clásicos Revisados en la Edición de la Literatura Mormona (1983), pág. 275.
2. *Diccionario Bíblico de los SUD*, s.v. "*Las parábolas*," pág. 741.
3. *Jesús el Cristo*, págs. 278, 282—nota 10.
4. *Jesús el Cristo*, pág. 266.
5. *Enseñanzas del Profeta José Smith*, escogidas y arregladas por Joseph Fielding Smith (1976), págs. 276–277.
6. *Jesús el Cristo*, pág. 276.
7. *Doctrina Mormona*, 2.ª edición (1966), págs. 553–554.
8. *Enseñanzas del profeta José Smith*, págs. 94–102
9. *Enseñanzas del profeta José Smith*, pág. 97.
10. *Enseñanzas del profeta José Smith*, pág. 94.
11. *Enseñanzas del profeta José Smith*, pág. 96.
12. *Vida de Heber C. Kimball*, editado por Orson F. Whitney (1945), págs. 449–450.
13. *Comentario Doctrinal del Nuevo Testamento*, 3 volúmenes (1965–1973), 1:289.
14. *Comentario Doctrinal del Nuevo Testamento*, 1:289.
15. *Enseñanzas del profeta José Smith*, págs. 96–97.
16. *Jesús, el Cristo*, pág. 280.
17. *Enseñanzas del profeta José Smith*, págs. 97–98.
18. *Jesús, el Cristo*, pág. 271.
19. *Enseñanzas del profeta José Smith*, pág. 98.
20. *Enseñanzas del profeta José Smith*, pág. 159.
21. *Jesús, el Cristo*, págs. 398–399.

22. *Jesús, el Cristo*, págs. 365–366.

23. *Mensajes de la Primera Presidencia de La Iglesia de Jesucristo de los Santos de los Últimos Días*, compilado por James R. Clark, 6 vols. (1965–1975), 1:222.

24. Discurso a los Doce, martes, 2 de julio de 1839, en *Historia de la Iglesia*, 3:383.

25. En Reporte de La Conferencia, octubre de 1949, págs. 132–133.

26. "A vosotros os es requerido perdonar", revista *Liahona*, junio de 1991, págs. 2, 5.

27. *Jesús, el Cristo*, págs. 420–421.

28. *Comentario Doctrinal del Nuevo Testamento*, 1:597.

29. *La Fe Precede al Milagro* (1972), págs. 253–254.

30. *Enseñad diligentemente*, págs. 204, 207.

31. "La abeja imprudente," en revista *Improvement Era*, noviembre de 1962, pag. 817.

32. *Enseñad diligentemente* (1975), págs. 273–281.

33. En Reporte de La Conferencia, abril de 1977, págs. 79–80; o revista *Liahona*, mayo de 1977, págs. 54–56.

Capítulo 12

# El Pan de Vida

(Mateo 14, Marcos 6, Juan 5)

---

## INTRODUCCIÓN

### Curación en el Día Sábado (de Reposo)

Ese día, Jesús había venido a Jerusalén para una fiesta,—probablemente la fiesta de la Pascua (Juan 6:4). Una vez allí, se encontró con un hombre que había estado enfermo durante 38 años con una enfermedad paralizante que lo mantuvo en una cama. Estaba tendido cerca del estanque de Betesda.

David Hall dice que las piscinas y baños medicinales fueron construidos en Jerusalén desde el año 150 AC hasta el año 70 DC. Su propósito principal era como *mikvehs* (pequeños estanques de limpieza), que los judíos utilizaban para la purificación ritual. Los romanos pensaban que los baños calientes podían inducir la cicatrización, por lo que estos baños poco profundos pueden haber estado expuestos al sol o cubiertos con un pórtico. El sitio donde Jesús sanó al paralítico puede haber sido en una de estas piscinas.[1]

*Posible ubicación del estanque*

PHOTO COURTESY DAVID HALL, 2003

- **Juan 5:1–9 El estanque de Bethesda.** "Y hay en Jerusalén, cerca de la puerta de las ovejas, un estanque, llamado en hebreo Betesda, el cual tiene cinco pórticos. En éstos yacía una multitud de enfermos, ciegos, cojos y paralíticos, que esperaban el movimiento del agua. Porque un ángel descendía de tiempo en tiempo al estanque, y agitaba el agua; y el que primero descendía al estanque después del movimiento del agua, quedaba sano de cualquier enfermedad que tuviese."

  El élder Bruce R. McConkie dijo:

  > Sobre este particular, el Sábado Pascua, vemos a Jesús cerca del mercado de ovejas, al lado del estanque de Bethesda, que significa "Casa de la Misericordia'. 'Porque esta piscina evidentemente era una fuente de agua mineral de una especie cuyas aguas burbujean intermitentemente cuando los escapes de gas irrumpían la

superficie se alza una gran estructura con cinco pórticos. 'En éstos pórticos yacía un gran populacho impotente,' algunos ciegos, otros paralíticos o marzo deitos, todos ' esperando el movimiento del agua.' Sin duda estas aguas tenían fuentes minerales calientes con poderes curativos y sanadores como las actuales, que entre los judíos supersticiosos y espiritualmente analfabetos dieron lugar a una leyenda, que "un ángel descendía de tiempo en tiempo al estanque, y agitaba el agua," y que " el que primero descendía al estanque después del movimiento del agua, quedaba sano de cualquier enfermedad que tuviese. En una plataforma de uno de los porches yacía un hombre paralítico, discapacitado por una parálisis, que la venía padeciendo durante treinta y ocho años.[2]

- **Juan 5:5–9 Jesús sana a un hombre en sábado en el estanque de Betesda.** Jesús encontró allí a un hombre cerca del estanque que había estado inválido durante 38 años (v. 5). En la mayoría de los casos de curación por Jesús, el pueblo le pedía que los volviera enteros. Pero en este caso, fue Jesús quien inició la acción. Él preguntó: "¿Quieres ser sano?" (v. 6). Pensando que Jesús estaba preguntando si había llegado el estanque para ser curado, el hombre respondió: "Señor, no tengo a nadie, que me meta en el estanque cuando se agita el agua mientras yo voy, otro desciende delante de mí" (v. 7). Nunca pudo entrar primero en el estanque, que la superstición decía que era el requisito para ser sanado. Jesús simplemente respondió ordenando: "Levántate, toma tu camilla y anda" (v. 8). "Y al instante aquel hombre fue sanado, y tomó su lecho, y anduvo; y ese mismo día fue el día sábado (de reposo)" (v 9.).

C. H. BLOCH

El élder Bruce R. McConkie dijo:

> Jesús ve al paciente paralítico, sabe cuánto tiempo ha estado así, y lo escoge de todo el resto. . . como el objeto de su poder de curación divina. Con un corazón lleno de compasión, [Él] le pregunta: "¿Quieres ser sano?" Sin saber quién estaba preguntando; sin saber que el hablaba era el Hijo de Dios; sin darse cuenta de que la voz cuestionadora provenía de Aquel que había limpiado leprosos, echado fuera demonios, y sanado toda clase de enfermedades, un hombre enfermo respondió: «Señor, no tengo a nadie, cuando se agita el agua, que me meta en la piscina :. pero mientras yo voy, otro desciende antes que yo 'Sin más preámbulos, Jesús dice: "Levántate, toma tu camilla y anda". . . Después de treinta y ocho años de postración, el hombre al instante se levantó, alzó su camilla y comenzó a caminar. Con asombro alegre él miró a su alrededor para ver y agradecer a su benefactor desconocido; pero la multitud era grande, y Jesús, ansioso por escapar de la emoción no espiritual. . . se deslizó en silencio fuera de la observación."[3]
>
> Un milagro forjado así, solo se ve raramente. Después de treinta y ocho años de impotencia paralizante, un hombre conocido por haber pasado largas horas en una camilla en los pórtico del estanque de Betesda deseando y esperando y rezando para curarse y en un instante se levanta; con toda su fuerza entrando en todo su cuerpo; camina sí, y es más: él

lleva a su cama. Él es visto por la multitud, muchos de los cuales, sin duda, se regocijan con él ante el nuevo vigor y vitalidad que exuda por todos los poros de su carne una vez asolada por el dolor.[4]

- **Juan 5:10–15 Los líderes judíos no entiende en absoluto de que se trata.** Al ver al hombre llevando su cama, a quien conocían baldado desde hacía 38 años, no preguntaron, "Cuando te sanaste?" o "¿Quién te sanó?" En vez de maravillarse y regocijarse a la vista de la buena suerte de este hombre, buscaron razones para criticarlo. "Es día de reposo; no te es lícito llevar tu lecho," ladraban al hombre ya sanado. "El que me sanó, el mismo me dijo: Toma tu lecho y anda", respondió (v. 11). Exigieron saber quién dijo esto, pero lamentablemente no lo sabía. Jesús no se había dado a conocer y ahora se había apartado de la multitud (vv. 12–13). Más tarde, Jesús lo encontró en el templo y Él mismo lo presentó. "He aquí, has sido sanado; no peques más, no sea que venga alguna cosa peor para ti." dijo (v 14.). Entonces, "el hombre se fue, y dijo a los judíos que era Jesús, que le había hecho todo" (v. 15).

*Los fariseos discuten con Jesús*

- **Juan 5:16–17 "Mi Padre trabaja hasta ahora, y yo trabajo."** Los fariseos y los saduceos nunca se detuvieron a preguntarse si este curandero milagroso podría ser el Mesías prometido. Estaban demasiado ocupados defendiendo su territorio. "Y por esta causa los judíos persiguieron a Jesús, y trataron de matarle, porque hacía estas cosas en sábado" (v. 16). Jesús no se dejó intimidar. "Mi Padre trabaja hasta ahora, y yo trabajo", dijo (v. 17).

### Los Poderes de Jesús y su Relación con el Padre

- **Juan 5:18 Ellos tratan de matar a Jesús** porque "hace a sí mismo igual a Dios Por esto los judíos aún más procuraban matarle, porque no sólo quebrantaba el día sábado(de reposo), sino que también decía que Dios era su propio Padre, haciéndose igual a Dios"(. v 18).

  Esto suena familiar a los Santos de los Últimos Días. En nuestro tiempo, los sectarios fariseos lanzan las mismas acusaciones contra los "mormones" porque afirmamos que podemos llegar a ser como nuestro Padre en el Cielo. "¡Te haces igual a Dios!", Dicen, sin detenerse a considerar que los enemigos de Jesús usaron la misma acusación para perseguirlo y matarlo. El espíritu de sectarismo estaba vivo y gozaba de buena salud en los días de Jesús, e igualmente pasa hoy.

- **Juan 5:19–20 Jesús hace sólo lo que ha visto hacer al Padre.** "No puede el Hijo hacer nada por sí mismo, sino lo que ve hacer al Padre; porque todo lo que el Padre hace, también lo hace el Hijo igualmente" (v. 19). Al parecer, Jesús había visto en visión el ministerio de Dios el Padre en el pasado: "Porque el Padre ama al Hijo, y le muestra todas las cosas que él hace; y mayores obras que estas le mostrará, de modo que vosotros os maravilléis" (v. 20).

- **Juan 5:21, 26 Jesús tiene poder sobre la vida.** Así como el Padre puede levantar a los muertos y "les da vida, así también el Hijo a los que quiere da vida" Esto hace que Jesús sea el Señor de la vida para todas las cosas y las personas en esta tierra. "Porque como el Padre tiene vida en sí mismo, así también ha dado al Hijo el tener vida en sí mismo" (v. 26).

- **Juan 5:22–23, 27, 30 Jesús juzgará a toda la humanidad.** A veces pensamos que vamos a estar delante de Dios el Padre, en el último día para ser juzgados por Él. No es así. "Porque el Padre a nadie juzga, sino que todo el juicio dio al Hijo" (v. 22). El Padre ha decretado así para que todos los hombres "honren al Hijo como honran al Padre" y "el que no honra al Hijo, no honra al Padre que le envió" (v. 23). El Padre ha "dado [al Hijo] autoridad de hacer juicio, porque él es el Hijo del hombre" (v. 27). Y Él no juzgará auto—interesadamente, pero si con pura justicia: " No puedo yo hacer nada por mí mismo; según oigo, así juzgo; y mi juicio es justo, porque no busco mi voluntad, sino la voluntad del que me envió, la del Padre" (v. 30).

- **Juan 5:24 Los que tienen fe en Jesús recibirán la vida eterna.** De cierto, de cierto os digo: El que oye mi palabra, y cree al que me envió, tiene vida eterna; y no vendrá a condenación, mas ha pasado de muerte a vida.

- **Juan 5:25, 28 el ministerio de Jesús a los espíritus de los muertos en el Mundo de los Espíritus.** Entonces Jesús testificó del alcance de su ministerio, que se extiende más allá de esta vida terrenal. " De cierto, de cierto os digo: Viene la hora, y ahora es, cuando los muertos oirán la voz del Hijo de Dios; y los que la oyeren vivirán" (v. 25). Él no estaba hablando aquí de la "muerte espiritual" en esta tierra, sino de los muertos físicamente cuyos espíritus moran en el mundo de los espíritus. "No se maravillen de esto, porque viene la hora en que todos los que están en los sepulcros oirán su voz" (v. 28).

- **Juan 5:29 Jesús habla de dos resurrecciones.** Los que han muerto "Saldrán; los que hicieron lo bueno, saldrán a resurrección de vida; y los que hicieron lo malo, a resurrección de condenación" (v. 29).

### Los Testigos de la Divinidad de Jesús

- **Juan 5:31–40, 46 Jesús cita los muchos testigos que han dado testimonio de Él:**

  — Jesús mismo (v. 32).
  — Juan el Bautista (vv. 33–34).
  — Sus milagros y otras maravillas (v. 36).
  — Dios el Padre (v. 37).

— Las escrituras (v. 39).
— El profeta Moisés, que escribió acerca de Cristo (v. 46).

- **Juan 5:39 ¿Qué significa "buscar" en las Escrituras.** "Escudriñad las Escrituras," Jesús dijo a los fariseos supuestamente eruditos de las Escrituras, "porque en ellas os parece que tenéis vida eterna." Ellos creían que su conocimiento de las Escrituras, los hacía superiores a los demás y también más santos. Jesús los invitó a buscar en sus escrituras cuidadosamente, porque "ellas son las que dan testimonio de mí."

  Él éder Jeffrey R. Holland dijo al hablar con los maestros de seminarios e institutos a cerca de ayudar a los estudiantes en su estudio de las Escrituras: "Invítenlos a leer más despacio y con más cuidado y con más preguntas en la mente. Ayúdenles a reflexionar, examinar cada palabra, cada joya escritural. Enséñenles a mantener la luz y darla vuelta, mirar y ver lo que está reflejado allí. Para algunos estudiantes, en un día determinado con una necesidad determinada, tal examen puede sacar un tesoro escondido en un campo, o una gran perla de valor incalculable."[5]

  El presidente Marion G. Romney dijo:

  > Dado que no podemos "vivir de acuerdo a [las palabras que] salen de la boca de Dios" a menos que sepamos lo que son, es imprescindible que las estudiemos. Esto es lo que el Señor nos ha ordenado que hagamos.
  >
  > Cuando los judíos discutieron con Jesús porque decía que Dios era su propio Padre, él respondió enfáticamente: "Escudriñad las Escrituras; porque en ellas os parece que tenéis vida eterna, y ellas son las que dan testimonio de mí". (Juan 5:39).
  >
  > En el prefacio del Señor a su Libro de Mandamientos, él dijo: "Escudriñad estos mandamientos porque son verdaderos y fidedignos, y las profecías y promesas que contienen se cumplirán todas. '(D. y C. 01:37).
  >
  > Estamos bajo la instrucción divina de "enseñar los principios [del] evangelio que se encuentran en la Biblia y el Libro de Mormón. (D. y C. 42:12). No lo podemos hacerlo si no sabemos que son.[6]

- **D. y C. 76:15–24 El profeta José Smith recibió la visión de los reinos de gloria después de haber estudiado a Juan 5:29.** Esta "búsqueda" produjo sus espectaculares testimonios de Jesús como el Hijo de Dios viviente.

## Alimenta a Cinco Mil

Este milagro, que fue discutido anteriormente en el capítulo 5 ("Los Milagros de Jesús"), tuvo lugar en este momento y en este contexto. Se discute de nuevo aquí en su contexto adecuado.

- **Juan 6:1–4 Jesús y sus discípulos buscan un lugar solitario en una ladera de la montaña.** La TJS llama a su ubicación un "lugar solitario" (nota al pie 31a, consultar TJS Marcos 6:31). Grandes multitudes los seguían alrededor ", porque veían los milagros que hacía en los enfermos" (v. 2), por lo que fue difícil encontrar tiempo y espacio privado donde Él podría instruir a los Doce. Cruzaron el Mar de Galilea en barco y buscó su soledad en el otro lado (vv. 1, 3). "Y la pascua. . . estaba cerca " (v. 4).

- **Marcos 6:33–34 Jesús responde con compasión a las multitudes que lo siguen.** Cuando las multitudes los vieron ellos partir en barco, y sabiendo hacia dónde se dirigían, "muchos fueron allá a pie desde las ciudades, y llegaron antes que ellos, y se juntaron a él" (v. 33). "Y salió Jesús y vio una gran multitud, y tuvo compasión de ellos, porque eran como ovejas que no tenían pastor; y comenzó a enseñarles muchas cosas" (v 34).

- **Juan 6:1–13 Jesús multiplica panes y peces para alimentar a una multitud hambrienta.** Al ver lo grande que era el grupo que había llegado, Jesús le dijo a Felipe: "¿De dónde compraremos pan para que coman éstos?" (v. 5). Esta fue una prueba de la fe de los discípulos, porque Jesús ya sabía lo que había de hacer (v. 6). Felipe observó que incluso en gran cantidad (200 denarios) no sería suficiente para alimentar a una multitud tan grande, y Andrés señaló que allí había "un muchacho que tiene cinco panes de cebada y dos pececillos (v 7.): Pero ¿qué es esto para tantos?" (v. 9).
    - — El centavo, o denario, era la principal moneda de plata romana. Tenían un valor aproximado a 15 a 17 de nuestros modernos centavos. 200 peniques— de pan equivaldrían a unos 32 dólares.

THEBIBLEREVIVAL.COM, #46

Jesús les encargó que hiciera que las 5.000 personas presentes en esa ocasión de sentasen en la hierba (v. 10). Entonces Él "Tomó aquellos panes, y habiendo dado gracias, los repartió entre los discípulos, y los discípulos entre los que estaban recostados; asimismo de los peces, cuanto querían." (v. 11). Milagrosamente, a partir de esta pequeña cantidad de comida, todo el mundo comió hasta que estuvieron "saciados" (v. 12). Y cuando recogieron los fragmentos dejados atrás, con ellos "llenaron doce canastas"—muchas más de las que tenían al principio.

El Éder J. Reuben Clark Jr. dijo:

> "He pensado en algunos de esos milagros en el sentido de su ser el milagro de un Creador, demostrando su poder creativo, sobre todo algunos que yo llamo milagros creativos: la conversión del agua en vino, lo simple que debe haber sido a una Deidad quien hizo universos; que simple que fue la alimentación de los cinco mil.

Y espero que ninguno de ustedes se vea afectado por el pigmeo—racionalizador que sugiere que la multitud se alimentó de la comida que traían con ellos. Este Creador del universo, hizo que de cinco panes y dos peces, comida para alimentar a todos. Tal vez, con el fin de silenciar la crítica que se pueda hacer o la explicación, que sólo les hipnotizó y todos fueron simplemente hipnotizados, el registro dice, "con los fragmentos que quedaron llenaron doce canastas. "De igual importancia y talla fue la alimentación de los cuatro mil en un momento posterior."[7]

- **Juan 6:14-15 La gente trata de forzar a Jesús para hacerle su rey, pero él se niega.** Convencido por este gran milagro que Jesús era "el profeta que había de venir al mundo", la gente trató de "venir a tomarle por la fuerza, para hacer de él un rey." Pero él los evitó y se fue otra vez al monte Él solo.

  El élder James E. Talmage dijo: "La multitud, ahora alimentada y saciada, prestó cierta atención al milagro. Reconocieron en Jesús como Uno que tiene poderes sobrehumanos para forjar una obra tan grande. Dijeron: "Este es de verdad el profeta que había de venir al mundo", el Profeta cuya venida había sido predicha por Moisés y que deberían ser como él. Así como Israel había sido alimentado milagrosamente durante el tiempo de Moisés, de la misma manera ahora este nuevo Profeta les proveía de pan en el desierto. En su entusiasmo la gente propuso proclamarlo rey y por la fuerza obligarlo a convertirse en su líder. Tal era su grosera concepción bruto de la supremacía Mesiánica."[8]

### Caminando sobre el Agua

Este milagro también se discutió previamente en el capítulo 5 ("Los Milagros de Jesús"). Una vez más, lo discutimos aquí, así podrá entenderse en su contexto adecuado.

Al salir de la zona rural cerca de Betsaida, donde Jesús había alimentado a cinco mil hombres, los Apóstoles partieron en barco "hacia Capernaúm." Su plan era encontrarse con Jesús otra vez en el camino, al parecer, en la ciudad de Betsaida. Una tormenta repentina y violenta surgió, manteniendo el barco lejos de la costa, y la reunión prevista no habría tenido lugar de no haberse acercado Jesús caminando sobre el agua.

Los judíos dividían la noche en guardias militares en lugar de horas. Cada guardia representaba el lapso de tiempo que un centinela dado permanecía de guardia. La primera guardia comenzaba a las 18 a y terminaba a las 21; la segunda entre las 21y las 12: 0 de la noche; la tercera de12 de la noche hasta las 3: 0 de la madrugada; y la cuarta vigilia iba desde la 3 a.m. hasta las 6.

En la cuarta vigilia de la noche, en algún momento entre las 3 y las 6, Jesús los alcanzó caminando sobre el agua. Hasta entonces, solo habían avanzado unos 25-30 furlones—alrededor de 6 kilómetros—en 8-10 horas. No pudiendo navegar contra el viento de popa, y temiendo un terrible desastre, los discípulos habían logrado mantenerse a flote.

- **Mateo 14:24–33 Jesús caminó sobre el agua. La barca estaba "en el medio del mar, azotada por las olas, porque el viento era contrario"** (v. 24). Y cuando los discípulos, "le vieron andar sobre el mar, se turbaron, diciendo: ¡Un fantasma! Y dieron voces de miedo." (v. 26). Jesús les llamó, "¡Tened ánimo; yo soy; no tengáis miedo!" mas ¿quién podría culparlos si tenían sus dudas? Nunca antes nadie había caminado sobre el agua.

THEBIBLEREVIVAL.COM, #25

"Entonces le respondió Pedro, y dijo: Señor, si eres tú, manda que yo vaya a ti sobre las aguas", y cuando Jesús le contestó: "Ven", Pedro saltó de la barca y "andaba sobre las aguas para ir a Jesús " (v. 29). Pero al ver el fuerte viento, tuvo miedo; y comenzando a hundirse, dio voces, diciendo: ¡Señor, sálvame!" (v. 30). "Al momento Jesús, extendiendo la mano, asió de él, y le dijo: ¡Hombre de poca fe! ¿Por qué dudaste? Después de ser levantado, Pedro caminó sobre el agua con Jesús a la barca. Y cuando ellos subieron a la barca, se calmó el viento" (vv. 31–32). Asombrados, los discípulos en la barca "le adoraron, diciendo: Verdaderamente eres Hijo de Dios" (v. 33).

El élder Delbert L. Stapley, dijo, "La comparación que hace el Señor entre el alma vacilante y la ola del mar movida y arrojada por los vientos, ha tocado las vidas de muchos. La mayoría de nosotros hemos visto los mares en calma, y en otras ocasiones hemos visto el daño causado cuando los vientos se vuelven intensos y las olas se levantan y se convierten en poderosas fuerzas destructivas. Se puede trazar un paralelismo con los bofetones de Satanás. Cuando estamos serenos y del lado del Señor, la influencia de Satanás no se siente; pero cuando nos pasamos al otro lado somos engañados por los vientos de la falsa doctrina, por las oleadas de filosofías y sofismas creadas por el hombre, podemos empaparnos, sumergirnos, e incluso ahogarnos en las profundidades de la incredulidad y el Espíritu del Señor sale por completo de nuestras vidas. Estas almas engañadas y vacilantes no pueden, por su incontinencia, esperar recibir cosa alguna del Señor."[9]

El élder Bruce R. McConkie dijo que Jesús caminó sobre el agua por varias razones:

> (1) Para llegar a la embarcación, mantener un encuentro planeado con los Apóstoles, y guardarlos en su momento de desesperación y agotamiento físico.
>
> (2) Para enseñar de nuevo por medios concretos, en circunstancias en que ninguna explicación natural podría hacer desaparecer el milagro, que la fe es un principio de poder por el cual las fuerzas naturales son controladas.[10]
>
> (3) Para dar testimonio que él era el Mesías prometido, el Hijo de Dios, el Verbo encarnado, que aunque se hizo carne para cumplir con los propósitos del Padre, sin embargo, los poderes de la divinidad tuvieron que residen en él. Aquí en el barco con los mortales débiles él era "Quién encerró los vientos en sus puños, quien ató las aguas en un paño" (Prov. 30:4), el que "extiende los cielos, y anda sobre las olas dEl mar". (Job 9, 8).

Y que los discípulos lo conocían por lo que era, y vieron en esta renovada manifestación de su poder, la prueba de su eterna divinidad, es evidente por el hecho que entonces le adoraron y aclamaron, "Verdaderamente tú eres el Hijo de Dios."(Mateo 14:33).[11]

## EL SERMÓN DEL PAN DE VIDA

### Los Judíos, Buscan Señales

JAMES J. TISSOT, 1904

- **Juan 6:22–26 La gente Le sigue, esperando que Él continúe alimentándolos.** Al día siguiente del milagro de la alimentación de los 5000, la multitud encontró que Jesús y sus discípulos se habían apartado de ellos (vv. 22–23). Por tanto, tomaron" navecillas, y vinieron a Capernaúm, buscando a Jesús. Y como ellos lo habían encontrado al otro lado del mar, le dijeron: Rabí, ¿cuándo llegaste acá?" (vv. 24–25). Jesús los reprendió, diciendo: "me buscáis, no porque habéis visto las señales [y se convirtieron], sino porque comisteis el pan y os saciasteis" (v. 26). Todo lo que querían era comida gratis.

- **Juan 6:27–29 Jesús enseña que Él es el Hijo de Dios. Jesús les aconsejó**: "Trabajad, no por la comida que perece, sino por la comida que a vida eterna permanece, la cual el Hijo del Hombre os dará" (v. 27). Cuando le preguntaron cómo podrían "¿hacer las obras de Dios?" Contestó que deben "creer en que él ha enviado" (vv. 28–29).

- **Juan 6:30–31 El pueblo exige la prueba en la forma de una señal.** Ellos respondieron patéticamente: "¿Qué señal pues, haces tú, para que veamos, y te creamos?" (v. 30). Al parecer, el milagro de su alimentación en el día anterior no era convincente. Querían saber que iba a hacer ahora por ellos. "Nuestros padres comieron el maná en el desierto", dijeron, y este fue su "pan del cielo para comer" (v. 31).

  El presidente David O. McKay dijo: "me buscáis, no porque habéis visto las señales, sino porque comisteis el pan y os saciasteis" (Juan 6:26). ¡Cosas temporales sórdidas, arrastrando sus mentes hacia abajo! Él los levantaría hacia las cosas que eran divinas. Entonces él les dio ese sermón memorable sobre el pan de vida, del cual se encuentra una sinopsis en Juan, capítulo once, cuando realizó el milagro de resucitar a Lázaro de entre los muertos."[12]

### Comer el Pan de Vida

- **Juan 6:32–34 El "verdadero pan" del cielo.** Después que le exigieron maná, Jesús les dijo: "De cierto, de cierto os digo, Moisés no os dio el pan del cielo; pero mi Padre os da el verdadero pan del cielo. Porque el pan de Dios es aquel que descendió del cielo, y da vida al mundo" (vv. 32–33). Todavía pensando en la comida en lugar de salvación, le dijeron: "Señor, danos siempre este pan" (v. 34).

J. S. V. CAROLSFELD, 1852-1860

- **Juan 6:35 "Yo soy el pan de vida."** Volviéndose explícitamente claro cuando él trató de enseñarles el significado de su lenguaje simbólico, Jesús les dijo: "Yo soy el pan de vida: el que a mí viene, nunca tendrá hambre; y el que en mí cree, no tendrá jamás sed".

  El éder Jeffrey R. Holland dijo: "Durante el ministerio galileo del Salvador, Él reprendió a los que habían oído hablar de Él alimentando a los 5000 con sólo cinco panes de cebada y dos peces, y ahora acudían a Él esperando un almuerzo gratis. Esa comida, por importante que fuera, era incidental a la verdadera nutrición que Él estaba tratando de darles."[13]

- **Juan 6:36–40 El Padre lo envió para salvar y resucitar a todos los que creen en Él.** Jesús les recordó que era un privilegio el verlo en la carne (¡cuántos de nosotros hemos querido que hubiéramos podido haber estado allí nosotros mismos!), Y sin embargo, ellos no creen (v. 36). A los que se acercan a Él con fe, " Él no le echo fuera", sino que los salvará (v. 37). "Porque he descendido del cielo, no para hacer mi voluntad, sino la voluntad del que me envió. Y esta es la voluntad del Padre que me envió: Que de todo lo que él me ha dado yo no pierda nada, sino que lo resucite en el día postrero" (v. 39). Esa era su misión: (1) la salvación por medio de Su expiación, y (2) la resurrección. Por lo tanto, "todo aquel que ve al Hijo y cree en él, [tendrá] vida eterna: y yo le resucitaré en el día postrero" (v. 40).

- **Juan 6:41–45 Los judíos se ofenden y lo llaman "el hijo de José," pero Jesús persiste.** A pesar que ellos creían que era El "profeta" que Moisés había profetizado que vendría entre ellos, y aunque gustosamente lo harían su rey, sin embargo, cuando afirmó ser el Salvador y Redentor y el "pan de vida" que descendió desde el cielo, se escandalizaron de inmediato. "¿No es éste Jesús, el hijo de José, cuyo padre y madre nosotros conocemos? ¿Cómo, pues, dice éste: He bajado del cielo?" (v. 42). Pero Jesús les aconsejó no murmurar (v. 43) y testificó de nuevo de Su misión enviada por el cielo.

  "Ninguno puede venir a mí, si el Padre que me envió no le trajere [hacia mí]." Y aquellos que se acercan a Él, Él "les resucitará en el día postrero" (v. 44). "Está escrito en los profetas: Y serán todos enseñados por Dios" (v. 45), y ahora el Hijo de Dios se puso delante de ellos haciendo exactamente eso. "Todo hombre que oyó, y ha aprendido del Padre, viene a mí" (v. 45).

- **Juan 6:47–52 Jesús es el "pan de vida" y les garantiza "vida eterna" a los que creen en Él.** Porque Él es el "pan de vida", Jesús declaró que "el que cree en mí, tiene vida eterna" (vv. 47–48). "Vuestros padres en verdad comieron el maná en el desierto, y están muertos", les recordó. El maná no trae la vida eterna. Pero Jesús es el "pan que desciende del cielo, para que de él come, no muera" (v. 50). "Si alguno come de este pan, vivirá para siempre" (v. 51). ¿Y qué es el pan? Jesús respondió claramente: "el pan que yo daré es mi carne, la cual yo daré por la vida del mundo" (v. 51). Ofreciendo su cuerpo como un rescate por el pecado, y levantando su cuerpo de la tumba, Él ha hecho que sea posible la vida eterna, tanto física como espiritual. Al no entender nada, "Entonces los judíos contendían entre sí, diciendo: ¿Cómo puede éste darnos a comer su carne?" (v. 52).

  La gente a la cual Él e se dirigía no creían ser seguidores del Hijo de Dios. Eran una multitud ruidosa que buscando comida gratis y un rey milagroso. Ellos no estaban en absoluto preparados para oír este tipo de doctrinas salvadoras. Por eso es que Jesús veló deliberadamente sus enseñanzas en el más profundo simbolismo, en esta ocasión lo estaba haciendo.

- **Juan 6:52–59 Jesús también dice que deben "bebe de mi sangre" para ser salvos.** Jesús continuó: " De cierto, de cierto os digo: Si no coméis la carne del Hijo del Hombre, y bebéis su sangre, no tenéis vida en vosotros. El que come mi carne y bebe mi sangre, tiene vida eterna; y yo le resucitaré en el día postrero. Porque mi carne es verdadera comida, y mi sangre es verdadera bebida. El que come mi carne y bebe mi sangre, en mí permanece, y yo en él. Como me envió el Padre viviente, y yo vivo por el Padre, asimismo el que me come, él también vivirá por mí" (vv. 52–57). Esta era una doctrina profunda para esa multitud tan poco espiritual. Pero Jesús la estaba enseñando deliberadamente para eliminar la cizaña que se encontraba entre sus discípulos. Y como veremos en un momento (más abajo), funcionó.

  — **Mateo 26:26–28 En la Última Cena Jesús explicó este principio con más claridad.** "Y mientras comían, tomó Jesús el pan, y lo bendijo, y lo partió, y lo dio a sus discípulos, y dijo: Tomad, comed; esto es mi cuerpo. Y tomando la copa, y habiendo dado gracias, se la dio, diciendo: Bebed de ella todos; Porque esta es mi sangre del nuevo pacto, que es derramada por muchos para remisión de los pecados".

  — **Alma 5:34–35 La metáfora también se usa en el Libro de Mormón.** "Sí, dice él: Venid a mí y comeréis del fruto del árbol de la vida; sí, habéis de comer y beber libremente del pan y las aguas de la vida; Sí, venid a mí y haced las obras de justicia, y no seréis talados y arrojados al fuego."

  — **D. y C. 20:77, 79 El simbolismo se explica de forma explícita en las oraciones sacramentales.** "Oh Dios, Padre Eterno, te pedimos en el nombre de tu Hijo, Jesucristo, bendecir y santificar este pan por las almas de todos los que participan de él, para que lo coman en memoria del cuerpo de tu Hijo "(v. 77). Por lo tanto,

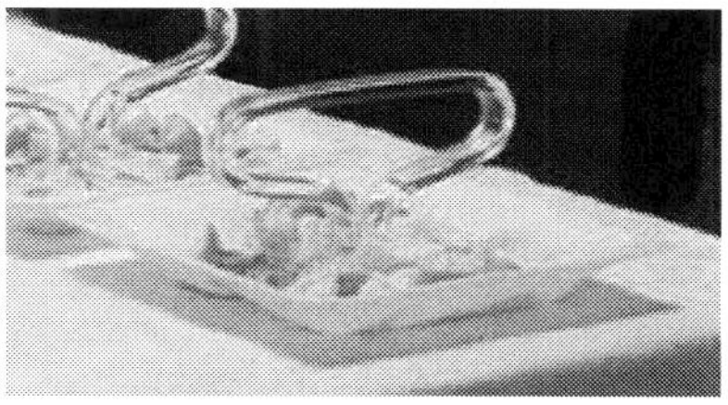

cuando participamos del pan, estamos conmemorando lo que Jesús hizo con Su cuerpo—Él lo entregó y lo levantó nuevamente superando así la muerte física.

"Oh Dios, Padre Eterno, te pedimos en el nombre de tu Hijo, Jesucristo, bendecir y santificar este [agua] por las almas de todos los que la beban, que lo hagan en memoria de la sangre de tu Hijo, que fue derramada por ellos " (v. 79). Por lo tanto, cuando participamos del agua, estamos conmemorando la sangre de Cristo que fue derramada en Getsemaní y en la cruz, y lo que hace por nosotros—limpiándonos de nuestros pecados y haciendo posible que nuestros espíritus también disfruten de vida eterna.

El élder Bruce R. McConkie dijo:

> Comer la carne y beber la sangre del Hijo de Dios es, en primer lugar, aceptarlo en el sentido más literal y completo, sin reserva alguna, como la descendencia personal en la carne del Padre Eterno; y, en segundo lugar, es mantener los mandamientos del Hijo aceptando su evangelio, uniéndose a su Iglesia y perseverando en la obediencia y la justicia hasta el final. Aquellos que por este camino coman su carne y beban su sangre tendrán vida eterna, es decir, la exaltación en el cielo más alto del mundo celestial. . .
>
> En las aguas del bautismo los Santos tomar sobre sí el nombre de Cristo (es decir, lo aceptan totalmente y completamente como el Hijo de Dios y el Salvador de los hombres), y luego acuerdan guardar sus mandamientos y obedecer sus leyes. (Mosíah 18:7–10). Para mantener a sus Santos en el recuerdo constante de su obligación de aceptarlo y obedecerle—o en otras palabras, comer su carne y beber su sangre—el Señor les ha dado la ordenanza sacramental. Esta ordenanza, realizada en memoria de su carne destrozada y su sangre derramada, es el medio previsto para los hombres, formalmente y repetidamente, para afirmar su creencia en la divinidad de Cristo, y para afirmar su determinación de servirle y guardar sus mandamientos; o, en otras palabras, en esta ordenanza—en un sentido espiritual, pero no literal, los hombres comen su carne y beben su sangre.[14]

El élder Melvin J. Ballard dijo:

> Siempre he considerado este bendito privilegio como el medio de crecimiento espiritual, y no hay nada tan fructífero para lograr ese fin como el participar dignamente del sacramento de la Cena del Señor. Comemos alimentos para estimular nuestros cuerpos físicos. Sin la participación de la comida nos volveríamos débiles y enfermizos, y fallaríamos físicamente. Es igualmente necesario, para que nuestro cuerpo espiritual, que debamos participar de este sacramento y por el obtener alimento espiritual para nuestras almas.
>
> Sin embargo, tenemos que llegar a la mesa sacramental hambrientos. Si tuviéramos que acudir a un banquete en el que el que se brinda la comida más fina de la tierra, sin hambre, sin apetito, la comida no sería tentadora, ni nos traería ningún bien. Si acudimos a la mesa sacramental, debemos ir con hambre y sed de justicia, para el crecimiento espiritual.
>
> ¿Cómo podemos tener hambre espiritual? ¿Quién de nosotros no lastimó su espíritu mediante la palabra, el pensamiento, o hecho, de Sábado a Sábado? Hacemos cosas de las

que nos arrepentimos y deseamos ser perdonados, o nos hemos equivocado acerca de alguien y le hemos injuriado. Si hay un sentimiento en nuestro corazón que nos arrepentimos por lo que hemos hecho, si hay un sentimiento en nuestras almas que nos gustaría fuese perdonado, entonces el método para obtener el perdón no es a través de re—bautizarnos; no es confesarnos con el hombre; sino que es arrepentirnos de nuestros pecados, ir a aquellos contra quienes hemos pecado o transgredido y obtener su perdón y luego asistir a la mesa sacramental donde, si nos hemos arrepentido sinceramente y estamos en las condiciones adecuadas, seremos perdonados, y la curación espiritual llegará a nuestras almas. Realmente va a entrar en nuestro ser. Usted lo ha experimentado.

Soy testigo de que hay un espíritu que asiste en la administración del sacramento que calienta el alma de pies a cabeza; usted siente que las heridas del espíritu están siendo sanadas, y la carga está siendo levantada. El confort y la felicidad llegan al alma que es digna y que verdaderamente desea participar de este alimento espiritual.[15]

## La Multitud Rechaza a Cristo y Su Doctrina

- **Juan 6:60–63 Jesús les dice que debe entender Su palabra simbólicamente y espiritualmente.** Muchos de sus seguidores se quejaron: " Al oírlas, muchos de sus discípulos dijeron: Dura es esta palabra; ¿quién la puede oír?" (v. 60). Al escuchar sus murmuraciones, Jesús preguntó: ¿Esto os ofende? ¿Pues qué, si viereis al Hijo del Hombre subir adonde estaba primero?" (vv. 61–62). Al pensar en las cosas eternas, Él les recordó: "El espíritu es el que da vida; la carne para nada aprovecha" (v 63). En otras palabras, ellos no debían tomar sus palabras literalmente, como si fueran a comer su cuerpo físico. "Las palabras que yo os he hablado, son espíritu y son vida" (v. 63).

  El élder Bruce R. McConkie dijo: "Esta actitud quejumbrosa, incrédula por parte de los judíos era, no sólo totalmente injustificable, sino que de labios judíos rayaba en lo absurdo. Probablemente no hay pueblo en toda la historia que entendiera bien o hubiera hecho un mayor uso de lenguaje simbólico y figurativo que ellos. Además, Jesús sólo les había les enseñado la doctrina del Pan de Vida. Que ellos fingieran no saber qué comer de la carne de Jesús significaba aceptarlo como el Hijo de Dios y obedecer sus palabras, sólo podía significar que estaban intencionalmente cerrando sus ojos a la verdad."[16]

  El élder James E. Talmage dijo: "Hubo poca excusa para los judíos que fingen entender que nuestro Señor quiso decir realmente alimentarse y beber de su carne y sangre material. Las declaraciones a las que se opusieron fueron entendidas mucho más fácilmente por ellos de lo que son por nosotros en una primera lectura; porque la representación de la ley y de la verdad, en general, como el pan, y la aceptación de la misma como un proceso de comer y beber, eran figuras de uso diario por los rabinos de la época. Su incapacidad para comprender el simbolismo de la doctrina de Cristo fue un acto de voluntad, no la consecuencia natural de la inocente ignorancia. Comer la carne y beber la sangre de Cristo fue y es, creer y aceptarlo como el Hijo literal de Dios y Salvador del mundo, y obedecer sus mandamientos. Sólo por estos medios el Espíritu de Dios puede convertirse en una parte permanente del ser individual del hombre, así como la sustancia de la comida que come se asimila en los tejidos de su cuerpo."[17]

- **Juan 6:64–66 Muchos discípulos deciden "no caminar más" con Jesús.** "Jesús sabía desde el principio del sermón del Pan de Vida que había algunos entre sus oyentes" que no creen " (v. 64). Él también sabía que algunos de ellos eventualmente lo traicionarían (v. 64). Es por eso que Él dijo anteriormente que " ninguno puede venir a mí, si no le fuere dado del Padre" (v. 65). Debido a que no creían realmente que Él fuera el Hijo de Dios, utilizaron la excusa de su enseñanzas "comer mi carne" para alejarse. Y "desde entonces muchos de sus discípulos volvieron atrás y ya no andaban con él" (v. 66).

  El presidente David O. McKay dijo:

  > [El sermón sobre el Pan de vida según lo registrado por Juan] es altamente espiritual, y contiene referencias acerca de Cristo como el "Pan de Vida", que sus seguidores no podían creer. Ellos no podían comprender lo que estaba diciendo, y muchos de ellos se alejaron. . . .
  >
  > Los doce . . . vagamente vislumbraron el significado espiritual de ese sermón. . . Esos Apóstoles tuvieron ese día el poder y el privilegio de hacer una elección—si podrían caminar con los que estaban impresionados sólo con los favores físicos, ventajas que puede dar la naturaleza, o si sus dones prestaban atención a lo espiritual en el hombre. . . .
  >
  > Tal decisión puede determinar si se responde a la llamada de su alma a elevarse, o cede a la tendencia a arrastrarse. . .
  >
  > Los discípulos de Jesús vislumbraron una luz que podría iluminar sus almas espiritualmente como el sol sustituye a la oscuridad con haces de luz. Pero hay pocas personas que ven la luz o incluso creen en una vida más plena, y, a menudo después de vislumbrarla, se apartan a la más grosera y sórdida de las cosas.[18]

- **Juan 6:67–69 La pregunta de Jesús de a los Apóstoles, y su respuesta.** Cuando en esta ocasión muchos de sus discípulos se alejaron de él, Jesús se dirigió a sus doce discípulos especiales y le preguntó: "¿También vosotros queréis marzo dearos?" (v. 67). No debemos interpretar esto como una especie de súplica dubitativa. Jesús se interesó por el estado de su fe, no por su nivel de apoyo. "Entonces Simón Pedro le respondió: Señor, ¿a quién iremos? Tú tienes palabras de vida eterna. Y nosotros hemos creído y conocemos que tú eres el Cristo, el Hijo del Dios viviente "(vv. 68–69). Esto fue sólo el primero de muchos testimonios fervientes que Pedro dio en relación con el Salvador durante su vida.

PROVIDENCE LITHOGRAPHIC CO., 1903, #40

**Notas** (Todas las referencias son de las versiones en idioma inglés de los textos que se citan.)


1. Israel Fotos III, de dominio público, http://dqhall59.com/healing_pools.htm
2. *El Mesías Mortal: De Belén al Calvario*, 4 volúmenes, (1979–1981), pág. 2:66.
3. Farrar, 286.
4. *El Mesías Mortal*, 2:66–67.
5. Video Conferencia CES, 20 de junio de 1982, la cinta de vídeo.
6. En Reporte de La Conferencia, abril de 1973, pág. 117.
7. *He aquí el Cordero de Dios*, (1962), pág. 20).
8. *Jesús el Cristo*, 3ª edición, (1916), pág. 335.
9. En Reporte de La Conferencia, abril de 1970, pág. 74.
10. *Doctrina Mormona*, págs. 242–248.
11. *Comentario Doctrinal del Nuevo Testamento*, 3 volúmenes, (1965–1973), pág. 1:345.
12. *El Hombre Puede Saber por sí mismo: Enseñanzas del presidente David O. McKay* (1967), pág. 427.
13. En Reporte de La Conferencia, octubre de 1997, pág. 87; o revista *Liahona*, noviembre de 1997, pág. 65.
14. *Comentario Doctrinal del Nuevo Testamento*, 1:358.
15. *El élder Melvin J. Ballard. . . Cruzado por la Justicia* (1966), págs. 132–133.
16. *Comentario Doctrinal del Nuevo Testamento*, 1:359.
17. *Jesús, el Cristo*, pág. 317.
18. "¿A Dónde Iremos?" en *Discursos del Año de la BYU* (1961), págs. 2–4.

SECCIÓN TERCERA

# El Tercer año del Ministerio de Jesús

(32 DC — 33 DC)

---

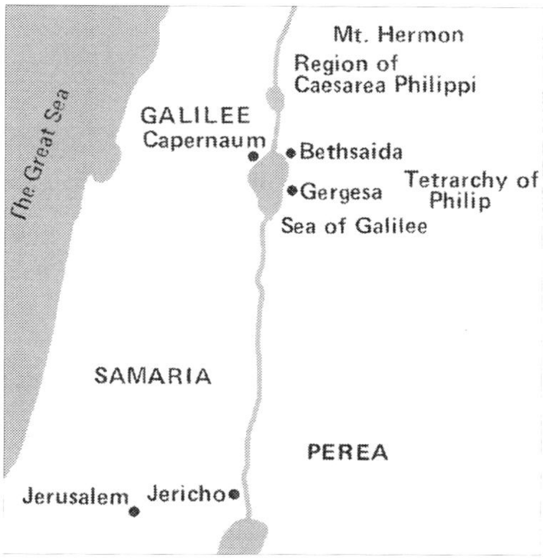


Los hechos descritos en esta sección incluyen los acontecimientos que ocurrieron durante el tercer año del ministerio de Jesús. Estos incluyen los siguientes ministerios:

EL MINISTERIO ENTRE LOS GENTILES
EL SEGUNDO GALILEO MINISTERIO (Cont.)
EL MINISTERIO JUDEO POSTERIOR

Los capítulos asociados de este libro que corresponden a las clases de Doctrina del Evangelio, son:

13. Transfiguración y las llaves del reino
14. Principios del Perdón y Amor
15. La Luz del Mundo

Estos incluyen la breve estancia de Jesús de la zona cerca de Tiro y de Sidón; El Estremecedor Testimonio de Pedro en Cesárea de Filipo; la recepción de los Apóstoles de las llaves del reino en el Monte de la Transfiguración; muchos milagros adicionales; encontrar dinero para el tributo en la boca de un pez; y el envío de los Setenta a sus misiones.

También incluyen la visita de Jesús a Jerusalén en octubre, para la Fiesta de los Tabernáculos, donde se proclamó a sí mismo ser el "Agua Viva" y la "Luz de la Palabra" que traería la salvación y exaltación a todos los que creyeran en Él. Y mientras estaba en Jerusalén leemos de su misericordia hacia la mujer sorprendida en adulterio, y su discurso a los judíos.

La siguiente es una lista cronológica de los acontecimientos que tuvieron lugar durante este período y las escrituras de los cuatro Evangelios que cuentan la historia.

| **MINISTERIO ENTRE LOS GENTILES** | **Mateo** | **Marcos** | **Lucas** | **Juan** |
|---|---|---|---|---|
| Cafarnaúm, Galilea | | | | |
| Los Discursos sobre Limpieza | 15:1–20 | 7:1–23 | | |
| Va al Norte de Galilea | 15:21 | 7:24 | | 7:1 |
| Región de Tiro y Sidón, Fenicia | | | | |
| La Hija del Gentil Sanada | 15:22–28 | 7:25–30 | | |
| Vuelve al Mar de Galilea (Área Gentil) | 15:29 | 7:31 | | |

| | | | | |
|---|---|---|---|---|
| Decápolis | | | | |
| Hombre Sordo Sanado | | 7:32–37 | | |
| Cuatro Mil Alimentados | 15:29–38 | 8:1–9 | | |
| Jesús va a Magdala | 15:39 | 8:10 | | |

| **SEGUNDO MINISTERIO GALILEO (Cont.)** | **Mateo** | **Marcos** | **Lucas** | **Juan** |
|---|---|---|---|---|
| Cafarnaúm, Galilea | | | | |
| Él habla sobre los Signos | 16:1.12 | 8:10–21 | | |
| Betsaida, Tetrarquía de Felipe | | 8:22–26 | | |
| Cerca de Cesárea de Filipo | | | | |
| Testimonio de Pedro | 16:13–20 | 8:27–30 | 9:18–22 | |
| Jesús Predice su Muerte y Resurrección | 16:21–28 | 8:31–38; 9:1 | 9:23–27 | |
| Monte Hermón, Siria, o Mt. Tabor, Galilea | | | | |
| Transfiguración de Cristo | 17:1.13 | 9:2–13 | 9:28–36 | |
| Él Sana al Muchacho Poseído por un Espíritu Maligno | 17:14–21 | 9:14–29 | 9:37–43 | |
| Galilea | | | | |
| De nuevo Viaja por Galilea; Predice su Muerte/resurrección | 17:22–23 | 9:30–32 | 9:43–45 | |
| Cafarnaúm, Galilea | | | | |
| El Dinero del Tributo | 17:24–27 | | | |
| Discursos sobre la Humildad, Perdón, Poder Sellador, Responsabilidad de los Discípulos y Sacrificio | 18:1–35 | 9:33–50 | 9:46–62 | |
| Son Enviados los Setenta | | | 10:1–16 | |

| **EL MINISTERIO JUDEO POSTERIOR** | **Mateo** | **Marcos** | **Lucas** | **Juan** |
|---|---|---|---|---|
| Jesús es urgido a asistir a la Fiesta de los Tabernáculos | | | | 7:2–9 |
| Jesús Viaja a Jerusalén | | | 9:51–56 | 7:10 |
| Jerusalén, Judea | | | | |
| Predicando Durante la Fiesta de los Tabernáculos | | | | 7:11–53 |
| Mujer Sorprendida en Adulterio | | | | 8:1–11 |
| Jesús Testifica de Sí Mismo | | | | 8:12–30 |
| Discurso a los Judíos | | | | 8:31–59 |
| Un Ciego de Nacimiento se Cura | | | | 9:1–41 |
| Jesús es el Buen Pastor | | | | 10:1–2 |
| Judea | | | | |
| Vuelven los Setenta | 11:25–27 | | 10;17–24 | |
| Dos Grandes Mandamientos; Parábola del Buen Samaritano | | | 10:25–37 | |
| Betania, Judea | | | | |
| Jesús visita a María y Marta | | | 10:38–42 | |
| Judea | | | | |
| Instrucciones a los Discípulos sobre la Oración | | | 11:1–13 | |
| Acusado de Expulsar los Espíritus Malignos por el poder de Satanás | | | 11:14–36 | |
| Otra Discurso sobre la Limpieza | | | 11:37–54 | |
| La Levadura de los Fariseos, Hipocresía y Coraje | | | 12:1–12 | |
| Parábola del Hombre Rico Tonto | | | 12:13–21 | |
| Buscad el Reino de Dios Antes que el Tesoro Terrenal | | | 12:22–34 | |
| Preparación para la Segunda Venida del Señor | | | 12:35–59 | |
| Masacre de Galileos; Parábola de la Higuera Estéril | | | 13:1–9 | |
| Jerusalén, Judea | | | | |
| Fiesta de la Dedicación (Hanuká); Jesús Declara su Mesianismo | | | | 10:22–39 |

Capítulo 13

# Transfiguración y las Llaves del Reino

(Mateo 15-17, Marcos 9, Lucas 9)

---

## BREVE MINISTERIO A LOS GENTILES

### Jesús Cura a la Hija de un Gentil

A. BIDA, 1874

- **Mateo 15:22–24 Una mujer de Canaán pide a Jesús que sane a su hija.** Mientras Jesús estaba en el país de los gentiles cerca de la región de Tiro y de Sidón, "una mujer cananea que había salido de aquella región clamaba, diciéndole:¡Señor, Hijo de David, ten misericordia de mí! Mi hija es gravemente atormentada por un demonio."(v. 22). Este era un pedido común en Israel, pero esta era una mujer gentil y Jesús " No fue enviado sino a las ovejas perdidas de la casa de Israel" (v. 24). Así que al principio, Él "no le respondió palabra" (v. 23). Sin embargo, la mujer insistió, "y sus discípulos se acercaron y le rogaron, diciendo:Despídela; pues da voces tras nosotros" (v. 23).

- **Mateo 15:24–28 Arroja "pan de los hijos. . . a los perros.** "Entonces ella vino y se postró ante él, diciendo:¡Señor, socórreme!" (v. 25). Él respondió que "no está bien tomar el pan de los hijos, y echarlo a los perros" (v. 26). Esto puede sonar duro, pero la palabra que usó cuando dijo "perros" era la que se refería a los perros domésticos o mascotas que vivían en las casas de la gente. Él estaba diciendo que no era apropiado tomar la comida de la boca de los niños y echarla a los perros.

  La mujer respondió:"Sí, Señor; pero aun los perrillos comen de las migajas que caen de la mesa de sus amos" (v. 27). Ella no se sintió ofendida y entendió que su misión era la de los hijos de Israel, sin embargo, esperaba recibir su bendición. "Entonces respondiendo Jesús, dijo:Oh mujer, grande es tu fe; hágase contigo como quieres. Y su hija fue sanada desde aquella hora "(v. 28).

## Jesús Sana a Multitudes de Gentiles

Jesús se apartó de las tierras de los gentiles cerca de Tiro y Sidón y volvió al mar de Galilea, atravesando Decápolis, una zona al este del Mar de Galilea, donde también vivían muchos gentiles (Marcos 7:31).

GUSTAVE DORÉ, 1896

- **Mateo 15:29–31 Jesús muestra compasión por otros gentiles, al sanar multitudes y haciendo que glorificaran a Dios.** Cuando estuvo "junto al mar de Galilea," Él "subió al monte y se sentó allí" (v. 29). "Y se le acercó mucha gente que traía consigo a cojos, ciegos, mudos, mancos, y otros muchos enfermos; y los pusieron a los pies de Jesús, y los sanó" (v. 30). Y cuando estas gentes en su mayoría gentiles "viendo a los mudos hablar, a los mancos sanos, a los cojos andar, ya los ciegos ver. . . glorificaron al Dios de Israel "(v. 31).

  Aunque Jesús fue enviado al pueblo de Israel, Él era y es el Señor de toda la tierra y su misericordia se extiende a todos los hijos de nuestro Padre en todas partes. Él expió por cada uno de ellos, y después de su muerte envió a sus apóstoles entre ellos para enseñar el mismo evangelio que Él mismo había enseñado durante su ministerio mortal.

## Jesús Alimenta a más de 4000 Personas

- **Mateo 15:32–38 Jesús alimenta a una multitud de 4000.** La multitud en su mayoría gentiles se quedó con Jesús durante tres días, y Jesús no quería despedirlos con hambre. Así que Él "llamó a sus discípulos, y dijo:"Tengo compasión de la gente, porque ya hace tres días que están conmigo, y no tienen qué comer; y enviarlos en ayunas no quiero, no sea que desmayen en el camino" (. v 32). Olvidando el milagro de Su alimentación a los 5000 en una ocasión anterior, se preguntó:"¿Dónde tenemos nosotros tantos panes en el desierto, para saciar a una multitud tan grande?" (v. 33). En esa ocasión, había en la multitud, "cuatro mil hombres, sin contar mujeres y niños".

  Como lo había hecho antes, Jesús les preguntó:"¿Cuántos panes tenéis? Y ellos dijeron:Siete, y unos pocos pececillos" (v. 34). Le dijo a la gente que se sentara en el suelo, luego "tomó los siete panes y los peces, dio gracias, y los partió, y dio a sus discípulos, y los discípulos a la multitud" (vv. 35–36). Y al igual que antes, "comieron todos, y se saciaron; y recogieron de los pedazos que habían sobrado, siete canastas llenas" (v. 37). Aunque hay muchas similitudes con el milagro anterior de Jesús de alimentar a miles (Mateo 14:15–21), este milagro fue diferente porque la multitud anterior eran israelitas, y muchas de estas personas eran gentiles.

El élder Bruce R. McConkie explicó:"[Con la alimentación de los 5.000, Jesús] sentó las bases para su sermón incomparable sobre el Pan de la Vida" (Juan 6:22–69). Con la alimentación después del 4000, Jesús estaba enseñando simbólicamente que en el futuro, el pan vivo sería ofrecido "a las naciones gentiles."[1]

## JESÚS PROMETE LAS LLAVES DEL SACERDOCIO

### Sobre Esta Piedra Edificaré Mi Reino

ADAPTED FROM ISRAEL PHOTOS II, 2002

- **Mateo 16:13 la región de Cesarea de Filipo.** Buscando la soledad con el fin de conferir las llaves del sacerdocio a sus apóstoles, Jesús los llevó al lado "a la región de Cesarea de Filipo" (v. 13).

  David Hall dijo:"Este lugar fue llamado Panias por los griegos, de ahí su nombre moderno Banias porque los árabes no pueden pronunciar la P, sino que dicen B en su lugar. El río fluye de las grietas en las rocas de la tierra seca en un río en un lugar de un par de metros. Se trata de un pozo artesiano. Brota de la base del monte Hermón hasta un alto pico de la región a unos 9.232 metros de altura. En los meses más fríos se cubría de nieve y a veces estaba oscurecido por las nubes. Durante primer el primer siglo Dc en los tiempos del segundo templo, Jesús visitó esta ciudad. Felipe, hermano de Herodes tenía su capital en este lugar."[2] Fue aquí, en la cabecera del río Jordán, que Jesús enseñó a sus discípulos acerca de las llaves del sacerdocio.

- **Mateo 16:13–15 "¿Quién decís que soy yo?"** Los discípulos habían regresado recientemente de su primera asignación misionera, y Jesús aprovechó la ocasión para preguntarles, "¿Quién dicen los hombres que es el Hijo del Hombre?"(v. 13). Él sabía quién era; Él se refiere a sí mismo en esta misma pregunta como "el Hijo del Hombre," que es la versión abreviada de "el Hijo del Hombre de Santidad." que es Dios el Padre. Lo que realmente quería saber era si sus discípulos sabían quien era Él. Pero esta era una forma de permitir que lo dijeran.

  Los discípulos respondieron:"Unos dicen que eres Juan el Bautista:algunos, Elías; y otros, Jeremías, o alguno de los profetas" (v. 14). Y luego Jesús hizo la pregunta más importante de todas:"¿quién decís que soy yo?" (v. 15).. La pregunta iba dirigida a todos los doce.

- **Mateo 16:16 Pedro respondió a la pregunta de Jesús con un testimonio.** "Y respondiendo Pedro, dijo:Tú eres el Cristo, el Hijo del Dios viviente." Esta fue la segunda vez en las últimas semanas que Pedro había dado este testimonio, la primera fue inmediatamente después del sermón del Pan de Vida (véase el capítulo 12).

- **Mateo 16:17 La fuente del testimonio de Pedro.** Al escuchar su testimonio ferviente, Jesús respondió a Pedro con una bendición:"Bendito eres tú, Simón, hijo de Jonás, porque carne y sangre no te lo reveló a ti, sino mi Padre que está en los cielos" (v 17). Esto significaba que el testimonio de Pedro no había venido de otra persona, sino del Padre a través de Su Espíritu Santo. Pedro había recibido su testimonio por revelación.

- **Mateo 16:18 La roca de la revelación.** Jesús ahora le dio a Simón un nuevo nombre:Petros (un sustantivo masculino "una pequeña roca"). Entonces dijo a Pedro:"Y sobre esta roca edificaré mi iglesia; y las puertas del infierno no prevalecerán contra ella. "La palabra que Jesús usó para" roca "en esta segunda declaración no fue la misma que la que Él usa para darle a Pedro un nuevo nombre. La roca sobre la cual Jesús edificaría Su Iglesia era "petra" (un nombre femenino que significa "roca madre"). Su uso deliberado de dos palabras diferentes deja en claro que Pedro no era la roca sobre la cual Jesús edificaría Su Iglesia. Pedro sería parte de ella, pero no la base para ella.

  El profeta José Smith dijo:"Jesús en su enseñanza dice:'Sobre esta piedra edificaré mi Iglesia, y las puertas del infierno no prevalecerán contra ella." ¿Qué roca? Apocalipsis."[3]

  Jesús estaba diciendo que la recepción de la revelación (como la que había experimentado Pedro) era la base sobre la cual sería construida la verdadera Iglesia de Jesucristo.

- **Mateo 16:18 Más fuerte que las "puertas del infierno."** Jesús continuó con la declaración que, con el lecho de roca de la revelación, las "puertas del infierno" no prevalecerán contra ella. Esto no quiere decir que el Diablo no podría prevalecer sobre la Iglesia, como nos llevaría a creer el uso moderno de la palabra "infierno". En la cultura judía de la época de Jesús, las "puertas del infierno" se refieren a la muerte. Por lo tanto, la Iglesia sería más fuerte que la muerte, y sus llaves prevalecería incluso más allá del velo de la muerte.

  El élder Bruce R. McConkie dijo:

  > Es infructuoso que exégetas bíblicos inspirados argumenten y debatan acerca de este pasaje en un intento por mantener su particulares inclinaciones con las tenían la oportunidad de encumbrarse a sí mismos. ¿Qué importa que el nombre de Pedro en griego pase a significar una roca o una piedra? ¿Qué diferencia hace que a Pedro se le haya prometido el don de la videncia, o cualquier otra cosa sobre esa materia? ¿Y qué importancia tiene el problema de demostrar que todos los Doce celebraron todas las llaves del reino? Ninguna de estas cosas establece la divinidad de cualquier falsa iglesia.
  >
  > Pero supongamos que fuera cierto que la vista apóstata totalmente insostenible fuera correcta, y que el Señor hubiera establecido su reino con Pedro como la roca, aun así cualquier iglesia que afirme rastrear su autoridad hasta Pedro sería una falsa iglesia a

menos que creyera y actuase sobre los principios de la revelación moderna. ¿Por qué? Simplemente porque las condiciones son tan diferentes en el mundo de hoy que una iglesia sin la revelación diaria no puede hacer los cambios necesarios para cumplir con esas nuevas condiciones. ¿Cómo sabría la iglesia moderna que posición tomar en relación con el uso del tabaco, o café, o la bomba atómica, o las películas o la televisión, o mil otras tantas cosas que los hombres no conocían en los días de Pedro?

Está claro que es sólo por revelación es que el Señor establece Su obra entre los hombres. En el análisis final, ninguna persona puede tener un conocimiento concluyente en cuanto al verdadero significado de este pasaje sin la revelación de ese Dios que no hace acepción de personas y que da la sabiduría generosamente a todos los que Se la pidan con fe. ¿Y cómo pueden aquellos que niegan la existencia misma de la revelación de esta edad, y que deliberadamente se abstienen de buscarla por sí mismos, ¿cómo pueden, en su estado sin inspiración, siempre llegar a un conocimiento seguro de esta o cualquier otra verdad espiritual eterna.[4]

## Jesús Explica las Llaves del Reino

- **Mateo 16:19 Ellos recibiría el poder para "sellar en la tierra y en el cielo."** Continuando con la idea que la autoridad de la Iglesia se extendería a la otra vida, el Señor luego dijo a los Doce que Él les "daría las llaves del reino de los cielos, y todo lo que atares en la tierra será atado en los cielos, y todo lo que desatares en la tierra será desatado en los cielos "Esa es la forma en la Iglesia prevalecerá más allá de la tumba—a través del poder sellador de las llaves de sacerdocio..

  El élder Harold B. Lee dijo:"Pedro, sosteniendo las llaves del reino, era tanto el presidente del Sumo Sacerdocio en su tiempo como José Smith y sus sucesores, a quienes también se les dio estas "llaves" en nuestros días, son los presidentes del Sumo Sacerdocio, y los jefes terrenales de la Iglesia y reino de Dios sobre la tierra."[5]

- **¿Qué son las llaves?** Para entender correctamente, tenemos que distinguir entre tres aspectos del sacerdocio que se enumeran a continuación. Los Doce ya se habían ordenado en el sacerdocio en el momento de su llamamiento. Ahora, ellos iban a recibir las llaves del sacerdocio específicas.

| | |
|---|---|
| — Ordenación del Sacerdocio | La comisión general de actuar en nombre de Dios. |
| — Las llaves del sacerdocio | La autoridad para llevar a cabo los deberes del sacerdocio específicos. |
| — El poder del sacerdocio | La eficacia de las acciones del sacerdocio, según lo determinado por la justicia y la voluntad del cielo. |

El presidente Joseph F. Smith dijo:"El sacerdocio en general es la autoridad dada al hombre para actuar en nombre de Dios. Todo hombre ordenado en cualquier grado del sacerdocio, tiene esta autoridad delegada. Pero es necesario que todo acto efectuado bajo esta autoridad se realice en el momento y lugar adecuado, en la forma correcta, y según el orden adecuado. El poder de dirigir estas obras constituye las llaves del sacerdocio. En su plenitud, las llaves están en manos de una sola persona a la vez, el profeta y presidente de la Iglesia. Podrá delegar cualquier parte de este poder a otro, en cuyo caso, esa persona povéase las llaves de esa obra en particular."[6]

El élder Bruce R. McConkie dijo:"Estas llaves incluyen el poder de sellado, es decir, el poder de atar y sellar en la tierra, en el nombre del Señor y por su autorización, y tener el acto ratificado en el cielo. Así, si Pedro realizó el bautismo por la autoridad del poder sellador aquí, esa ordenanza sería de plena vigencia y validez cuando la persona para quien se realizó vaya a los mundos eternos, y entonces sería admitida en el cielo celestial. De nuevo, si Pedro usó estas llaves de sellado para llevar a cabo un matrimonio, entonces los así unidos en matrimonio eterno continuarían como marido y mujer para siempre. Cuando alcancen su futuro cielo, se encontrarían atados juntos en la unidad familiar los mismos que estaban en la tierra."[7]

## Jesús Predice Su Muerte y Resurrección

- **Mateo 16:21–23 Jesús llama a Pedro "Satanás" cuando se opone a esta predicción.** Jesús ahora estaba tratando de preparar a sus doce apóstoles para asumir el liderazgo de la Iglesia para cuando Él se hubiera ido. Y así, Él "comenzó. . . por manifestar a sus discípulos que él debía ir a Jerusalén y padecer mucho de los ancianos, los sumos sacerdotes y los escribas, y ser muerto, y resucitar al tercer día " (v. 21). Cuando oyó esto, Pedro reprendió a Jesús, diciendo:" Señor, ten compasión de ti; en ninguna manera esto te acontezca" (v 22). No podía soportar la idea de su Maestro siendo maltratado y asesinado, y sin embargo, no acababa de entender la necesidad de del mismo. Jesús se volvió a Pedro y le dijo:"¡Quítate de delante de mí, Satanás!; me eres tropiezo, porque no pones la mira en las cosas de Dios, sino en las de los hombres" (v 23). Observe que la supuesta "roca" Pedro aquí es llamado (Ver también Marcos 8:31–33; Lucas 9:21–22.) "Satanás."

- **Mateo 16:24–27 Jesús desafía a los Apóstoles a "tomar [su] cruz y seguirme."** Los doce iban a ser más que testigos; iban a ser compañeros de sufrimiento por causa del evangelio. Él tomó esta oportunidad para enseñarles:"Si alguno quiere venir en pos de mí, niéguese a sí mismo, y tome su cruz, y sígame. Porque el que quiera salvar su vida la perderá, y todo el que pierda su vida por causa de mí, la hallará "(vv. 24–25). Él está hablando de la vida eterna del alma. Si un hombre valora su vida terrena más que su exaltación eterna que va a perder ambas. " Porque ¿qué aprovechará al hombre, si ganare todo el mundo, y perdiere su alma? ¿O qué recompensa dará el hombre por su alma?" (v. 26).

- **TJS Mateo 16:26 Definió "Tomar su cruz."** El versículo 26 en la Traducción de José Smith dice:"Porque que un hombre tome su cruz, es negarse a sí mismo toda impiedad, y todo deseo mundano, y guardar mis mandamientos." No es simplemente morir por la causa de Cristo, sino también vivir una vida pura y obediente.

- **Mateo 16:27–28 Una referencia a la traducción de Juan el Amado y su extendida misión terrenal.** Jesús les enseñó que "el Hijo del hombre vendrá en la gloria de su Padre con sus ángeles, y entonces pagará a cada uno conforme a sus obras" (v. 27). Y hablando de ese acontecimiento de los últimos días, añadió, "hay algunos de los que están aquí, que no que no gustarán la muerte, hasta que hayan visto al Hijo del Hombre viniendo en su reino" (v. 28)

## LA TRANSFIGURACIÓN DE CRISTO

### "Apartado Sobre un Alto Monte"

DAVID HALL, ISRAEL PHOTOS III, http://dqhall59.com/mthermonpan.jpg

- **Mateo 17:1 "En un monte alto.** "Seis días después de que Él había prometido a los Doce las llaves del reino, Jesús tomó consigo a Pedro, Santiago y Juan" en un monte alto "(versión 1) El sitio preciso de la Transfiguración no se conoce. Se han sugerido tanto el monte Tabor (en Galilea) como el Monte Hermón (en Siria). Desde Cesarea de Filipo es situada al pie del monte Hermón (véase la flecha en la imagen a la derecha), podemos estar justificados en favorecerla como la ubicación, pero también hay argumentos a favor de Monte Tabor. Monte Hermón es la montaña más alta de Israel en más de 3000metro de altura.[8]

  El Monte de la Transfiguración experimenta uno de los eventos más profundos y significativas en todo el Nuevo Testamento, sin embargo, poco saben acerca de el los que están fuera de la Iglesia e incluso muchos de nuestros propios miembros. Podemos obtener una comprensión más completa de estos eventos solamente consultando diversas fuentes bíblicas.

### Se Selecciona la Primera Presidencia

- **Mateo 17:1 Pedro, Santiago y Juan reciben privilegios y llaves especiales.** Estos tres individuos fueron seleccionados para recibir las llaves para presidir como la Primera Presidencia original de la Iglesia de Jesucristo.

  El presidente Joseph Fielding Smith dijo:"En los días del ministerio de Cristo Él llamó a los primeros Apóstoles que alguna vez fueron ordenados en ese oficio en la medida en que tenemos algún conocimiento. Él les confirió todo el poder y la autoridad del sacerdocio. También nombró a tres de estos Doce a tomar las llaves de la presidencia. Pedro, Santiago y Juan, actuaron como la Primera Presidencia de la Iglesia en su tiempo"[9]

El élder Bruce R. McConkie dijo:"De otras fuentes sabemos que Pedro, Santiago y Juan fueron los preeminente tres, y fueron, de hecho, la Primera Presidencia de la Iglesia en esos días, aunque no tenemos forma de saber si sirvieron como un quórum independiente aparte de los otros Doce como es el caso hoy. Es muy posible que lo han hecho, ya que "las llaves del reino" que restauraron en esta dispensación 'pertenezcan siempre a la presidencia del sumo sacerdocio' (D. y C. 81:2), que significa que están siempre, en todas las dispensaciones, en poder del primera Presidencia de la Iglesia."[10]

El élder McConkie también dijo:

> Sólo ellos fueron testigos de la resurrección de la hija de Jairo de entre los muertos (Marcos 5:22–24,35–43). Sólo ellos contemplaron la gloria y majestad de Jesús transfigurado; sólo ellos recibieron de Él, y de Moisés y Elías las llaves del reino, está prohibido a al resto de los Doce contarles estos eventos trascendentes hasta después de la resurrección de nuestro Señor. Sólo ellos fueron llevados a un lugar en Getsemaní donde podían contemplar su agonía cuando Él tomó sobre Sí los pecados del mundo (Marcos 14:32–42). Ellos fueron los que en esta dispensación, vinieron a José Smith y Oliver Cowdery a conferirles el sacerdocio y las llaves (D. y C. 27:12–13; 128:20).
>
> ¿Por qué siempre estos tres y otros o incluso la totalidad de los Doce? El hecho cierto es que Pedro, Santiago y Juan fueron la Primera Presidencia de la Iglesia en su día. . . . Por revelación de los últimos días sabemos que mantuvieron y restauraron 'las llaves del reino, que pertenecen siempre a la presidencia del sumo sacerdocio' (D. y C. 81:2), o en otras palabras, que fueron la Primera Presidencia en su día.[11]

## ¿Qué es la Transfiguración?

La transfiguración es un cambio temporal en la apariencia y la naturaleza física de una persona, de un menor (telecial o terrenal) estado a un estado superior (terrestre), efectuado por el poder de Dios.

El profeta José Smith dijo:"Muchos han supuesto que la doctrina de la traslación era una doctrina según la cual los hombres eran llevados inmediatamente a la presencia de Dios, y en una plenitud eterna, pero esta es una idea equivocada. Su lugar de habitación es la del orden terrestre, y un lugar preparado para este tipo de caracteres que Él tenía en reserva para ministrar ángeles a muchos planetas, y que todavía no han entrado en tan gran plenitud como aquellos que están resucitados de entre los muertos."[12]

El élder Bruce R. McConkie dijo:"La transfiguración es un cambio especial en la apariencia y la naturaleza que es obrado sobre una persona o cosa por el poder de Dios. Esta transformación divina es de un estado menor a uno superior; que resulta en una condición más exaltada, impresionante, y gloriosa."[13]

— **Moisés 1:11 La transfiguración es posible a través del Espíritu Santo**. Moisés dijo sobre el estado de su cuerpo mientras él hablaba con Dios, "Pero ahora mis propios ojos han visto a Dios; pero no mi ojos naturales, sino mis ojos espirituales, porque mis ojos naturales no hubieran podido ver; Porque se habrían marzo deitado y muerto en su presencia; pero su gloria me cubrió; y vi su rostro, porque fui transfigurado delante de él."

## Acontecimientos en la Transfiguración

El élder Bruce R. McConkie dijo:"Hasta que los hombres alcanzan un estatus más alto de comprensión espiritual del que ahora disfrutan, pueden aprender sólo en parte lo que ocurrió en el Monte de la Transfiguración."[14] Pero a partir de una variedad de fuentes bíblicas conocemos por lo menos 8 eventos que ocurrieron allí.

C. H. BLOCH

1. **Jesús se transfiguró delante de ellos** (Mateo 17:2). "El rostro de Jesús resplandeció como el sol, y sus vestidos se hicieron blancos como la luz."
2. **Vieron en visión la transfiguración de la tierra en la Segunda Venida del Salvador** (D. y C. 63:20–21). "El que persevere con fe y haga mi voluntad, la misma deberá superar, y recibirá una herencia sobre la tierra cuando haya de venir el día de la transfiguración; cuando se transfigure la tierra, incluso de acuerdo con el modelo que les fue mostrado a mis apóstoles sobre el monte; relato cuya plenitud todavía no habéis recibido. "El profeta José Smith confirmó esto cuando dijo: " Ellos vieron la gloria del Señor, cuando Él mostró la transfiguración de la tierra en el monte."[15]
3. **También fueron transfigurados Los tres apóstoles.** El profeta José Smith dijo:"Ellos fueron transfigurados delante de [Cristo]."[16] Esto era necesario para que fueran capaces de sobrevivir a la experiencia de estar en la presencia de Dios el Padre.

   — **D. y C. 67:11–12 La transfiguración es necesaria para los mortales para contemplar la gloria de Dios.** "Porque nadie ha visto jamás a Dios en la carne, excepto vivificado por el Espíritu de Dios. Ni puede hombre natural alguno aguantar la presencia de Dios, ni la mente carnal".

4. **TJS Lucas 9:31 Se les enseñó sobre la muerte y la resurrección del Salvador.** Sólo unos días antes habían retrocedido ante la idea de la muerte de Jesús y Pedro habían prometido evitarlo. Ahora, se les mostró en visión la realidad de la misma y la razón por la cual era necesaria.

   El élder David B. Haight dijo:

   > Tal vez Jesús no sólo sintió una sensación de calma celestial que traería esa oportunidad de aislamiento para la comunión con su Padre, pero aún más, la sensación de que él estaría apoyado en la próxima hora por ministraciones no de esta tierra. . . . Mientras oraba a su Padre, Él fue elevado muy por encima de la duda y de la maldad del mundo que lo había rechazado. . . .

> Tomó sus tres Apóstoles con Él en la creencia de que, después de haber visto Su gloria... su fe se fortalecería a fin de prepararlos para los insultos y actos humillantes que iban a seguir. . . .
>
> A los tres apóstoles escogidos se les enseñó la llegada de la muerte [del Salvador], y también de su resurrección, enseñanzas que fortalecerían a cada uno de ellos en los días llenos de acontecimientos por venir.[17]

5. **Ellos recibieron las llaves del sacerdocio de Jesús, Moisés y Elías.** Estas serían necesarias para gobernar la Iglesia después de la muerte del Salvador.

    — **Mateo 17:3 Moisés y "Elías."** Mateo identifica a los dos individuos clave que aparecían al lado de Jesús en el Monte de la Transfiguración como "Moisés y Elías." Como se utiliza aquí "Elías" es el equivalente griego del nombre hebreo Eliah. Tal como se utiliza en otros lugares, Elías es un título que describe a alguien como un precursor, o preparador (ver Mateo 17:10–13).

    El élder Bruce R. McConkie dijo:"Moisés, el gran profeta y estadista cuyo nombre simboliza la ley, y Elías, tisbita, un profeta de tan gran fama que su nombre había llegado a tipificar y simbolizan la sabiduría colectiva y la visión de todos los profetas. Moisés tenía las llaves de la congregación de Israel y la conducción de las diez tribus de la tierra del norte; Elías, las llaves del poder sellador. Estas son las llaves que le son conferidas a Pedro, Santiago y Juan en el monte, y que ellos también le confieren a José Smith y Oliver Cowdery en el Templo de Kirtland casi dos mil años más tarde... Ambos fueron seres traducidos y tenían cuerpo de carne y huesos, un estatus del que al parecer disfrutaban de modo que pudieran conferir llaves sobre los hombres mortales."[18]

    | | |
    |---|---|
    | ■ 2 Reyes 2 | Elías fue traducido. |
    | ■ Deuteronomio 34:5–6 | Moisés también fue traducido. |
    | ■ Alma 45:18–19 | La traducción de Alma se compara con la de Moisés. |

6. **Pedro sugirió que construyeran tres pabellones** (Mateo 17:4). Pedro quería erigir allí en el Monte de la Transfiguración "tres enramadas; una para ti [Jesús], otra para Moisés y otra para Elías. "¿Por qué quería construir templos? Después de haber recibido las llaves de para sellar y comprender más plenamente sus efectos, tal vez estaba ansioso por empezar. Pero Jesús les ordenó no hablar de lo que habían aprendido allí hasta después de su muerte y resurrección (Mateo 17:9).

7. **Pedro, Santiago y Juan recibieron las llaves del sacerdocio que les habían sido prometidas.** El profeta José Smith dijo:"El Salvador, Moisés y Elías, entregaron las llaves a Pedro, Santiago y Juan, en el monte de la transfiguración."[19] El Salvador les otorgó las llaves para presidir la Iglesia. Moisés trajo las llaves del recogimiento. Elías trajo las llaves del poder para sellar.

8. **Una nube gloriosa vino sobre ellos y... Dios dio testimonio de Su Hijo** (Mateo 17:5). "Una nube de luz," como la que había aparecido en el Tabernáculo en el desierto cuando Jehová visitó a Moisés, ahora se reunía en torno a ellos. Esta era para ocultar la

presencia del Padre, cuya gloria llena la nube de luz. "Y he aquí una voz desde la nube, que decía:Este es mi Hijo amado, en quien tengo complacencia en oidle".

Esta es una frase familiar. Es la misma cosa que el Padre dice en todas las ocasiones cuando nos visita en la tierra. Otras ocasiones en que el Padre ha dado testimonio de su Hijo incluyen:

— En el bautismo de Jesús.
— En la aparición de Jesús a los nefitas.
— En primera visión de José Smith.

— **2 Pedro 1:16–18 El testimonio ocular de la Transfiguración.** Asegurando a sus oyentes que los Apóstoles " no han seguido fábulas compuestas por arte", sino que "fueron testigos oculares de su majestad" (V 16), Pedro testificó escuchar la voz del Padre saliendo de la nube gloriosa:"Este es mi amado Hijo, en quien tengo complacencia" (v. 17). "Y esta voz enviada del cielo, nos enteramos, cuando estábamos con él en el monte santo" (v. 18).

## LAS LLAVES DEL SACERDOCIO EN NUESTROS DÍAS

### Un modelo de la restauración Llaves para el Sacerdocio

El élder David B. Haight dijo:"[la transfiguración de Jesús] fue para nuestra iluminación espiritual, así como para aquellos que fueron testigos personales."[20] Muchas cosas de este acontecimiento nos ayudan a comprender mejor la forma en que tenía que ser establecida la Iglesia Restaurada.

- **D. y C.. 110:11–16 Un aspecto similar al de Moisés y Elías en nuestros días**. El 3 de abril de 1836, en el Templo de Kirtland, recientemente concluido, las llaves fueron conferidas a la Iglesia de los Últimos Días de la misma manera en fueron otorgadas en el Monte de la Transfiguración. El profeta José Smith escribió:"Los cielos se abrieron de nuevo a nosotros; y Moisés se presentó ante nosotros, y nos encargó las llaves del recogimiento de Israel de las cuatro partes de la tierra, y la conducción de las diez tribus de la tierra del norte. Después de esto, apareció Elías y entregó la dispensación del evangelio de Abrahán, diciendo que en nosotros y en nuestra descendencia todas las generaciones después de nosotros ser bendecidos. Después que se cerró esta visión, otra visión grande y gloriosa estalló sobre nosotros; porque Elías el profeta, que fue llevado al cielo sin conocer la muerte, se apareció ante nosotros "(vv. 11–13).

Después de explicar el propósito específico de la restauración de las llaves de Elías —"Para volver el corazón de los padres hacia los hijos, y los hijos a los padres, no sea que la tierra entera sea herido con una maldición", el profeta Elías concluyó:

"Por lo tanto, las llaves de esta dispensación se entregan en vuestras manos; y por esto sabréis que el día grande y terrible del Señor está cerca, a las puertas" (v. 16).

## Las Llaves Restauradas por Moisés, Elías y Elíah

Cada una de las llaves restauradas en Kirtland (y en el Monte de la Transfiguración) autoriza una función específica del sacerdocio en la Iglesia.

El profeta José Smith explicó:

> El espíritu de Elías es primero, segundo Eliah segundo y el Mesías último. Eliah s es un precursor para preparar el camino, y el espíritu y el poder de Elías que viene después, sostiene las llaves del poder, la construcción del Templo de la piedra angular, la colocación de los sellos del Sacerdocio de Melquisedec sobre la casa de Israel, y hace todo para preparar las cosas; entonces el Mesías que es el último de todos, viene a Su templo.
>
> El Mesías está por encima del espíritu y poder de Eliah, porque Él hizo el mundo, y fue esa roca espiritual a Moisés en el desierto. Eliah estaba por llegar y preparar el camino y edificar el reino antes de la llegada del gran día del Señor, aunque el espíritu de Elías podría comenzarlo.[21]

Las llaves restauradas en Kirtland tienen una conexión directa con la triple misión de la Iglesia:(1) el trabajo misionero, (2) la perfección de los Santos, y (3) la obra del templo por los vivos y los muertos.

- **D. y C. 110:11 Moisés restauró las llaves del recogimiento de Israel**. Esto dio a la Iglesia las llaves que permiten reunir a Israel de la esclavitud espiritual en la Iglesia de Jesucristo. El recogimiento de Israel es un proceso que continúa en curso con cada persona que se une a la Iglesia. No se completará hasta después de la Segunda Venida de Cristo.

- **D. y C. 110:12 Elías (Noé) restauró las llaves de "el evangelio de Abrahán"** (véase Abrahán 2:9–11). El espíritu y poder de Elías trae al hombre a la familia de los antiguos patriarcas. Las promesas hechas a Abrahán (y a los patriarcas antes de él) se están cumpliendo a través de los esfuerzos mundiales de la Iglesia para perfeccionar a los Santos y salvar a los hijos de Dios en todas las naciones.

  ¿Quién fue este Elías que se apareció en el templo de Kirtland? Fue Noé.

  El presidente Joseph Fielding Smith dijo:

  > Lucas revela la venida del ángel Gabriel a Zacarías para informarle que su esposa daría a luz un hijo. También se le apareció a María y le anunció el nacimiento de nuestro Señor y Salvador. . . . Gabriel . . . es Noé. . . .

Entonces descubrimos en la revelación dada al profeta José Smith en agosto de 1830, que era [el mismo] Elías que vino a Zacarías y anunció el nacimiento de Juan el Bautista [D. y C. 27:6–7]. . . .

Este es el mismo Elías que mantuvo las llaves de la dispensación de Abraham y que vino al profeta José Smith y Oliver Cowdery, el 3 de abril de 1836, en el Templo de Kirtland y restauró las llaves de la dispensación de Abrahán. . . .

De estas escrituras aprendemos que Noé es Gabriel y que se apareció al profeta José Smith en su vocación como Elías y restauró las llaves de la dispensación en la que el Señor hizo pacto con Abrahán y su posteridad después de él a las últimas generaciones.[22]

- **D. y C. 110:13–16 Elías restauró las llaves de sellado por un tiempo y por la eternidad**. Estas incluyen las llaves de la obra genealógica y obra por los muertos. Son de especial importancia para la obra del templo; hacen que cada ordenanza sagrada realizada por los Santos en los templos sea válida no sólo en esta vida, sino más allá de la tumba—por los vivos y los muertos. Estas llaves también hacen posible las bendiciones sagradas del matrimonio celestial y otras ordenanzas.

ANGELI, 1740

*Elías fue traducido para poder restaurar las llaves del sacerdocio a Pedro, Santiago y Juan*

El profeta José Smith dijo:"Elías era el último profeta que tenía las llaves del sacerdocio, y quien, antes de la última dispensación, restablece la autoridad y entrega las llaves del sacerdocio. . . . ¿Por qué enviar a Elías? Porque él tiene las llaves de la autoridad para administrar todas las ordenanzas del sacerdocio; y sin que se le diera la autoridad, las ordenanzas no podían ser administradas en justicia."[23]

El presidente Joseph Fielding Smith dijo:"A día de hoy, en cada hogar judío, en una cierta parte del servicio pascual. . . la puerta se abrió para dejar el profeta Elías como precursor del Mesías. . . . Era. . . en el tercer día del mes de abril de 1836, que los judíos, en sus hogares en la fiesta pascual, sus puertas se abren para dar paso a Elías. En ese mismo día Elías entró—no en el hogar de los judíos para participar de la Pascua con ellos, sino que él se apareció en la casa del Señor, erigida en su nombre y recibidas del Señor en Kirtland, y otorgó sus llaves para llevar a cabo las mismas cosas que estaban buscando esos judíos que se reunían en sus casas."[24]

## Las Llaves del Reino Hoy

- **D. y C. 27:12–13 Pedro, Santiago y Juan restauraron sus propias llaves al profeta José Smith.** Mientras vivía en Harmony, Pensilvania, el profeta José Smith y Oliver Cowdery recibieron las llaves del sacerdocio de aquellos que las tuvieron durante el ministerio de Jesús. Juan el Bautista restauró el Sacerdocio de Aarón y sus llaves asociadas (JS—Historia, 1:72). Y más tarde, Pedro y Santiago y Juan "los ordenaron y confirmaron para ser apóstoles y testigos especiales en mi nombre, y asumir las llaves de su ministerio y llevar las mismas cosas que les revelé a ellos" (v. 12). Mediante este proceso, el Señor "entregó las llaves de [Su] reino y una dispensación del evangelio para los últimos tiempos; y para el cumplimiento de los tiempos, en el que voy a congregar todas las cosas en una, tanto las que están en los cielos, como las que están en la tierra "(v 13).

El profeta José Smith dijo:

> A alguno, puede parecerles una doctrina muy audaz de la cual hablamos:un poder que registra o ata en la tierra y une en el cielo. Sin embargo, en todas las edades del mundo, cada vez que el Señor ha dado una dispensación del sacerdocio a un hombre por revelación efectiva, o cualquier conjunto de hombres, este poder siempre se ha dado. Por lo tanto, todo cuanto hicieron esos hombres con autoridad, en el nombre del Señor, y lo hicieron verdaderamente y fielmente, y llevaron un registro adecuado y fiel de la misma, se convirtió en una ley en la tierra y en el cielo, y no podía ser anulada, de acuerdo con los decretos del gran Jehová. Esta es una palabra fiel. ¿Quién puede escucharla?[25]

- **D. y C. 132:7, 13 Todas las cosas que no estén selladas por este poder va a terminar en el día de la muerte.** El Señor le explicó:"Todos los convenios, contratos, ligazones, obligaciones, juramentos, votos, actuaciones, conexiones, asociaciones o aspiraciones, que no se hicieron y entraron selladas por la promesa del Espíritu Santo, de aquel que es ungido, tanto así por el tiempo y por toda la eternidad,. . . no tienen ninguna eficacia, virtud o fuerza en y después de la resurrección de entre los muertos; porque todos los contratos que no se hicieron con este fin terminan cuando mueren los hombres" (v. 7). Dijo el Señor "Y todo lo que hay en el mundo, ya sea ordenado por los hombres, por reinos, principados, potestades, o cosas de nombre, cualesquiera que sean ellas, que no son por mí o por mi palabra, , deberá sea derribada, y no permanecerá después que los hombres están muertos, ni durante ni después de la resurrección" (v. 13).

- **D. y C. 132:46 Todas las cosas que estén sellados por este poder continúan después de la muerte.** "Cualquier cosa que usted selle en la tierra será sellada en los cielos; y todo lo que ates en la tierra, en mi nombre y por mi palabra, dice el Señor, estará vinculado eternamente en los cielos; y cualquier pecado que usted remita en la tierra se remitirá eternamente en los cielos; y cualesquiera sean los pecados que usted conserva en la tierra serán retenidos en los cielos".

- **D. y C. 112:16–17 Los Doce tienen las llaves del Reino.** En declaraciones a la Presidencia del Quórum de los Doce en Kirtland, el Señor le dijo a Thomas B. Marsh:"Tú eres el hombre a quien he escogido para poseer las llaves de mi reino, como pertenecientes a los Doce, en el extranjero entre todas naciones, — Que tu podrás ser mi siervo para abrir la puerta del reino en todos los lugares allí donde mi siervo José, y mi siervo Sidney, y mi siervo Hyrum, no puedan venir."

El presidente Wilford Woodruff confirmó esto cuando dijo que José Smith contó a los Doce Apóstoles:

> "He sellado sobre sus cabezas todas las llaves del reino de Dios. He sellado vosotros todo poder, toda llave [y] todo principio que el Dios de los cielos me ha revelado. Ahora, no importa a dónde vaya o lo que haga, el reino descansa sobre ustedes. "Ahora, no te preguntes por qué nosotros, como apóstoles, no podríamos haber comprendido que el profeta de Dios iba a ser quitado de nosotros? Pero no lo entendimos. Los apóstoles en los días de Jesús Cristo no podían entender lo que el Salvador quiso decir cuando les dijo "me voy; si no me fuese, el Consolador no vendría. "Tampoco entendemos lo que quería decir José. "Pero", dijo, después de haber hecho esto, "Sed apóstoles del Cordero de Dios, mis hermanos, sobre vuestros hombros descansa este reino; ahora tienen que inclinar vuestro hombros y sacar el reino. "Y también hizo esta misma observación extraña," Si no lo hacéis seréis condenados."[26]

El presidente Woodruff también dijo:

> [El profeta José Smith] dijo la verdad,. . . ¿por qué ninguno de los hombres que han llevado las llaves del reino de Dios o un apostolado en esta Iglesia han estado bajo condenación, si no dejaron que la ira de Dios haya caído sobre ellos si habían abandonado estos principios o los hubiesen negado y se hubieran alejado de ellos y emprendido el servirse a sí mismos en lugar de a la obra del Señor, en la que han comprometido a sus manos?
>
> Cuando el Señor le dio las llaves del reino de Dios, las llaves del Sacerdocio de Melquisedec, del apostolado, y las selló sobre la cabeza de José Smith, él las selló sobre su cabeza para estar aquí en la tierra hasta la llegada de la Hijo del Hombre. Bien podría decir Brigham Young, "Las llaves del reino de Dios está aquí." Ellos estuvieron con él hasta el día de su muerte. A continuación, se posaron sobre la cabeza del otro hombre—el presidente John Taylor. Él llevó llaves a la hora de su muerte. Luego cayeron por turno, por la providencia de Dios, sobre Wilford Woodruff.
>
> Yo les digo a los Santos de los Últimos Días, las llaves del reino de Dios están aquí, y se van a quedar aquí hasta la venida del Hijo del Hombre. Dejen que todo Israel entiende eso. Ellas pueden descansar sobre mi cabeza, pero poco tiempo, mas luego descansarán en la cabeza de otro apóstol, y otro después de él, y así continuarán hasta la venida del Señor Jesucristo en las nubes del cielo para "recompensar a cada hombre de acuerdo con las obras hechas en el cuerpo."[27]

- **D. y C. 112:21–22 Cualquier persona enviada por los Apóstoles también es un testigo apostólico.** De este modo, los Doce pueden conferir la autoridad para ejercer sus llaves en los demás. El Señor declaró:"Yo os digo, que todo aquel que os enviaré en mi nombre, por la voz de vuestros hermanos los Doce, debidamente recomendados y autorizados por vosotros, tendrá el poder de abrir la puerta de mi reino a cualquier nación donde quiera los mandes—en la medida en que se humillen ante mí, y permanezcan en mi palabra, y oigan la voz de mi Espíritu. "Debido a esto, tienen un poder especial para enseñar y testificar.

  Aquellos a quienes se confiere esta autoridad son un grupo muy selecto:

— Los Setenta y otras autoridades generales.
— Los Misioneros de tiempo completo que han sido apartados para su trabajo.

## Las Llaves y el Quórum del l Sacerdocio

- **D. y C. 28:2-7 Sólo el Presidente de la Iglesia está autorizado para ejercer todas las llaves del sacerdocio.** Mientras que todos los Apóstoles son profetas que tienen todas las llaves del reino, sólo el Presidente de la Iglesia, que es el apóstol más anciano con vida, puede utilizar estas llaves o autorizar a terceros a utilizarlas en nombre de toda la Iglesia. El Señor le dijo a Oliver Cowdery:"Nadie podrá ser nombrado para recibir mandamientos y revelaciones en esta iglesia sino mi siervo José Smith, hijo, porque las recibe así como Moisés" (v. 2). Todos los demás han de ser "obedientes a las cosas que voy a darle" (v. 3), y no son para "ordenarte lo que está en tu cabeza, y en la cabeza de la iglesia" (v. 6). "Porque yo le he dado las llaves de los misterios, y las revelaciones selladas, hasta que nombre a otro en su lugar" (v. 7).

- **D. y C. 132:7 Sólo una persona a la vez pueden hacer esto.** "He nombrado a mi siervo José para que tenga este poder en los últimos días, y nunca habrá más de uno a la vez está en la tierra, a quien se confieren este poder y las llaves de este sacerdocio."

- **D. y C. 107:21-27 Se explica el liderazgo para la Iglesia del Señor.** Están organizados en "quórumes," un término legal que significa estudio que implica que un número mínimo de ellos debe estar presente para que ellos actúen. Estos quórum se identifican como sigue.

  <u>La Primera Presidencia</u>. Consta del "presidentes o presidentes que crecen fuera de, o son nombrados de o entre los que están ordenados", es decir, de entre los Doce Apóstoles y otros quórumes del sacerdocio en general [como los Setenta] (v. 21). Estos han de ser "tres Sumos Sacerdotes Presidentes, escogidos por el cuerpo [es decir, los Doce]," y "nombrados y ordenados a ese oficio, y sostenidos por la confianza, la fe y la oración de la Iglesia" (v. 22). Estos tres "forman un quórum de la Presidencia de la Iglesia", que preside a todos los demás oficiales del sacerdocio y auxiliares. Cuando el Presidente de la Iglesia muere, este cuerpo deja de tener un quórum completo y se disuelve hasta que uno nuevo esté organizado por los Doce.

  <u>El Quórum de los Doce Apóstoles</u>. Estos doce son "testigos especiales del nombre de Cristo en todo el mundo—así se distinguen de los otros oficiales de la iglesia en los deberes de su vocación" (v. 23). Su quórum es "igual en autoridad y poder a los tres presidentes ya mencionados" (v. 24). Por lo tanto, en ausencia de una Primera Presidencia válida, este quórum está autorizado para dirigir la Iglesia hasta que los Doce reorganicen la Primera Presidencia.

  <u>Los Setenta</u>. "Los Setenta también son llamados para predicar el evangelio y ser testigos especiales entre los gentiles y en todo el mundo—así se distinguen de los otros oficiales de la iglesia en los deberes de su vocación" (v. 25). Ellos no tienen todas las llaves del

sacerdocio como las tienen los Doce, sino como un quórum que son "iguales en autoridad a la de los doce testigos especiales o apóstoles antes nombrados" (v. 26). Por lo tanto, en ausencia de una Primera Presidencia y el Quórum de los Doce Apóstoles, e podrían conducir a la Iglesia.

Se requiere unanimidad. "Y cada decisión que tome cualquiera de estos quórumes debe ser por la voz unánime de la misma; es decir, todos los miembros de cada uno de quórum debe acordar sus decisiones, a fin de tomar sus decisiones de la misma potencia o validez uno con el otro"(v. 27).

- **D. y C. 107:23–24, 33–35, 58 Las responsabilidades especiales de los Apóstoles.** Algunos de ellas se mencionan más arriba, pero una lista de tareas puede ser de valor cuando consideramos que estos versículos adicionales:

  — Ellos son "testigos especiales del nombre de Cristo en todo el mundo" (v. 23).
  — Su quórum es "igual en autoridad y poder al de los tres presidentes" (v. 24).
  — Ellos "ofician en el nombre del Señor, bajo la dirección de la Presidencia" (v. 33) .
  — Su deber es "edificar la iglesia y regular todos los asuntos de ella en todas las naciones, primero a los gentiles y en segundo lugar a los judíos" (v. 33).
  — Ofrecer orientación a los Setenta en estas mismas funciones (v. 34).
  — Ellos "tienen. . . las llaves, para abrir la puerta [de] la proclamación del evangelio de Jesucristo, y l primero a los gentiles y luego a los judíos" (v. 35).
  — Ellos "ordenan y ponen en funciones a todos los otros oficiales de la iglesia" (v. 58).

### La Sucesión Profética en Tiempos del Antiguo Testamento

*Elías ungió a Eliseo como su sucesor*
THE HOLMAN BIBLE, 1890, #52,

En los tiempos del Antiguo Testamento, hubo muchos profetas de Jehová ubicados en Gilgal, Betel y Jericó. Cuando sus vidas se vieron amenazadas por Jezabel, el hombre justo Abdías les llevaba comida y agua para sostenerlos en la cueva donde se escondían (1 Reyes 18:2–16). Y Elías y Eliseo visitaron juntos a tres de estos grupos justo antes que Elías fuera traducido (2 Reyes 2:1–5). Vivieron juntos "para la instrucción y el culto."[28] Se casaron y tuvieron hijos y trabajaron para su propio sustento (2 Reyes 4:1). Se los menciona por primera vez en el momento de la aparición de Saúl (1 Samuel 10:10.), Y David también les contactó (1 Sam 19:19–20.). Podríamos concluir que Elías y Eliseo fueron parte de este grupo (2 Reyes 2:3, 5; 4:38; 6:1–7). Y si estuvieron en este grupo, probablemente tenían el sacerdocio de Melquisedec y las ordenanzas entre ellos.

Ellos ayudaron a los grandes profetas como Elías y Eliseo en todas sus funciones. Vemos algunos de ellos oficiando como profetas ellos mismos, como al profeta que profetizó la muerte de Acab (1 Reyes 20:35–43). Y el profeta enviado por Eliseo a Ramot de Galaad para ungir a Jehú como rey de Israel (2 Reyes 9:1–10). A algunos de ellos los conocemos por su nombre, como Micaías (1 Reyes 22:8). Pero mientras que ellos fueron hombres santos, no fueron designados como líderes del sacerdocio del Señor entre la gente, al igual que Elías y Eliseo. Y ninguno de ellos estuvo "en la línea" para suceder a Elías cuando fue traducido. Ese honor recayó sobre Eliseo, a quien el Señor había elegido específicamente y Elías había ungido para ser su sucesor.

La situación es similar, pero diferente, en la actualidad. Mientras que todos los Apóstoles son profetas que tienen todas las llaves del reino, sólo el Presidente de la Iglesia, que es el apóstol de más antigüedad que viven, pueden utilizar estas teclas o autorizar a terceros a utilizar ellos en nombre de toda la Iglesia (D. y C. 28:1–7; D. y C. 132:7). Esto sería similar a Elías y de Eliseo relación con el resto de los profetas en su día.

## La Sucesión Profética en Nuestros Días

Mientras Eliseo fueron ungido en privado, existe un procedimiento claro y público por el cual se elige un profeta hoy (D. y C. 43:2–3, 7, 11). El profeta José Smith escribió acerca de esto mientras estaba encerrado en la cárcel de Liberty:

> Hermanos H. C. Kimball y B. Young: 16 de enero 1839
>
> José Smith, hijo, Sidney Rigdon y Hyrum Smith, presos por amor de Jesús, envían saludos. . . . Puesto que estamos en la cárcel, por un poco de tiempo, si es necesario, la gestión de los asuntos de la Iglesia recae en usted, es decir los Doce. . . .
>
> Será necesario para que reuna a los doce, los ordene si es que aun no han sido ordenados, o al menos a quienes de ellos usted pueda conseguir, y proceder a regular los Sabios como el Señor le dé sabiduría. . . . Hermanos, quedamos a su disposición, en la esperanza de la vida eterna.
>
> Sidney Rigdon<br>José Smith Hijo<br>Hyrum Smith
>
> N.B. Nombrar al más antiguo de los de los Doce, que fueron nombrados en primer lugar, para ser el presidente de su quórum.[29]

Como resultado de la posdata de esta carta, Brigham Young fue sostenido por los Apóstoles como el presidente de su quórum, porque en ese momento había estado sirviendo más tiempo que cualquier otro ser vivo y fiel Apóstol.

El presidente Joseph Fielding Smith explicó: "No hay ningún misterio acerca de elegir al sucesor del Presidente de la Iglesia. El Señor estableció esto hace mucho tiempo, y el apóstol más antigüo se convierte automáticamente se convierte en el Presidente de la Iglesia, y él se lo sostenido por el Consejo de los Doce se convierte en el cuerpo que preside la Iglesia cuando no haya Primera Presidencia. El presidente no es electo, pero tiene que ser apoyado tanto por sus hermanos del Consejo como por los miembros de la Iglesia."[30]

El presidente Gordon B. Hinckley explicó la forma de seguir este procedimiento cuando fue ordenado y separado como Presidente de la Iglesia después de la muerte del presidente Hunter:

> Con el fallecimiento del presidente Hunter, se disolvió la Primera Presidencia. El Hermano Monson y yo, que habíamos servido como sus consejeros, tomamos nuestros lugares en el Quórum de los Doce, que se convirtió en la autoridad que preside la Iglesia. [A los pocos días] todos los Apóstoles ordenados vivos nos reunimos en espíritu de ayuno y oración en el aposento alto del templo. Allí cantamos un himno sagrado y oramos juntos. Nosotros compartimos el sacramento de la Cena del Señor, renovando en ese sagrado pacto simbólico nuestros convenios y nuestra relación con Aquel que es nuestro divino Redentor. A continuación, se reorganizó la Presidencia, siguiendo un precedente bien establecido a través de las generaciones del pasado [este precedente está explicado en la sentencia anterior por el presidente Joseph Fielding Smith]. No hubo campañas, ninguna disputa, ninguna ambición para el cargo. Fue tranquilo, pacífico, sencillo y sagrado. Tuvo lugar siguiendo el modelo que el Señor mismo había puesto en funcionamiento.[31]

- **D. y C. 43:2–3 Sólo hay una persona que recibe revelación para la Iglesia en cualquier momento.** Hablando del Presidente de la Iglesia—"de aquel que he nombrado para recibir mandamientos y revelaciones de mi mano", el Señor dijo: "Y esto sabréis con certeza, que no hay otro señalado para recibir mandamientos y revelaciones, hasta que fallezca, si persevera en mí "(v. 3). Así, mientras un profeta aún está vivo, el Señor no designará a otro en su lugar.

- **D. y C. 43:7 El Presidente debe "entrar por la puerta" y ser ordenado.** El líder de la Iglesia debe "entrar por la puerta y ser ordenado, como os he dicho antes, para enseñar las revelaciones que ha recibido y recibirá, a través de él que he nombrado" (v. 7). Él no puede usurpar la autoridad por aclamación popular o por sus propias reclamaciones.

*Hoy, los Profetas son apoyados públicamente*

- **D. y C. 42:11 Existe un procedimiento claro y púbico por el cual se elige un profeta.** Nadie está autorizado para dirigir la Iglesia o para formar parte de alguno de sus consejos de gobierno hasta que (1) "sea ordenado por alguien que tenga autoridad dad", y (2) "sepa la iglesia que tiene autoridad, y que ha sido debidamente ordenado por las autoridades de la iglesia. "No hay ordenaciones secretas en la Iglesia de Jesucristo. Los oficiales son apoyados públicamente por los miembros de la Iglesia y luego son debidamente ordenados por alguno que tenga las llaves y la autoridad para hacerlo. Esta es una doctrina que los apóstatas polígamos ignoran por completo, y que pone al descubierto la falsedad de sus pretensiones de autoridad.

## DESCENDIENDO DEL MONTE DE LA TRANSFIGURACIÓN

Mientras bajaban del monte de la Transfiguración, Pedro, Santiago y Juan tenían muchas preguntas sobre sus experiencias y sobre el futuro. Jesús les dio instrucciones en un par de puntos clave.

- **Marcos 9:9 El carácter sagrado de su experiencia y el momento de su enseñanza a la gente.** "Y cuando descendieron del monte, les mandó que no lo dijeran a nadie lo que habían visto, sino cuando el Hijo del hombre hubiera resucitado de entre los muertos" (v. 9). Las doctrinas que habían recibido, incluyendo sus propias dotaciones, estaban destinadas a ser enseñadas sólo a los espiritualmente más maduros, y sólo después de la muerte y resurrección de Jesús. Es por eso que vemos que ninguno de ellos es discutido en el registro bíblico.

  El élder Bruce R. McConkie dijo de sus experiencias en el Monte de la Transfiguración:

  > Parece que Pedro, Santiago y Juan recibieron sus propias dotaciones, mientras que en la montaña (*Doctrina de Salvación*, 2:165). Pedro dice que mientras estaba allí, "recibieron de Dios Padre honra y gloria," lo que aparentemente lleva a esta conclusión. También parece que fue mientras estaban en el monte que recibieron la palabra profética más segura, entonces se les reveló que fueron sellados para vida eterna (2 Pedro 1:16–19.; D. y C. 131:5). . . .
  >
  > Al parecer, el mismo Jesús fue fortalecido y animado por Moisés y Elías a fin de estar preparado para los infinitos sufrimientos y la agonía que Le esperaba, en relación con la elaboración de la expiación infinita y eterna (*Jesús el Cristo*, 1983, pág. 345–346). . . . Ciertamente, a los tres apóstoles escogidos se les informó claramente "de su muerte y también de su resurrección" (Lucas 9:31 TJS), enseñanzas que serían de inestimable valor para ellos en los días de prueba que vendrían.
  >
  > También debió haber sido evidente para ellos que las antiguas dispensaciones del pasado habían desaparecido, que la ley (de la que Moisés era el símbolo) y los profetas (de los que Elías era el representante típico) estaban sujetos a Aquel a quien ahora se les ordenaba escuchar.
  >
  > Al parecer, Dios el Padre, eclipsado y oculto por una nube, estuvo presente en la montaña, aunque los tres asociados de nuestro Señor, de acuerdo a lo que estipula el registro, sólo oyeron Su voz y no vieron Su forma.[32]

- **Marcos 9:10 Ellos todavía no entienden que Jesús va a morir y resucitará.** Probablemente era insondable para ellos que el Hijo de Dios podía morir a manos de sus enemigos, y por lo tanto no habían pensado mucho en su ser resucitado. "Y ellos guardaron la palabra entre sí, discutiendo qué podría significar aquello de resucitar de entre los muertos."

- **Marcos 9:11–16 Juan el Bautista es el Elías que debe venir a restaurar todas las cosas.** Juan el Bautista se les había aparecido en el Monte de la Transfiguración, y antes de conocer a Jesús había sido el profeta al cual habían seguido Santiago y Juan. Tenían curiosidad acerca de su misión y le preguntaron: "¿Por qué dicen los escribas que Elías debe venir primero?" (v. 11). En esta pregunta, se referían a las profecías que iba a venir en los últimos días para restaurar todas las cosas. ¿Fue esta aparición en el Monte de la Transfiguración a la cual se refieren los profetas?

Jesús explicó, "Elías en verdad vendrá primero, y restaurará todas las cosas" (v. 12). Pero él ya había llegado primero para declarar la venida del Hijo del Hombre en su propia dispensación: "Yo os digo que Elías ya vino, y le han hecho a él todo lo que quisieron, como está escrito de él "(v. 13). Y los mismos profetas habían declarado que "el Hijo del hombre... debe padecer mucho, y ser tenido en nada " (v. 12).

**Notas** (Todas las referencias son de las versiones en idioma inglés de los textos que se citan.)


1. *Comentario Doctrinal del Nuevo Testamento*, 3 volúmenes (1965–1973), 1:375.
2. Israel Fotos II, 2002, http://dqhall.com/israelphotosII/Hermon_River.htm
3. *Enseñanzas del Profeta José Smith*, escogidas y arregladas por Joseph Fielding Smith (1976), pág. 274.
4. *Comentario Doctrinal del Nuevo Testamento*, 1:387.
5. En Reporte de La Conferencia, octubre de 1953, pág. 25.
6. *Doctrina del Evangelio*, 5.ª edición (1939), pág. 136.
7. *Comentario Doctrinal del Nuevo Testamento*, 1:389–390.
8. David Hall, Israel Fotos III, 2005, http://dqhall59.com/mt.hermon.htm
9. *Doctrina de Salvación*, 3 volúmenes, Compilado por Bruce R. McConkie (1954–1956), 3:152.
10. *El Mesías Mortal: De Belén al Calvario*, 4 volúmenes, (1979–1981), 2:104–105.
11. *Comentario Doctrinal del Nuevo Testamento*, 1:401–402.
12. *Historia de la Iglesia*, 4:210.
13. *Doctrina Mormona*, 2.ª edición (1966), pág. 803.
14. *Comentario Doctrinal del Nuevo Testamento*, 1:399.
15. *Enseñanzas del Profeta José Smith*, pág. 13.
16. *Enseñanzas del Profeta José Smith*, pág. 158.
17. En Reporte de La Conferencia, abril de 1977, págs. 9–10; o revista *Liahona*, mayo de 1977, págs. 7–9.
18. *Comentario Doctrinal del Nuevo Testamento*, 1:402–403.
19. *Enseñanzas del Profeta José Smith*, pág. 158.

20. En Reporte de La Conferencia, abril de 1977, 8; o revista *Liahona*, mayo de 1977, pág. 7.

21. *Enseñanzas del Profeta José Smith*, pág. 340.

22. *Respuestas a las Preguntas sobre el Evangelio*, 5 volúmenes, compilado por Joseph Fielding Smith Jr. (1957–1966), 3:139–140; *Enseñanzas del Profeta José Smith*, pág. 157.

23. *Historia de la Iglesia*, 4:211.

24. *Doctrina de Salvación*, 2:100–101.

25. D. y C. 128:9

26. *Los Discursos del presidente Wilford Woodruff*, editado por G. Homer Durham (1946), págs. 71–72.

27. *Los Discursos del presidente Wilford Woodruff*, págs. 72–73.

28. *Diccionario Bíblico de los SUD*, pág. 770.

29. *Vida de Heber C. Kimball*, editado por Orson F. Whitney (1945), págs. 237–239.

30. *Doctrina de Salvación*, 3:156.

31. *En Reporte de La Conferencia*, abril de 1995, pág. 92; o revista *Liahona*, mayo de 1995, pág. 69.

32. *Comentario Doctrinal del Nuevo Testamento*, 1:400–401.

Capítulo 14

# Principios del Perdón y el Amor

(Mateo 17-18, Marcos 9)

---

## PRINCIPIOS DE LA FE Y LA MISERICORDIA

### Relación de la Fe con el Poder del Sace

En la base del Monte de la Transfiguración, Jesús y sus tres principales apóstoles se encontraron con una gran multitud que estaba siendo estrechamente interrogada por los escribas (Marcos 9:14). Y cuando vieron que venía Jesús, estaban "muy sorprendidos" y corrieron hacia él y le dieron la bienvenida (Marcos 9:15).

GUSTAVE DORÉ, 1896

- **Marcos 9:17-22 "Si puedes hacer algo, ten compasión. . . y ayúdanos.** "En ese momento, uno de la multitud expresó a Jesús su sincero deseo. "Maestro, traje a ti mi hijo, que tiene un espíritu mudo, el cual, dondequiera que le toma, le sacude; y echa espumarajos, y cruje los dientes, y se va secando; y dije a tus discípulos que lo echasen fuera, y no pudieron" (vv. 17-18). Jesús habló a sus discípulos como una "generación incrédula", y se preguntó cómo podrían funcionar cuando Él ya no estuviera con ellos. Luego dijo simplemente: " Traédmelo" (v. 19).

  Ellos le trajeron al niño poseído y mudo, "y cuando el espíritu le vio, sacudió con violencia al muchacho, quien cayendo en tierra se revolcaba, echando espumarajos" (v. 20). Mientras Jesús miraba este espectáculo lamentable ", le preguntó a su padre:¿Cuánto tiempo hace desde que le aconteció esto? Y él dijo:Desde niño. Y muchas veces le echa en el fuego y en el agua, para matarle"(vv. 21-22). Y entonces llegó esta petición patética, sincera: "mas si puedes hacer algo, ten misericordia de nosotros, y ayúdanos" (v 22).

- **Marcos 9:23-27 "Señor, creo; ayuda a mi incredulidad.** "Como siempre lo hacía, Jesús primero le preguntó en la fe del hombre. "Jesús le dijo:Si puedes creer, todo es posible para aquel que cree" (v. 23). Y luego, desesperado por recibir la bendición, pero no estando seguro de la idoneidad de su fe, "el padre de la criatura gritó, y dijo con lágrimas, Señor, yo creo; ayuda mi incredulidad" (v. 24). ¿Cuántas veces todos nosotros hemos sentido así? Sabemos que el Señor puede hacer todas las cosas, y necesitamos desesperadamente y queremos su bendición. Pero nos sentimos inadecuados e inseguros de nuestra capacidad espiritual para pedir a los poderes del cielo. Más de una vez he sentido estas ansias, y el pedido de este padre al Maestro tiene un sonido parecido. "Señor, yo creo. Ayuda a mi incredulidad."

Esperando ver un milagro ", la gente se agolpaba" mientras Jesús "reprendía al espíritu inmundo, diciéndole:Espíritu mudo y sordo, yo te mando, sal de él, y no entres más en él. Y el espíritu, clamando y él con violencia, salió de él, y estaba como un muerto; de tal modo que muchos decían:Está muerto. Pero Jesús, tomándole de la mano, le levantó; y se levantó " (vv. 25-27).

- **Marcos 9:28-29 Los apóstoles se turbaron por no ser capaces de echar fuera el espíritu del mal.** Después de este milagro, cuando se dirigían a la casa ", sus discípulos le preguntaron aparte:¿Por qué nosotros no pudimos echarlo fuera? Y él les dijo:Este género no puede venir con nada, sino con oración y ayuno." Porque les enseñaba que las ordenanzas del sacerdocio a veces por sí solas no son suficientes para convocar a los poderes del cielo.

Bruce R. McConkie dijo: "Por la fe todo es posible; nada es demasiado difícil para el Señor. Ninguna enfermedad es demasiado grave, ni enfermedad demasiado incapacitante, ninguna plaga muy destructiva para ser curada por el poder que es la fe. a sea en la vida o en la muerte nada es retenido de los que respetan la ley de la fe que les da derecho a recibirla. Pero en la práctica, incluso entre los mortales más justos, la fe o el poder se disfruta en mayor o menor grado, y algunas enfermedades requieren el ejercicio de un mayor poder de curación que otras."[1]

Hyrum M. Smith y Janne M. Sjodahl dijeron:

> Estas son indispensables en la preparación para el ministerio. Nuestro Señor nos enseña que hay espíritus malignos que no se pueden superar, salvo por aquellos cuya vida espiritual y fe se han hecho fuertes por la abnegación y la comunión con Dios. Por lo tanto, es, muy importante que los siervos del Señor ayunen y oren. A través del ayuno y la oración de los siervos del Señor, se abrió la boca de Alma, y sus miembros se fortalecieron (Mosíah 27:22-23). A través del ayuno y la oración los nefitas se "volvieron más y más fuertes en su humildad, y más y más firmes en la fe en Cristo" (Helamán 3:35).
>
> El ayuno ha sido en todas las épocas un signo externo de tristeza y luto. Cuando el corazón está lleno de dolor, el cuerpo no anhela la comida, como de costumbre. Cuando las calamidades de barren un país, o cuando los pecadores se dan cuenta de su condición de abstinencia de todos los placeres, incluidos los de la mesa, es natural para todos aquellos que se toman las cosas en serio.
>
> Los Elders, sin embargo, no están obligados a ayunar en señal de luto solamente, sino como una señal de regocijo. Esto es natural. Porque cuando el corazón está lleno de alegría, el ansia por la comida se olvida durante mucho tiempo, ya que saben que han asistido a reuniones, que duran muchas horas, donde el Espíritu Santo se ha derramado sobre la Asamblea.[2]

Y Ed J. Pinegar explicó:

> Los Profetas pagan un precio muy alto para ser los portavoces del Señor. Tal fue el caso de Elías. Sin embargo, en su hora de necesidad, él nos enseñó una gran verdad:a través del ayuno y la oración podemos ser consolados, y el Señor nos revelará las cosas que debemos hacer El poder de la oración y el ayuno se demuestra en los siguientes versículos:
>
> — Para superar y evitar la tentación 3 Nefi 18:15, 18
> — Para restaurar la salud de Alma el Joven Mosíah 27:22
> — Para dar gracias y adoración Alma 45:1
> — Para conocer las cosas de Dios Alma 5:46
> — Para disfrutar del espíritu de revelación y profecía Alma 17:3
> — Para ayudar a los que no conocen a Dios Alma 6:6
> — Para ganar la fe y la humildad Helamán 3:35
> — Para llegar a ser santificado Helamán 3:35
>
> El poder del ayuno y la oración ha sido demostrado en todas las escrituras.[3]

## Una Vez Más Jesús Predice Su Muerte y Resurrección

- **Mateo 17:22-23 Jesús les dice otra vez después de la Transfiguración.** Él les había dicho en una ocasión, antes de los acontecimientos en el Monte de la Transfiguración (Mateo 16:21). Y ahora", mientras que ellos están en Galilea, Jesús les dijo:[otra vez], El Hijo del hombre será entregado en manos de hombres:Y le matarán, y al tercer día resucitará. Y ellos se entristecieron."

  — **Marcos 9:30-32** Cuenta la misma historia que la escritura anterior, pero añade que "ellos no entendían esta palabra, y tenían miedo de preguntarle."

  — **Lucas 9:43-45** También cuenta la misma historia, pero añade que Jesús dijo: "Que estas palabras penetren bien en los oídos, porque el Hijo del hombre será entregado en manos de hombres. Mas ellos no entendían estas palabras, pues les estaban veladas para que no las entendiesen; y temían preguntarle sobre esas palabras" (vv. 44-45).

## El Milagro del Dinero para el Tributo

PROVIDENCE LITHOGRAPHIC CO., 1897, #42

- **Mateo 17:24-27 Dinero de la boca de un pez.** Cuando la partida de Jesús viajó a Cafarnaúm, fueron abordados por los "que recibían el dinero del tributo" quien preguntó a Pedro: "¿Acaso Vuestro Maestro no paga las dos dracmas?" (v. 24). Y Pedro respondió: Sí" (v. 25). Y al entrar él en casa, Jesús le habló primero, diciendo:¿Qué te parece, Simón? Los reyes de la tierra, ¿de quiénes cobran los tributos o los impuestos? ¿De sus hijos, o de los extraños? Pedro le respondió: De los extraños. Jesús le dijo:Luego los hijos están exentos" o sea que a desde que eran ciudadanos de Galilea no deberían tener que pagar" tributo "al rey (v. 26). Sin embargo, Jesús aconsejó a Pedro, " Sin embargo, para no ofenderles, ve al mar, y echa el anzuelo, y el primer pez que saques, tómalo, y al abrirle la boca, hallarás una pieza de dinero, tómala, y dásela por mí y por ti"(v.27).

## Volverse como niños pequeños

- **Marcos 9:33-35 Los líderes del sacerdocio son siervos, no amos.** La partida del Maestro finalmente llegó a Cafarnaúm, y después de haber entrado en la casa, Jesús les preguntó: "¿Qué fue lo que disputabais entre vosotros en el camino?" (v.. 33). No se atrevían a contarle porque habían estado discutiendo sobre quién de ellos sería el más grande del reino (v. 34). Por supuesto, Jesús ya sabía esto, pero quería enseñarles. Él los llamó y les dijo: "Si alguno quiere ser el primero, será el postrero de todos, y el servidor de todos" (v. 35). ¿No es Jesús el mejor ejemplo para todos nosotros? En todo su ministerio en esta tierra, no podemos encontrar en las Escrituras un acto egoísta. Todo fue hecho para beneficio de los demás.

C. H. BLOCH

- **Mateo 18:1-4 Jesús utiliza a un niño como un ejemplo de comportamiento celestial.** Para ilustrar este punto, "Jesús llamó a un niño, y lo puso en medio de ellos, y dijo: De cierto os digo, que si no os convertís y os hacéis como niños, no entraréis en el reino de los cielos. Cualquiera que se humille como este niño, ése es el más grande en el reino de los cielos."

- **Marcos 9:36-37, 42 Advertencias a cerca de dañar a los niños.** Jesús "tomó a un niño, lo puso en medio de ellos:y cuando él lo había llevado en sus brazos, les dijo:El que reciba a un niño en en mi nombre, a mí me recibe; y cualquiera que me recibe, no me recibe a mí, sino al que me envió " (vv.. 36-37). Por lo tanto, nuestras actitudes hacia los niños son nuestras actitudes hacia Dios mismo. "Y cualquiera que haga tropezar a uno de estos pequeñitos que creen en mí, mejor le fuera si se le atase una piedra de molino al cuello, y se le arrojase en el mar" (v. 42).

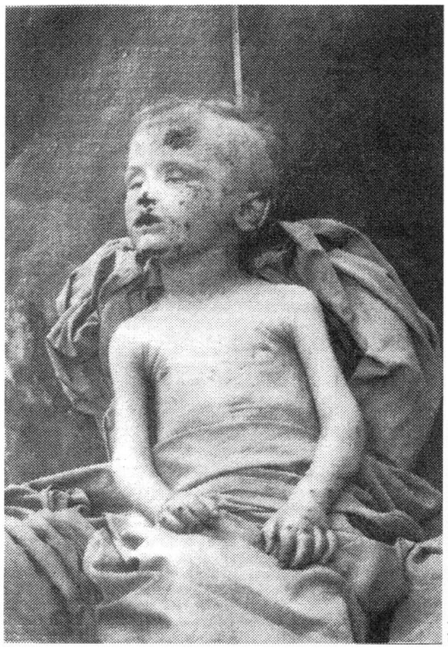

El doctor P. LANGENSCHEIDT, 1910

El abuso de niños de todo tipo-físico, emocional y sexual - es uno de los más graves y perversos de todos los pecados. Dios no dará por inocente a quien los maltrata, y verdaderamente hubiera sido mejor para esos abusadores si nunca hubieran nacido porque sus castigos serán de tal gravedad y duración que podrían desear que hubiera sido así.

El élder M. Russell Ballard dijo: “Escuchamos informes inquietantes de padres o tutores que están tan lejos del Espíritu de Cristo que abusan de los niños. Ya sea que este abuso sea físico, verbal, o abuso emocional que es menos evidente pero igualmente grave, es una abominación y una grave ofensa a Dios."[4]

- **Mateo 18:6 "Ofender a uno de estos pequeños" en este contexto significa también "causa de tropiezo."** Los niños naturalmente creen en Dios, y cuando se abusa de ellos pierden la luz inocente con la cual vinieron aquí y pueden comenzar a tropezar con respecto a su fe. Jesús dijo: “Y cualquiera que haga tropezar a uno de estos pequeños *que creen en mí*, mejor le fuera que una piedra de molino colgada al cuello, y que se le hundiese en lo profundo del mar" (el énfasis es nuestro).

- **Marcos 10:13-16 Excepto que nos volvamos "como niños" no podremos ser exaltados.** Dondequiera que Jesús iba, los padres llevaban a sus "niños pequeños, para que los tocara [bendijera]" (v. 13). Tal vez pensando que sería una molestia para su Maestro, los discípulos reprendían a los que "les traían" (v. 13). "Pero viéndolo Jesús, se indignó, y les dijo:Dejad que los niños vengan a mí, y no se lo impidáis porque de ellos es el reino de Dios. De cierto os digo, que el que no reciba el reino de Dios como un niño, no entrará en él. Y tomándolos en los brazos, poniendo las manos sobre ellos, los bendecía "(vv. 14-16).

THEBIBLEREVIVAL.COM, #26

- **Marcos 10:16 Entonces Jesús reunió a los niños alrededor de él, y los bendijo.** La escritura registra que Él "tomándolos en los brazos, puso las manos sobre ellos, y los bendijo." ¿Podemos imaginar una escena más dulce que esta? No lo creo.

- **Mateo 18:10-11 Los espíritus de los niños pequeños siempre heredan la gloria celestial.** Los niños pequeños no son pecadores. Jesús advirtió específicamente a sus discípulos a no "despreciar. . . uno de estos pequeños; porque yo os digo que en el cielo sus ángeles ven siempre el rostro de mi Padre que está en los cielos "(v. 10). Esto significa que, si mueren, sus espíritus reciben la exaltación. Punto. Y para enfatizar el punto de su ausencia de pecado, Jesús añadió en esta ocasión, "Porque el Hijo del hombre ha venido para salvar lo que estaban perdidos" (v. 11). Los niños no se pierden, y los que creen lo contrario es una solemne burla de todo el propósito de la expiación (Moroni 8:9). La Traducción de José Smith de esta escritura (nota al pie 11c) agrega que los niños pequeños no necesitan del arrepentimiento.

- **Mateo 18:14 No es la voluntad de Dios que "[cualquiera] de estos pequeños perezca."** ¿Cómo, entonces, puede predicar nuestros ministros cristianos que están condenados? De acuerdo con esta palabra de Jesús, ni uno solo de ellos se perderá porque Dios salvará a todos. Tengo un nieto que murió dentro de una media hora después de su nacimiento, y tengo el gran consuelo en saber que él no está condenado (no se lo merece) y será exaltado. Esta es la doctrina, como José Smith enseñó que sólo "sabe bien." Y es verdad.

- **Moroni 8:12 Los niños pequeños, debido a su humildad y pureza "viven en Cristo."** El profeta Mormón escribió a su hijo, "los niños pequeños viven en Cristo, aun desde la fundación del mundo" viven en Cristo."; si no fuera así, Dios sería un Dios parcial, y también un Dios variable, y que hace acepción de personas; porque ¿cuántos niños han muerto sin el bautismo!"

  — **D. y C. 29:46-47 Satanás no puede tentarlos**. El Apocalipsis en nuestros días afirma "que los niños pequeños son redimidos desde la fundación del mundo, mediante mi Unigénito" (v. 46). A pesar de que a veces pueden ser malos, a medida que aprenden el bien del mal y ejercecen su albedrío, "no pueden pecar, porque el poder no le es dado a Satanás para tentar a los niños pequeños, hasta que empiecen a ser responsables ante mí" (v. 47).

## La Necesidad del Perdón

- **Mateo 18:15 El consejo del Señor sobre la forma de resolver las diferencias entre nosotros.** Debido a que somos diferentes entre sí y tenemos diferentes experiencias y perspectivas, los desacuerdos son inevitables. De hecho, podría decirse que nuestras pruebas más grandes vienen de unos con otros cuando nos esforzamos por aprender a vivir en paz.

  Cuando surgen disputas, Jesús aconsejó lo siguiente: "Por tanto, si tu hermano peca contra ti, ve y dile su falta entre tú y él solos:Si te oyere, has ganado a tu hermano" No se quede ahondando sobre las diferencias, o hable sin parar con los demás sobre ellas. Vaya directamente a la persona ofendida (u ofensor) y trate de solucionarlo. Y si esto no funciona, el Señor ofrece consejos adicionales en los versículos 16-17sobre la forma de proceder.

  El presidente Thomas S. Monson dijo: "'La culpa mantiene abierta la herida. ¡Sólo el perdón sana! '(¡*0 Pioneros!* de Willa Cather). Hace poco leí que un hombre de edad avanzada revelaba en el funeral de su hermano, con quien había compartido, desde principios de la virilidad, una pequeña cabaña, de un solo cuarto en Canisteo, Nueva York, que a raíz de una pelea, habían dividido a la habitación por la mitad con una línea de tiza y tampoco habían cruzado una línea ni dicho una palabra el uno al otro, ¡desde hacía sesenta y dos años! ¡Qué tragedia humana-todo por la falta de misericordia y perdón. . . . "Él [que] no puede perdonar a los demás rompe el puente sobre el cual él mismo debe pasar si alguna vez alcanza el cielo; porque todo el mundo necesita ser perdonado."[5]

Y El élder Jeffrey R. Holland dijo: "La vida es demasiado corta para desperdiciarla en criar animosidades o mantener una cuenta de caja de los delitos en contra de nosotros. . . . No queremos que Dios recuerde nuestros pecados, así que hay algo fundamentalmente equivocado en nuestra implacable actitud de tratar de recordar las de los demás. Cuando hemos sido heridos, sin duda, Dios toma en cuenta lo que males que nos han hecho y que han provocado nuestros resentimiento, pero claramente por más provocaciones que haya y las excusas que podamos encontrar para nuestro dolor, razón de más para que podamos perdonar y ser librados del infierno destructivo de tal ponzoñoso veneno y rabia. Es una de esas ironías de la divinidad que con el fin de encontrar la paz, el ofendido y el ofensor debe involucrarse en el principio del perdón."[6]

### La Parábola del Siervo Despiadado

Hablamos de la parábola del siervo despiadado en el capítulo 11, como parte de nuestra discusión general de las enseñanzas de Jesús con parábolas. Pero debido a que se produjo en esta época de su ministerio, vamos a revisarla también aquí.

- **Mateo 18:21-35 Una parábola acerca de perdonar para ser perdonados.** Esta parábola fue dada cuando Pedro vino al Señor y le preguntó: "Señor, ¿cuántas veces pecará mi hermano contra mí y yo le perdonaré? ¿Hasta siete veces?" (v. 21). Y Jesús respondió: "No te digo hasta siete veces, sino aun hasta setenta veces siete" (v 22).

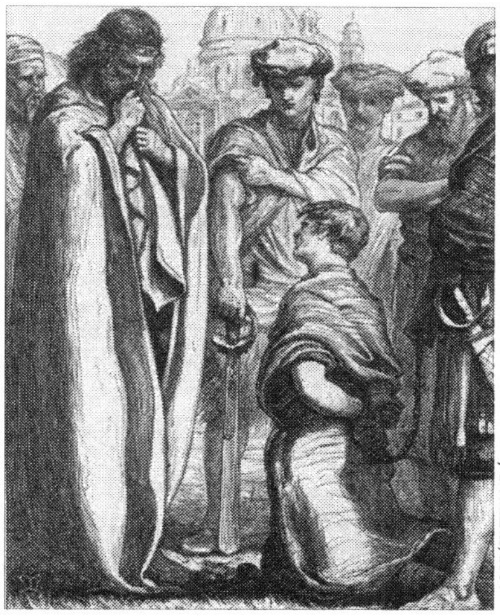

J.E. MILLAIS, 1864

Entonces, Jesús, procedió a contarle a Pedro una parábola acerca de "un rey" que estaba tomando en cuenta a sus siervos (v. 23). Uno de ellos "fue traído a él, que le debía diez mil talentos" (v. 24). El hombre no tenía manera de pagar la deuda, por lo que "ordenó su señor venderle, y a su mujer e hijos, y todo lo que tenía, y que se hiciera el pago" (v. 25). Buscando misericordia, el hombre se postró delante del rey y le rogó: "Ten paciencia conmigo, y yo te lo pago", y "el señor de aquel siervo, movido a misericordia, le soltó y le perdonó la deuda" (vv. 26-27).

UNKNOWN, 1906

Ese mismo siervo que había sido perdonado de sus deudas a continuación, "salió y encontró a uno de sus consiervos, que le debía cien denarios; y asiendo de él, le ahogaba, diciendo:Págame lo que tú me debes" (v. 28). Cuando le pidió a su deudor por paciencia y se comprometió a pagar todo lo que le debía, "él no quiso, sino que fue y le echó en la cárcel hasta que pagase la deuda" (vv.. 29-30).

Este acto de hipocresía sorprendió a los compañeros del hombre, y fueron y le dijeron al rey lo que hizo (v. 31). Entonces el rey llamó de vuelta al hombre, diciendo: "Siervo malvado, yo te perdoné toda aquella deuda porque me lo pediste:¿No debías tú también tener misericordia de tu consiervo, como yo tuve misericordia de ti?" (vv. 32-33). "Entonces su señor, enojado, le entregó a los verdugos, hasta que pagase todo lo que le debía" (v. 34). "Así también mi Padre celestial hará con vosotros, si vosotros no perdonáis de todo corazón cada uno vuestros hermanos por sus ofensas.

El élder James E. Talmage dijo: "Diez mil talentos. . . una suma tan grande como para poner el deudor más allá de toda posibilidad razonable de pagar. . . . El hombre estaba en mora con la deuda. Él no vino antes a su señor voluntariamente sino que tuvo que ser traído. . . . El contraste entre diez mil talentos y cien denarios es enorme. En la súplica de tiempo de su consiervo para pagar los cien denarios, el mayor deudor debería haber recordado la situación desesperada de la que acababa de ser relevado; las palabras: "Ten paciencia conmigo, y yo te lo pagaré todo a ti, 'eran idénticas a las de su propia oración al rey. La ingratitud del siervo despiadado justificó que el rey revocara del indulto una vez concedido. El hombre cayó bajo condena, no principalmente por [su] deuda, sino por falta de misericordia, después de haber recibido la misericordia en tanta abundancia."[7]

- **Mateo 7:2 Hemos establecido el estándar por el cual seremos juzgados**. "Porque con el juicio con que juzgáis, seréis juzgados, y con la medida con que medís, seréis medidos otra vez."

El profeta José Smith dijo: "Yo aconsejo a todos tener cuidado con lo que hacen, o pueden hacer-y-por descubrir que han sido engañados. Deténganse; no cedan el paso; no hagan ningún movimiento apresurado; puede que sean salvos. Si un espíritu de amargura está en ti, no tengas prisa. Usted puede decir, "¡Ese hombre es un pecador! 'Bueno, si se arrepiente, será perdonado. Tenga cuidado:espere. Cuando usted encuentre un espíritu que quiere el derramamiento de sangre, -un asesino, el mismo no es de Dios, sino del diablo. Porque de la abundancia del corazón del hombre habla la boca."[8]

El Profeta también aconsejó: "Siempre tengan ejercitado el principio de la misericordia, y estén dispuestos a perdonar a nuestro hermano ante los primeros indicios de arrepentimiento y pida perdón; y debemos perdonar aun a nuestro hermano, o incluso a nuestro enemigo, antes de que se arrepienta o pedir perdón, nuestro Padre Celestial sería igual de misericordioso para con nosotros."[9]

El presidente Spencer W. Kimball dijo: "Recuerden que debemos perdonar incluso si nuestro ofensor no se arrepiente y pide perdón. . . . ¿Seguimos ese mandamiento o nos ponen de mal humor en nuestra amargura, esperando que nuestro ofensor aprender de el y se arrodille ante nosotros en el remordimiento? . . . Esta reconciliación sugiere también olvidar. A menos que usted se olvide, ¿has perdonado? . . . Ninguna amargura de fricciones del pasado debe mantenerse en la memoria si perdonamos de todo corazón."[10]

El presidente Gordon B. Hinckley dijo:

> Vemos la necesidad de [perdón] en los hogares de las personas, donde pequeños malos entendidos se transforman en grandes disputas. Lo vemos entre los vecinos, donde las diferencias insignificantes conducen a interminables muestras de desprecio. Lo vemos en socios de negocios que se pelean y se niegan a ceder y perdonar cuando, en la mayoría de los casos, si hubiera una voluntad de sentarse juntos y hablar en voz baja uno a otro, el asunto podría ser resuelto para bendición de todos. Más bien, ellos pasan sus días alimentando rencores y planificando retribuirlos. . . .
>
> Si hubiera alguien que alimentare en su corazón el brebaje venenoso de enemistad hacia otro, yo ruego que pidan al Señor fuerza para perdonar. Esta expresión de deseo será de la esencia misma de vuestro arrepentimiento. Puede que no sea fácil, y puede no venir rápidamente. Pero si usted va a buscar con sinceridad y la cultiva, todo llegará. . . .
>
> No hay paz en reflexionar sobre el dolor de viejas heridas. Hay paz sólo en el arrepentimiento y el perdón. Esta es la dulce paz de Cristo, quien dijo: "Bienaventurados los pacificadores. Porque ellos serán llamados hijos de Dios" (Mateo 5, 9).[11]

### La Santidad de la Relación Matrimonial

- **Marcos 10:2-5 Los fariseos tratan de atrapar a Jesús preguntándole sobre el divorcio.** El divorcio era un tema muy discutido entre los académicos y los líderes judíos y los fariseos esperaban que la respuesta de Jesús a su pregunta les permitiría subir el furor entre los judíos. "Los fariseos se acercaron a él y le preguntó:¿Es lícito al hombre repudiar a su mujer? tentándolo. Y él respondiendo, les dijo:¿Qué os mandó Moisés? Y ellos dijeron:Moisés permitió dar carta de divorcio, y repudiarla "(vv. 2-4). Por este razonamiento intentaron excusarse por sus divorcios frívolas frecuentes que se llevaron a cabo para facilitar la lujuria y el egoísmo. Jesús reconoció que Moisés había contemplado el divorcio, pero era "por la dureza de vuestro corazón os escribió este mandamiento." (V 5).

- **Marcos 10:6-9 Dios dispuso el matrimonio entre un hombre y una mujer.** Jesús enseñó que "desde el principio de la creación Dios los hizo hombre y mujer", y "por esta causa [el matrimonio], dejará el hombre a su padre y a su madre, y se unirá a su mujer (v 6.); y los dos serán una sola carne:así que no son ya más dos, sino una sola carne "(vv. 7-8.)" Por tanto, lo que Dios juntó, no lo separe el hombre" (v. 9.). En nuestros días, los impíos tratan de redefinir lo que Jesús mismo describió como una institución dada por Dios, el matrimonio. Pero toda la racionalización en el mundo no puede quitar las palabras que dijo Jesús en esa ocasión.

- **Marcos 10:10-12 El divorcio frívolo es adulterio.** Más tarde, en la casa, los discípulos de Jesús "le preguntaron de nuevo sobre la misma cuestión" (v. 10). Y Jesús les dijo: "Cualquiera *que repudie a su mujer* y se case con otra, comete adulterio contra ella" (v. 11 énfasis añadido). Y si la mujer *repudiase a su marido* y se casa con otro, comete adulterio" (v. 12, énfasis añadido). Este "repudio" se refiere a la práctica, autorizada bajo la ley de Moisés, para que los hijos de Israel se divorcien de sus cónyuges por razones frívolas. Todo lo que tenían que hacer era emitir un decreto que se habían divorciado del otro y estaba hecho. Y Jesús consideró que los que utilizaban mal este procedimiento eran adúlteros.

- **Mateo 19:7-9 El adulterio justifica el divorcio**. Jesús dijo: "Moisés a causa de la dureza de vuestro corazón os permitió repudiar a vuestras mujeres:mas al principio no fue así" (v. 8.). Esta disposición fue añadida a la ley por el bien de desobediente Israel en el desierto. Ahora Jesús estaba proclamando una ley superior: " yo os digo que cualquiera que repudia a su mujer, salvo por causa de fornicación, y se casa con otra, adultera; y el que se casa con la repudiada, adultera" (vv. 7-9.). En un mundo perfecto, como el reino celestial, no existe el divorcio. Debido a que la tierra aún no es perfecta, se permite el divorcio, pero no debería ocurrir salvo por las causas más graves.

  El presidente Gordon B. Hinckley dijo: " Puede haber una y otra vez una causa legítima para el divorcio. Yo no soy de los que dicen que nunca está justificado. Pero yo os digo sin dudar que esta plaga entre nosotros, la que parece estar creciendo en todas partes, no es de Dios, sino que es la obra del adversario de la justicia y de la paz y de la verdad."[12]

  Y más tarde, el presidente Hinckley agregó: "Hay demasiados hogares destrozados entre los nuestros. El amor que llevó al matrimonio de alguna manera se evapora, y el odio ocupa su lugar. Los corazones están rotos, los niños lloran. ¿No podemos hacerlo mejor? Por supuesto, que podemos. Es el egoísmo lo que provoca la mayoría de estas tragedias. Si hay tolerancia, si existe el perdón, si hay una ansiosa búsqueda de la felicidad en la mutua compañía, entonces el amor brotará y florecerá. . .. En todas partes, existen buenas familias. Pero hay muchas que están en problemas. Esta es una enfermedad que tiene cura. La receta es simple y maravillosamente eficaz. Es el amor. Es el amor claro, simple, el amor y el respeto de todos los días. Es una planta tierna que necesita cuidados. Pero vale la pena todo el esfuerzo que podamos poner en ello."[13]

## LOS DOS GRANDES MANDAMIENTOS

- **Lucas 10:25-28 Los requisitos para la vida eterna.** Todavía bajo el interrogatorio de los fariseos y de los escribas acerca de la ley, Jesús entonces oyó la pregunta de "un doctor de la ley [que] se levantó, tentándole y diciendo:Maestro, ¿qué haré para heredar la vida eterna?" (v. 25). Jesús le dijo: "¿Qué está escrito en la ley? ¿Cómo la lees tú?" y el hombre respondió: " Amarás al Señor tu Dios con todo tu corazón, y con toda tu alma y con todas tus fuerzas, y con toda tu mente; y a tu prójimo como a ti mismo" (vv. 26-27). Estos son los mismos dos mandamientos que más tarde Jesús identificó como las dos "grandes mandamientos" de la ley (Mateo 22:40). Ellos son citas directas de los escritos de Moisés en el Antiguo Testamento:

  — **Deuteronomio 6:5** Ama al Señor con todo tu corazón, alma y fuerza.
  — **Levítico 19:18** Ama a tu prójimo como a ti mismo.

Al escuchar el doctor de la ley citarlos correctamente como los más importantes, Jesús le dijo: "Bien has respondido:haz esto, y vivirás" (v 28).

El élder James E. Talmage dijo:

> Hemos visto que los fariseos y los de su clase estaban constantemente en alerta para molestar y si fuera posible desconcertar a Jesús sobre cuestiones de derecho y doctrina, y provocarle alguna expresión manifiesta o escritura... El intérprete de la ley... formuló una pregunta para tentar a Jesús... Podemos suponer que deseaba poner a prueba los conocimientos y la sabiduría del famoso Maestro, probablemente con el propósito de avergonzarlo. Ciertamente, su propósito no era el de la búsqueda sincera de la verdad. Este doctor de la ley, de pie entre la gente que se había reunido para escuchar a Jesús, le preguntó: "Maestro, ¿qué haré para heredar la vida eterna?" Jesús contestó con otra pregunta... Si este hombre, que de exprofeso aprendió en la ley, hubiera leído y estudiado correctamente, él debiera saber lo que debía hacer sin tener que preguntar. "¿Qué está escrito en la ley? ¿Cómo la lees tú? "
>
> El hombre respondió con un admirable resumen de los mandamientos: "Amarás al Señor tu Dios con todo tu corazón, y con toda tu alma y con todas tus fuerzas, y con toda tu mente; y a tu prójimo como a ti mismo." La respuesta fue aprobada. "Haced esto, y vivirás", dijo Jesús. Estas sencillas palabras transmitían una reprimenda... Habiendo fracasado hasta en su plan para confundir al Maestro, y probablemente dándose cuenta que como abogado, no había hecho ningún exhibición acreditable de su erudición haciendo una pregunta tan simple para luego responder él mismo, mansamente intentó justificarse a sí mismo preguntando además: "¿Y quién es mi prójimo?[14]

- **Lucas 10:29 "¿Quién es mi prójimo?"** Insatisfecho con la simplicidad de la respuesta de Jesús, y "queriendo justificarse a sí mismo," el abogado planteó entonces una segunda pregunta: "¿Y quién es mi prójimo?" (v. 29). Tales cuestiones se debatían interminablemente entre los fariseos, y su definición de "prójimo" era muy restringida. Ellos escribieron: "No hemos de idear la muerte de los gentiles, pero si están en peligro de muerte, no estamos obligados a liberarlos, por ejemplo, si alguno de ellos caen en el mar que no hace falta sacarlo, tal persona no es tu prójimo. "[15]

## La Parábola del Buen Samaritano

- **Lucas 10:30-37 Jesús cuenta la parábola del Buen Samaritano.** Para responder a la nueva pregunta del hombre, Jesús dijo: " Un hombre descendía de Jerusalén a Jericó, y cayó en manos de ladrones, los cuales le despojaron; e hiriéndole, se fueron, dejándole medio muerto" (v. 30).

  El sacerdote hizo caso omiso del hombre herido: " Aconteció que descendió un sacerdote por aquel camino, y viéndole, pasó de largo" (v 31). Este representaría a los saduceos y otros que oficiaban en el templo. Ellos no se preocupaban por la gente, sino sólo por su propio poder y prestigio.

  El levita ignoró al hombre herido: " Asimismo un levita, llegando cerca de aquel lugar, y viéndole, pasó de largo" (v 32). Los levitas oficiaban en el templo, pero también fueron acusados de administrar justicia al pueblo. Esta función había sido secuestrada en gran parte por los fariseos, que se imaginaban a sí mismos como árbitros de la ley y de la conducta diaria de la gente. Tampoco se preocupaban por la gente.

Los odiados samaritanos:El odio étnico de los judíos hacia los samaritanos no conocía límites. Ellos los consideran mestizos inmundos y eran habituales las difamaciones étnicas como la que habían utilizado contra Jesús ("No decimos bien nosotros, que tú eres Samaritano"). Así que es interesante que Jesús escogiera a un "samaritano" para que fuera el ejemplo en esta historia. De hecho, el significado oculto era que Él—Jesús—es el Buen Samaritano, que cuida de los necesitados y heridos, mientras los sacerdotes oficiales los ignoran.

THEBIBLEREVIVAL.COM, #27

El samaritano ayudó y sanó al hombre herido: "Mas un samaritano, que iba de camino, vino donde estaba él, y cuando lo vio, tuvo compasión de él, y se dirigió a él, vendó sus heridas, echándoles aceite y vino, y poniéndole sobre su propia cabalgadura, lo llevó al mesón, y tomó cuidado de él. Y al otro día al partir, sacó dos denarios, y los dio al mesonero, y le dijo:Cuida de él; y todo lo que gastes de más, cuando yo vuelva, te lo pagaré " (vv. 33-35).

La conclusión: "¿Quién, pues, de estos tres te parece que fue el prójimo del que cayó en manos de los ladrones?" (v. 36). La respuesta obvia es: "El que usó la misericordia con él" (v. 37). Y la conclusión de Jesús fue tan simple y directo como antes: "Ve, y haz tú lo mismo" (v. 37).

**Notas** (Todas las referencias son de las versiones en idioma inglés de los textos que se citan.)


1. *Comentario Doctrinal del Nuevo Testamento*, 3 volúmenes (1965–1973), 1:409.
2. *Doctrina y Convenios Comentario* (1923), págs. 554-555.
3. Ed J. Pinegar y Richard J. Allen, *Enseñanzas y Comentarios sobre el Antiguo Testamento* (2005), págs. 516-517.
4. En Informes sobre Conferencias, abril 1991, pág. 107; o revista *Liahona*, mayo de 1991, pág. 80.
5. Revista *Liahona*, mayo de 1995, págs. 59-60.
6. Revista *Liahona*, enero de 1996, pág. 83.
7. *Jesús el Cristo*, Clásicos Revisados en la Edición de la Literatura Mormona (1983), págs. 365-366.

8. *Mensajes de la Primera Presidencia de La Iglesia de Jesucristo de los Santos de los Últimos Días*, compilado por James R. Clark, 6 volúmenes, (1965–1975), 1:222.

9. "Discurso a los Doce," martes, 2 de julio de 1839, en *Historia de la Iglesia*, 3:383.

10. En Informes sobre Conferencias, octubre de 1949, págs. 132-133.

11. "A Vosotros os es Requerido Perdonar," revista *Liahona*, junio de 1991, págs. 2, 5.

12. *Liahona*, mayo de 1991, pág. 74.

13. *Liahona*, enero de 1997, pág. 69.

14. *Jesús, el Cristo*, págs. 398-399.

15. John R. Dummelow, *Un Comentario sobre la Santa Biblia*, 1909, pág. 751.

Capítulo 15

# La Luz del Mundo

(Juan 7–8)

## LA FIESTA DE TABERNÁCULOS

### Volviendo hacia Jerusalén

Ahora es otoño en Galilea, y la Fiesta anual de los Tabernáculos estaba cerca. La Fiesta de los Tabernáculos era una fiesta judía anual que se celebraba seis meses después de la Fiesta de la Pascua [la primera semana de octubre]. Duraba ocho días, y conmemoraba las bendiciones del Señor a los hijos de Israel durante sus viajes por el desierto. También se celebraba la cosecha del año y marcaba el final de la temporada de cosecha. Los judíos consideraban esta fiesta como la más grande y alegre de todas.[1]

*Cabinas de la Fiesta de los Tabernáculos*

Los peregrinos llegaban a Jerusalén para la fiesta de los Tabernáculos y erigían puestos temporales hechos de ramas para recordarse a sí mismos las condiciones de vida en las que sus antepasados vivieron en el desierto. Las construían con sus puertas mirando al templo. La reunión de pueblo del rey Benjamín en el Libro de Mormón tenía muchas de las mismas características y puede haber sido la celebración de la Fiesta de los Tabernáculos.

El festival de ese año era una oportunidad inusual para Jesús para que declarara públicamente Su divina misión.

- **Juan 7:1–5 La familia de Jesús dice: "Si haces estas cosas, muéstrate al mundo."** Jesús había pasado la mayor parte de su ministerio en Galilea. "Él no quería andar en Judea, porque los judíos procuraban matarle" (v. 1). Pero en este, el último año de su ministerio, la Fiesta de los Tabernáculos estaba a la mano (v. 2) y Su familia le instó "sal de aquí, y vete a Judea, para que también tus discípulos vean las obras que haces" (v. 3). Argumentaron que si Jesús quería que se conociera Su misión y los milagros, entones tenía que mostrarse a Sí Mismo. "Porque ninguno que procura darse a conocer hace algo en secreto. Si estas cosas haces, manifiéstate al mundo" (v. 4) . Sobre todo, esta era una burla y no un deseo genuino para que Él fuera conocido, ya que" ni aun sus hermanos creían en él" (v. 5).

- **Juan 7:6–9 "Mi tiempo aún no ha llegado**", dijo Jesús a su familia, "Mi tiempo aún no ha llegado, mas vuestro tiempo siempre está presto [ya aquí]" (v. 6). "El mundo no puede odiar; pero a mí me aborrece, porque yo doy testimonio de él, que sus obras son malas" (v. 7). "Id por arriba a esta fiesta", dijo. "Yo no subo todavía a esta fiesta; por mi tiempo aún no se ha cumplido" (v. 8). Y "cuando hubo dicho estas palabras, se quedó en Galilea" (v. 9).

### La Controversia Relativa a Jesús

- **Juan 7:10–13 Jesús es un tema candente en Jerusalén**. "Hermanos" de Jesús se fueron a la fiesta, pero "no abiertamente, sino como en secreto" (v. 10). La gente de allí le estaba esperando y preguntaban, "¿Dónde está él?" (v. 11). "Y había mucha murmuración entre la gente acerca de él," con algún refrán "Él es un buen hombre", y otros que decían: "No; pero engaña al pueblo" (v. 12). Pero nadie se atrevía a hablar de él abiertamente "por miedo de los judíos" (v. 13).

### Jesús Asiste a la Fiesta de los Tabernáculos

- **Lucas 9:51 "Cuando [llegó] el momento. . . [Jesús] afirmó su rostro para ir a Jerusalén**. "Esto fue alrededor de "la mitad de la fiesta "(Juan 7:14) y Él sabía que iba a poner su vida en peligro. Pero también sabía que no podía ser tomada hasta que "hubiese [llegado su tiempo]" para ofrecerse a sí mismo en rescate por los pecados del mundo (Juan 8:20, 30, 59).

  Era otoño en Galilea. La fiesta anual de los Tabernáculos estaba cerca, y Jesús, como muchos de sus compatriotas judíos, tenía la intención de asistir a la gran celebración en Jerusalén.

  El élder Bruce R. McConkie dijo: "Jesús se iba de Galilea para siempre; había terminado Su gran ministerio en Galilea. Su voz aún sería escuchada en Judea y Perea, Sus milagros serían vistos. Pero el curso de su vida era hacia la cruz, y Él estaba firme e inmutable en Su determinación de seguir este camino, un destino dispuesto para él por su padre. Él había dicho de sí mismo a través de la boca de Isaías: "Yo puse mi rostro como un pedernal, y sé que no seré avergonzado." (Isaías 50:7) Es evidente que no habría vuelta atrás."[2]

- **Juan 7:14–15 Jesús enseña en el templo, asombrando a la gente**. Él no había venido a Jerusalén para unas vacaciones o para participar en las muchas fiestas. Se dirigió de inmediato al templo y enseñó (v. 14) "Y los judíos se maravillaron, diciendo: ¿Cómo éste sabe letras, sin haber estudiado?" (v. 15).

- **Juan 7:16–17 La doctrina de Jesús era de Dios.** "Mi doctrina no es mía", dijo, "sino de aquel que me envió" (v. 16). Él la había recibido directamente de su Padre, no de las escuelas rabínicas. Y les ofreció una prueba para saber si su doctrina era verdad: "Si alguno quiere hacer su voluntad, conocerá si la doctrina es de Dios, o si yo hablo de mí mismo" (v. 17).

- **Juan 7:18–20 Los líderes judíos romperían de buen grado la ley de Moisés, mintiendo y buscando matar.** Jesús señaló que "el que habla de sí mismo su propia gloria busca; pero el que busca la gloria del que le envió, éste es verdadero, y no hay en él injusticia" (v. 18). Esta era una obvia referencia a los líderes injustos del pueblo judío, que enseñaban doctrinas de sus propias interpretaciones de la ley. "¿No os dio Moisés la ley," Él preguntó, "y sin embargo ninguno de vosotros cumple la ley ¿Por qué vosotros estáis a punto de matarme? " (v. 19). Y a pesar de que era absolutamente cierto, agregaron la mentira a la lista de los pecados de los que eran culpables. "Tú tienes un demonio", protestaron. "¿Quién te procura matar?" (v. 20).

- **Juan 7:25–26, 31 Muchas personas creen que Jesús es el Cristo**. Los que creyeron en Él dijeron: "¿No es éste al que buscan para matarlo? Pero, he aquí, habla públicamente, y no le dicen nada. ¿Los gobernantes saben en verdad que este es el Cristo?" (v. 26). "Y muchos de la multitud creyeron en él, y decían: El Cristo, cuando venga, ¿hará más señales que las que éste hace?" (v. 31).

- **Juan 7:27–30 Los líderes judíos tratan en vano de "prender" a Jesús**. Algunas personas creían erróneamente que cuando llegara Cristo nadie sabría de dónde venía (v. 27). Y eso porque sabían de donde venía Jesús, no le creyeron. "Entonces exclamó Jesús en el templo, enseñando y diciendo, á mí me conocéis, y sabéis de dónde soy: y no he venido de mí mismo, pero el que me envió es verdadero, a quien vosotros no conocéis. Pero yo le conozco, porque de él soy, y él me envió " (vv. 28–29.). "Entonces ellos trataron de prenderle; pero nadie le echó mano, porque su hora aún no había llegado" (v 30, véase también el versículo 32.).

PROVIDENCE LITHOGRAPHIC CO., 1897, #40

### Jesús Enseña Acerca del "Agua Viva"

La ceremonia del "derramamiento del agua" era una parte central de la Fiesta de los Tabernáculos. Se hacía esta ofrenda de agua para pedir la lluvia y el éxito de las cosechas del próximo año.

El élder James E. Talmage dijo: "Como parte del incidente servicio del templo en la fiesta [la Fiesta de los Tabernáculos], la gente se fue en procesión al pozo de Siloé, donde un sacerdote llenó una jarra de oro, que luego llevó al altar y allí derramó el agua con el acompañamiento de trompetas y aclamaciones de los ejércitos reunidos. De acuerdo con las autoridades sobre las costumbres judías, esta función se omitió en la jornada de clausura de la fiesta. En este último o 'gran día', que fue marcado por ceremonias de solemnidad inusual y regocijo, Jesús estuvo de nuevo en el templo."[3]

- **Juan 7:37–39 El "Agua viva" (el Espíritu) se da a los justos**. En el último día de la fiesta, presumiblemente durante el vertido de la ceremonia del agua, "Jesús se puso de pie y gritó, diciendo: Si alguno tiene sed, venga a mí y beba. El que cree en mí, como dice la Escritura, de su interior correrán ríos de agua viva." La gente sabía y entendía que este dicho de Jesús se refería al Espíritu Santo, que Él estaba prometiendo a los que creen en Él (a pesar de que "el Espíritu Santo no había sido dado, porque Jesús aún no estaba glorificado") (v 39).

  Alfred Edersheim, dijo, "Jesús se puso de pie y gritó: "¡Si alguno tiene sed, venga a mí y beba! "Debe haber sido con especial referencia a la ceremonia del derramamiento del agua, que se consideraba la parte central de la servicio. Por otra parte, todos entenderían que sus palabras debían referirse al Espíritu Santo, ya que el rito era considerado universalmente como símbolo de Su efusión."[4]

- **Juan 7:39–49 Las personas continúan divididas en sus opiniones de Jesús**. Las opiniones eran muchas y variadas:

  — "Muchas de las personas. . . dijeron: Verdaderamente éste es el profeta "(v. 40).
  — "Otros decían: Este es el Cristo" (v. 41)..
  — "Algunos dijeron, ¿Ha de venir el Cristo de Galilea?". . . La escritura/s [dicen], Que Cristo viene de la descendencia de David,. . . fuera de la ciudad de Belén " (vv. 41–42).
  — "Y algunos de ellos querían prenderle; pero nadie puso las manos sobre él" (v. 44).
  — Y "así que no había una división entre la gente a causa de él" (v 43).

  "Luego vinieron los oficiales a los jefes de los sacerdotes y de los fariseos; y ellos les dijeron: ¿Por qué no le habéis traído?" (v. 45). Y "los alguaciles respondieron: ¡Jamás hombre alguno ha hablado como este hombre!" (v. 46). Desdeñosamente, los fariseos le preguntaron, "¿Estáis también vosotros engañados? ¿Alguno de los gobernantes o de los fariseos creyeron en él? "(vv. 47–48). No. Sólo "este pueblo que no ha conocido la ley "creyeron en Él, y ellos "están malditos" (v. 49). Por lo tanto, ellos revelaron su absoluto desprecio por el pueblo.

- **Juan 7:50–52 Nicodemo defiende a Jesús entre el Sanedrín**. La última vez que escuchamos de Nicodemo fue cuando "vino a Jesús de noche" (Juan 3:1–12). Ahora, siendo uno del Sanedrín, habló enérgicamente en nombre de Jesús. "¿Juzga acaso nuestra ley a un hombre si primero no le oye, y sabe lo que ha hecho?" (v. 51). Eso fue precisamente lo que estaban haciendo (en violación de la ley) —suponiendo que Jesús era culpable y tratando de matarlo sin juicio y el juicio propiamente dicho. "Respondieron y le dijeron: ¿No eres tú también de Galilea? Escudriña y ve: que de Galilea nunca se ha levantado profeta "(v 52). Esto demuestra la escasez de sus investigaciones en el fondo de Jesús, porque si hubieran mirado con cuidado habría descubierto que Él nació en Belén.

### Una Mujer Adúltera es Llevada ante Jesús

- **Juan 8:1–3 La programación diaria de Jesús en Jerusalén**. De estos versículos aprendemos mucho acerca de los patrones de comportamiento del Salvador. En primer lugar nos dicen que "Jesús se fue al monte de los Olivos", donde Él normalmente buscaba privacidad para orar. Luego, siendo "muy de mañana" se dirigió "al templo" (v. 2). Allí, además de adorar, "todo el pueblo vino a él; y él se sentó, y enseñaba "(v. 2). Este es el mismo tipo de programación diaria que los profetas han recomendado para nosotros en nuestros días: la oración diaria y la adoración y la asistencia frecuente al templo. Ese fue el modelo de Jesús.

- **Juan 8:3–9 La mujer sorprendida en adulterio**. Mientras Jesús estaba en el templo, "los escribas y los fariseos le trajeron una mujer sorprendida en adulterio a; y cuando poniéndola en medio, le dijeron: Maestro, esta mujer ha sido sorprendida en adulterio, en el mismo acto. Ahora, Moisés en la ley nos mandó apedrear a tales mujeres: pero ¿qué dices tú?" (vv. 3–5). No les importaba un rábano lo que era correcto; estaban buscando una razón—cualquier razón para acusar a Jesús de hablar en contra de la ley (v. 6).

GUSTAVE DORÉ, 1896

  "Pero Jesús, inclinado hacia el suelo, escribía en tierra con el dedo., como si no las hubiera oído. Así cuando insistieron en preguntarle, se enderezó y les dijo: El que de vosotros esté sin pecado sea el primero en arrojar la piedra contra ella. E inclinándose de nuevo hacia el suelo, siguió escribiendo en tierra" (vv. 6–8). La hipocresía de sus acusadores fue que ellos mismos eran los adúlteros, tal vez incluso clientes de ella, y su gran espectáculo de piedad ahora demostraba ser su quiebra. "Pero ellos, al oír esto, acusados por su conciencia, salían uno a uno, comenzando desde los más viejos hasta los postreros; y quedó solo Jesús, y la mujer que estaba en medio" (v. 9).

  Se escondieron lejos, condenados por sus propias conciencias. Tengan en cuenta que los hombres de mayor edad fueron los primeros en reconocer su culpabilidad y se fueron. Los hombres acusados más jóvenes emocionalmente fueron los últimos en admitir su culpabilidad.

- **Juan 8:10–11 La actitud de Jesús hacia el pecado y los pecadores**. Cuando sus acusadores se hubieron ido, "Jesús. . . se enderezó, y no viendo a nadie sino a la mujer,

[y] le dijo: Mujer, ¿dónde están los que te acusaban? ¿Ninguno te ha condenado? "(v. 10). Y ella dijo: "Ninguno, Señor. Y Jesús le dijo: Ni yo te condeno; vete, y no peques más " El presidente Spencer W. Kimball dijo: " ¿Acaso el Señor perdonó a la mujer? ¿Podría perdonarla? No parece haber ninguna evidencia de perdón. Su mandato fue, 'Ve, y no peques más. "Él estaba dirigiendo la mujer pecadora a a seguir su camino, abandonar su mala vida, no cometer más pecado, a transformar su vida. Él le estaba diciendo: Ve, mujer, y comienza tu arrepentimiento; y Él le estaba indicando el paso inicial, abandonar sus transgresiones."[5]

## LA LUZ, LA VERDAD, Y "YO SOY"EL GRANDE

### "Yo Soy la Luz del Mundo"

Durante la Fiesta de los Tabernáculos, el templo de Jerusalén estaba iluminado por las llamas de cuatro enormes candelabros (50 codos de altura) que se podían ver por toda la ciudad.[6] Esta debe haber sido una vista espectacular y un punto culminante de la celebración anual. Una vez más aprovechando el simbolismo del día, se presentó Jesús en las calles y se declaró a sí mismo ser la "luz del mundo" (Juan 8:12).

- **D. y C. 88:5–13 Formas en que Cristo es la "luz del mundo."** Jesús se declara como "el Primogénito, incluso de Dios, el más santo de todos,. . . Jesucristo, su Hijo, que ascendió a lo alto, como también descendió debajo de todas las cosas, en que comprendió todas las cosas, para que él sea en todos, y por todas las cosas, la luz de la verdad; que la verdad resplandece. Esta es la luz de Cristo "(vv. 5–7).
    - "Él está en el sol,. . . la luz del sol, y el poder. . . por el cual se hizo " (v. 7).
    - "Él está en la luna. . .la luz de la luna, y el poder. . .por la que se hizo " (v. 8)
    - Él es "también la luz de las estrellas, y el poder. . .por el que fueron hechas " (v. 9).
    - "Y la tierra también,. . .la eficacia de ella, incluso la tierra sobre la que se pone de pie" (v. 10).
    - "Y la luz que brilla, que os alumbra, es a través de aquel que ilumina vuestros ojos, que es la misma luz que vivifica vuestro entendimiento" (v. 11).
    - "La cual procede de la presencia de Dios para llenar la inmensidad del espacio" (v. 12).
    - Se trata de "la luz que está en todas las cosas" (v. 13).
    - Se trata de "la luz. . . que da vida a todas las cosas "(v. 13).
    - Se trata de "la ley por la cual todas las cosas se rigen, incluso el poder de Dios, que está sentado en su trono, que está en el seno de la eternidad, que está en el medio de todas las cosas" (v. 13).

Por lo tanto, la luz de Cristo es la fuente de toda la energía, la luz, la vida, y la comprensión del universo. Cómo se logra esto no lo sabemos, pero sabemos que "llena la inmensidad del espacio" y "gobierna todas las cosas" por medio de su poder.

- **Juan 1:3–5 Juan comenzó su evangelio con este resumen de la luz de Cristo:** "Todas las cosas por él fueron hechas; y sin él nada de lo que es hecho, fue hecho. En él estaba la vida; y la vida era la luz de los hombres. Y la luz brilla en las tinieblas; y la las tinieblas no la comprendieron. "

## Jesús Sólo Hizo la Voluntad de Su Padre

- **Juan 8:29–30 Jesús hizo lo que agradó a su Padre**. Declaró a los fariseos incrédulos: "El que me ha enviado está conmigo: Padre no me ha dejado solo; porque yo hago siempre lo que le agrada " (v. 29). Y "cuando decía estas cosas, muchos creyeron en él" (v. 30)

  El éder Bruce McConkie dijo: "Jesús fue Su propio testigo principal; otra vez, y otra vez, y otra vez, tanto en el lenguaje figurativo conocido y comprendido por Sus oyentes, como en declaraciones inequívocas, llanas, como en este caso, Él se proclamó a sí mismo como el Mesías, el Rey de Israel, el Hijo de Dios, el Redentor del mundo. Es extraño en el mundo de hoy que haya gente que lo aceptan como el más grande maestro de moral de los siglos y, sin embargo rechazan su filiación divina. ¿Cómo podría ser un gran maestro de moral, si Él enseñó y vivió una mentira, si Él mismo se proclamó abiertamente como el Unigénito en la carne, sin serlo?"[7]

## Jesucristo es "la Verdad"

- **Juan 8:31–34 Conocer la verdad nos hará libres de pecado.** "Dijo entonces Jesús a los judíos que habían creído en él: Si vosotros permanecéis en mi palabra, seréis verdaderamente mis discípulos; Y conoceréis la verdad, y la verdad os hará libres "(vv. 31–32).

  El élder David B. Haight, dijo: "A veces, usted puede sentir que los mandamientos del Señor restringen su libertad en comparación con los demás. La libertad no significa licencia, ni tampoco implica la ausencia de toda restricción y disciplina. El Salvador no enseñó la libertad indisciplinada, de tipo permisivo. Cuando Él dijo: "Conoceréis la verdad, y la verdad os hará libres" (Juan 8:32), Él nos está diciendo que su verdad, si se sigue, nos liberaría de la falsedad, del engaño; que Su Evangelio, si se sigue, nos hará libres para ganar la vida eterna. A medida que la luz del evangelio llena nuestras almas, aumentarán nuestras habilidades. Nosotros amaremos a nuestros vecinos y haremos un servicio sincero ayudando a los demás."[8]

  Los fariseos sostuvieron con arrogancia ser "la simiente de Abrahán, y nunca fueron esclavos de nadie", y preguntaron: ¿de qué forma podrían "ser libres?" (v. 33). Y "Jesús les respondió: De cierto, de cierto os digo: Todo aquel que hace pecado, esclavo es del pecado" (v. 34).

- **Juan 14:6 Más tarde, Jesús se llamó a sí mismo "la verdad."** Él dijo, "Yo soy el camino, la verdad y la vida: Nadie viene al Padre, sino por mí" Aprendemos la verdad al conocer y llegar a Cristo. Este es el único camino hacia la vida eterna. Por lo tanto, Él es en verdad el camino, la verdad y la *vida*.

- **Juan 8:37–41 Jesús llama a los fariseos los hijos de Satanás porque ellos hacen sus obras.** La genealogía de los fariseos no podía salvarlos. "Sé que sois descendientes de Abrahán", dijo Jesús, "pero vosotros procuráis matarme, porque mi palabra no halla cabida en vosotros. Yo hablo lo que he visto cerca del Padre; y vosotros hacéis lo que habéis oído cerca de vuestro padre." [Satanás] (vv. 37–38.). Ellos respondieron insistiendo, "Abrahán es nuestro padre", pero Jesús les dijo: "Si fuerais hijos de Abrahán, haríais las obras de Abrahán. Pero ahora procuráis matarme, hombre que os he hablado la verdad, la cual he oído de Dios;: no hizo esto Abrahán " (vv. 39–40.). "Vosotros hacéis las obras de vuestro padre" (v. 41).

- **Juan 8:41 Los fariseos dicen que Jesús "nació de la fornicación."** Herido por su crítica a sus complots asesinos, luego ellos replicaron con el último insulto: "Nosotros no somos nacidos de fornicación; un padre tenemos, que es Dios" (v. 41). Esto tenía un doble significado. Ellos insistían en que su derecho de nacimiento como hijos de Abrahán era legítimo. Pero también estaban sugiriendo que Jesús nació "de la fornicación" —como el hijo ilegítimo de su madre María. Sin duda, tanto María como Jesús tuvieron que soportar esta carga durante toda su vida porque muy pocos creyeron su historia de la concepción inmaculada de Cristo.

- **Juan 8:42–47 Jesús dice que son seguidores de Satanás porque mienten y tratan de asesinarlo.** Jesús dijo: "Si Dios fuera vuestro Padre, ciertamente me amaríais: porque yo salí y vine de Dios; pues no he venido de mí mismo, sino que él me envió" (v. 42). Por el contrario, ellos "son de vuestro padre el diablo, y los deseos de vuestro padre queréis hacer. Él fue un asesino desde el principio, y no ha permanecido en la verdad, porque no hay verdad en él. Cuando habla mentira, habla de su propia naturaleza, porque es mentiroso, y padre de mentira "(v 44). Ellos también son sordos a las palabras de la verdad: "Porque yo os digo la verdad, no me creáis" (v 45). Ellos saben que Jesús es sin pecado, pero "si digo la verdad, ¿por qué vosotros no me creéis? El que es de Dios escucha las palabras de Dios; por esto no les oís, porque no sois de Dios " (vv.46–47).

JAMES J. TISSOT, 1904

*Los fariseos disputaban con Jesús continuamente*

- **Juan 8:48–49 Los fariseos dicen que Jesús es un "Samaritano."** Haciendo caso omiso de la verdad absoluta de las acusaciones de Jesús en relación con ellos, ellos sabían que estaban mintiendo y sabían que estaban conspirando para matarle, ellos sólo pudieron responder con un insulto étnico: " ¿No decimos bien nosotros, que tú eres samaritano, y que tienes demonio?" (v 48). A menudo, este es el caso de aquellos que no pueden prevalecer en un argumento: comienzan a lanzar insultos personales a sus oponentes. Jesús rechazó su insulto, diciendo: " Yo no tengo demonio, antes honro a mi Padre; y vosotros me deshonráis" (v. 49).

- **Juan 8:51–53 Los que creen en Cristo."** Nunca verán muerte" Jesús continuó Sus enseñanzas, al declarar: "que el que guarda mi palabra, nunca verá muerte" (v. 51) .Y aunque sabían perfectamente así, que Él estaba hablando de la muerte espiritual, dispararon hacia él: "Ahora sabemos que tienes demonio. Abrahán murió, y los profetas; y tú dices: El que guarda mi palabra, nunca sufrirá muerte."(v. 52). "¿Eres tú más grande que nuestro padre Abrahán, el cual murió? y los profetas murieron: ¿quién te hizo a ti mismo? (v. 55).

- **Juan 8:56–57 Abraham vio el día de Jesús y se regocijó.** Jesús respondió que "su padre Abrahán se regocijó de ver mi día; y lo vio, y se gozó" (v 56). Y a pesar de que sabían que Jesús estaba hablando de la revelación profética a Abrahán, continuaron su discusión insolente: "Aún no tienes cincuenta años, ¿y has visto a Abrahán?" (v. 57).

  — **Gálatas 3:16–17 El Evangelio de Jesucristo fue predicado a Abrahán.** Pablo enseñó que "a Abraham fueron hechas las promesas, y a su simiente. y explicó que "su simiente" en este caso significa Jesucristo (v. 16)..," Estas fueron las promesas del evangelio.

  Entonces Pablo señala que "el [evangelio] pacto. . . ratificado [por] Dios en [el nombre de] Cristo" (v. 17) a Abrahán. Por lo tanto, Abrahán sabía todo sobre el Salvador, el evangelio que predicaría, y la expiación Él lo haría para toda la humanidad. Y "la ley [de Moisés], vino [fue dada] cuatrocientos treinta años después [que Abrahán recibiera la plenitud del evangelio], no lo abroga [las promesas hechas a Abrahán], para invalidar la promesa [de la ley] deberán dejarla [ellos] sin efecto" (v. 17).

- **Juan 8:58 Jesús declara: "Antes que Abrahán fuese, yo soy"** (Véase la nota 58b). Ahora Jesús expresó la fuente originaria del poder, las promesas y profecías de Abrahán. Él dijo a los fariseos: "De cierto, de cierto os digo: Antes que Abrahán fuese, yo soy."

  — **Éxodo 3:1,13–14** YO SOY es el nombre del Dios de Abrahán, de Isaac y de Jacob. Por esta declaración, Jesús les estaba diciendo que Él es Jehová—el gran YO SOY del Antiguo Testamento, y el Dios de Abrahán, de Isaac y de Jacob.

  — Jehová, en hebreo, es una variante del nombre YO SOY, son el mismo ser.

El élder James E. Talmage dijo: "De cierto, de cierto os digo: Antes que Abraham fuese, yo soy." El verdadero significado de este dicho se expresaría más claramente si la oración se escribiera com sigue: 'De cierto, de cierto os digo: Antes que Abrahán, era YO SOY '; que significa lo mismo que si hubiera dicho—'Antes que Abrahán, era yo, Jehová'"[9]

El élder Bruce R. McConkie dijo:

> Esto es tan contundente e indica una afirmación de la divinidad como cualquier persona ha, o podría hacer. "Antes que Abraham fuese yo era Jehová." Es decir, "Yo soy el Dios Todopoderoso, el Gran YO SOY. Yo soy el auto existente, Eterno. Yo soy el Dios de tus padres. Mi nombre es: YO SOY EL QUE SOY ', el Señor Jehová que se le había aparecido a Moisés, y que se identificó a Él Mismo como el Dios de Abrahán, de Isaac y de Jacob, y le dije.. . . 'Este es mi nombre para siempre, y este es mi memorial por todos los siglos "(Ex. 3:1–15). . . .
>
> Que los judíos entendieron claramente la reclamación declarada de Jesús de su Mesianismo es evidente por su intento beligerante de apedrearlo, la muerte por lapidación es la pena por blasfemia, un crimen del que nuestro Señor hubiera sido culpable si sus afirmaciones en cuanto a la divinidad no hubieran sido verdaderas. Pero Jesús, evidentemente ejerciendo poderes divinos, pasó desconocido en medio de ellos.[10]

- **Juan 8:59 Entendiendo el significado de Jesús, intentaron apedrearlo.** "Tomaron entonces piedras para tirarle: mas Jesús se escondió y salió del templo, pasando en medio de ellos, sefue."

**Notas** (Todas las referencias son de las versiones en idioma inglés de los textos que se citan.)


1. *Diccionario Bíblico de los SUD*, v.s. "*Fiestas*", pág. 673; Levítico 23:34–43.
2. *Comentario Doctrinal del Nuevo Testamento*, 3 volúmenes (1965–1973), 1:439.
3. *Jesús el Cristo* Clásicos, revisados en la Edición de la Literatura Mormona (1983), pág. 374.
4. Alfred Edersheim, *Jesús el Mesías* (1898), pág. 319.
5. *El Milagro del Perdón* (1969), pág. 165.
6. *Diccionario Bíblico de los SUD*, v.s. "*Fiestas*," pág. 673.
7. *Comentario Doctrinal del Nuevo Testamento*, 1:154.
8. En Reporte de La Conferencia, octubre 1973, 44; o revista *Liahona*, enero de 1974, pág. 41.
9. *Jesús el Cristo*, pág. 35.
10. *Comentario Doctrinal del Nuevo Testamento*, 1:464.

Capítulo 16

# El Buen Pastor

(Lucas 10; Juan 9–10)

---

## FARISEOS Y ESCRIBAS—LOS PASTORES CIEGOS

### La Curación del Ciego de Nacimiento

- **Juan 9:1–2 Se reconoce una existencia premortal.** A lo largo de su viaje, Jesús y Sus Doce se encontraron con "un hombre que era ciego de nacimiento" (v. 1). "Y le preguntaron sus discípulos, diciendo: Rabí, ¿quién pecó, este hombre o sus padres, para que haya nacido ciego?" (v. 2). La misma pregunta reconoce una vida pre—mortal, de lo contrario ¿por qué habrían de preguntar si el hombre pecó antes de nacer? Si hubieran estado equivocados al sugerir tal cosa, seguro que Jesús les habría corregido. Pero no lo hizo, porque sabían (como nosotros) que la vida no comienza en el nacimiento mortal.

JAMES J. TISSOT, 1904

- **Juan 9:3–7 Ni este hombre ni sus padres pecaron;** había nacido ciego para que Jesús pudiera mostrar el poder de Dios por sanarlo. "Respondió Jesús: Ni éste pecó, ni sus padres, sino para que las obras de Dios se manifiesten en él" (v. 3). En otras palabras, el hombre había nacido ciego específicamente para que Jesús pudiera venir en este momento de su ministerio y curarlo como una señal de que Él era (Jesús) y por qué había venido. "Me es necesario hacer las obras del que me envió, entre tanto que el día dura; la noche viene, cuando nadie puede trabajar. Mientras estoy en el mundo, soy la luz del mundo" (vv. 4–5). Y con esa explicación, Jesús escupió "en tierra, e hizo lodo con la saliva, y untó con el lodo los ojos del ciego y le dijo: Ve a lavarte en el estanque de Siloé (que traducido es, Enviado). Fue entonces, y se lavó, y regresó viendo" (vv. 6–7).

- **Juan 9:8–12 El testimonio inicial del hombre "un hombre" llamado Jesús me sanó.** Cuando otros que lo conocían, vieron nuevamente al ciego, ellos debatieron si podría ser el mismo mendigo ciego que habían conocido, hasta que el mismo hombre ciego dijo: "Yo soy él" (vv. 8–9). Naturalmente, ellos querían saber, "¿Cómo te fueron abiertos los ojos?" (v. 10). Y él les contó la historia: "Un hombre que se llama Jesús hizo lodo, y ungió mis ojos, y me dijo: Ve al estanque de Siloé y lávate: y fui, y me lavé, y recibí la vista. Entonces le dijeron: ¿Dónde está él? Él dijo, no sé" (vv. 11–12).

- **Juan 9:13–17 El creciente testimonio del hombre, Jesús es "un profeta."** De inmediato, las gentes llevaron ante los fariseos al que había sido ciego (v. 13). Entonces, le preguntaron, "cómo había recibido la vista. Él les dijo: Me puso barro sobre los ojos, y me lavé, y vi" (v. 15). Ignorando por completo el milagro de la curación del hombre, todo lo que pude decir fue, "Este hombre no es de Dios, porque no guarda el día de reposo" (v. 16) (v. 14 nos dice que Jesús sanó al hombre en sábado día). Pero "otros decían: ¿Cómo puede un hombre pecador hacer estas señales? Y había disensión entre ellos "(v. 16). Volviendo de nuevo al hombre que había sido sanado, ellos exigieron su respuesta personal: "¿Qué dices de él, para que te abrió los ojos?", Y el hombre dijo simplemente: "Es un profeta" (v. 17).

- **Juan 9:18–23 Tanto él como sus padres son amenazados con la excomunión.** Los verdaderamente ciegos eran estos fariseos celosos y sin alegría. En primer lugar, se negaron a reconocer el milagro de Jesús y así empezaron a decir que el hombre nunca había sido ciego, y ellos "llamaron a los padres del que había recibido la vista" (v. 18). "Y les preguntaron, diciendo: ¿Es éste vuestro hijo, el que vosotros decís que nació ciego? ¿Cómo, pues, ve ahora? Sus padres respondieron y les dijeron: Sabemos que éste es nuestro hijo, y que nació ciego; pero cómo vea ahora, no lo sabemos; o quién le haya abierto los ojos, nosotros tampoco lo sabemos; edad tiene, preguntadle a él; él hablará por sí mismo" (vv. 19–21). Dieron esta respuesta porque "porque tenían miedo de los judíos, por cuanto los judíos ya habían acordado que si alguno confesase que Jesús era el Mesías, fuera expulsado de la sinagoga" (v. 22).

- **Juan 9:24–33 El creciente testimonio del hombre—Jesús debe ser "de Dios."** No habiendo llegado a ninguna parte con los padres del hombre, llamaron de nuevo "el hombre que había sido ciego, y le dijeron: Da gloria a Dios; nosotros sabemos que este hombre es un pecador" (v. 24). Muy valientemente él respondió: "Si es pecador o no, no lo sé: una cosa sé, que habiendo sido ciego, ahora veo" (v 25). Exigieron nuevamente saber cómo Jesús realizó el milagro, y el hombre se burló de ellos: "Ya os lo he dicho, y no habéis querido oír; ¿por qué lo queréis oír otra vez? ¿Queréis también vosotros haceros sus discípulos?" (vv. 26–27).

  Retirándose a su propio modelo de auto servicio y reclamo exclusivo de justicia, ahora ellos injuriaban al hombre sanado, y dijeron: "Tú eres su discípulo; pero nosotros, discípulos de Moisés somos. Nosotros sabemos que Dios ha hablado a Moisés; pero respecto a ése, no sabemos de dónde sea" (vv. 28–29.). Agradecido por el milagro que le había restaurado la vista, y en defensa de la bondad de Jesús, el hombre a su vez se burló de ellos: Pues esto es lo maravilloso, que vosotros no sepáis de dónde sea, y a mí me abrió los ojos" (v. 30). Señaló que Dios no iba a ayudar a un pecador hacer milagros y que "desde que empezó el mundo no se ha oído decir que alguno abriese los ojos a uno que nació ciego.. Si éste no viniera de Dios, no podría hacer nada" (vv. 31–33).

- **Juan 9:34–38 Él es excomulgado; Jesús lo busca;** Él cree en Cristo. Habiendo escuchado lo suficiente de este hombre que rechazó sus protestas pomposas, "ellos respondieron y le dijeron: ¿y nos enseñas a nosotros? Y le expulsaron" (v. 34). Esto significa que él fue excomulgado de la sinagoga judía de la ciudad. Y cuando " Oyó Jesús que le habían expulsado; y hallándole, le dijo: ¿Crees tú en el Hijo de Dios? Respondió él y dijo: ¿Quién es, Señor, para que crea en él? Le dijo Jesús: Pues le has visto, y el que habla contigo, él es" (vv. 35–38).

- **Juan 9:39–41 Jesús condena a los fariseos por su ceguera espiritual.** Al comentar sobre estos eventos, Jesús dijo: "Para juicio he venido yo a este mundo, para que los que no ven, vean; y los que ven, sean cegados" (v. 39). Entonces los fariseos, que siempre estaban de pie cerca con la esperanza de atrapar a Jesús en sus palabras, dijeron: "¿Somos nosotros también ciegos?" (v. 40). Y, "Jesús les respondió: Si fuerais ciegos, no tendríais vosotros pecado; pero ahora decís: Vemos; por tanto vuestro pecado permanece" (v. 41).

## JESÚS ES EL BUEN PASTOR

- **Juan 10:1–5, 14 Jesús conoce a sus ovejas, las llama por su nombre, y las saca.** En tiempos de Jesús, las ovejas se mantenían durante la noche en un recinto llamado redil. Uno de los pastores debía vigilar la puerta, mientras otros se iban a casa a descansar. Luego, en la mañana, cada pastor regresaría y llamaría a sus ovejas por su nombre. Ellos reconocerían su voz y los seguirían para pastar. Jesús usó esta analogía para hablar de las cualidades de un "buen pastor".

THEBIBLEREVIVAL.COM, #46

"El que no entra por la puerta en el redil de las ovejas, sino que sube por otra parte, ése es ladrón y salteador. Pero el que entra por la puerta es el pastor de las ovejas. A éste abre el portero, y las ovejas oyen su voz: y á sus ovejas llama por nombre, y las saca. Y cuando ha sacado fuera todas las propias, va delante de ellas, y las ovejas le siguen, porque conocen su voz. Mas al extraño no seguirán, sino que huirán de él: porque no conocen la voz de los extraños "(vv. 1–5.). Entonces Él proclamó: "Yo soy el buen pastor; y conozco mis ovejas, y las mías me conocen" (v. 14).

- **Juan 10:7–10 Jesús también es "la puerta de las ovejas," lo que les permite entrar en el redil para ser salvadas.** "Para entender las imágenes, hay que recordar que los corrales del Este son grandes recintos abiertos, a los que son conducidos varios rebaños ante la proximidad de la noche. Sólo hay una puerta, que es cuidada por un solo pastor mientras los otros se van a casa a descansar. Por la mañana regresan los pastores, son reconocidos por el portero, llaman a sus rebaños en torno a ellos, y los sacan a pastar."[1]

"Entonces Jesús les dijo de nuevo: De cierto, de cierto os digo: Yo soy la puerta de las ovejas. Todo lo que vinieron antes de mí, son ladrones y salteadores; pero las ovejas no les hicieron caso. Yo soy la puerta: el que por mí entrare, será salvo; y entrará, y saldrá, y hallará pastos. El ladrón no viene sino para hurtar y matar y destruir; yo he venido para que tengan vida, y para que la tengan en abundancia."

- **Juan 10:11–13, 15 Un buen pastor da su vida por las ovejas; los "mercenarios" nada arriesgarán por ellas.** Mientras las ovejas están protegidas en el redil de durante la noche, si un animal salvaje intentara entrar en el redil, si fuera necesario, el pastor sacrificaría su vida para proteger a las ovejas. Jesús continuó la analogía con el "buen pastor" con este hecho: "Yo soy el buen pastor: el buen pastor da su vida por las ovejas. Pero el que es un asalariado, y no el pastor, al que no le pertenecen las ovejas, ve venir al lobo y deja las ovejas y huye, y el lobo las arrebata, y esparce las ovejas. Así que el asalariado huye, porque es asalariado, y no tiene cuidado de las ovejas. . . . Yo doy mi vida por las ovejas" (vv. 11–13, 15).

- **Juan 10:17–18 Jesús tiene poder sobre Su propia vida y nadie puede quitárselo."** Por eso me ama el Padre, porque yo pongo mi vida, para volverla a tomarzo de Nadie me la quita, sino que yo de mí mismo la pongo. Tengo poder para ponerla, y tengo poder para volverla a tomarzo de Este mandamiento recibí de mi Padre.".

- **Juan 10:16 Jesús habla de "otras ovejas" en otro redil (los nefitas en América).** Él dijo a sus discípulos en Judá, " aquéllas también debo traer, y oirán mi voz; y habrá un rebaño, y un pastor." Contrariamente a los sectarios farisaicos que surgieron después que los apóstoles fueron martirizados, Dios habla a todos Sus hijos por todas partes. Los sacerdotes sectarios, no viendo visiones y no escuchando ninguna voz, llegaron a la conclusión que Dios había dejado de hablar a sus hijos. Nunca se les ocurrió que tal vez no eran sus verdaderos pastores, sino mercenarios. Y por eso declararon que Dios ya no habla al hombre. Pero lo hace. Y lo hizo. Él es el Dios de toda la humanidad, y ha enseñado a sus hijos a través de los profetas de todas las épocas y en todos los lugares.

- **3 Nefi 15:21–24 Jesús aclaró este pasaje cuando se apareció a los nefitas en el continente americano.** "Y de cierto os digo, que vosotros sois aquellos de quienes dije: Tengo otras ovejas que no son de este redil; aquéllas también debo traer, y oirán mi voz; y habrá un solo rebaño y un solo pastor. Y no me comprendieron, porque pensaron que era de los gentiles; porque ellos no entendieron que los gentiles deben ser convertidos a través de su predicación. Y no me comprendieron que dije ellos oirán mi voz; y no me comprendieron que los gentiles no deben en cualquier momento oír mi voz porque yo no me manifestaré a ellos aquí sino por el Espíritu Santo. Pero he aquí, vosotros habéis escuchado mi voz, y me vieron; y vosotros sois mis ovejas, y contados sois entre los que el Padre me ha dado".

## LA FIESTA DE LA DEDICACIÓN

La Fiesta de la Dedicación tiene lugar dos meses después de la Fiesta de los Tabernáculos, —a principios de diciembre. Los judíos hoy llaman a esta celebración Hanuká o el Festival de las Luces. Como parte de la celebración, se caracterizaba por la exhibición de enormes candelabros en el Monte del Templo, ceremoniosamente iluminados por los sacerdotes.

Se celebra la gesta heroica de Esther cuando ella salvó a su pueblo de una destrucción segura mientras estaban cautivos en Babilonia y Persia. Durante el último año de su vida, Jesús regresó a Jerusalén para esta celebración. Aprovechó la ocasión para proclamarse a sí mismo una vez más, como la luz del mundo. Ahora estaba a sólo cuatro meses de su sacrificio expiatorio.

### "Tú te Haces Dios"

- **Juan 10:24–28 Los líderes judíos tentaron a Jesús para que dijera claramente que Él era el Cristo.** "¿Hasta cuándo tú nos hacen dudar?", Preguntaron, "Si tú eres el Cristo, dínoslo abiertamente" (v. 24). Ellos estaban buscando una excusa para arrestar y matarlo. Jesús les respondió: "Os los dije, y no creéis: las obras que yo hago en nombre de mi Padre, ellas dan testimonio de mí. Pero no creéis, porque no sois de mis ovejas" (vv. 25–26). "Mis ovejas oyen mi voz, y yo las conozco, y me siguen, y yo les doy vida eterna; y no perecerán jamás, ni nadie las arrebatará de mi mano "(vv. 27–28).

- **Juan 10:29–30 Jesús declara valientemente, "Yo y el Padre somos uno."** Los que en nuestros días afirman que Jesús fue un predicador itinerante o un trabajador social y nunca afirmó ser el Hijo de Dios simplemente no han leído esta o cualquiera de una docena de otras escrituras como esta. "Mi padre, que me las dio [Sus discípulos Él], es mayor que todos; y nadie las puede arrebatar de la mano de mi Padre " (v. 29). Luego vino esta afirmación audaz e inconfundible: "Yo y el Padre somos uno" (v. 30), lo que haría a Jesús igual a su Padre en la gloria.

- **Juan 10:31–33 Ellos tratan de apedrearlo porque, "Tú, siendo hombre, te haces Dios."** "Entonces los judíos tomaron piedras para apedrearlo de nuevo. Jesús les respondió: Muchas buenas obras os he mostrado de mi Padre; ¿Por cuál de esas obras me apedreáis? Los judíos le respondieron, diciendo: Por buena obra no te apedreamos; sino por la blasfemia; y porque tú, siendo hombre, te haces Dios."

  Invito a los Santos de los Últimos días contemplar por un momento lo que estos sectarios fariseos estaban diciendo a Jesús. "Tú te haces Dios" es una frase familiar para nosotros en nuestro propio tiempo. Los opositores de la Iglesia han hecho una película titulada "Los Hacedores de Dios" (que se ha mostrado en muchas de las llamadas iglesias cristianas), en la que nos ataca por afirmar que un día podemos ser como nuestro Padre Celestial. Y porque creemos que el destino de los hijos de Dios es llegar a ser como Él, ellos dicen, "Ustedes no son cristianos." Su lealtad es a sus credos, escritos siglos después de la época de Cristo. Y, al igual que sus antepasados fariseos, ellos proclaman audazmente, "¡Nosotros somos del Linaje de Jesús!" Y llaman a cualquier persona que se atreva a enseñar de una manera no cristiana. Es el mismo espíritu con que crucificaron a nuestro Señor por proclamar audazmente que Él era el Hijo de Dios. Y si fuera a venir otra vez hoy, y enseñara las mismas cosas de nuevo, seguramente dirían que es "no cristiano", y le echarían fuera y tal vez incluso buscarían su desaparición.

- **Juan 10:34–36, 39 Jesús dice que no es una blasfemia hablar de ser dioses.** Jesús señaló a los fariseos que las escrituras mismas dicen a la gente de Moisés: "Vosotros sois dioses", y "Si llamó dioses a aquellos a quienes vino la palabra de Dios [mortales], y la Escritura no puede ser quebrantada" entonces cómo podrían "decir. . . él, a quien el Padre santificó y envió al mundo, Tú blasfemas; porque dijo: "Yo soy el Hijo de Dios "

  El élder Bruce R. McConkie dijo: Efectivamente "Este es el argumento de nuestro Señor: '¿Por qué me acusan de blasfemia? ¿Por haber testificado que fui santificado y enviado al mundo por el Padre? ¿Les ofende a oírme decir que yo soy el Hijo de Dios? ¿No saben que cada persona justa a quien llega la palabra de Dios, y que luego obedece la plenitud de esa ley, deberá ser como el Padre y ser un dios el mismo?'"[2]2

  Los fariseos sin escuchar a nadie, y todavía enfurecidos por su ceguera sectaria, trataron una vez más de llevar a Jesús por la fuerza pero no tuvieron éxito (v. 39).

## LA MISIÓN DE JESÚS EN PEREA

### Jesús "Fue Más Allá del Jordán"

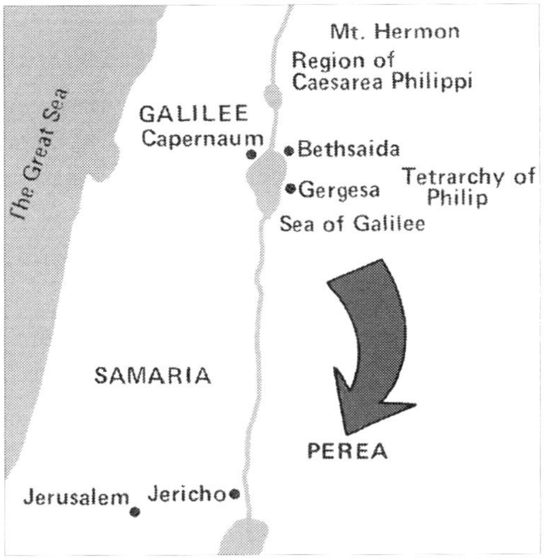


- **Juan 10:40 Jesús dice "se fue de nuevo al otro lado del Jordán, al lugar donde primero había estado bautizando Juan."** Esta zona era conocida como Perea, una palabra que significa literalmente "la tierra de más allá."

  El élder James E. Talmage dijo: "La duración de esta estancia en Perea no está registrada en ninguna parte de nuestras escrituras. No podría haber durado a lo sumo más de un par de semanas. Posiblemente algunos de los discursos, instrucciones y parábolas ya vistos, puedan pertenecer cronológicamente a este intervalo, que siguieron a la salida del Señor de Jerusalén después de la Fiesta de los Tabernáculos en el otoño anterior, Desde este refugio de relativa tranquilidad, Jesús regresó a Judea en respuesta a un sincero llamado de algunos a quienes Él amaba. Salió de la Betania de Perea para la Judea Betania, donde vivían Marta y María."[3]

## El Amor de Jesús por María y Marta

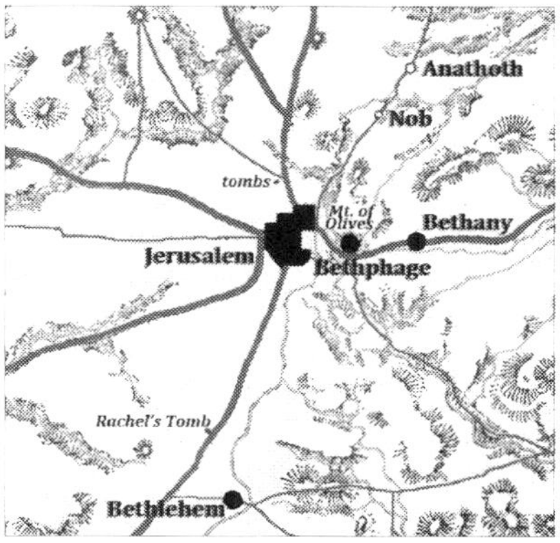


- **Mateo 26:6 Jesús va a Betania para visitar a Sus amigos.** Siempre hacía esto cuando estaba cerca de Jerusalén. Betania estaba a 15 estadios, o alrededor de 3 kilómetros de Jerusalén, más allá del Monte de los Olivos. (Juan 11:15 y Marcos 11:1). Sus amigos más cercanos eran María y Marta y su hermano Lázaro. También puede que hayan estado sus primos, aunque esto no se sabe bien. En cualquier caso, Jesús se quedaba en su casa cuando llegaba a la zona alrededor de Jerusalén.

HEINRICH HOFMANN

- **Lucas 10:38–42 Las personalidades de María y de Marta eran aceptables a Cristo.** Mientras Jesús estaba sentado en la casa de Marta (v. 38), su hermana María "se sentaba a los pies de Jesús, y oía su palabra" (v. 39). Sólo podemos imaginar el alboroto que estaría haciendo Marta para asegurarse que su invitado de honor estuviera cómodo y bien alimentado. Por lo tanto, en la ocasión Marta se "preocupaba con muchos quehaceres", y estaba resentida con María porque no le ayudaba más. Ella le habló a Jesús, diciendo: "Señor, ¿no te da cuidado que mi hermana me deje servir sola? Dile, pues, que me ayude" (v. 40).

  La respuesta de Jesús fue amable para con ambas hermanas— La compulsiva e impulsiva Martha y la sensible María, sentada a los pies de Jesús. Él le dijo a Marta: "Marta, Marta, afanada y turbada estás con muchas cosas. Pero sólo una cosa es necesaria; y María ha escogido la buena parte, la cual no le será quitada" (vv. 41–42.). Él no condenó a Martha y reconoció sus esfuerzos. Trataba a ambos con respeto y sin condena, pero dejó en claro que nunca debemos llegar a ser tan "preocupaba con muchos quehaceres" que no recibimos a Jesús como deberíamos.

  Un aspecto que me interesa de esta historia son los dos tipos de caracteres que están representados por estas dos hermanas. Casi en broma, pero con un elemento de verdad, he dicho a mis amigos que los líderes de la Iglesia siempre son "o una María o una Marta" en sus habilidades y estilos. Un obispo es una Marta, organizado y atendiendo a cada detalle, sin olvidar nada y haciendo que las cosas funcionen con suavidad y de manera previsible. Entonces, será reemplazado por una María—un obispo que, tal vez no podría "organizar su salida de una bolsa de papel", pero que es tan tierno y tan preocupado por las personas que simplemente lo adoran. Y después de cinco o seis años de uno de ellos, estamos listos para un cambio, no sólo de persona, sino de personalidades. Ríanse si quieren, pero presten atención a las tendencias de las cosas y creo que encontrarán que es verdad. E incluso si no, es divertido verlas.

**Notas** (Todas las referencias son de las versiones en idioma inglés de los textos que se citan.)

1. Dummelow, *Un Comentario sobre la Santa Biblia* (1908), pág. 791; también citado en *Comentario Doctrinal del Nuevo Testamento*, 3 volúmenes (1965–1973), 1:484.

2. *Comentario Doctrinal del Nuevo Testamento*, 3 volúmenes (1965–1973), 1:491–492.

3. *Jesús el Cristo* Clásicos, Revisadas en la Edición de Literatura Mormona (1983), pág. 456.

Capítulo 17

# Riqueza Mundana vs. Riqueza Espiritual

(Mateo 19, Marcos 10, 12; Lucas 12–14)

---

## MANTENER UNA PERSPECTIVA ETERNA

Este capítulo explora las enseñanzas de Jesús en su viaje final hacia Jerusalén. todas ellas se refieren a la perspectiva. Jesús habla de las elecciones entre el bien y el mal, entre la riqueza del mundo y el tesoro eterno, y entre el reino de Dios y la alabanza del mundo. Él advierte contra la hipocresía, reconoce el sacrificio de sus discípulos, se maravilla de lo difícil que es humillarse a los ricos, y elogia a una viuda pobre que sacrificó todo lo que poseía en un acto de gran fe.

### Evitar el Orgullo y la Corrupción

- **Lucas 12:1 Enormes multitudes ahora se reúnen en torno a Jesús**. Las multitudes eran inmensas, "una multitud innumerable de gente, tanto que se atropellaban unos con los otros." No es difícil de creer o imaginar por qué. Los milagros de Jesús fueron diferentes de cualquier cosa que se hubiera visto desde los días de Elías y Eliseo, y eran mucho más numerosos, literalmente cientos de ellos en un período de tres años. Además, hasta ese momento, Jesús no había enseñado mucho en la zona de los alrededores de Jerusalén, después de haber pasado la mayor parte de su ministerio en Galilea y regiones circundantes.

- **Lucas 12:1–3 Jesús advierte contra la hipocresía de los fariseos.** En esta ocasión, Jesús advierte a Sus discípulos en contra de "la levadura de los fariseos, que es la hipocresía" (v. 1). Esta "levadura" se refiere a su influencia corruptora sobre las personas, la infusión en sus mentes con oscuridad y el error doctrinal al igual que la levadura infunde una barra de pan. Con el tiempo, se descubrieron sus engaños, dijo Jesús, "porque nada hay encubierto, que no haya de ser manifestado; ni oculto, que no haya de saberse" (v. 2). Y por el mismo principio, lo que los discípulos han "hablado en la oscuridad [secreto] será oído a la luz; y lo que habéis hablado al oído en

*Los Fariseos discuten continuamente con Jesús*

los aposentos, se proclamará en las azoteas" (v. 3). La verdad será escuchada por todos en la sencillez.

- **Lucas 12:4–5 Jesús dice no temáis a lo que los hombres puedan haceros.** "No temáis a los que matan el cuerpo, y después nada más pueden hacer," aconsejó a sus discípulos, a sabiendas que con el tiempo le crucificarían. Jesús dijo que en cambio "temed a aquel que después de haber quitado la vida, tiene poder de echar en el infierno" (v. 5), que significa Satanás.

### Confiar en Dios Más que en las Riquezas

THEBIBLEREVIVAL.COM, #17

- **Lucas 12:4–7 Dios velará por nosotros, como Él lo hace con los gorriones.** ¿Cuán valiosa es la vida de un gorrión? "¿No se venden cinco pajarillos por dos cuartos, y ni uno de ellos está olvidado delante de Dios?" (v. 6). "No temáis, pues sois de más valor que muchos gorriones" (v. 7). Y "aun los cabellos de vuestra cabeza están todos contados" (v. 7).

- **Lucas 12:13–15 Un hombre que es codicioso de su herencia le pide a Jesús que se ponga de su lado en una disputa con su hermano.** Uno de los miembros de la multitud que rodeaba a Jesús lo llamó, diciendo: "Maestro, di a mi hermano que parta conmigo la herencia" (v. 13). Jesús se negó a hacer esto (14 v.), sino que advirtió en contra de "Toda avaricia; porque la vida del hombre no consiste en la abundancia de los bienes que posee" (v. 15). Las personas pasan su vida trabajando por las cosas que ya no van a poseer al morir. Y en el camino, que no proporcionan la felicidad duradera o la paz y, a menudo causan confusión y división. La felicidad y las bendiciones del cielo vienen de fuentes distintas a las de las riquezas mundanas. Y podemos perder nuestras almas si nos obsesionamos con las cosas del mundo.

- **Lucas 12:16–21 La parábola del necio rico.** Entonces Jesús contó una parábola acerca de la locura de poner nuestra confianza en las riquezas. La parábola era sobre un hombre rico cuya tierra "había producido mucho" (v. 16). Preocupado por cómo aferrarse a su mies ", él pensaba dentro de sí, diciendo: ¿Qué haré, porque no tengo dónde guardar mis frutos?", Y llegó a la conclusión "derribaré mis graneros, y los edificaré mayores, y allí guardaré todos mis frutos y mis bienes" (vv. 17–18). Entonces, pensando en sí mismo, podía relajarse sabiendo la cantidad de "bienes [que el había] guardado para muchos años" y luego "repósate, come, bebe, regocíjate" (v. 19). Su riqueza aseguraría su felicidad y la paz perpetua. "Pero Dios le dijo: Necio, esta noche se exigirá tu alma de ti ¿De quién serán estas cosas, que has provisto" (v 20). Y esta es la situación de todos los que atesorando para sí mismos y "no son ricos para con Dios" (v. 21).

Keith H. Meservy dijo, "Los tesoros en el cielo, las riquezas de la eternidad—consisten en cosas tales como un fuerte testimonio de la verdad del evangelio, el amor a Dios y sus hijos, una familia amorosa, buenas relaciones con los vecinos, una vida de servicio y buen carácter. Estas son las cosas del corazón. Podemos llevarlas encima en el otro mundo, ya que se almacenan en nuestros corazones. ¡Qué tonto son los individuos, como el rico insensato, que se pasan la única vida mortal que han de tener, persiguiendo las cosas de este mundo sin ninguna preocupación por lo que está por venir! ¿Cómo no se dan cuenta que cuando suben la escalera del éxito, se están apoyando en la pared equivocada? Si se detuvieran a orar acerca de sus metas, a buscar consejo día a día en la vida de sus vidas, y se humillaran para responder al Espíritu divino, podrían tener éxito. Pero parece que ellos nunca tratan de averiguar cómo es realmente el mundo de Dios. Están viviendo una fantasía, creando una ilusión, construyendo sobre la arena. Nunca están en el mundo real."[1]

- **Lucas 12:22–31 Debemos buscar primero el Reino de Dios y nuestras necesidades serán provistas.** Aprendemos del mismo consejo dado a Sus discípulos nefitas que esta instrucción fue dada principalmente a los Doce, y no en general a los miembros de la Iglesia. Ciertamente el principio se aplica en lo que respecta a las prioridades adecuadas, pero el consejo de no prestar ninguna atención a los asuntos temporales estaba destinado a esos testigos especiales que son llamados a servirle a tiempo completo hasta el final de sus vidas.

P. VERONESE

"Por tanto, os digo, No os afanéis por vuestra vida, qué comeréis; ni por el cuerpo, qué vestiréis" (v. 22). "Considerad los cuervos, que ni siembran, ni siegan; que ni tienen despensa, ni granero; y Dios los alimenta, ¿cuánto más sois mejores que las aves" (v. 24). ¿Y quién de vosotros podrá con afanarse añadir a su estatura un codo?" (v. 25). Por lo tanto, no debieran preocuparse por cosas por las que no pueden hacer nada y que Dios es plenamente capaz de proporcionarle.

"Considerad los lirios, cómo crecen: no trabajan ni hilan; y sin embargo, os digo, que ni Salomón en toda su gloria se vistió como uno de ellos. Si así viste Dios la hierba que hoy está en el campo, y mañana es echada en el horno; ¡cuánto más hará por ustedes, hombres de poca fe?" (vv. 27–28).

"Vosotros, pues, no os preocupéis por lo que habéis de comer, ni por lo que habéis de beber, ni estéis en ansiosa inquietud. Porque todas estas cosas buscan las gentes del mundo; pero vuestro Padre sabe que tenéis necesidad de estas cosas. Mas buscad el reino de Dios, y todas estas cosas os serán añadidas" (vv. 29–31).

## Prepararse para la Segunda Venida

- **Lucas 12:36-39 La parábola de los siervos vigilantes.** El Señor aconsejó a sus discípulos "Estén ceñidos vuestros lomos, y vuestras lámparas encendidas" (v. 35). Ceñir sus lomos se refería a la necesidad de quitarse sus ropas, y atarlas a la cintura para preparase para el trabajo físico. Por lo tanto, tenían que estar dispuestos a trabajar y siempre tener sus luces encendidas para prepararse para la venida del Señor. Debían ser "semejantes a hombres que aguardan a que su señor regrese de las bodas, para que cuando llegue y llame, le abran en seguida" (v. 36).

  "Bienaventurados aquellos siervos a los cuales su señor cuando venga, halle velando; de cierto os digo que se ceñirá, y hará que se sienten a la mesa, y vendrá a servirles" (v. 37) Hablando de las tres horas de vigilancia que tenían los soldados durante toda la noche, dijo Jesús, "Y aunque venga a la segunda vigilia, y aunque venga a la tercera vigilia, si los hallare así, bienaventurados son aquellos siervos" (v. 38). Si todos nosotros supiéramos cuando vendrá el Señor, y luego como un propietario que se prepara contra un ladrón, estaríamos listos (v. 39). Pero puesto que no sabemos, tenemos que estar preparados en todo momento.

## Elegir entre el Reino de Dios y el Mundo

- **Lucas 12:48 Nuestras elecciones se convierten en la base de nuestro juicio eterno.** Aquellos que pecan recibirán su castigo. Pero aquellos en cuyas manos el Señor ha confiado, esperan Su reino para evitar el pecado y ser una luz para los demás a la espera de su venida. "A todo aquel a quien se haya dado mucho, mucho se le demandará; y al que mucho se le haya confiado, más se le pedirá." En otras palabras, aquellos que han nacido en la Iglesia están obligados a actuar sobre circunstancias favorables de su nacimiento por ayudar a otros a encontrar las verdades que se les dio tan libremente a ellos.

  El élder Neal A. Maxwell dijo: "Hay un sentido especial de urgencia infundido en muchos miembros de la Iglesia de todo el mundo que dice en voz baja, pero con insistencia, ¡este es el momento para que nosotros elijamos! No se trata sólo que Dios insistirá en que elijamos para nuestro propio bien, sino también para los que dependen de nosotros, para que nos usen como punto de referencia, ellos necesitan y merecen saber en qué dirección vamos. No es bueno mostrarse como un salvavidas si uno es un no—nadador. No es bueno ser un guía si uno deja su puesto y se pasea con la multitud en busca de otro camino, "porque no hay otro camino, 'especialmente en un momento en que hay una divergencia más nítida y más cortante entre el camino del mundo y el camino recto y estrecho. El discípulo no sólo debe estar en 'lugares santos', sino en temas sagrados y 'no moverse de allí.'"[2]

- **Lucas 12:49-50 El objetivo de la primera venida de Jesús es la Expiación.** Jesús observó por primera vez "Fuego vine a echar en la tierra", y expresó Su deseo que "ya se ha encendido" (v. 49). Pero reconoce que el tiempo para ello aún no había llegado y que

"De un bautismo tengo que ser bautizado" en primer lugar; Y se sintió angustiado ("estresado") hasta que se lograra (v. 50). El "bautismo" al que se refiere es la expiación, para el cual fue enviado a la tierra. Es digna de mención Su angustia por esta asignación. Sólo podemos conjeturar si se trataba de una ansiedad por realizar la tarea o una anticipación lamentable del sufrimiento que le causaría

## LOS COSTOS Y CONSECUENCIAS DEL DISCIPULADO

### División y Lucha de la Familia

GUSTAVE DORÉ, 1896

- **Lucas 12:51–53 Jesús nos advierte del "fuego sobre la tierra"— el conflicto derivado de su discipulado.** "¿Pensáis que he venido para dar paz en la tierra?", Se pregunta, a continuación, responde: "No; sino más bien división" (v. 51). El costo del discipulado será la división dentro de las familias, con "el padre. . . dividido contra el hijo, y el hijo contra el padre; la madre contra la hija, y la hija contra la madre; la suegra contra su nuera, y la nuera contra su suegra" (vv. 52–53).

  El élder Bruce R. McConkie dijo: "Cuando los buscadores de la verdad honestos aceptan el evangelio, abandonan el mundo y se ganan su odio. A menudo, la espada de la persecución, la disensión interna y la amargura de la familia se desenvainan por sus familiares más cercanos. Miles de devotos conversos, solo en esta dispensación, han sido expulsados de sus hogares y se les negaron sus herencias temporales, por aceptar a José Smith y al evangelio puro, primitivo restaurado a través de su instrumentación."[3]

- **Lucas 12:54–56 Jesús desafía a los fariseos a que presten atención a las señales de Su venida.** "Cuando veis la nube que sale del poniente, luego decís: Agua viene; y así sucede. Y cuando sopla el viento del sur, decís: Hará calor; y lo hace" (vv. 54–55). Entonces se pregunta por qué, "si podéis discernir el aspecto del cielo y de la tierra. . . ¿cómo es que vosotros no reconocéis este tiempo?" (v. 56).

- **Lucas 12:57 Ellos son capaces de saber por sí mismos si Él tiene razón.** El élder Bruce R. McConkie dijo: "Por la herencia natural, como un don gratuito de Dios, cada persona responsable es iluminada por "el Espíritu de Jesucristo. 'Porque obedeciendo a los impulsos de este Espíritu o a la luz de Cristo los hombres son guiados a creer en Cristo y aceptarlo como el Hijo de Dios (D. y C. 84:44–48). Así Jesús está diciendo aquí: 'Incluso si vosotros no podéis leer los signos de los tiempos, sin embargo, si queréis escuchar a la luz de Cristo, a la luz de la razón y de la conciencia, sabríais que yo soy el que había de venir.'"[4]

- **Lucas 12:58–59 Discutir sobre las cosas terrenales sólo trae dolor.** Si llevamos el asunto a los tribunales, vamos a estar sujetos a los caprichos del juez y podemos perder todo lo que tenemos por el bien de ganar el argumento (v. 58). Sería mejor ir en camino a la corte para hacer la paz con nuestros enemigos que sufrir las consecuencias de los conflictos. Usando la metáfora de ir a la cárcel, dijo Jesús, "que no saldrás de allí, hasta que hayas pagado el último centavo" (v. 59).

## Dos Parábolas sobre el Rechazo del Salvador por Israel

- **Lucas 13:6–9 La parábola de la higuera corrupta.** Jesús contó una parábola que aparentemente era bien conocida en el antiguo Israel, de una higuera corrupta que el propietario intenta salvar (v. 6). Los Santos de los Últimos Días están muy familiarizados con la parábola completa que les contó el antiguo profeta Zenós y volvió a contar Jacob en el Libro de Mormón. Esta es sólo una referencia superficial de la historia, y hace hincapié en que en ese momento el Señor no va a destruir la tierra; Él todavía va a tratar de redimirla (vv. 7–8). Pero en los últimos días, tal tremenda corrupción será "cortada . . después" (v. 9).

- **Lucas 14:15–24 La parábola de la Gran Cena.** El Señor usa la metáfora de una cena de boda judía para enseñar acerca de los que responden al mensaje de la salvación. Un hombre (que en esta parábola representa al Señor) "hizo una gran cena, y convidó a muchos y envió a su siervo a la hora de la cena a decir a los convidados: Venid, que ya todo está listo" (vv. 16–17).

A pesar de que había hecho todo lo posible para preparar esta cena, aquellos que fueron invitados primero, estaban demasiado preocupados por las ocupaciones mundanas que tenían que atender", y todos a una comenzaron a excusarse" (vv. 18–20). El élder James E. Talmage dijo que estos invitados representan al pueblo del pacto, o la casa de Israel. Cuando el siervo (Jesús) les pidió que fueran a la fiesta (aceptar el Evangelio), pusieron excusas y se negaron air.[5]

Cuando el hombre oyó estas cosas, "estando enojado [él] dijo a su siervo: Ve pronto por las plazas y las calles de la ciudad, y trae acá a los pobres, los mancos, los cojos y los ciegos" (v. 21). Si los que deben asistir no vendrán, entonces aquellos que son considerados menos en la sociedad serán invitados. Y estos estarán acompañados por extraños "de los caminos y los vallados" (los gentiles), "para que mi casa se llene" (vv. 22–23). Y "ninguno de aquellos hombres que fueron convidados [primero] y se excusaron gustará mi cena" (v. 24).

### Contar el Costo de Membresía

- **Lucas 14:28–30 "¿Quién de vosotros, queriendo edificar . . . no se sienta primero y calcula los gastos?"** (v. 28). El no considerar si tiene "suficiente para terminarlo" (v. 28) podría dar lugar, "después que haya puesto el cimiento," a una circunstancia en la que "no es capaz de terminarlo, [y] todos los que lo vean comiencen a burlarse de él" (vv. 29–30).

  El élder Bruce R. McConkie dijo:

  > Los conversos deben contar el costo antes de unirse a la Iglesia; . . . deben entrar en el reino sólo si están dispuestos a hacer los sacrificios necesarios; . . . deben ir todo el camino por la causa del evangelio, o mantenerse al margen por completo; . . . que "no debería. . . seguirlo, a menos "que sean" capaces de continuar "en su palabra, para" hacer las cosas "que Él enseña y ordena.
  >
  > Los Santos tibios están condenados; si no se arrepienten y se convierten en celosos, el Señor prometió que los vomitará de Su boca (Apocalipsis 3:14–19). Sólo los valientes ganan la salvación celestial; los Santos "que no son valientes en el testimonio de Jesús" puede no pueden ascender a mundo terrestre superior (D. y C. 76:79).[6]

### "¿Qué más me falta?" — El Joven Rico

HEINRICH HOFMANN

- **Marcos 10:17–22 El joven rico amaba sus posesiones más que al Señor** (véase también Mateo 19:16–20). Cerca de este mismo tiempo, un joven "llegó. . . corriendo, y se arrodilló ante él, y le preguntó: Buen Maestro, ¿qué haré para que yo pueda heredar la vida eterna? "(v. 17). Jesús respondió: "Tú conoces los mandamientos: No cometerás adulterio, No mates, no robes, no des falso testimonio, no defraudes, honra a tu padre ya tu madre" (v. 19). Y el joven respondió: "Maestro, todo esto lo he guardado desde mi juventud" (v. 20). Discerniendo que él estaba diciendo la verdad, Jesús "lo amó" por su obediencia, pero dijo: "Una cosa te falta: anda, vende todo lo que tienes, y da a los pobres, y tendrás tesoro en el cielo; ven, toma la cruz, y sígueme" (v. 21). Por desgracia, él no estaba dispuesto a hacer esto. "Y él estaba triste por esta palabra, y se marzo deó entristecido, porque tenía muchas posesiones" (v. 22).

El presidente Joseph F. Smith dijo: "La dificultad con el joven [era] porque tenía muchas posesiones, y prefirió confiar en su riqueza en lugar de abandonar todo y seguir a Cristo. . . . Ningún hombre puede obtener el don de la vida eterna a menos que esté dispuesto a sacrificar todas las cosas de la tierra a fin de obtenerlo."[7]

El élder Bruce R. McConkie dijo:

> Podríamos preguntarnos, "¿No es suficiente mantener los mandamientos? ¿Qué más se espera de nosotros de lo que es verdad y fiel a todo fideicomiso ¿Hay más que la ley de obediencia? "En el caso [del] joven [hombre] rica había más. Se esperaba que viviera la ley de la consagración, sacrificara sus posesiones terrenales, porque la respuesta de Jesús fue: "Si quieres ser perfecto, anda, vende lo que tienes, y dalo a los pobres, y tendrás tesoro en el cielo; y ven y sígueme".
>
> Como ustedes saben, el joven se fue triste, "porque tenía muchas posesiones" (Mat. 19:16–22). Y no nos queda más que preguntarnos qué intimidades podría haber compartido con el Hijo de Dios, qué compañía podría haber disfrutado con los Apóstoles, las revelaciones y visiones que podría haber recibido, si hubiera sido capaz de vivir la ley de un reino celestial . Tal como es, permanece sin nombre; como podría haber sido, su nombre podría haber tenido una memoria honorable entre los Santos para siempre.[8]

- **Marcos 10:23–27 La dificultad de entrar en el reino de Dios cuando tenemos riquezas.** Comentando sobre la tristeza por la incapacidad del joven hombre para sacrificar sus posesiones, el Señor dijo a sus discípulos: "¡Qué difícil es que los que tienen riquezas entran en el reino de Dios!" (v. 23). Esto causó consternación entre sus discípulos, algunos de los cuales habían sido bastante prósperos (v. 24). Jesús aclaró su significado al decir "¡lo difícil que es para los que confían en las riquezas entrar en el reino de Dios!" (v. 24). "Es más fácil que un camello pase por el ojo de una aguja, que un rico entre en el reino de Dios" (v. 25).

JAMES J. TISSOT, 1904

*El joven rico se fue con angustia*

La metáfora es una metáfora vívida, porque, obviamente, sería imposible. Algunos estudiosos explican que "el ojo de una aguja" se refiere a una puerta conocida que requería que los camellos se arrodillaran a fin de pasar por debajo de ella. Pero cualquiera que sea el significado literal la intención del mensaje es el mismo: es difícil, si no imposible, que un hombre con muchas posesiones se humille lo suficiente como para ser salvo en el reino de Dios.

Los discípulos otrora prósperos estaban "asombrados [aún más,], diciendo entre sí: ¿Quién pues podrá ser salvo?" (v. 26). Pero Jesús les aseguró, "Para los hombres es imposible, pero no para Dios, porque para Dios todo es posible" (v. 27).

- **Mateo 19:27–28 Los Doce Apóstoles juzgarán a todo Israel.** Pedro observó que él y sus condiscípulos habían "dejado todo, y te hemos seguido", y preguntó, "¿qué tendremos pues,?" (v. 27). Y Jesús respondió diciendo: "vosotros que me habéis seguido, en la regeneración [resurrección], cuando el Hijo del Hombre se siente en el trono de su gloria,. . . se sentarán sobre doce tronos, para juzgar a las doce tribus de Israel "(v. 28).

  — **Mormón 3:18–20 Mormón explica el proceso del juicio.** Él verifica que "todos los confines de la tierra" y las "doce tribus de Israel" serán "juzgadas de acuerdo a sus obras por los doce que Jesús escogió para ser sus discípulos en la tierra de Jerusalén" (v. 18). Pero el "remanente de este pueblo" [los nefitas y lamanitas] "serán juzgado por los doce que Jesús escogió en esta tierra; y ellos [los doce Apóstoles nefitas] serán juzgados por los otros doce que Jesús escogió en la tierra de Jerusalén "(v. 19). Por lo tanto, se demuestra que el juicio es un proceso ordenado llevado a cabo a través de los siervos escogidos del Señor, en el que "todos [deben] estar ante el tribunal de Cristo, sí, toda alma que pertenece a toda la familia humana de Adán; y debéis estar de pie para ser juzgados por vuestras obras, ya sean buenas o malas" (v. 20).

- **Marcos 10:29–31 La recompensa de los que hacen el sacrificio.** Jesús prometió a sus primeros Doce Apóstoles, que habían sacrificado mucho por el bien del reino, "No hay nadie que haya dejado casa, o hermanos, o hermanas, o padre, o madre, o mujer, o hijos, o tierras, por mi causa, y del evangelio, que no reciba cien veces más ahora en este tiempo, casas, y hermanos, y hermanas, y madres, e hijos, y tierras, con persecuciones; y en el siglo venidero la vida eterna".

## Una Parábola sobre las Mayordomías

- **Lucas 19:11–27 La parábola de las minas.** Esta parábola es similar, en muchos aspectos, a la parábola de los talentos (ver Mateo 25:14–30). Es una parábola acerca de las mayordomías en el Reino hasta que el Señor regrese en gloria. Cuando Jesús y sus discípulos se acercaban a Jerusalén, los discípulos esperaban "que el reino de Dios se manifestaría inmediatamente" (v. 11). Por lo tanto Jesús les enseñó esta parábola.

  "Un hombre noble se fue a un país lejano, para recibir un reino y volver" (v. 12). Antes de salir, "llamando a diez siervos suyos, les dio diez minas, y les dijo, negociad entre tanto que vengo" (v. 13). Esto es una referencia obvia al Señor, quien, en su ausencia encomendó el reino a los hijos de Israel. Algunos de ellos odiaban a su amo, y después de su partida, dijeron, " No queremos que éste reine sobre nosotros." (v. 14). Otros produjeron diversos grados de fecundidad de la confianza que se había depositado en ellos. Y cuando regresó, el maestro exigió una rendición de cuentas de sus mayordomías (v. 15).

El primero en reportar mostró a su amo que a partir de una mina de su herencia había producido diez minas (v. 16). El maestro estaba complacido y dijo: "Bien [hecho], buen siervo; porque has sido fiel en lo muy poco, tendrás autoridad sobre diez ciudades" (v. 17). El segundo hombre informó que había producido cinco minas y se le dio autoridad sobre cinco ciudades ([V]v. 18–19).

El tercer hombre en informar devolvió las minas originales a su señor, diciendo: "aquí está tu mina, que la he tenido guardada en un pañuelo: Porque tuve miedo de ti, por cuanto eres hombre severo" (vv. 20–21). Su miedo al castigo fue auto—cumplido. Debido a que no había podido mejorar su confianza, el maestro tomó de él su único mina y se la dio al hombre que había producido diez (vv. 22–24). Esto pareció un poco injusto para los demás, que se quejaron que el hombre a quien ahora se le daba ya tenía diez minas (v. 25). Pero el maestro proclamó: "Porque al que tiene, se le dará; y al que no tiene, aun lo que tiene se le quitará" (v. 26). Esto es cierto tanto para la fe como para el conocimiento en el reino. La gente con fe adquiere más fe, mientras que la gente de poca fe pierde la que tenía al empezar. Y la gente con entendimiento aumentan su comprensión, mientras que los que descuidan su deber pierden la luz que una vez poseyeron. Todos hemos visto y podemos dar fe de que es un principio verdadero.

En cuanto a aquellos que lo odiaban y no hicieron nada en absoluto, ya que "no querían que [él] reine sobre ellos", el maestro pidió que se les trajera y fueron decapitados delante de él (v. 27).

## La Ofrenda de la Viuda

THEBIBLEREVIVAL.COM, #27

- **Marcos 12:41–44 Una viuda pobre está dispuesta a dar todo lo que tiene por el reino de Dios.** Al llegar finalmente a Jerusalén, Jesús y sus discípulos se fueron de inmediato al templo, donde, cerca del tesoro del templo, ellos "miraban cómo el pueblo echaba dinero en el arca: y muchos ricos echaban mucho" (v 41). Luego vino "una viuda pobre y echó dos blancas, o sea un cuarto de penique" (v. 42), que es una fracción de un centavo.

  Jesús dijo a sus discípulos: "esta viuda pobre echó más que todos los que han echado en el arca; porque todos han echado de lo que les sobra; pero ella, de su pobreza echó todo lo que tenía, todo su sustento" (vv. 43–44). Podemos comparar su fe y su disposición a sacrificar todo lo que poseía con el joven que se fue afligido cuando se le pidió sacrificar sus posesiones "porque tenía mucho." Por lo tanto, no es el tamaño de la donación, sino el tamaño del sacrificio lo que más importa.

El élder James E. Talmage dijo: "En los libros contables llevados por los ángeles encargados, figuraban los asientos de acuerdo a la media aritmética de los cielos, las entradas se hacen en términos de calidad más que de cantidad, y los valores se determinan sobre la base de la capacidad y la intención. Los ricos que hacían más aún recibían a más; el regalo de la viuda era su todo. No era la pequeñez de su oferta la que la hizo especialmente aceptable, sino el espíritu de sacrificio y la intención devota con la que ella la dio. En los libros de los contadores celestiales se ingresó la contribución de la viuda como un regalo generoso, superando en valor a la generosidad de los reyes. "Porque si primero hay la voluntad dispuesta, será aceptada según lo que uno tiene, y no según lo que no tiene.'"[9]

Los sacrificios no siempre tienen que ser monetarios. Como obispo, una vez me vino a ver un hombre que tenía un negocio exitoso, con el deseo de hacer una contribución para el reino más allá de sus diezmos y ofrendas habituales. Él era totalmente sincero, y yo sabía que iba a hacer lo que el Señor podría requerir. El Espíritu me susurró que su fe sería mejor probada por un sacrificio de tiempo. Así que le pedí que asistiera al templo cada semana sin falta e hiciera el trabajo que necesitan las personas en el otro lado del velo. Estaba muy sorprendido. Dar dinero habría sido mucho más fácil. Pero él aceptó mi desafío y fielmente hizo el trabajo. Con los años, se ha vuelto aún más próspero, sin faltarle nada de carácter temporal durante el tiempo que lo conozco. Pero aún más importante, ha recibido las bendiciones del templo y ha hecho una contribución eterna a los demás que el dinero nunca podría comprar.

- **Notas** (Todas las referencias son de las versiones en idioma inglés de los textos que se citan.)


1. "El Valor de un Alma", capítulo 23 en *Estudios en las Escrituras, Vol. 5: Los Evangelios*, editadoo por Kent P. Jackson y Robert L. Millet (1986), págs. 351–352.
2. *Un Tiempo para Elegir* (1972), págs. 39–40.
3. *Comentario Doctrinal del Nuevo Testamento*, 3 volúmenes (1965–1973), 1:335.
4. *Comentario Doctrinal del Nuevo Testamento*, 1:378.
5. *Jesús el Cristo* Clásicos, Revisados en la Edición de la Literatura Mormona (1983), págs. 419–421.
6. *Comentario Doctrinal del Nuevo Testamento*, 1:504.
7. *Doctrina del Evangelio*, 5.ª edición (1939), pág. 261.
8. En Reporte de La Conferencia, abril de 1975, págs. 75–76; o revista *Liahona*, julio de 1975, pág. 51.
9. *Jesús el Cristo*, pág. 521.

Capítulo 18

# Humildad, Servicio, Gratitud, y Encontrar a los Perdidos

(Mateo 20, Lucas 14–17)

---

## ENSEÑANZAS SOBRE LA REDENCIÓN Y PRIORIDADES

### La Necesidad de HumildaD. y C.aridad

- **Lucas 14:7–11 "El que se enaltece será humillado."** Aconsejando a sus oyentes a ser humildes, Jesús sugirió que cuando se les invita a una boda, no busquen los mejores asientos como si fueran el invitado más honorable. Alguien que es más importante puede haber sido invitado, y si es así, se requiere hacer espacio para él (vv. 8–9). En cambio, Jesús dijo: "Mas cuando fueres convidado, ve y siéntate en el último lugar, para que cuando venga el que te convidó, te diga: Amigo, sube más arriba; entonces tendrás gloria delante de los que se sientan contigo a la mesa" (v. 10). De la misma manera, en el esquema eterno de las cosas, las que "se exaltan. . . [a ellos mismos] ", será humillados; y los que" son humildes . . . [ellos] serán ensalzados" (v. 11).

*Los fariseos amaban los primeros asientos*

- **Lucas 14:12–14 Ofrecer el servicio solo por pura caridad.** En una línea similar, Jesús enseñó que cuando nosotros ofrecemos una comida a los demás, no deberían ser siempre "a tus amigos, ni a tus hermanos, ni a tus parientes, ni a vecinos ricos; no sea que ellos a su vez te vuelvan a convidar, y seas recompensado" (v. 12). "Mas cuando hagas banquete, llama a los pobres, los mancos, los cojos y los ciegos; y serás bienaventurado; porque ellos no te pueden recompensar, pero te será recompensado en la resurrección de los justos" (vv. 13–14.).

### Tres parábolas de Encontrar a los Perdidos

Al llegar a este punto, Jesús contó tres parábolas sobre la búsqueda de aquellos que están perdidos para llevarlos al reino. Estas parábolas ya fueron discutidas en el volumen

10 en el capítulo "La enseñanza con parábolas." Ellas se repiten aquí para mostrarlas en el contexto apropiado.

El Salvador pone de relieve la importancia de rescatar a los que están perdidos. Él da tres parábolas que ilustran las tres condiciones en las que alguien podría llegar a estar perdido y los tipos de esfuerzos que se requieren para redimirlos en cada circunstancia.

— **Lucas 15:3-7** La Oveja Perdida: Los que se apartan sin intención.
— **Lucas 15:8-10** La Moneda Perdida: Los que son descuidados y olvidadizos.
— **Lucas 15:11-32** El Hijo Pródigo: Aquellos que voluntariamente desobedecen los mandamientos.

- **Lucas 15:3-7 La oveja perdida**: Los que se han perdido involuntariamente. A veces las personas se pierden sin siquiera darse cuenta. Hay muchos que no conocen la verdad sólo porque no saben dónde encontrarla. Este es el caso de muchos de los que nunca han oído o entendido el evangelio. ". " También es el caso de las personas que, como el hijo pródigo, hacen malas elecciones y luego se encuentran perdidos y anhelan el "hogar" Jesús nos dice cómo debemos responder: "¿Qué hombre de vosotros, teniendo cien ovejas, si perder una de ellas, no deja las noventa y nueve en el desierto, y va tras la que se perdió, hasta encontrarla?" (v. 4). Nuestra respuesta debería ser buscar activamente a aquellos que están perdidos y no darnos por vencidos hasta encontrarlos y traerlos de vuelta. De esto se trata el trabajo misionero.

  "Y cuando él la ha encontrado, la pone sobre sus hombros gozoso. Y al llegar a casa, reúne a sus amigos y vecinos, diciéndoles: Gozaos conmigo; porque he hallado mi oveja que se había perdido" (vv. 5-6).

  No hay alegría más completa y duradera que la alegría de traer otro hijo de Dios al reino de Dios. Y "Os digo, que así habrá más gozo en el cielo por un pecador que se arrepiente, que por noventa y nueve justos que no necesitan de arrepentimiento" (v. 7).

- **Lucas 15:8-10 La moneda perdida**: Aquellos que son descuidados y olvidadizos. Ellos deambulan apagados por caminos extraños y luego no saben cómo volver al redil. Este es el caso de muchos de los que han caído en la inactividad, donde perdemos la noción de y nos olvidamos de ellos. Pero "¿qué mujer que tiene diez dracmas, si pierde una dracma, no enciende la lámpara, y barre la casa, y busca con diligencia hasta encontrarla?" (v. 8).

  Si valoramos las almas perdidas, como piezas preciosas de plata, entonces vamos a hacer todo lo posible para recuperarlas, barriendo todos los rincones hasta encontrar las perdidas. "Y cuando la encuentra, reúne a sus amigas y vecinas, diciendo: Gozaos conmigo; porque he encontrado la dracma que había perdido. De la misma manera, os digo, hay gozo en la presencia de los ángeles de Dios por un solo pecador que se arrepiente" (vv. 9–10).

- **Lucas 15:11–32 El hijo pródigo**: Aquellos que voluntariamente desobedecen los mandamientos. Jesús contó la historia de dos hijos. "y el menor de ellos dijo a su padre: Padre, dame la parte de los bienes que me corresponde; y les repartió los bienes. No muchos días después, juntándolo todo el hijo menor, se fue lejos a una provincia apartada; y allí desperdició sus bienes viviendo perdidamente" (vv. 11–13).

Entonces llegó la hora de la verdad (como llega siempre). Cuando el joven se había gastado todo "vino una gran hambre en aquella provincia, y comenzó a faltarle." (v. 14). Tomó el único trabajo disponible para él, trabajando en los campos para un hombre, el cual le envió a su hacienda para que apacentase cerdos (v. 15). Para un joven judío, difícilmente podría haber un deber más humillante, pero él tenía hambre y estaba desesperado. "Y deseaba llenar su vientre con las algarrobas que comían los cerdos; y nadie le daba" (v. 16).

"Y cuando volvió en sí, dijo: Y volviendo en sí, dijo: Cuántos jornaleros en casa de mi padre tienen abundancia de pan, y yo aquí perezco de hambre! Me levantaré e iré a mi padre, y le diré: Padre, he pecado contra el cielo y contra ti, y ya no soy digno de ser llamado tu hijo; hazme como uno de tus jornaleros " Y así, humillado y triste, se fue a casa (vv. 17–20).

Observamos con interés la actitud del padre hacia él. La Escritura dice que cuando el hijo todavía estaba "muy lejos el padre le vio" (v. 20). ¿Cuantas veces este padre miró hacia el camino, esperando ver regresar a su hijo? Como padre yo mismo, creo que sé la respuesta. Y así, el padre "tuvo compasión, y corrió, y se echó sobre su cuello, y le besó. Y el hijo le dijo:

Padre, he pecado contra el cielo y contra ti, y ya no soy digno de ser llamado tu hijo "(vv. 20-21).

"Pero el padre dijo a sus siervos: Sacad el mejor vestido, y vestidle; y poned un anillo en su mano, y calzado en sus pies. Y traed el becerro gordo y matadlo, y comamos y hagamos fiesta; porque este mi hijo muerto era, y ha revivido; se había perdido, y es hallado. Y comenzaron a regocijarse" (vv. 22-24).

Ahora el hijo mayor entra en escena, el que no había perdido su herencia y había sido siempre obediente. Había estado trabajando en el campo, "y cuando vino, y llegó cerca de la casa, oyó la música y el baile. Y llamando a uno de los criados y le preguntó qué era aquello. Y él le dijo: Tu hermano ha venido; y tu padre ha matado el novillo cebado, porque le ha recobrado sano y salvo "(vv. 25-27).

Esto fue demasiado para él. Se enojó y no quiso entrar en la casa. Su padre tuvo que salir a rogarle para que se uniese a las festividades (v. 28). Pero el hermano mayor (y más fiel) no se dejó impresionar. "He aquí, tantos años te sirvo, no habiéndote desobedecido jamás, y nunca me has dado ni un cabrito para gozarme con mis amigos" (v. 29). Se siente frustrado al ver que " cuando vino este tu hijo, que ha consumido tus bienes con rameras, has hecho matar para él el becerro gordo" (v. 30). ¿Por qué no hay "gozo en el cielo" sobre el alma que simplemente hace lo que es correcto? ¿Por qué toda esta celebración por las almas que regresan mientras se ignora a los fieles?

La respuesta del padre es instructiva. "Hijo, tú siempre estás conmigo, y todo lo que tengo es tuyo" (v. 31). Su rectitud no se iría sin recompensa; él recibiría su herencia completa. Su hermano, que había perdido la suya, no recibiría más. Por cierto que existe un precio a pagar por dilapidar nuestras bendiciones, y se mantiene una recompensa para toda alma que guarda los mandamientos. Cuando se nos promete heredar "todo lo que tiene [el Padre]" (D. y C. 84:38; 76:55), ¿Qué más se puede recibir? La herencia es total.

Mientras tanto, "ra necesario hacer fiesta y regocijarnos, porque este tu hermano era muerto, y ha revivido; se había perdido, y es hallado" (v. 32). Podemos y debemos regocijarnos cuando cualquier alma perdida encuentra su camino de regreso. Y siempre debemos recordar que Dios es el Padre de todos nosotros, fieles e infieles, y quiere que todos seamos felices y redimidos. Antes que Su plan esté terminado, Él salvará a todos Sus hijos, excepto los hijos de la perdición. No podríamos esperar que Él amara a un hijo más que a otro. Él ama cada pedacito del pecador tanto como al santo. Y Él se regocija cuando un hijo descarriado regresa a casa.

El president Gordon B. Hinckley dijo:

> Algunos de los nuestros. . . gritan de dolor y de sufrimiento y de soledad y de miedo. El nuestro es un deber grande y solemne, extender la mano y ayudarles para levantarlos, para darles de comer si tienen hambre, para nutrir su espíritu si tienen sed de verdad y justicia. . .
>
> Están aquellos que una vez fueron fervientes en la fe, pero cuya fe se ha enfriado. Muchos de ellos desean volver, pero no saben muy bien cómo hacerlo. Ellos necesitan manos amigas que se les acerquen. Con un poco de esfuerzo, muchos de ellos pueden ser llevados de vuelta a la fiesta de nuevo a la mesa del Señor.
>
> Mis hermanos y hermanas, tengo la esperanza y voy a orar para que cada uno de nosotros. . . se decida a buscar a aquellos que necesitan ayuda, que están en circunstancias desesperadas y difíciles, y les levanten en el espíritu de amor en el abrazo de la Iglesia, donde fuertes manos y corazones amantes los reconfortará, consolará, sostendrá, y los pondrá en el camino de una vida feliz y productiva.[1]

### La Parábola de los Obreros de la Viña

PROVIDENCE LITHOGRAPHIC CO., 1909, #42

- **Mateo 20:1–15 No debemos quejarnos de las bendiciones dadas a los demás, ni compararnos con ellos.** Continuando con el tema del arrepentimiento, Jesús les contó una parábola acerca de los trabajadores en una viña en la cual todos recibían la misma paga, tanto si habían trabajado todo el día o sólo la última parte de la jornada. Algunos de los trabajadores se unieron a la labor de tres cuartos de un día, algunos a media jornada, algunos a un cuarto de la jornada, y algunos solo por 1 hora (vv. 3–7). Y sin importar cuánto tiempo habían trabajado, les pagó lo mismo (vv. 8–9).

Los que habían trabajado todo el día pensaban que deberían recibir más, y "murmuraban contra el padre de la casa, diciendo: “Estos postreros han trabajado una sola hora, y los has hecho iguales a nosotros, que hemos soportado la carga y el calor del día" (vv. 10–12). Esta es la queja frecuente de nuestros días: "¡No es justo!" Sentimos la necesidad de compararnos con los demás y competir con ellos. Pero en la cuestión de la salvación eterna, las comparaciones son inadecuadas e inmateriales.

El padre de familia en esta parábola (que representa al Señor) dijo a los obreros de jornada larga, " Amigo, no te hago agravio; ¿no conviniste conmigo en un denario? Toma lo que es tuyo, y vete; pero quiero dar a este postrero, como a ti. ¿No me es lícito hacer lo que quiero con lo mío? ¿O tienes tú envidia, porque yo soy bueno?" (vv. 13–15). Es una pregunta maravillosa. ¿Nos molesta cuando el Señor es bueno con alguien más?

Si recibimos todas las bendiciones que se nos habían prometido, ¿por qué deberíamos quejarnos si los demás reciben lo mismo? Como nos ha prometido "todo lo que tiene [el] Padre" (D. y C. 84:38; 76:55), ¿qué más se puede esperar? De ninguna manera nuestra recompensa es disminuida cuando el Señor bendice a alguien más. Ese es el objetivo de la parábola.

## La Parábola del Mayordomo Infiel

- **Lucas 16:1–8 Debemos buscar bendiciones espirituales con el mismo entusiasmo y la energía que ponemos en la búsqueda de posesiones.** Jesús dijo otra parábola acerca de un hombre que no había cumplido con su deber en la gestión de los asuntos de su amo (vv. 1–2). Bajo la amenaza de perder su mayordomía, rápidamente a cada uno de los deudores de su amo, y acordó con ellos partes de lo que le debían (vv. 3–7). Y por esto, el dueño de la casa lo elogió (v. 8).

  Podemos encontrar extraño esto, de acuerdo a nuestras propias nociones de lo que es un buen retorno de nuestra inversión. Pero ese no es el objetivo de la parábola. El Señor estaba señalando lo creativos y enérgicos que podemos llegar a ser cuando se trata de resolver problemas temporales. Y Él estaba diciendo que debemos ser igualmente creativos y enérgicos en los asuntos espirituales.

- **Lucas 16:8–9 Evitar enredarse en disputas temporales.** Jesús observó que, en relación con el dinero y las posesiones, "los hijos de este siglo son más sagaces en el trato con sus semejantes que los hijos de luz" (v. 8). A menudo son más astutos y calculadores en esas cosas. Por lo tanto, aconsejó a los justos "Ganad amigos por medio de las riquezas injustas, para que cuando éstas falten, os reciban en las moradas eternas" (v. 9). En otras palabras, hacerse amigo de los ricos y el mundo en cuanto puedan ayudarnos en momentos de necesidad.

- **Lucas 16:10–12 Los principios de buena gestión se aplican igualmente bien a las cosas espirituales como a las cosas mundanas.** Jesús también observó que "El que es fiel en lo muy poco, también en lo más es fiel; y el que en lo muy poco es injusto, también en lo más es injusto. Pues si en las riquezas injustas no fuisteis fieles, ¿quién os confiará lo verdadero?" (v. 11). ¿Podemos gestionar nuestro dinero y propiedades sabiamente? Si no, es probable que también no seamos prudentes en la gestión de las cosas eternas. "si en lo ajeno no fuisteis fieles, ¿quién os dará lo que es vuestro?" (v. 12).

## La Parábola del Hombre Rico y Lázaro

- **Lucas 16:19–25 Jesús habla de dos condiciones diferentes en el mundo postmortal.** La siguiente parábola concierne a "un hombre rico, que se vestía de púrpura y de lino fino, y hacía cada día banquete con esplendidez: Y había también un mendigo llamado Lázaro, que estaba echado a la puerta, lleno de llagas" (vv. 19–20). Este pobre hombre habría estado satisfecho "con las migajas que caían de la mesa del rico" y estaba tan absolutamente desesperanzado que "los perros venían y le lamían las llagas" (v. 21). Murió ", y fue llevado por los ángeles al seno de Abrahán" (v. 22). "Seno de Abrahán" es una forma de hablar que significa el paraíso de Dios en el mundo de los espíritus.

Entonces, "el hombre rico también murió y fue sepultado" (v. 22). Se encontró en el infierno (la prisión espiritual), donde "alzó sus ojos, estando en tormentos, y vio de lejos a Abrahán, y a Lázaro en su seno" (v. 23). Él rogó al Padre Abrahán que tuviera piedad de él por lo que permitiera a Lázaro "que moje la punta de su dedo en agua, y refresque mi lengua; porque estoy atormentado en esta llama" (v. 24). Abrahán le recordó que, si bien " recibiste tus bienes en tu vida, y Lázaro también males" (v. 25). Ahora, las tablas se invirtieron y cada uno recibía la recompensa de su conducta.

- **Lucas 16:26 Un "gran abismo" separa la prisión espiritual del paraíso.** En esta parábola, Jesús cita a Abrahán como diciendo, "una gran sima está puesta entre nosotros y vosotros, de manera que los que quisieren pasar de aquí a vosotros, no pueden, ni de allá pasar acá"(v. 26).

  El élder Bruce R. McConkie dijo: "No habrá ningún entremezclado de los espíritus en el paraíso y el infierno hasta después de Cristo llene el " gran abismo "entre estas dos moradas espirituales. (Alma 40:11–14). Esto hizo mientras Su cuerpo yacía en la tumba de José de Arimatea y su propio espíritu sin cuerpo continuó ministrando a los hombres en su prisión del espíritu[2] (1 Pedro 3:18–21; 4:6). "Hasta ese día 'los presos permanecieron atados y el evangelio no les fue predicado (Moisés 7:37–39)."[3]

- **Lucas 16:27–31 Incluso los ángeles no puede cambiar las actitudes y el comportamiento de los hombres malvados.** El hombre rico en esta parábola le pidió a Abrahán que enviara a Lázaro (como un ser espiritual) "a la casa de mi padre, porque tengo cinco hermanos; que les testifique, no vengan ellos también a este lugar de tormento "(v. 28). Abrahán se negó, diciendo que ya tuvieron a "Moisés y los profetas" y no los escucharon (v. 29). El hombre rico protestó, diciendo: "pero si alguno fuere a ellos de entre los muertos, se arrepentirán" (v. 30). Pero esto es no es así, y las Escrituras están llenas de ejemplos de hombres malvados que no pudieron prestar atención a las advertencias de los ángeles. Jesús concluye la parábola diciendo: "Si no oyen a Moisés ya los profetas, tampoco se persuadirán aunque alguno se levantare de entre los muertos" (v. 31).

- **Lucas 16:31 Jesús predice Su resurrección.** Otro aspecto de esta parábola que pueden pasarse por alto es la referencia de Jesús a su incapacidad para creer a un mensajero de Dios, incluso si ese mensajero "se levantara de entre los muertos." Eso, por supuesto, nunca se le había ocurrido a ningún profeta. Se refería a sí mismo. Y Su predicción fue correcta. Ellos no creerían en Él, incluso cuando se enteraron de que había resucitado de la tumba.

## PERDÓN, GRATITUD Y OBEDIENCIA

### La parábola del Siervo Inútil

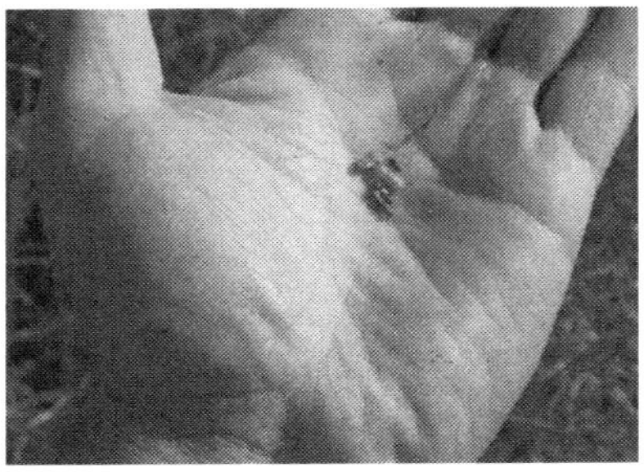
*Pequeñas semillas de mostaza*

- **Lucas 17:5–6 "Señor, aumenta nuestra fe."** Los apóstoles habían enseñado en múltiples ocasiones que la fe era el requisito previo necesario para todas las bendiciones en este mundo y en el mundo venidero. Por lo tanto, le pidieron en esta ocasión, "Señor, aumenta nuestra fe" (v. 5). Jesús respondió: " "Señor, aumenta nuestra fe" (v. 5). Jesús respondió: "Si tuvierais fe como un grano de mostaza, podríais decir a este sicómoro: Desarráigate, y plántate en el mar; y os obedecería" (v. 6).

- **Lucas 17:7–10 se espera que sirvamos diligentemente al Señor sin el pensamiento de un trato especial.** ¿Pensamos que estamos siendo generosos cuando pagamos el diezmo? ¿Pensamos que somos especiales cuando servimos a los demás? ¿Necesitamos o esperamos elogios para cumplir con nuestro deber? ¿Pensamos cuando hacemos nuestro deber que nos hemos endeudado al Señor? Esto no es así. Como enseñó el rey Benjamín: "si vosotros debéis dar todas las gracias y alabanza que vuestra alma entera es capaz de poseer, a ese Dios que os ha creado, y ha guardado y preservado a vosotros, y ha hecho que os alegrara, y os ha concedido que debéis vivir en paz unos con otros, os digo que si fueseis aquel que os ha creado desde el principio para servir, y que os preserva en el día a día, al prestaros aliento para respirar, para que viváis y mováis y hagáis de acuerdo a su propia voluntad, e incluso el apoyo de un momento a otro, yo digo, si ustedes le sirvieseis con toda vuestra alma entera todavía seríais servidores inútiles " (Mosíah 2:20–21).

  Jesús dio la parábola del siervo inútil para señalar lo siguiente. "Quién de vosotros, teniendo un siervo que ara o apacienta ganado, al volver él del campo, luego le dice: Pasa, siéntate a la mesa? ¿No le dice más bien: Prepárame la cena, cíñete, y sírveme hasta que haya comido y bebido; y después de esto, come y bebe tú?" (vv. 7–8). ¿Acaso damos gracias a nuestros siervos porque hizo lo que se le había mandado? O le damos un tratamiento especial? Jesús dijo "Pienso que no" (v. 9). "Así también vosotros, cuando hayáis hecho todo lo que os ha sido ordenado, decid: Somos siervos inútiles: hemos hecho [sólo] lo que era nuestro deber hacer" (v. 10).

### Jesús Sana a Diez Leprosos

- **Lucas 17:11–14 Jesús sana a diez leprosos.** En este último viaje de regreso a Jerusalén, Jesús pasaba por Samaria y Galilea (v. 11). Y en una de las aldeas a lo largo del camino encontró "diez hombres leprosos, los cuales se pararon lejos" (v. 12). Estos enfermos miserables "levantaron sus voces, diciendo: ¡Jesús, Maestro, ten misericordia de nosotros" (v. 13). La lepra era un flagelo implacable y cualquier persona que la contraía se convertía en un paria, golpeando el miedo en el corazón de todo el que se acercaba a ellos. Casi nunca se curaban, pero en esos raros casos en que la maldición dejaba a alguien, este estaba obligado a ir el mismo para mostrarse ante el sacerdote, quien podía verificar que ahora era seguro para que pudiera volver a la sociedad. A estos diez leprosos, Jesús mostró misericordia. Él dijo: "Id, mostraos a los sacerdotes. Y aconteció que mientras iban, fueron limpiados" (v. 14).

JAMES J. TISSOT, 1904

- **Lucas 17:15–19 Sólo un leproso vuelve a dar gracias.** Uno de los leprosos ", al ver que había sido sanado, volvió, y con una voz fuerte glorificó a Dios, y se postró rostro en tierra a sus pies, dándole gracias; y éste era samaritano" (vs. 15. 16). Jesús observó, " ¿No son diez los que fueron limpiados? Y los nueve, ¿dónde están? ¿No hubo quien volviese y diese gloria a Dios sino este extranjero?" (vv. 17–18). Una vez más, resultó que el hombre fiel y humilde era un paria: un samaritano. "Y le dijo: Levántate, vete; tu fe te ha salvado" (v. 19).

THEBIBLEREVIVAL.COM, #27

El élder Bruce R. McConkie dijo:

> Las oraciones de acción de gracias son tan importantes como la oración de petición del favor divino. Es digno de notar aquí que los leprosos judíos limpiados siguieron su camino y que sólo un samaritano solitario volvió a derramar su gratitud al Maestro Sanador. . . .
>
> Hay mayores bendiciones que ser sanado físicamente. . . . Aquí todos los diez fueron limpiados de su aflicción física, pero es evidente que un destinatario agradecido del favor de nuestro Señor fue bendecido de una manera especial, tal vez por estar haciendo todo espiritualmente también. . . .
>
> [También] . . . esta muestra de gratitud por un samaritano era otra evidencia a los Apóstoles que todos los hombres son aceptables para el Señor y que el reclamo judío de superioridad exclusiva como una raza elegida pronto iba a ser reemplazado por una orden de llevar el evangelio de la paz a todas las razas.[4]

— **D. y C. 59:15–21 La importancia de la gratitud ante los ojos del Señor.** El Señor se complace cuando vivimos nuestras vidas "en acción de gracias, con corazones y semblantes alegres, no con demasiada risa, porque esto es pecado, pero con un corazón alegre y un semblante alegre" (v. 15). Y si estamos agradecidos por lo tanto, lo que Dios ha hecho por nosotros, "la abundancia de la tierra es vuestra, las bestias del campo y las aves del cielo, y lo que trepa a los árboles y anda sobre la tierra; Sí, y la hierba y las cosas buenas que vienen de la tierra, ya sea para alimento, o vestidura, o para las casas, o para graneros, o para los huertos o para jardines, o para los viñedos "(vv. 16–17).

Todas las cosas en y sobre la tierra "están hechas para el beneficio y el uso del hombre, tanto para agradar la vista como para alegrar el corazón; Sí, para alimento y vestidura, para gustar y oler, para vigorizar el cuerpo y animar el alma" (vv. 18–19). Y Dios nos ha dado graciosamente estas cosas, "porque para este fin fueron creadas, para usar con juicio, no en exceso, ni por extorsión" (v. 20). Y en el uso de estas cosas, de ninguna manera ofendemos a Dios, excepto cuando "no confesamos su mano en todas las cosas, y no guardamos sus mandamientos" (v. 21). Él espera que seamos agradecidos por nuestras bendiciones.

## El Reino de Dios Está Entre Vosotros

- **Lucas 17:20 El Reino de Dios vino en silencio la primera vez—"no con observación."** Los fariseos estaban buscando una dramática llegada de un Mesías conquistador. Y cuando le preguntaron a Jesús "cuando vendría el reino de Dios, les respondió y dijo: El reino de Dios no vendrá con advertencia." En otras palabras, el reino de Dios en su día había llegado en silencio, con humildad, y sin una fanfarria terrenal. El reino estaba de pie delante de ellos en la persona de Jesucristo, y estaban totalmente ausentes mientras miraban más allá de la marca de algo mucho más vistoso y grandioso.

- **Lucas 17:21 "El Reino de Dios está dentro de ti."** De hecho, la evidencia más grande del reino de Dios no se pudo encontrar en los acontecimientos externos, sino en las vidas cambiadas. No deben estar diciendo el uno al otro, "¡Helo aquí! o helo allí "mientras buscaban el reino prometido. "Porque he aquí, el reino de Dios está dentro de [entre] vosotros."

  El élder Bruce R. McConkie dijo: "Una de las herejías que prevalece en gran parte de la cristiandad moderna es el concepto de que Jesús no organizó una Iglesia o estableció un reino formal a través del cual se le puede ofrecer la salvación a los hombres. Este versículo mal traducido es uno de los que se utilizan para apoyar el concepto erróneo que el reino de Dios es totalmente espiritual; que se compone de los que confiesan a Jesús con sus labios, independientemente de la afiliación a la iglesia que puedan tener; que el reino de Dios está dentro de cada persona en el sentido de que todos tienen el potencial de alcanzar las más altas metas espirituales; y que el bautismo, la imposición de manos, el matrimonio celestial, y otras ordenanzas y leyes no son esenciales para el logro de la salvación. . . . Incluso la lectura al margen de la versión del Rey Santiago cambia el idioma aquí para leerse, 'El reino de Dios está en medio de ti'. . . ."[5]

**Notas** (Todas las referencias son de las versiones en idioma inglés de los textos que se citan.)


1. En Reporte de La Conferencia, octubre de 1996, pág. 118; o revissta *Liahona*, enero de 1996, pág. 86.
2. *Doctrina del Evangelio*, Joseph F. Smith, 5.ª edición (1939), págs. 472–476.
3. *Comentario Doctrinal del Nuevo Testamento*, 3 volúmenes (1965–1973), 1:521–522.
4. *Comentario Doctrinal del Nuevo Testamento*, 1:536–537.
5. *Comentario Doctrinal del Nuevo Testamento*, 1:540.

Capítulo 19

# El Poder Salvador de la Fe; Jesús Resucita a Lázaro

(Lucas 16–19; Juan 11)

---

### La Parábola de la Viuda y el Juez Injusto

- **Lucas 18:1–8 Jesús enseña a los fariseos que "siempre debemos orar"** (v. 1). Para ello, utilizó una parábola acerca de un juez injusto y una viuda que le molestaba hasta que finalmente cedió a sus deseos. "Había en una ciudad un juez, que ni temía a Dios, ni respetaba a hombre: Y había una viuda en esa ciudad; y ella vino a él, diciendo: Hazme justicia de mi adversario" (vv. 2–3). Al principio, el juez pretende ignorarla, pero debido a su continuo cargoseo accedió a vengarla "no sea que viniendo de continuo, me agote la paciencia" (vv. 4–5). De manera similar, Dios escucha las oraciones de "sus escogidos, que claman día y noche a él" a pesar de que Él a veces los hace esperar por un tiempo (vv. 6–7). Jesús dijo a los fariseos: "Yo digo que pronto les hará justicia" (v. 8).

  ¿Qué significa "orar siempre"?

  — **Alma 34:27** Continuamente tiene una oración en nuestros corazones. Amulek enseñó que aun cuando no estemos orando formalmente, hay que "dejar que sus corazones se llenen, en oración a él continuamente para su bienestar, y también por el bienestar de los que están a tu alrededor."

  — **2 Nefi 32:9** Ore por la ayuda del Señor antes de hacer nada. Nefi enseñó "que debéis orar siempre, y no desmayar; que nada debéis hacer ante el Señor salvo en primer lugar tendréis que orar al Padre en el nombre de Cristo, que él va a consagrar tu rendimiento a ti, para que tu rendimiento puede ser para el bienestar de tu alma".

  — **D. y C. 90:24** Oren siempre con fe. En nuestra propia dispensación, el Señor mandó que "busquemos diligentemente, orad siempre, sed creyentes, y todas las cosas obrarán juntamente para vuestro bien, si andáis en la rectitud y recordáis el pacto que vosotros habéis hecho el uno con el otro".

El élder James E. Talmage dijo: "Jesús no indicó que cuando el juez malvado finalmente cedió a la súplica por lo que haría Dios; sino que Él señaló que si incluso un ser como este juez, que "no temía a Dios, ni respetaba al hombre, 'por fin escucharía y concederá la petición de la viuda, nadie debe dudar que Dios, el Justo y Misericordioso, escuchará y contestará."[1]

El élder Richard G. Scott dijo: "Es un error suponer que todas las oraciones que ofrecemos serán respondidas inmediatamente. Algunas oraciones requieren un considerable esfuerzo de nuestra parte. . . . Cuando explicamos un problema y una propuesta de solución [a nuestro Padre Celestial], a veces Él responde sí, a veces no. A menudo Él retiene una respuesta, no por falta de interés, sino porque Él nos ama—perfectamente. Él quiere aplicarnos las verdades que nos ha dado. Para que crezcamos tenemos que confiar en nuestra capacidad para tomar decisiones correctas. Tenemos que hacer lo que sentimos que es correcto. Con el tiempo, Él responderá. Él no nos va a fallar."[2]

### La Parábola del Fariseo y el Publicano

- **Lucas 18:9–14 Jesús enseña a los fariseos que una actitud arrogante no es aceptable a Dios.** La parábola fue dada para aquellos que "confiaban en sí mismos como justos, y menospreciaban a los otros" (v. 9). En la parábola, "dos hombres subieron al templo a orar; el uno era fariseo, y el otro publicano" (v. 10). "El fariseo, en pie, oraba consigo mismo de esta: manera: Dios, te doy gracias porque no soy como los otros hombres, ladrones, injustos, adúlteros, ni aun como este publicano. Ayuno dos veces a la semana, doy diezmos de todo lo que gano." (vv, 11–12).

JAMES J. TISSOT, 1904

Mientras tanto, "el publicano, estando lejos, no quería ni aun alzar los ojos al cielo, sino que se golpeaba el pecho, diciendo: Dios, sé propicio a mí, pecador. " (v. 13). La elección de Jesús se un publicano para esta parábola es instructiva porque los fariseos despreciaban a los publicanos (recaudadores de impuestos para los romanos) como traidores. Jesús enseñó que el humilde publicano "descendió a su casa" [murió] justificado mientras que el fariseo no lo hizo, porque todo el que se enaltece, será humillado; y el que se humilla será enaltecido" (v. 14).

El élder Bruce R. McConkie dijo: "Fariseos y publicanos se encuentran en todos los grupos religiosos. Como aquí se ha descrito, los fariseos son autoproclamados cristianos que trabajan en la Iglesia con el fin de ser admirados por sus logros religiosos. Ellos hacen alarde de sus contribuciones de caridad, se jactan de sus buenas obras, conocen su estricto cumplimiento de tal o cual ley, y se regocijan en su supuesta superioridad espiritual sobre los hombres comunes. Los publicanos son aquellos que son tan reticentes y modestos que, aunque poseídos de un espíritu propio de la humildad, son demasiado tímidos para servir en posiciones de liderazgo en las organizaciones de la Iglesia. Si los miembros de la Iglesia pudieran hacer las obras de los fariseos y tener el espíritu del publicano, ellos deberían sonar como equilibrados Santos útiles."[3]

## Jesús Sana a un Ciego de Jericó

- **Lucas 18:35–43 El ciego grita al Señor cuando Él pasa.** Jesús y sus discípulos estaban en camino hacia Jericó cuando el ciego oyó que ellos venían (v. 35). Le pidió a los que estaban cerca de que se trataba la conmoción, y ellos explicaron "que pasaba Jesús Nazareno" (vv. 36–37). De inmediato llamó a Jesús ", diciendo: Jesús, Hijo de David, ten misericordia de mí" (v. 38). Podemos imaginar la prensión de la multitud donde fuese que pasaba Jesús a causa de su reputación de hacer milagros. Sus discípulos a menudo trataban de protegerlo de las multitudes apremiantes y le dijeron al hombre ciego "mantener su paz," pero él no les hizo caso y "clamaba mucho más: ¡Hijo de David, ten misericordia de mí" (v. 39). Jesús ordenó que el hombre debía ser traído a Él, y cuando él fue el Señor le preguntó: "¿Qué quieres que te haga?" (vv. 40–41). Y el hombre dijo: "Señor, que recobre la vista" (v. 41). Al parecer, sin siquiera tocarlo, Jesús le dijo al hombre, "recíbela, tu fe te ha salvado. Y al instante recobró la vista" (vv. 42–43). Entonces, con gratitud, el hombre "le seguía, glorificando a Dios: y todo el pueblo, cuando vio aquello, dio alabanza a Dios" (v 43).

CARL H. BLOCH

## Jesús es Recibido en la Casa de Zaqueo

- **Lucas 19:1–6 Zaqueo—un publicano—muestra su gran deseo de ver a Jesús subir a un árbol.** Jesús había contado antes una parábola acerca de un humilde publicano. Ahora, se encontró con uno de verdad, de hecho era, "el jefe de los publicanos" en esa zona, que era rico (v. 2). Deseoso de ver a Jesús, pero no pudiendo hacerlo porque era un hombre de baja estatura y no podía ver por encima de la multitud, "corriendo delante, subió a un árbol de sicómoro para verle" pasar (vv. 3–4). Cuando Jesús pasó por el árbol,

THEBIBLEREVIVAL.COM, #27

"miró hacia arriba, le vio, y le dijo: Zaqueo, date prisa, desciende, porque hoy es necesario que pose yo en tu casa" (v. 5). Zaqueo bajó apresuradamente del árbol y dio la bienvenida a Jesús gozoso en su casa (v. 6).

- **Lucas 19:7–10 Los fariseos resienten que Jesús coma con un "pecador."** Obviamente, no habían aprendido nada de su parábola relativa a la fariseo arrogante y el humilde publicano (Lucas 18:9–14) Ellos murmuraban porque Jesús "había entrado a posar con un hombre pecador" (v. 7). Mientras tanto, "Zaqueo de pie [en su casa], y dijo al Señor; He aquí, Señor, la mitad de mis bienes doy a los pobres; y si en algo he defraudado a alguno, se lo devuelvo cuadruplicado" (v. 8). Jesús estaba complacido, y le dijo: "Hoy ha venido la salvación a esta casa" (v. 9). Independientemente de su empleo, Zaqueo era "un hijo de Abrahán," y además, "Porque el Hijo del Hombre vino a buscar y a salvar lo que se había perdido" (v. 10). Él no vino a pasar todo Su tiempo con los justos.

  Como señaló un autor y orador de los SUD, "La Iglesia de Jesucristo fue diseñada por Dios para ser un refugio donde aquellos que experimentan desafíos mortales. . . pueden venir en busca de amor y fuerza de compasión y comprensión. Es Su pueblo quien puede y debe crear ese refugio. La Iglesia es un 'hospital para. . . pecadores'—la medicación es el evangelio de la gracia y de la redención y la regeneración, no un 'club de campo para los justos. "Fue diseñada para ser un lugar donde los que son débiles pero amados de Dios puede llegar a ser" recordados y alimentados por la buena palabra de Dios, para mantenerlos en el camino correcto, para mantenerlos continuamente atentos a orar, confiando solamente en los méritos de Cristo, que fue el autor y consumador de la fe" (Moroni 6:4)."[4]

## JESÚS RESUCITA A LÁZARO DE ENTRE LOS MUERTOS

### Él Deliberadamente Retrasa Su Respuesta

- **Juan 11:1–3, 5 Jesús recibe la noticia que Lázaro está enfermo.** En ese momento Jesús estaba cerca de Jericó, y Lázaro vivía en Betania," la aldea de María y de Marta su hermana" (v. 1). De hecho, Lázaro era el hermano de María y Marta, y fueron estas hermanas que enviaron un mensaje a Jesús que su "hermano Lázaro estaba enfermo" (v. 2). En su mensaje, se refirieron a Lázaro como "el que amas" (v. 3) y las escrituras confirman que "Jesús amaba a Marta, a su hermana y a Lázaro" (v. 5). Algunos eruditos creen que María, Marta y Lázaro estaban, de hecho, relacionados con Jesús a través de Su madre María.

- **Juan 11:4, 6–7 Jesús espera dos días antes de regresar a Betania.** Jesús dijo a sus discípulos que "esta enfermedad no es para muerte, sino para la gloria de Dios, que el Hijo de Dios sea glorificado por ella" (v. 4). Así, "cuando él había oído. . . que [Lázaro] estaba enfermo, se quedó dos días más en el mismo lugar donde estaba ", y sólo entonces, dijo a sus discípulos: " Vayamos a Judea "(vv. 6–7).

- **Juan 11:11–15, 17 Jesús esperó con un objetivo específico.** Él sabía que Lázaro estaba muerto ("nuestro amigo Lázaro duerme"), pero la intención era " sacarle del sueño." (v. 11). No comprendiendo completamente, los discípulos dijeron que el sueño le haría bien y le ayudará a recuperarse de su enfermedad "(vv. 12–13). Entonces Jesús les dijo claramente, "Lázaro ha muerto" (v. 14). Y le complace al Señor no estar allí para curarle antes de morir "para que creáis" (v. 15). Entonces se fueron a Betania donde aprendieron " que hacía ya cuatro días que estaba en el sepulcro" (v. 17).

  Los judíos creían que el espíritu de los difuntos se demoraba alrededor del cuerpo durante tres días después de la muerte, con la esperanza de poder entrar en ella una vez más. También creían que cuando comenzaba a producirse la decadencia, el espíritu se había marzo deado para siempre.

  El élder Bruce R. McConkie dijo: "¿Por qué esta estudiada construcción está centrando la atención sobre uno de los milagros más poderosos de su ministerio? En particular, dos razones, en se destacan. (1) A medida que nuestro Señor se acercaba al clímax de Su ministerio terrenal, Él nuevamente iba dando testimonio, de una manera que no podía ser refutada, de su carácter de Mesías, de Su Filiación divina, del hecho que Él era en verdad el Hijo literal de Dios; y (2) Estaba preparando el escenario, con el fin de dramatizar durante todo el tiempo, una de sus grandes enseñanzas: Que Él era la resurrección y la vida, que la inmortalidad y la vida eterna llegaron por él, y que los que creyeron y obedecieron Su palabras nunca debían morir espiritualmente."[5]

  Esto dejó a los incrédulos judíos sin ninguna excusa para rechazar a su Mesías.

  El élder James E. Talmage dijo: "No hay duda en cuanto a que la muerte real de Lázaro podía alegarse, porque que su deceso había sido atestiguado, porque su cuerpo había sido preparado y enterrado en la forma habitual, y había permanecido en la tumba cuatro días. En la tumba, cuando fue resucitado había muchos testigos, algunos de ellos prominentes judíos, muchos de los cuales eran hostiles a Jesús y fácilmente habrían negado el milagro si hubieran sido capaces de hacerlo. Dios fue glorificado y la divinidad del Hijo del Hombre fue reivindicada por el resultado."[6]

## Jesús Resucita a Lázaro de entre los Muertos

- **Juan 11:18–22 Martha corre al encuentro de Jesús, expresando su gran fe en Él.** Los amigos María y de Marta ya había comenzado a "consolarlas por su hermano," pero cuando Marta supo que Jesús venía ella "fue y se reunió con él ", mientras que" María se quedó en la casa "(v. 20). Debemos tener en cuenta que se fue la Marta cuidadosa y práctica la que en este caso mostró la mayor fe, no María, a quien Jesús había elogiado previamente por su fiel atención de Sus enseñanzas (Lucas 10:38–42). Al encontrar a

Jesús, Marta le dijo: "si hubieras estado aquí, mi hermano [no habría] muerto. Pero yo sé que aun ahora, todo lo que pidas a Dios, Dios te lo dará" (vv. 21–22). Jesús había resucitado a otros entre los muertos (Lucas 7:11–16; Lucas 8:41–42, 49–56), y Marta creía que podía hacerlo de nuevo."

- **Juan 11:23–27 "Yo soy la resurrección y la vida."** Jesús aseguró a Marta, "Tu hermano resucitará" (v. 23). Ella respondió llevando su testimonio: " Yo sé que resucitará en la resurrección, en el día postrero" (v. 24). Jesús siempre estaba enseñando, en todas partes y en todas las circunstancias. Él le explicó a Marta: "Yo soy la resurrección y la vida; el que cree en mí, aunque esté muerto, vivirá" (v 25). La resurrección en la que ella creía vendría a causa de Él, porque Él iba a desatar las ligaduras de la muerte física a través de Su propia resurrección no muchos días después. Él es el Señor de la vida y la muerte, y ambos están sujetos a Sus mandamientos.Jesús también tenía poder sobre la muerte espiritual. Proclamó a Marta que "todo aquel que vive y cree en mí, no morirá eternamente" (v. 26). Esto significa que van a disfrutar de la vida eterna, que significa la vida en la presencia de Dios el Padre. Prueba de la medida de su fe, Jesús le preguntó a Marta, "¿Crees esto?" (v. 26), Y ella respondió con una gran fe: "Sí, Señor; yo he creído que tú eres el Cristo, el Hijo de Dios, que has venido al mundo" (v. 27).

HEINRICH HOFMANN

- **Juan 11:28–32 María también corre al encuentro de Jesús y expresa su fe en Él.** Marta regresó a su casa y le dijo a su hermana María, "El Maestro está aquí y te llama" (v. 28). Al oír esto, María "se levantó de prisa y vino a él" (v. 29). Ella lo encontró todavía fuera de la ciudad "en el lugar donde Marta le había encontrado" (v. 30). Todos los que habían estado en la casa consolando a María siguió tras ella, pensando que iba a la tumba de Lázaro "a llorar allí" (v. 31). Pero en lugar de eso corrió a donde Jesús estaba esperando y "al verle, se postró a sus pies, diciéndole: Señor, si hubieses estado aquí, no habría muerto mi hermano." (v. 32).

- **Juan 11:33–37 Jesús muestra Su gran compasión por el llanto de María.** Jesús sabía perfectamente bien lo que iba a hacer— resucitar a Lázaro de entre los muertos. Así que podríamos pensar que Él habría dicho a los dolientes, "¡Anímense! Él me levantará! "Y al ver su llanto," se estremeció en espíritu, y se conmovió" (v. 33). Sintió una profunda compasión por su dolor— tan profundo, en efecto, que las escrituras, registran "Jesús lloró" (v. 35). Este es el Señor que adoramos. Él es un Dios que se preocupa por nuestras penas y que siente nuestro dolor. Él nos ama. Y él no es el dios imaginado por los filósofos griegos y los primeros creyentes cristianos —sin cuerpo, partes o pasiones. Él es amable. gentil y solidario. Y, como dice Juan después, Él es amor

(1 Juan 4:8). La gente de pie alrededor en ese momento observaron las lágrimas de Jesús y le dijeron: "¡Mirad cómo le amaba!" (v. 36). Y se preguntaban como no lo hacía ya seguramente Él también podría " haber hecho que Lázaro no muriera" (v. 37).

- **Juan 11:38–40 A pesar de su gran fe, Marta objeta cuando Jesús pide que se saque la lápida de la tumba.** El lugar donde yacía Lázaro "Era una cueva, y tenía una piedra puesta encima" (v. 38). Jesús ordenó: "Quitad la piedra," pero Marta protestó: "Señor, hiede ya, porque ha estado muerto cuatro días. " (v. 39). Jesús la tranquilizó ", Él dijo, no te he dicho que si crees, verás la gloria de Dios?" (v. 40). Él había retrasado deliberadamente retrasado su venida por ese mismo motivo. El cuerpo de Lázaro ya se estaba descomponiendo; no puede haber ninguna duda en la mente de nadie que estaba muerto.

CARL H. BLOCH

- **Juan 11:41–44 Jesús ofrece una oración de gratitud, y entonces, resucita a Lázaro de entre los muertos.** Se removió la piedra, mientras que Jesús, alzando los ojos al cielo, dijo: " Padre, gracias te doy por haberme oído" (v. 41). Por supuesto, el Padre siempre escucha a su hijo (y nosotros, para el caso), y Jesús lo sabía. Pero Él lo dijo en voz alta por el bien de las personas que estaban a su alrededor en el momento "para que crean que tú me has enviado" (v. 42). "Y habiendo dicho esto, clamó a gran voz: ¡Lázaro, ven fuera! Y el que había muerto salió, atadas las manos y los pies con vendas, y el rostro envuelto en un sudario. Jesús les dijo: Desatadle, y dejadle ir" (vv. 43–44).

- **Juan 11:45–48 Ahora los fariseos temen que el "mundo entero" le va a seguir.** Muchos de los amigos de María que fueron testigos de este milagro, cuando vieron lo que Jesús había hecho, "creyeron en él" (v. 45). Algunos otros fueron a los fariseos, "y les dijeron lo que Jesús había hecho" (v. 46). Lo que Él había hecho era algo que nunca había sido hecho antes por ningún profeta en ninguna edad: Él había resucitado a un hombre obviamente muerto y en descomposición. Nos gustaría pensar, ¿Ahora no deberían ellos estar considerando más seriamente si Jesús no era el Cristo? ¿Cómo podría no estarlo?

  Pero no es así. En cambio, "los principales sacerdotes y los fariseos [llamaron] a un concilio, y dijeron: ¿Qué haremos? Porque este hombre hace muchas señales. Si le dejamos así, todos creerán en él; y vendrán los romanos, y destruirán nuestro lugar santo y nuestra nación" (vv. 47–48.). Eso era lo que les importaba: sus lugares de poder, prestigio y posición. Como lo hicieron los hijos de Israel en la antigüedad antes que ellos, conspiraron para matar a este nuevo profeta antes de que pudiera hacer más daño.

- **Juan 11:49–52 Caifás profetiza que Jesús va a morir por su nación.** Él era el "sumo sacerdote aquel año," y arrogantemente proclamó que sus colegas "no saben nada en absoluto" (v. 49). "ni pensáis que nos conviene que un hombre muera por el pueblo, y no que toda la nación perezca " (v. 50). Y profetizó que Jesús había de morir con ese fin (v. 51). Pero aún más, dijo que la muerte de Jesús haría " congregar en uno a los hijos de Dios que estaban dispersos" (v. 52). Yo no creo ni por un momento que Caifás creyera que Jesús era el Mesías. Él estaba hablando de cómo la muerte de este creador de problemas se volvería en su propio beneficio. Sus palabras se cumplirían, pero no de la manera que él se imaginaba. Y él estaba aprobando tácitamente sus planes asesinos hacia Jesús, a pesar de que era una clara violación de sus propias leyes y mandamientos.

- **Juan 11:53–57 La Pascua comienza en Jerusalén, mientras que toda la ciudad mira lo que va a hacer Jesús.** Debido a que los líderes judíos "consultaban juntos para que le aprendiesen"... "Jesús... no andaba abiertamente entre los judíos; sino que se alejó de allí a la región contigua al desierto, a una ciudad llamada Efraín; y se quedó allí con sus discípulos" (vv. 53–54). La temporada de la Pascua había llegado, y muchas personas se reunieron de todo el país para asistir a la fiesta (v. 55). Se quedaron en y alrededor del templo, preguntándose entre sí: "¿Qué os parece, que no vendrá a la fiesta?" (v. 56). Y "los principales sacerdotes y los fariseos habían dado orden de que si alguno supiese dónde estaba, lo manifestase, para que le prendiesen" (v. 57).

**Notas** (Todas las referencias son de las versiones en idioma inglés de los textos que se citan.)


1. *Jesús el Cristo* Clásicos, Revisados en la Edición de la Literatura Mormona (1983), pág. 405.
2. En Reporte de La Conferencia, octubre de 1989, pág. 38; o revista *Liahona*, enero de 1989, págs. 30–31.
3. *Comentario Doctrinal del Nuevo Testamento*, 3 volúmenes (1965–1973), 1:543–544.
4. Fred y Marilyn Matis y Ty Mansfield, *En Su Desesperación Silenciosa* (2004).
5. *Comentario Doctrinal del Nuevo Testamento*, 1:530–531.
6. *Jesús el Cristo*, págs. 461–462.

ANEXO A

# Vida y Ministerio de Jesucristo

Una Lista Cronológica de los Acontecimientos

---

## Acontecimientos Anteriores al Ministerio de Jesús

| LAS ANUNCIACIONES | Mateo | Marcos | Lucas | Juan |
|---|---|---|---|---|
| Jerusalén, Judea | | | | |
| Revelación a Zacarías sobre al nacimiento de Juan | | | 1:5–25 | |
| Nazaret, Galilea | | | | |
| Anunciación de Gabriel a María en lo que respecta a Jesús | | | 1:26–38 | |
| El país montañoso de Judea | | | | |
| María Visita a Isabel | | | 1:39–56 | |
| Ha Nacido Juan el Bautista | | | 1:57–80 | |
| Nazaret, Galilea | | | | |
| Anunciación de Gabriel a José Respecto a Jesús | 1:18–25 | | | |

| NACIMIENTO Y JUVENTUD DEL MESIAS | Mateo | Marcos | Lucas | Juan |
|---|---|---|---|---|
| Belén, Judea (Durante la Pascua / 6 de abril) | | | | |
| La Natividad de Jesús | | | 2:1–20 | |
| Las genealogías de Jesús | 1:1–17 | | 3:23–38 | |
| Jerusalén, Judea | | | | |
| Jesús es Bendecido y Circuncidado | | | 2:21–38 | |
| Belén, Judea | | | | |
| Visita de Reyes Magos Huida a Egipto | 2:1–18 | | | |
| Regreso de Egipto a Nazaret | 2:19–23 | | 2:39–40 | |
| Jerusalén., Judea (Durante la Pascua) | | | | |
| El Joven Jesús en el Templo | | | 2:41–50 | |
| Nazaret, Galilea | | | | |
| Adolescencia y Madurez del Salvador | | | 2:51–52 | |

## Primer Año del Ministerio de Jesús

| ACONTECIMIENTOS QUE INICIAN EL MINISTERIO DE JESÚS | Mateo | Marcos | Lucas | Juan |
|---|---|---|---|---|
| Desierto de Judea | | | | |
| Juan el Precursor | 3:1–12 | 1:1–8 | 3:1–18 | |
| Cerca de Betabara, Judea | | | | |
| El bautismo de Jesús | 3:13–17 | 1:9–11 | 3:21–23 | |
| Desierto de Judea | | | | |
| Jesús Comulga con Dios; Después es Tentado | 4 :1–11 | 1:12–13 | 4:1–13 | |
| Betabara, Judea | | | | |
| Juan Testifica que Jesús es el Cristo | | | | 1:14–34 |
| Betabara, Perea y Betsaida, tetrarquía de Felipe | | | | |
| Llamando a Andrés, Simón, Felipe y Nataniel | | | | 1:35–51 |
| Jesús va a Cafarnaúm | | | | 2:12 |

| | | | | |
|---|---|---|---|---|
| Jerusalén, Judea (Nisán) | | | | |
| La Primera Pascua del Ministerio de Jesús | | | | 2:13–25 |
| Nicodemo Visita a Jesús | | | | 3:1–21 |

| **MINISTERIO TEMPRANO JUDÁICO** | **Mateo** | **Marcos** | **Lucas** | **Juan** |
|---|---|---|---|---|
| Desierto de Judea | | | | |
| Jesús va al Desierto de Judea | | | | 3:22 |
| Enón, Samaria | | | | |
| Juan Enseña a Creer en el Hijo | | | | 3:23–36 |
| Maqueronte, Perea | | | | |
| Juan es Encarcelado | 14:3–5 | 6:17–20 | 3:19–20 | |
| Jesús deja Judea va a Galilea | 4:12 | 1:14 | 4:14 | 4:1–3 |
| Mujer en el Pozo en Samaria | | | | 4:4–42 |
| Jesús va a Galilea | | | | 4:43–44 |

| **PRIMERO MINISTERIO GALILEO** | **Mateo** | **Marcos** | **Lucas** | **Juan** |
|---|---|---|---|---|
| Nazaret, Galilea | | | | |
| La Propia Comunidad de Jesús lo Rechaza | 4:13 | | 4:16–31 | |
| Cafarnaúm, Galilea | | | | |
| Predicando en la Sinagoga | 4:13–16 | | 4:31–32 | |
| Caná, Galilea | | | | |
| Milagro del Vino en la Fiesta de Bodas | | | | 2:1–11 |
| Jesús Predica el Arrepentimiento | 4:17 | 1:14–15 | 4:14–15 | 4:45 |
| Mar de Galilea, cerca de Cafarnaúm | | | | |
| Llamado de Pedro, Andrés, Santiago y Juan | 4:18–22 | 1:16–20 | 5:1–11 | |
| Cafarnaúm, Galilea | | | | |
| Sanación de la Suegra de Pedro | 8:14–17 | 1:21–34 | 4:31–41 | |
| Predicando en Galilea | 4:23–25 | 1:35–39 | 4:42–44 | |
| Leproso Sanado | 8:1–4 | 1:40–45 | 5:12–16 | |
| Hombre. Paralítico Sanado | 9:2–8 | 2:1–12 | 5:17–26 | |
| Fiesta de Mateo | 9:9–13 | 2:13–17 | 5:27–32 | |
| Discurso sobre el Ayuno | 9:14–17 | 2:18–22 | 5:33–39 | |

## Segundo Año del Ministerio de Jesús

| **JESÚS ASISTE A LA PASCUA** | **Mateo** | **Marcos** | **Lucas** | **Juan** |
|---|---|---|---|---|
| Jerusalén | | | | |
| Sanación en el Pozo | | | | 5:1–16 |
| Siervo de Centurión Sanado | 8:5–13 | | 7:1–10 | |

| **SEGUNDO MINISTERIO GALILEO** | **Mateo** | **Marcos** | **Lucas** | **Juan** |
|---|---|---|---|---|
| Nain, Galilea | | | | |
| Hijo de Viuda Resucitado | | | | 7:11–17 |
| Galilea | | | | |
| Juan Envía Investigadores | 11:2–24, 28–30 | | 7:18–35 | |
| Detiene la Tormenta (otoño 31 DC) | | | | |
| Gergesa, Tetrarquía de Felipe | 8:23–27 | 4:35–41 | 8:22–25 | |
| Legión de Diablos y Vuelta al Otro Lado | 8:28–34; 9:1 | 5:1–21 | 8:26–40 | |

| | | | | |
|---|---|---|---|---|
| Cafarnaúm, Galilea | | | | |
| Resucita a la Hija de Jairo; Sana a la Mujer con Problema de Sangre | 9-18-26 | 5:22-43 | 8:41-48 | |
| Curación del Ciego y Echa Fuera Demonios | 9:27-34 | | | |
| Jesús Enseña sobre Él mismo | | | | 5:17-47 |
| Discurso Sobre el Sábado | 12.1-14 | 2:23-28;3:1-6 | 6:1-5 | |
| Jesús se Retira al Mar | 12:15-21 | 3:7-12 | | |
| son Son Elegidos los Doce | 10:2-4 | 3:13-21 | 6:12-16 | |
| Mujer Unge a Jesús en la Casa de Simón | | | 7:36-50 | |
| Otro Recorrido a través de Galilea | | | 8:1-3 | |
| Cafarnaúm, Galilea | | | | |
| Declaración sobre Belcebú | 12:22-37 | 3:22-30 | | |
| Discurso sobre Señales y Testimonio | 12:38-45 | | | |
| Su Madre y Hermanos Le Buscan | 12:46-50 | 3:31-35 | 8:19-21 | |
| Galilea | | | | |
| Tercer viaje a Galilea | 9;35-38 | 6:6 | | |
| Envía a los Doce | 10:1,5-42; 11:1 | 6:7-13 | 9:1-6 | |
| Maqueronte, Perea | | | | |
| La Muerte de Juan | 14:6-12 | 6:14-29 | 9:7-9 | |
| Cerca de Betsaida, Tetrarquía de Felipe | | | | |
| Vuelven los Doce e Informan | 14:13 | 6:30-33 | 9:10 | |
| El Sermón de la Montaña | | | | |
| Lugar y Audiencia | 5:1-2 | | 6:17-19 | |
| Bienaventuranzas | 5;3-12 | | 6:20-26 | |
| Obligaciones del Discipulado | 5:13-16 | | | |
| La justicia de los Discípulos para superar a los fariseos | 5:17-20 | | | |
| La Ley de Moisés cumplida por la Ley de Cristo | 5:21-48 | | 6:27-36 | |
| La limosna | 6:1-4 | | | |
| La Oración | 6:5-13 | | | |
| Perdonar a los demás | 6:14-15 | | | |
| Ayuno | 6:16-18 | | | |
| Haceos de tesoros en el cielo | 6;19-33 | | | |
| No podéis servir a dos señores | 6:24 | | | |
| Instrucciones Especiales a los Doce | 6:25-34 | | | |
| Juzgad con Justo Juicio | 7:1-6 | | 6:37-42 | |
| Sinceridad de la Oración | 7:7-11 | | | |
| Regla de Oro | 7:12 | | 6:31 | |
| Dos Dos Puertas y dos Maneras | 7:13-14 | | | |
| Examen Final del Carácter | 7;15-27 | | 6:43-49 | |
| Efectos del Sermón | 7:28-29 | | | |

| **ENSEÑANZA CON PARÁBOLAS** | **Mateo** | **Marcos** | **Lucas** | **Juan** |
|---|---|---|---|---|
| La Parábola del Sembrador | 13:1-9 | 4:3-9 | 8:4-8 | |
| Propósito de las Parábolas | 13:10-17 | 4:10-12 | 8:9-10 | |
| La Bienaventuranza del Discipulado | 13:16-17 | | 10:23-24 | |
| El Sembrador Interpretado | 13:18-23 | 4;13-20 | 8:11-15 | |
| Luz Bajo el Celemín | | 4:21-25 | 8:16-18; 11:13 | |
| Cizaña entre el Trigo | 13:24-30 | | | |
| The La Semilla que Crece | | 4:26-29 | | |

| | Mateo | Marcos | Lucas | Juan |
|---|---|---|---|---|
| El Trigo y la Cizaña | 13:31 32 | | | |
| El Grano de Mostaza | 13:33 | 4:30–32 | 13:18–19 | |
| La Levadura | 13:34–35 | | 13:20–21 | |
| El Uso de parábolas | 13:36–43 | 4:33–34 | | |
| Interpretación de la Cizaña | 13:44–46 | | | |
| La Perla del Gran Precio | 13:47–50 | | | |
| Fin de la Parábola. Sermón | 13:51–53 | | | |
| Segundo Rechazo en Nazaret | 13:54–58 | 6:1–6 | | |

| **SEGUNDO MINISTERIO GALILEO (Cont.)** | **Mateo** | **Marcos** | **Lucas** | **Juan** |
|---|---|---|---|---|
| Cerca de Betsaida, Tetrarquía de Felipe | | | | |
| Cinco Mil Alimentados | 14:14–21 | 6:33–44 | 9:11–17 | 6:1–14 |
| Cerca del Mar de Galilea | | | | |
| Jesús les impide que lo hagan Rey | 14:22–23 | 6:45–46 | | 6:15 |
| Mar de Galilea | | | | |
| Jesús Camina sobre Mar | 14:24–33 | 6:47–52 | | 6:16–21 |
| Cafarnaúm, Galilea | | | | |
| Discurso del Pan de Vida | | | | 6:22–71 |
| Galilea | | | | |
| Curación en Genesaret | 14:34–36 | 6:53–56 | | |

## Tercer Año del Ministerio de Jesús

| **MINISTERIO ENTRE LOS GENTILES** | **Mateo** | **Marcos** | **Lucas** | **Juan** |
|---|---|---|---|---|
| Cafarnaúm, Galilea | | | | |
| Los Discursos sobre Limpieza | 15:1–20 | 7:1–23 | | |
| Va al Norte de Galilea | 15:21 | 7:24 | | 7:1 |
| Región de Tiro y Sidón, Fenicia | | | | |
| La Hija del Gentil Sanada | 15:22–28 | 7:25–30 | | |
| Vuelve al Mar de Galilea (Área Gentil) | 15:29 | 7:31 | | |
| Decápolis | | | | |
| Hombre Sordo Sanado | | 7:32–37 | | |
| Cuatro Mil Alimentados | 15:29–38 | 8:1–9 | | |
| Jesús va a Magdala | 15:39 | 8:10 | | |

| **SEGUNDO MINISTERIO GALILEO (Cont.)** | **Mateo** | **Marcos** | **Lucas** | **Juan** |
|---|---|---|---|---|
| Cafarnaúm, Galilea | | | | |
| Él habla sobre los Signos | 16:1.12 | 8:10–21 | | |
| Betsaida, Tetrarquía de Felipe | | 8:22–26 | | |
| Cerca de Cesárea de Filipo | | | | |
| Testimonio de Pedro | 16:13–20 | 8:27–30 | 9:18–22 | |
| Jesús Predice su Muerte y Resurrección | 16:21–28 | 8:31–38; 9:1 | 9:23–27 | |
| Monte Hermón, Siria, o Mt. Tabor, Galilea | | | | |
| Transfiguración de Cristo | 17:1.13 | 9:2–13 | 9:28–36 | |
| Él Sana al Muchacho Poseído por un Espíritu Maligno | 17:14–21 | 9:14–29 | 9:37–43 | |
| Galilea | | | | |
| De nuevo Viaja por Galilea; | | | | |
| Predice su Muerte/resurrección | 17:22–23 | 9:30–32 | 9:43–45 | |

| | | | | |
|---|---|---|---|---|
| Cafarnaúm, Galilea | | | | |
| El Dinero del Tributo | 17:24–27 | | | |
| Discursos sobre la Humildad, Perdón, Poder Sellador, Responsabilidad de los Discípulos y Sacrificio | 18:1–35 | 9:33–50 | 9:46–62 | |
| Son Enviados los Setenta | | | 10:1–16 | |

| **EL MINISTERIO JUDEO POSTERIOR** | **Mateo** | **Marcos** | **Lucas** | **Juan** |
|---|---|---|---|---|
| Jesús es urgido a asistir a la Fiesta de los Tabernáculos | | | | 7:2–9 |
| Jesús Viaja a Jerusalén | | | 9:51–56 | 7:10 |
| Jerusalén, Judea | | | | |
| Predicando Durante la Fiesta de los Tabernáculos | | | | 7:11–53 |
| Mujer Sorprendida en Adulterio | | | | 8:1–11 |
| Jesús Testifica de Sí Mismo | | | | 8:12–30 |
| Discurso a los Judíos | | | | 8:31–59 |
| Un Ciego de Nacimiento se Cura | | | | 9:1–41 |
| Jesús es el Buen Pastor | | | | 10:1–2 |
| Judea | | | | |
| Vuelven los Setenta | 11:25–27 | | 10;17–24 | |
| Dos Grandes Mandamientos; Parábola del Buen Samaritano | | | 10:25–37 | |
| Betania, Judea | | | | |
| Jesús visita a María y Marta | | | 10:38–42 | |
| Judea | | | | |
| Instrucciones a los Discípulos sobre la Oración | | | 11:1–13 | |
| Acusado de Expulsar los Espíritus Malignos por el poder de Satanás | | | 11:14–36 | |
| Otra Discurso sobre la Limpieza | | | 11:37–54 | |
| La Levadura de los Fariseos, Hipocresía y Coraje | | | 12:1–12 | |
| Parábola del Hombre Rico Tonto | | | 12:13–21 | |
| Buscad el Reino de Dios Antes que el Tesoro Terrenal | | | 12:22–34 | |
| Preparación para la Segunda Venida del Señor | | | 12:35–59 | |
| Masacre de Galileos; Parábola de la Higuera Estéril | | | 13:1–9 | |
| Jerusalén, Judea | | | | |
| Fiesta de la Dedicación (Hanuká); Jesús Declara su Mesianismo | | | | 10:22–39 |

| **EL MINISTERIO EN PEREA** | **Mateo** | **Marcos** | **Lucas** | **Juan** |
|---|---|---|---|---|
| Perea | | | | |
| Jesús va más allá del Jordán | | | | 10:39–42 |
| Comienza el Viaje de Jesús a Jerusalén | | | 13:22–30 | |
| Alerta ante Herodes Antipas | | | 13:31–35 | |
| El Mensaje que Lázaro está Enfermo | | | | 11:1–16 |
| Comida con Jefe Fariseos; Hombre con/Hidropesía Sanado | | | 14:1–24 | |
| Discurso sobre el Sacrificio | | | 14:25–35 | |
| Una Serie de Parábolas | | | 15:1–32; 16:1.13 | |
| Discurso sobre la Codicia | | | 16:14–18 | |
| Parábola del Hombre Rico y Lázaro | | | 16:19–31 | |
| Ofensas, Deber y Verdad | | | 17:1–10 | |

| | | | | |
|---|---|---|---|---|
| Betania, Judea | | | | |
| Lázaro Resucitado | | | | 11:17–46 |
| Jerusalén, Judea | | | | |
| La Conjura Contra Jesús | | | | 11:47–53 |
| Retiro de Efraín | | | | 11:54 |
| Samaria, Galilea | | | | |
| Empieza el Viaje Final a Jerusalén; Cura a 10 leprosos | | | 17:11–19 | |
| Galilea | | | | |
| Discurso sobre el Reino de Dios | | | 17:20–37 | |
| Parábolas: Viuda / Juez Injusto y Fariseo / Publicano | | | 18:1–14 | |
| Perea | | | | |
| A Través del Jordán a Perea en Camino a Jerusalén | 19:1–2 | 10:1 | | |
| Jesús Habla del Matrimonio y Divorcio | 19:3–12 | 10:2–12 | | |
| Bendice a los Niños | 19:13–15 | 10:13–16 | 18:15–17 | |
| Rich Joven Rico busca la Vida Eterna | 19:16–30 | | | |
| Parábola de los Obreros en la Viña | 20:1–16 | 10:17–31 | 18:18–30 | |
| Jesús Conduce a los Doce Hacia Jerusalén | 20:17–19 | 10:32–34 | 18:31–34 | |
| Cerca de Jericó, Judea | | | | |
| Santiago y Juan aspiran a la Grandeza | 20:20–28 | 10:35–45 | | |
| Bartimeo Sanado de la Ceguera | 20:29–34 | 10:46–52 | 18:35–43 | |
| Jericó, Judea | | | | |
| La Salvación llega a Zaqueo el Publicano | | | 19:1–10 | |
| Parábola de las Diez Libras | | | 19:11–28 | |
| Jerusalén, Judea | | | | |
| Muchos Buscan a Jesús | | | | 11:55–57 |
| Betania, Judea | | | | |
| María Unge a Jesús en la Cena de Simón | 26:6–13 | 14:3–9 | | 12:1–11 |

| **LA SEMANA DEL SACRIFICIO EXPIATORIO** | **Mateo** | **Marcos** | **Lucas** | **Juan** |
|---|---|---|---|---|
| PRIMER DÍA | | | | |
| Jerusalén y Betania, Judea (Nisán / abril del año 33 DC) | | | | |
| Entrada Triunfal en Jerusalén | 21:1–11 | 11:1–10 | 19:29–44 | 12:12–19 |
| Ciertos Griegos Visitan a Cristo-Una Voz del Cielo | | | | 12:20–36 |
| Vuelta a Betania | | 11:11 | | |
| SEGUNDO DÍA | | | | |
| Maldición de la Higuera Estéril | 21:18–19 | 11:12–14 | | |
| Segunda Limpieza del Templo | 21:12–16 | 11:15–18 | 19:45–48 | |
| Vuelta a Betania | 21:17 | 11:19 | 21:37 | |
| TERCER DIA | | | | |
| Discurso Sobre la Fe | 21:19–22 | 11:20–26 | 21:38 | |
| Cuestión de Autoridad | 21:23–27 | 11:27–33 | 20:1–8 | |
| Parábola de los Dos Hijos | 21:28–32 | | | |
| Parábola de los Labradores Malvados | 21:33–46 | 12:1–12 | 20:9–18 | |
| Parábola del Banquete de la Boda Real | 22:1–14 | | | |
| Una Pregunta acerca de Tributar a César | 22:15–22 | 12:13–17 | 20:19–26 | |
| Matrimonio Después de la Resurrección | 22:23–33 | 12:18–27 | 20:27–40 | |
| El Gran Mandamiento | 22:34–40 | 12:28–34 | | |
| "¿Quién es el padre de Cristo?" | 22:41–46 | 12:35–37 | 20:41–44 | |
| Escribas y Fariseos están Condenados | 23:1–36 | 12:38–40 | 20:45–47 | |
| Jesús se Lamenta por Jerusalén | 23:37–39 | | | |

| | | | | |
|---|---|---|---|---|
| La Ofrenda de la Viud | | 12:41-44 | 21:1-4 | |
| Cristo declara el Propósito de Su Misión | | 12:37-50 | | |
| Sermón del Monte | 24:1-51 | 13:1-37 | 21:5-36 | |
| Parábola de las Diez Vírgenes | 25:1-13 | | | |
| Parábola de los Talentos Confiados | 25:14-30 | | | |
| El Juicio Inevitable y Final | 25:31-46 | | | |
| La Traición Anunciada de Jesús | 26:1-2 | | | |
| La Conjura contra Jesús | 26:3-5 | 14:1-2 | 22:1-2 | |
| Judas Organiza la Traición | 26:14-16 | 14:10-11 | 22:3-6 | |
| QUINTO DÍA | | | | |
| Disposiciones para la Cena de Pascua | 26:17-19 | 14:12-16 | 22:7-13 | |
| Contienda sobre la Precedencia en la Cámara de la Pascua | 26:20 | 14:17 | 22:14; 24:30 | |
| Jesús lava los Pies de los Apóstoles | | | | 13:1-20 |
| Cena de Pascua-Introducción del Sacramento | 26:26-29 | 14:22-25 | 22:15-20 | |
| Jesús Señala al Traidor | 26.21-25 | 14:18-21 | 22:21-23 | 13:21-26 |
| Judas Sale de la Cámara | | | | 13:27-30 |
| Jesús Predice su Propia Muerte | | | | 13:31-35 |
| Los Apóstoles Expresan su Lealtad | 26:31-35 | 14:27-31 | 22:31-38 | 13:36-38 |
| Discurso sobre el Consolador | | | | 14:1-31 |
| Ellos Cantan un Himno y van alMt. de los Olivos | 26:30 | 14:26 | 22:39 | |
| Relación con Cristo y el Mundo; Su Muerte Explicada | | | | 15:1-27;16:1-33 |
| Oración Sacerdotal | | | | 17:1-26 |
| Agonía en Getsemaní | 26:36-46 | 14:32-42 | 22:40-46 | 18:1-2 |
| SEXTO DÍA | | | | |
| La Traición de Judas | 26:47-50 | 14:43-45 | 22:47-48 | 18:2-9 |
| El arresto | 26:51-56 | 14:46-52 | 22:49-53 | 18:10-12 |
| Jesús puesto en duda por Anás | | | 22:54-55 | 18:13,19-24 |
| Examinado ante Caifás | 26:57-68 | 14:53-65 | 22:63-65 | 18:14-16,18 |
| Pedro Niega Conocer a Jesús | 26:69-75 | 14:66-72 | 22:55-62 | 18:17,25-27 |
| Juicio Formal y Condena | 27:1-2 | 15:1 | 22:66-71;23:1 | |
| Muerte de Judas Iscariote | 27:3-10 | | 23:2-5 | |
| Ante Pilato, después Herodes | 27:11-14 | 15:2-5 | 23:6-12 | 18:28-38 |
| De Nuevo ante Pilato | 27:15-23 | 15:6-14 | 23:13-23 | 18:39-40 |
| Barrabás Liberado | 27:26-30 | 15:15-19 | 23:25 | 19:1-3 |
| Pilato Sentencia a Jesús | 27:24-25 | 15:20-23 | 23:24 | 19:4-16 |
| El Camino al Calvario | 27:31-34,38 | 15:25,27-28 | 23:26-33 | 19:16-18 |
| Sobre Impresiones en la Cruz | 27:37 | 15:26 | 23:38 | 19:19-22 |
| Su Primera Declaración en la Cruz | | | 23:34 | |
| Soldados Rasgan Su Ropa | 27:35-36 | 15:24 | 23;34 | 19:23-24 |
| Se Mofan y Burlan | 27:39-44 | 15:29-32 | 23:35-37 | |
| Segunda Expresión desde la Cruz | | | 23:39-43 | |
| Tercera Expresión del Salvador | | | | 19:25-27 |
| Las Tinieblas Cubren la Tierra | 27:45 | 15:33 | 23:44-45 | |
| Cuarta Declaración | 27:46-47 | 15:34-35 | | |
| Quinta Declaración, Sexta Expresión | 27:48-49 | 15:36 | | 19:28-30 |
| Expresión Final; Jesús Muere | 27:50 | 15:37 | 23:46 | 19:30 |
| Testimonio del Centurión | 27:51-56 | 15:38-41 | 23:45,47-49 | |
| Su Costado Traspasado | 27:57-61 | 15:42-47 | 23:50-56 | 19:31-37 |
| Su Entierro | | | | 19:38-42 |

| | | | | |
|---|---|---|---|---|
| Ministerio de Jesús para el Mundo del Espíritu | 1 Pedro 3:18-20; D. y C. 138:1-52 | | | |
| SÉPTIMO DÍA | | | | |
| Guardias son Puestos a Cuidar la Tumba | 27:62–66 | | | |

## Resurrección y 40 Días de Ministerio

| EL CRISTO RESUCITADO SE APARECE A LOS HOMBRES | Mateo | Marcos | Lucas | Juan |
|---|---|---|---|---|
| EL PRIMER DÍA DE LA SEMANA | | | | |
| La Tumba es Abierta | 28:2–4 | | | |
| María Magdalena y Otras Mujeres Visitan la Tumba | 28:1, 5–7 | 16:1–8 | 24:1–8 | 20:1 |
| María le dice a Pedro y a Juan | | | 24:9–11 | 20:2 |
| Pedro, María y Juan Visitan la Tumba | | | 24:12 | 20:3–10 |
| El Salvador se Aparece a María | | 16:9 | | 20:11–17 |
| María le cuenta a los Apóstoles | | 16:10–11 | | 20:18 |
| Cristo se Aparece a las Otras Mujeres | 28:9–10 | | | |
| Los Principales Sacerdotes Supieron de la Resurrección por los Guardias | 28:11–15 | | | |
| Dos Discípulos ven a Cristo en Camino a Emaús | | 16:12–13 | 24:13–32 | |
| Cristo se Aparece a Pedro | | | 24:34 | |
| Cristo se Aparece a Todos los Apóstoles Excepto Tomas | | 16:14 | 24:33–49 | 20:19–23 |
| DESPUÉS DEL PRIMER DÍA DE LA SEMANA | | | | |
| Jerusalén | | | | |
| Cristo se Aparece a los Once Apóstoles | | | | 20:24–29 |
| Mar de Galilea | | | | |
| Cristo se Aparece a los Discípulos | | | | 21:1–14 |
| "Apacienta Mis Ovejas" | | | | 21:15–19 |
| Juan va a ser Traducido | | | | 21:20–23 |
| Jerusalén | | | | |
| Cristo se Aparece a una Gran Multitud | (1 Corintios 15:) | (1 Corintios 15:6) | | |
| Cristo se aparece a Santiago | (1 Corintios 15:7) | | | |
| Galilea | | | | |
| Cristo se Aparece a los Discípulos | 28:16–20 | 16:15–18 | (Véase Hechos 1:1-8) | |
| Betania, Judea | | | | |
| La Ascensión de Jesucristo | | 16:19 | 24:50–51 | |
| Los Discípulos Vuelven a Jerusalén | | 16:20 | 24:52–53 | |
| Palabras finales de Juan | | | | 20:30–31<br>21:24–25 |

# Acerca del autor

Randal S. de Chase pasó sus años de infancia en Nefi, Utah, donde su padre era un agricultor de trigo de secano y un hombre de negocios. En 1959 su familia se mudó a Salt Lake City y se instaló en la zona de Holladay. Sirvió en una misión de tiempo completo en la Misión del Centro Británico (Inglaterra central) desde 1968 a 1970 Regresó a su casa y en 1971 se casó con Deborah Johnsen. Ellos son padres de seis hijos, dos hijas y cuatro hijos- y abuelos de un número cada vez mayor de nietos.

Fue llamado a servir como obispo de Estaca a la edad de veintisiete años en el área Sandy Crescent South, en el Valle de Salt Lake. Como tal se desempeñó durante seis años como alto consejero, secretario ejecutivo de diócesis y clérigo, y en muchas otras posiciones de estaca y de barrio. Independientemente de otras funciones desempeñadas a través de los años, una ha sido casi constante: Ha impartido clases de Doctrina del Evangelio en todos aquellos barrios en los cuales vivió desde adulto durante un total de treinta y cinco años.

El Dr. Chase fue una personalidad muy conocida de los medios en las estaciones de radio de la ciudad de Salt Lake, en la década de 1970. Dejó de salir al aire en 1978 para dedicarse a desarrollar y comercializar un sistema de gestión computarizado de ventas, y programación de musical para emisoras de radio y televisión en los Estados Unidos, Canadá, América del Sur y Australia. Después que se vendiera el negocio en 1984, mantuvo a su familia como consultor de negocios y medios de comunicación en el área de Salt Lake City.

Debido a su gran deseo de enseñar a los jóvenes en edad universitaria, a fines de 1980 decidió dedicarse a su doctorado, recibiendo en 1997, el Ph.D. en Comunicación de la Universidad de Utah. Durante 21 años ha impartido cursos de comunicación en esa institución, así como en el Community College de Salt Lake y en el College Estatal Dixie de Utah. Actualmente es profesor titular de tiempo completo y miembro de la facultad, y fue Jefe del Departamento de Comunicación del College Estatal Dixie en St. George, Utah.

Paralelamente a su carrera académica, el Dr. Chase ha servido como voluntario en el Instituto LDS (Santos de los Últimos Días) y como instructor de educación de adultos en el Sistema Educativo de la Iglesia (CES por sus siglas en inglés) a partir de 1994, tanto en la ciudad de Salt Lake como en St. George, donde actualmente enseña una vez a la semana en las clases de Educación de Adultos en tres estacas en el área de Washington. También ha realizado múltiples giras y ha impartido seminarios de Historia de la Iglesia. Durante estos años de la enseñanza del Evangelio, ha desarrollado una amplia biblioteca de planes de lecciones y folletos que son los predecesores de estas guías de estudio.

El Dr. Chase publicó anteriormente una serie de trece volúmenes de guías de estudio sobre el Libro de Mormón, Historia de la Iglesia, el Antiguo Testamento y el Nuevo Testamento. La serie, titulada Haciendo Simples las Cosas Preciosas, junto con cuatro guías de estudio más cortas sobre Isaías, Jeremías, historia de la Natividad, y la última semana del sacrificio expiatorio de nuestro Señor, están diseñadas para ayudar a los maestros y estudiantes del Evangelio, así como para aquellos que simplemente quieran estudiar por su cuenta. Varios de estos libros también están disponibles en idioma español.

18021717R00189

Made in the USA
San Bernardino, CA
26 December 2014